普通高等教育经济学管理学重点规划教材
首届复旦大学教材建设奖·复旦大学优秀教材

# 会计学 第五版

Accounting

孙 琳　程 立 ◎ 主编

上海财经大学出版社
SHANGHAI UNIVERSITY OF FINANCE & ECONOMICS PRESS
上海学术·经济学出版中心

**图书在版编目(CIP)数据**

会计学/孙琳,程立主编．—5 版．—上海:上海财经大学出版社,2024.1

(普通高等教育经济学管理学重点规划教材)

ISBN 978-7-5642-4200-8/F·4200

Ⅰ.①会… Ⅱ.①孙…②程… Ⅲ.①会计学-高等学校-教材 Ⅳ.①F230

中国国家版本馆 CIP 数据核字(2023)第 122373 号

□ 责任编辑 施春杰

□ 封面设计 贺加贝

**会 计 学**

(第五版)

孙 琳 程 立 主编

上海财经大学出版社出版发行

(上海市中山北一路 369 号 邮编 200083)

网 址:http://www.sufep.com

电子邮箱:webmaster @ sufep.com

全国新华书店经销

启东市人民印刷有限公司印刷装订

2024 年 1 月第 5 版 2024 年 1 月第 1 次印刷

787mm×1092mm 1/16 20.25 印张 518 千字

印数:43 001—47 000 定价:56.00 元

# 第五版前言

上海财经大学出版社出版的《会计学》面世17年来，一直为全国众多高等院校相关专业的教学和企业、公司的内部培训所选用，对此，我们深感欣慰。同时，我们一直持续关注财务会计领域相关法律法规的最新动态，如《企业会计准则第12号——债务重组》(2019)、《企业会计准则第7号——非货币性资产交换》(2019)、《企业会计准则第22号——金融工具确认和计量》(2017)、《企业会计准则第23号——金融资产转移》(2017)、《企业会计准则第24号——套期会计》(2017)等会计法规，以及《中华人民共和国证券法》(2020)、《中华人民共和国公司法(修订草案)》(三次审议稿，2023)等法规，及时将前沿变化反映到教材的相关知识点中，使得本教材的内容始终处于适应我国会计法律法规新变化的前端。

作为《会计学》的修订本，《会计学(第五版)》秉承了原书的框架和风格，在2007年初版以来的基础上根据相关法律法规的变化进行了适度增减和重新整合，并针对以往版本的不足，订正了一些文字和数据，对相关例题进行了全方位的补充和更新。《会计学(第五版)》重点修订的内容主要集中在以下几个方面：(1)2020年以来会计准则和经济法规的嵌入与整合。结合《企业会计准则第22号——金融工具的确认和计量》等准则的新变化和企业经济活动中发生频率较高的经济业务对教材内容进行修改和替换，使相关内容与企业实务更加贴合。(2)会计科目的补充和更新。根据各项会计准则的修订和实施，本教材结合相关经济业务补充了“合同资产”“合同负债”“使用权资产”“租赁负债”等科目及应用，最大限度地保持了与最新法规的一致性。(3)思政专栏的设置及知识点专栏的更新。根据习近平总书记关于“大思政课”建设的重要指示精神，本教材结合全面落实《关于新时代加强和改进思想政治工作的意见》等文件和法规补充了相关思政专栏的内容，并对相关知识点专栏内容进行了较大范围的更新；此外，本版教材还修改和完善了部分例题，并对前版教材内容的疏漏做了勘误。

为便于巩固《会计学(第五版)》的学习效果，提高分析和思考能力，增强实务操作技能，本教材在每章之后配备了一定数量的思考练习题和补充学习资料，并对配套的《会计学习题集(第四版)》进行了修订，即同时配套出版了《会计学习题集(第五版)》。该习题集可帮助读者结合本教材循序渐进地进行强化练习，主要包括与教材各章节对应的练习题以及模拟测试卷，突出新的会计概念、会计科目和会计报告列报的内容，并提供了练习题和模拟测试卷的部分答案。编者还为任课教师提供配套的教学课件和习题集全部答案（如有需要，请与编者联系：sl_sl@21cn.com）。

《会计学（第五版）》由复旦大学经济学院教授、博士生导师孙琳博士和上海第二工业大学副教授程立博士主编。王天卓、冯亮、王卫军、缪一琳、黄琨、叶红、程柯、何杨、谭俊珺、潘欣、陈越和徐雨格等参与了《会计学》过往版本的资料收集和整理工作以及会计学部分章节的习题资料收集以及校对审阅工作，赵倩、叶童、许多、周颢瑜和宋昱伶对《会计学（第五版）》的资料和法规整理付出了宝贵的时间和精力，孙琳、程立负责对《会计学（第五版）》的内容进行更新及最终统稿、定稿。在编撰过程中，我们参考借鉴了其他学者的资料和著作，在此一并表示诚挚感谢。

最后，感谢上海财经大学出版社为《会计学（第五版）》及配套《会计学习题集（第五版）》的出版提供的大力支持！对于《会计学（第五版） 及《会计学习题集（第五版）》可能存在的疏漏和不足，真诚希望广大读者一如既往地对本教材提出意见和建议，以使我们在将来修订再版时满足读者朋友的要求。

需要特别说明的是，依据国家教材委员会办公室《关于做好党的二十大精神进教材工作的通知》（国教材办〔2022〕3 号）的要求，推动党的二十大精神进教材、进课堂、进头脑，除了本教材中已经体现的二十大精神内容外，为了与时俱进地增补与本教材相关的思政案例与二十大精神内容，及时修改在教学过程中发现的本书错误之处，我们与出版社共同建设新媒体动态服务窗口，使用本教材的教师可以通过手机微信扫右侧二维码，获取相关最新内容。

为进一步提高学习者掌握从填制和审核原始凭证、编制和审核记账凭证、开设和登记各种账簿、进行初步成本计算到编制财务会计报表整个“证账表”循环的实践动手能力和会计操作技能，《会计学（第五版）》另一本配套教材《会计学模拟实验教程》也已出版发行。

编　者

2023 年 11 月 8 日

# 目　录

## 会计基础篇

## 会计核算篇

# 会计实务篇

## 会计报告篇

# 会计基础篇

本篇脉络

# 第一章　会计的基本概念

**本章要点**

1. 了解会计的产生和发展的历程。
2. 掌握会计的定义、会计目标和会计职能。
3. 掌握会计的核算程序和方法。
4. 熟悉会计管理体制和会计组织。
5. 掌握企业会计准则和会计制度等会计规范内容。

## 第一节　会计的产生与发展

### 一、会计的发展进程

会计是为人类社会经济服务的，是与人们的生活、生产关系十分密切的技术。随着经济和科学技术的发展，会计在经济生活中所起的作用越来越大，核算技术也在不断发展。

**(一)会计的产生**

会计的产生有赖于人类的计量与记录行为。为了使生产活动能够顺利进行，并取得预期的效果，必须对生产活动进行组织和管理，对生产过程中的劳动耗费及其取得的劳动成果进行观察、计量和登记；在取得劳动成果的同时，获得有关生产活动过程的数据资料，以便更好地加强对生产活动的组织和管理，达到以较少的劳动耗费取得较大的经济效果的目的。因此，便产生了专门记录和计算经济活动过程中所得与所消耗的会计。在人类社会发展史上，不同的社会发展阶段，不同的生产力发展水平，会计行为方式是不同的。在原始社会，由于生产力水平极其低下，几乎没有剩余产品，人们只是靠头脑来接收和存储信息，观察、记录、计算和比较也仅是生产职能的附带部分。当单凭头脑记忆已无法满足客观需要时，便开始采用一些简单的符号标志记数，例如在石头、树木上刻记符号，“结绳记事”等。随着生产力的发展和社会再生产活动的日益复杂，社会分工和私有制以及剩余产品的出现，使得人们凭头脑记忆来管理生产活动已不能适应客观需要，于是会计逐渐从生产职能中分离出来，成为独立的、由专门人员从事的工作。在原始社会后期，家庭式的生产取代了氏族部落式的生产，生产资料和劳动产品归家庭所有，私有制经济也就随之而产生。私有制经济使社会物资丰富起来，人们开始交换劳动产品，相互满足需要，并使用金、银、铜等贵重物品作为交换的等价物即货币，随着生产和经营活动的进一步发展，会计开始进行简单的记录和计算。

**(二)会计的发展**

在私有制经济发展和商品经济形成的同时，出于管理的需要，会计逐渐发展成为以货币单位来综合地核算和监督经济活动过程的一种价值管理活动。货币的出现促进了商品经济的形成，也为人类开辟了新的计量领域，使人类社会从对物资的数量计算扩大到价值计量。物资的价值核算是会计活动产生的前提，因为只有用货币方式才能计算财产价值，计算收入、支出，使经济数据记录能承上启下，连续进行。因此，会计产生于人类社会的生产经济活动并为其服务，随着私有制和商品经济社会的发展而不断发展。

无论是在中国还是在外国，会计都有着悠久的历史，其发展历程是从简单到复杂、从低级到高级、从不完善到完善的过程。会计的产生和发展可以分为古代会计、近代会计和现代会计三个阶段。

1. 古代会计

会计从其产生到复式簿记应用之前这段时间，称为古代会计。

(1)世界范围内古代会计的发展

在原始社会，就已出现了原始计量、记录行为。在原始的印度公社里，出现了专门的记账员，负责登记农业账目及有关事项；而在古巴比伦、古希腊和古罗马也都留存有商业合同、农庄庄园的不动产项目等有关的会计记录。例如，在 4 000 年前，巴比伦人就开始在金属或瓦片上记录商业交易；公元前 200 年，在罗马的国家档案中已经有将政府收入、支出分设项目的记载，并在政府中设有会计官员；等等。公元 10 世纪前后，一般采用单式记账法；13 世纪以后，随着商业的发展，地中海沿岸的威尼斯、佛罗伦萨等城市空前繁荣，单式记账法已不适应需要。1211 年，在意大利佛罗伦萨银行账簿中，分别以“借主”“贷主”登记其债权债务项目，当时采用的记账方法称为萌芽阶段的复式记账法。

(2)中国范围内古代会计的发展

我国古代官厅会计所用的记账方法是单式记账方法。在我国，早在西周(公元前 1100 年—公元前 770 年)就出现了“会计”一词。据《周礼·天官下》记载：“会计，以日互考日成，以月要考月成，以岁会考岁成。”“日互”为十日成事之文书，相当于旬报。“月要”为一月成事之文书，相当于月报。“岁会”则是一年成事之文书，相当于年报。西周还设置会计官职——“司书”“司会”等专门从事会计工作，掌管王朝的钱粮赋税和财务收支。“司书”是记账的，主要对财务收支进行登记；“司会”主要是根据会计记录考核当年的收支情况。这说明在周朝已经有会计名称和会计机构，并且已经对财政收支进行记录、计算、汇总和考核。这一时期会计机构的产生与会计人员的专业化，为我国此后的会计发展奠定了良好的基础。

在秦汉时期，会计核算时开始使用“入”“出”作为记账符号，并创立了记录会计事项的账簿。在封建社会，西汉有“钱谷账”，分设“钱出入簿”“谷出入簿”。到了唐朝，出现了“四柱结算法”，使我国会计技术提高到一个新的水平。“四柱”，即指旧管、新收、开除、实在，相当于现在的期初结存、本期收入、本期支出、期末结存。“四柱”之间存在着数量上的平衡关系：

**旧管＋新收＝开除＋实在**

即

**上期结存＋本期增加＝本期减少＋本期结存**

按照这种平衡关系编制的报告，称为“四柱清册”。“四柱结算法”不仅用于官厅会计，后来也传入民间。宋代“四柱”式会计方法（旧管＋新收－开除＝实在）的运用，使中式会计达到了比较科学、系统、完善的水平。

明、清两代，我国商业、手工业有了较大规模的发展，并且资本主义开始萌芽。为了适应当时生产管理的需要，会计工作者又在“四柱结算法”原理的启发下，设计出了“龙门账”和“四脚账”，其中已显现出复式簿记的雏形。“龙门账”把全部经济活动反映的账项划分为“进、缴、存、该”四大类。“进”是指全部收入，“缴”是指全部支出，“存”是指全部资产，“该”是指全部负债。四者之间的关系为“进－缴＝存－该”。运用这一公式计算盈亏，分别编制“进缴表”（相当于损益表）、“存该表”（相当于资产负债表），两表计算的盈亏数应当相等，就是“合龙门”。“四脚账”又称“天地和”，这种账要求对日常发生的一切账项，既要登记它的来账方向，又要登记它的去账方向，借以全面反映同一账项的来龙去脉。这表明中国的会计已由单式记账法向复式记账法过渡。

2. 近代会计

从时间范围来看，近代会计是从 1494 年至 20 世纪 30 年代末。一般认为，会计从古代阶段跃进到近代阶段，是以复式记账的产生和会计师协会的成立作为主要标志的。

（1）世界范围内近代会计的发展

13—14 世纪，地中海沿岸的一些城市是世界贸易的中心和资本主义经济的发源地。其中，意大利的佛罗伦萨、热那亚、威尼斯等城市的商业和金融业比较繁荣。日益发展的商业和金融业要求不断改进其记账方法。

资本主义发展初期出现的复式记账法是一个质的飞跃。1494 年，意大利数学家卢卡·帕乔利（Luca Pacioli）出版了《算术、几何与比例概要》一书，系统地介绍了借贷复式记账法。书中以商业会计核算为例，就复式记账法的核算目的、核算程序、财产盘存制度、计价标准、序时记录和分类记录等做了比较系统的介绍，该书是复式借贷记账法产生的标志。之后，借贷复式记账法便相继传至德、法、英、美、日等国，并且各国会计学者在理论上和方法上对其不断发展和完善，使其至今仍为世界各国所通用。复式簿记在理论上的总结被认为是近代会计发展史上的第一个里程碑，标志着近代会计的最终形成。卢卡·帕乔利因此被公认为“会计之父”。

15—19 世纪，会计的理论与方法的发展是比较缓慢的。直到 18 世纪末 19 世纪初的英国产业革命的完成、工厂制度的确立，尤其是股份公司的不断出现，客观上要求建立一套与之相适应的会计方法，从而引起了会计内容的变化。这一时期，会计不但在技术方面而且在理论方面也大大丰富起来，从而使会计由一门应用技术发展为一门学科。同时，由于股份公司的所有权与经营权相分离，出现了执业会计师行业。1854 年，世界上第一个会计师协会——英国爱丁堡会计师公会的成立，标志着会计服务对象和内容的扩展。同一时期，由于各国税法、商法、公司法等法律的陆续颁布和不断完善，也促进了会计的发展，使成本会计、会计报表分析、审计等新内容相继出台。

19 世纪末 20 世纪初，世界经济发展的中心逐渐转移到美国。20 世纪 20—30 年代，美国对标准成本会计的研究有了突飞猛进的发展。到这一时期，会计方法已经比较完善，会计科学也已经比较成熟。为了规范会计工作，提高会计报告的真实性和可比性，以美国为首的一些国家的会计师协会开始制定“公认会计原则”。“公认会计原则”的建立，标志着传统会计进入了现代会计阶段。

（2）中国范围内近代会计的发展

复式记账法在理论上的总结及推广打开了会计由古代阶段迈向近代阶段的大门。我国清朝宣统年间在一部比较完善的民商法典——《大清商律草案》中，对商业账簿的设置、经济凭证的运用以及整个商业经济活动的过程，都作了明确、具体的规定。

宣统年间，清政府曾着手制定会计法，第一次从立法角度对官厅会计与民间会计作出了各种具体规定。这部会计法虽然很不成熟，也未正式颁布，但它却是中国近代会计立法的一个开端。这些条例草案是中国半殖民地半封建社会的产物，其内容已深受西方近代会计理论和会计立法的影响。

同古代会计比较，近代会计的主要特点是：由于商品经济的发展，会计有可能充分地运用货币形式，运用复式记账法计量、记录与报告经营活动与经营成果；会计发展已趋向成熟，会计思想非常活跃。

3. 现代会计

从时间范围来看，现代会计阶段是从 20 世纪 40 年代开始至现在。一般认为现代会计从 20 世纪 40 年代开始，更确切地讲，是以 1939 年第一份代表美国"公认会计原则"的《会计研究公报》的出现为起点。

(1)世界范围内现代会计的发展

进入现代会计阶段后，会计方法技术和内容也有了快速的发展，实现了由簿记到会计的转变。在这一发展阶段，会计理论与会计实务都取得了惊人的进步，标志着会计的发展进入成熟期。

20 世纪 30 年代，资本主义企业的经营规模日益扩大、市场竞争激烈，经济危机频繁发生，这一经济现象促使企业经营管理发生了深刻变化，使其更注重对企业内部的经营管理和面向未来的经济决策。会计职业界开始着手制定会计准则，世界上第一批公认会计原则由此产生，会计的理论发展进入了突飞猛进的阶段。尤其是第二次世界大战后，随着"泰罗制"等管理制度在工厂和会计领域内的逐步应用，管理会计逐步形成与发展。由于信息论、控制论、系统论、现代数学、行为科学等的引入，丰富了会计学的内容，充实了管理会计，使会计进入其发展历程中的高级阶段。

20 世纪 40 年代，随着电子计算机的出现，迎来了会计领域应用电子计算机的新时代。电子计算机在会计上的普遍应用，成为会计发展史上的又一个飞跃，使会计由传统的手工操作，逐渐发展为电子数据处理系统，提高了会计工作的及时性和准确性，为充分发挥会计的作用创造了有利条件。

自 20 世纪 50 年代以来，一方面，科学技术日益进步，生产力得到巨大发展，企业规模不断扩大，出现了很多跨国公司，并促进了国际会计的发展；另一方面，市场竞争也更加激烈。在这种情况下，为了提高经济效益，加强对经济活动过程的控制，企业管理当局对会计提出了更高的要求，不仅要求会计对经济业务进行核算和监督，更重要的是对其进行事前预测、决策、成本计算和分析，从而实现对经营过程的全面控制。

(2)中国范围内现代会计的发展

19 世纪中叶，"西式会计"随着资本主义经济传入我国，发展了以单式记账为主的"中式簿记"。"中华民国"时期，我国一部分企业采用西式簿记，但大部分中小企业采用中式簿记，主体仍然是单式簿记。中华人民共和国成立初期，我国会计体制主要是借鉴苏联。此后，为了适应社会主义建设的需要，国家先后制定了一系列会计制度，对国民经济的恢复和发展起到了积极的作用，逐步建立起社会主义会计体系。

1985 年 1 月 21 日第六届全国人民代表大会常务委员会第九次会议通过并于 1985 年 5

月 1 日起施行的《中华人民共和国会计法》，于 1993 年、1999 年和 2017 年进行了三次修改，对于加强我国的会计工作，起到了法律保障作用。1993 年 7 月 1 日进行的会计改革，其主要目的是为了适应改革开放和发展外向型经济的需要，使我国会计业务的处理逐渐朝国际化、通用化的方向发展。此后，一系列企业会计制度的实施完善了我国会计法律法规的体系：2001 年 1 月 1 日开始实施《企业会计制度》，2002 年 1 月 1 日开始实施《金融企业会计制度》，2005 年 1 月 1 日开始实施《小企业会计制度》和《民间非营利组织会计制度》。自 2007 年 1 月 1 日起，39 项会计准则的实施，标志着我国会计体系已经与国际会计准则接轨。2014 年 7 月 1 日，陆续制定和完善了《公允价值计量》等六项会计准则，并实现会计准则与国际会计准则实质性趋同。截至 2023 年，我国会计准则新体系已扩充至 43 项会计准则，并对部分准则进行了修正与调整，以更好地适应社会主义市场经济发展的需要。

综观会计发展的三个历史阶段，可以得出结论：会计是社会发展到一定历史阶段的产物，会计的发展与经济发展是相辅相成的关系。也就是说，会计是适应生产管理的需要而产生并随着社会生产力的发展、科学技术的进步、管理水平的不断提高而逐步发展和完善起来的一门科学。它的产生和发展离不开特定的社会环境，社会环境的变化也必然引致会计的进一步发展。经济越发展，会计越重要。

**（三）会计学科体系的建立与发展**

会计学是人们在长期会计工作的实践中，经过不断总结，逐渐形成的专门研究会计的理论与方法的一门经济管理学科。会计学来源于社会实践，反过来又指导会计实践。经济的发展使会计发展到了一个新的水平，会计学的内容也不断得到丰富，形成了一个完整的会计知识体系，也就是会计学科体系。

1. 会计学按其研究内容进行的划分

会计学按其研究的内容不同，一般分为会计学基础、财务会计学、管理会计学、成本会计学、财务管理学、审计学、计算机会计等。

（1）会计学基础。会计学基础也称会计学原理、基础会计、初级会计等。它是会计学科体系的基础，主要阐述会计核算前提、会计信息质量要求等内容，概括地说明会计的含义、会计的职能和目标、会计的对象等方面的理论问题以及各种会计核算方法及其运用，为进一步学习其他会计课程奠定基础。

（2）财务会计学。财务会计学主要阐述如何依据会计制度和会计准则，运用会计核算方法，对资产、负债、所有者权益、收入、费用和利润各项会计要素进行处理，编制财务会计报告等。财务会计主要研究对外报告的基本程序和基本方法，也称为对外报告会计。

（3）管理会计学。管理会计学是主要阐述如何利用会计信息和其他有关信息对企业进行经营管理，使企业进行最优决策的基本理论和方法。管理会计主要包括预测决策会计、控制会计、责任会计等内容。管理会计是以现代管理科学为基础，以改善企业管理为目的，所提供的信息主要是面对企业内部管理人员，也称为对内报告会计。

（4）成本会计学。成本会计学是以产品制造企业为主，主要研究产品成本形成的规律、成本计算的原理及各种成本计算的方法等内容，包括对成本的预测、决策、计划、控制、分析等，以提高成本管理水平，为降低产品成本提供理论和方法。

（5）财务管理学。财务管理学是主要阐述企业如何筹资和运用资金的理论和方法，包括资金的筹集、投放、营运、分配活动以及财务预测、控制与分析等内容，研究如何提高资金的利用效果，以达到企业价值最大化的最终目标。

(6)审计学。审计学是主要阐述对经济活动的合法性、合理性、效益性进行监督检查的基本理论和方法。审计学的内容主要包括审计的基本理论和方法、财务审计、财政金融审计、财经法纪审计、经济效益审计等。

(7)计算机会计。计算机会计研究如何将电子计算机和现代数据处理技术应用到会计工作中,是计算机科学与会计学的交叉学科。如今,计算机会计所涉及的范围并不仅限于实现记账、生成报表等基础功能。随着大数据技术的发展和普及,计算机会计将更多地呈现智能化财务管理、财务风险控制等管理性功能。

2. 会计学按其会计对象进行的划分

会计学科体系也可按不同组织的设置目的,划分为营利组织会计和非营利组织会计。其中,营利组织会计以企业作为主要代表,非营利组织会计主要包括政府财政总预算会计、行政单位会计和事业单位会计等。会计学科体系各门学科的划分并无严格的标准,也非固定不变。同时,随着经济的发展和管理水平的提高,新的会计学科不断出现并逐渐成熟,如国际会计、国际比较会计、社会会计、会计哲学、会计逻辑学、会计伦理学、会计方法学、人力资源会计、物价变动会计、衍生金融工具会计等。

**专栏 1-1　　会计对象的分类**

(1)国际会计。国际会计是会计的一个最新发展领域,它代表会计的一个最新发展趋向,即会计方法和实务的国际化。国际会计的一个基本目的是要建立一套符合国际会计惯例的国际会计准则。

(2)国际比较会计。国际比较会计是对不同国家的会计实务进行研究和比较,研究影响各国会计理论和实务的各项因素,包括政治、经济、社会文化和教育等因素,以及由于这些因素而形成的各国会计理论与实务的不同特点。

(3)社会会计。社会会计包括两重含义:一是国民收入会计,目的是计量和监控整个国家或社会的经济发展状况;二是社会责任会计,是指企业经济活动对社会所带来影响的计量和报告。企业活动对社会的影响主要包括对环境的影响和对职工以及社区的影响。社会责任会计的主要目的是向社会公众披露企业履行社会责任的状况,让社会公众了解企业对社会做出了多少贡献。

(4)人力资源会计。人力资源会计起源于 20 世纪 60 年代的美国,是一套现代化的信息系统,它运用会计的方法进行人力资源管理,为管理者提供人力资源方面的决策依据。人力资源会计主要包括人力资源预测会计、人力资源决策会计、人力资源全面预算等内容。

但是,无论会计学科体系发生怎样的变化,会计学基础都是学习其他会计的基础。

## 二、会计的概念

对会计进行考察的角度不同,就会表现为不同的认识,产生不同的表达方式。根据会计的产生和发展过程,可以看到会计在经济管理方面的作用日益显著。随着经济的发展和管理经济的变化,会计的内涵和外延也不尽相同,会计的概念应在实践中不断充实和完善。关于现代会计的定义,中外会计界的许多学者提出了自己的看法,但从来没有统一过。20 世纪 40 年代,美国会计师协会名词委员会于 1941 年发表的《会计名词公报》第 1 号认为:“会计是以货币形式记录、分类和汇总经济业务并说明其结果的技术。"随着信息在社会生活中发挥着越来越重要的作用,会计的概念也在发生变化。1966年,美国会计学会认为:"会计是鉴定、计量和传送经济信息的方法,并使信息的使用者有可能据以作出有根据的判断与决策。"1977年,美国出版发行的《现代会计手册》明确提出:"会计是一个信息系统。它旨在向利害攸关的各个方面传输一家企业或其他个体的富有意义的经济信息。"近代以来,关于什么是会计,我国也受到国外关于会计概念的影响。目前,会计理论界对会计含义的理解主要有四种代表性观点:决策有用论、管理工具论、信息系统论和管理活动论。

**(一)决策有用论**

决策有用论的观点认为,会计提供信息的主要目的是为了制定经济决策。在决策论范畴中,会计是对能够用货币表现的经济事项,按特定的方法,予以计量、记录、分类、汇总和分析、评价的一项管理活动。企业作为一个独立的经济实体,要通过自身的生产经营活动谋生存、求发展。因此,通过会计工作进行加工、处理并提供的信息,应当为企业管理当局和利益相关者提供经济决策的依据,帮助决策者制订长期计划,指导和控制当期的经营活动。

**(二)管理工具论**

制定正确的企业决策需要依靠正确的会计信息或数据,而正确的会计信息或数据则有赖于对反映业务活动数值的正确计量。这种观点认为,会计主要是运用货币形式,通过记账、算账、报账和用账等方法,核算和分析企业单位的经济活动或财务收支,反映和监督经济活动过程及其成果。按照"管理工具论"的观点,会计是一种技术手段,是反映和监督生产过程的一种方法,是管理经济的一种工具。

**(三)信息系统论**

在信息论范畴中,会计是一个信息系统①,是在企业或其他组织范围内,旨在反映和控制企业或组织的各项经济活动,由若干具有内在联系的程序、方法和技术所组成,由会计人员加以管理,用于处理经济数据、提供财务信息和其他有关经济信息的有机整体。还有些专家学者认为,会计是企业、单位以提供财务信息为主的经济信息系统。企业发生的经济业务进入会计系统,经过加工处理向企业管理者及其他相关方面提供财务信息,以满足企业加强管理、提高经济效益及进行经济决策的需要。②

这一见解试图把会计工作和开展会计工作所运用的方法或技术统一起来,力求突出方法的作用,突出反映的职能,突出经济信息在现代管理中的特殊重要性。会计信息系统主要包括会计核算系统和会计预测系统两个子系统。会计核算系统是利用会计核算的专门方法,记录并反映经济业务的动态和静态,提供历史性会计信息;会计预测系统是根据会计核算系统提供的历史信息,利用会计的专门方法,产生和提供预测性信息。

**(四)管理活动论**

把会计当作一项有人参加的活动,即一项工作,这就是"管理活动论"的实质。按照"管理活动论"下的定义,会计是对一定单位的经济业务进行计量、记录、分析和检查,作出预测,参与决策,实行监督,旨在实现最佳经济效益的一种管理活动。③ 而会计这项活动或工作是对能够用货币表现的经济事项,按特定的方法,予以计量、记录、分类、汇总和分析、评价。

---

① 葛家澍、余绪缨:《会计学》,高等教育出版社2000年版,第8~9页。
② 阎达五、于玉林:《会计学》,中国人民大学出版社2000年版。
③ 娄尔行:《基础会计》,上海财经大学出版社2002年版,第5页。

现代会计的含义，从不同侧面对会计进行考察，就会有不同的认识。综上所述，在我国社会主义市场经济条件下，会计是借助于专门的方法和程序，对特定主体的经济业务进行核算、实行监督，为会计信息使用者提供相关经济决策信息，旨在提高经济效益、实现企业价值最大化的一项管理活动。

## 第二节 财务会计报告目标

### 一、财务会计报告目标的内涵

财务会计报告目标是财务会计最终要达到的结果。作为经济管理重要组成部分的会计管理工作，提高经济效益是其最终目标。

《企业会计准则——基本准则》规定，财务会计报告的目标是向财务会计报告使用者提供与企业财务状况、经营成果和现金流量等有关的会计信息，反映企业管理层受托责任履行情况，有助于财务会计报告使用者作出经济决策。企业提供的会计信息在用途上应同时满足两个方面的需求：一是反映管理当局受托责任的履行情况；二是提供对决策有用的信息，即“受托责任观”和“决策有用观”同时并存，突出会计信息的决策有用性。

### 二、财务会计报告的使用者及其所需的信息

明确财务会计报告目标，需要解决三个方面的问题，即谁是会计信息的使用者，会计信息的使用者需要哪些信息，会计如何提供这些信息。

**（一）会计信息的使用者**

会计信息的使用者，也称为财务会计报告的使用者，是指那些需要运用财务会计信息进行有关决策的组织或人士。这些组织或人士要作出正确的决策，除了要具备决策技能外，还需要运用充分可靠的信息，包括会计信息和非会计信息。为了向会计信息使用者提供有用的会计信息，首先必须弄清财务会计信息的使用者包括哪些利益相关者。按其与企业的关系，可以将财务会计报告信息的使用者分成两大类：内部使用者和外部使用者。

1. 内部使用者

会计信息的内部使用者主要包括企业管理层和企业的职工。作为企业管理层，若要实现企业经营目标，需要利用会计信息对经营过程中所遇到的重大问题进行正确的决策。企业决策的正确与否，关系到企业的兴衰成败，而正确的企业决策必须以客观的、有用的数据和资料为依据，会计信息在企业决策中起着极其重要的作用。因此，企业会计要采用一定的程序和方法，将企业的大量经济数据转化为有用的会计信息，以便为企业管理决策提供依据。企业的职工主要关心企业是否能按正确的方向从事经营、为其提供稳定而持久的工作职位以及能否支付较高的报酬，并需要了解企业目标的实现情况以及企业发展的前景，以判断企业对自身发展的吸引力。

2. 外部使用者

企业的会计信息不仅为企业内部管理所需要，还为企业外部有关决策者所需要。因为企业不是孤立存在的，它必然要与外界发生各种各样的联系，进行信息交流。会计信息的外部使用者包括投资者、债权人、政府及其有关部门、供应商、客户以及社会公众等。

（1）企业的投资者。企业的投资者主要关心企业的获利能力和发展前景。由于经营权与

所有权的分离，企业的投资者需要利用会计信息对资本的保值、增值状况进行分析。对潜在的投资者来说，也主要根据企业的会计信息，作出是否对企业进行投资的有关决策，如是否购买某公司的股票。

(2)企业的债权人。企业的债权人是贷给企业资金的借款方。债权人主要关心企业是否能够按期还本付息，即要了解企业的偿债能力，以便作出有关的决策。对潜在的债权人来说，要依靠会计信息，作出是否贷给企业资金的决策。

(3)政府及其有关部门。有关政府部门(如税务机关)，要通过会计信息了解企业所承担的义务情况，如企业缴纳所得税和其他税金的情况。当然，对我国的国有企业来说，企业还有义务向有关政府管理部门提供进行宏观调控所需要的会计信息。

(4)社会公众和其他利益相关者。社会公众关心企业可能以哪种方式对社会做出贡献，如提供就业机会的能力、对环境的保护情况等。企业的其他利益相关者虽然不直接参与企业资源的配置，但在许多方面与企业存在着利益关系。企业其他利益相关者主要包括企业的供应商和客户。供应商主要借助于会计信息了解企业的经营状况，以便制定产销计划和赊销策略等。客户主要关心企业的财力是否充裕，是否足以保证长期向客户供应其需要的产品，以及企业经营行为和政策是否与客户的目的相矛盾。

以上分析表明，企业内部管理和企业外部有关方面都需要利用会计信息进行经济决策。在明确了对会计信息的需求后，还要进一步分析企业会计能够提供什么样的会计信息，然后再对会计信息进行恰当的分析。

**(二)会计信息使用者需要的信息**

各种不同的会计信息使用者之间对会计信息的需求存在着差异，即使是同类会计信息使用者，其需要会计信息的类型也各不相同。

投资者一般关注企业的盈利能力和企业未来有利的现金流量，有些股东关注企业长期的发展趋势，有些股东关注企业股东短期的利润分配情况等；债权人关注的是企业的偿债能力，有些债权人关注企业的长期偿债能力(如资产与负债是否保持一个恰当的比率等)，有些债权人关注短期偿债能力(如流动资产与流动负债的比率等)；政府及其有关部门需要对企业进行宏观管理的会计信息，而各个宏观管理部门所需的信息因管理部门不同而有所差异，如税务部门关注企业对应交税费的核算和缴纳情况的信息，而财政部门关注企业对国有资产保值、增值的会计信息等；企业管理层关注企业的整体情况，需要了解和掌握企业资产的运用和分布状况、财务成本和经营活动状况、资本运营状况、公司的经营业绩等，以便对日常经营活动状况进行管理和控制以及进行科学的经营决策与管理决策。此外，社会有关部门还要对企业是否履行了其应该承担的社会责任进行监督，如治理环境污染、可持续发展以及职工的社会保障等。

这些会计信息的使用者作出的决策不同，所需要的会计信息也各有侧重。若按不同信息使用者的需求分别提供财务信息，会增大企业信息的提供成本。因此，会计主要提供各类会计信息使用者共同关注的信息，主要包括：①企业特定时点的财务状况的信息；②企业特定会计期间的经营成果的信息；③企业特定会计期间的现金流入、现金流出及企业现金净流量的信息；④企业特定会计期间的所有者权益变动情况的信息。

**(三)会计提供信息的方式**

在明确了会计信息的使用者以及会计信息使用者需要何种会计信息之后，需要解决会计如何提供这些信息的问题。为提供会计信息，需要通过一系列程序并采用专门的方法，而企业财务会计报告具有概括、全面和系统的特点，作为提供会计信息的基本形式。财务会计报告是反映企业财务状况、经营成果和现金流量的书面文件，企业财务报告主要包括资产负债表、利润表、所有者权益（或股东权益）变动表、现金流量表和附注。财务会计报告作为提供会计信息的主要方式，其特点是提供货币化信息；那些难以确认、不能以货币量化的信息，也能够通过报表附注等表外信息提供。

**专栏1－2　　会计的任务**

企业会计的基本任务主要包括：

第一，正确及时地记录和反映经济活动情况，为加强经济管理提供系统的信息资料。

企业会计要运用一整套科学方法，按照综合、系统、全面的要求，对生产经营过程中发生的经济事项，进行记录、归类、汇总，及时提供完整的会计信息，以满足会计信息使用者的需要。

第二，分析、考核资金的使用效果，提高经济效益。

为了提高经济效益，企业需要合理筹集资金、科学安排使用资金、及时完整收回资金，提高资金使用效果。资金的使用情况体现在企业的运作过程和结果上，反映在企业的会计核算中。因此，会计应当利用核算资料，对资金的使用情况进行全面的分析，从中总结经验，挖掘潜力，加速资金周转，提高经济效益。

第三，监督和促进国家财经纪律、法规和制度的贯彻执行。

企业会计在核算其经营活动中，要维护财经纪律，并在贯彻执行国家有关财经方针、政策和法令方面发挥监督作用。对于违反统一财务制度和财经纪律的行为应予以揭露和制止，以保证财经方针、政策、法令和制度的贯彻执行，这是企业会计的重要任务之一。

第四，参与拟定计划，考核、分析财务计划的执行情况。

企业的经营决策科学与否，对于企业最佳经济效益的实现有着至关重要的作用。而要作出科学的决策，就必须掌握充分的信息资料，这些信息资料绝大部分都直接或间接地来自会计信息系统。实务中，决策要通过计划来使其进一步具体化，因此，会计必须参与企业经营活动的预测、决策，会计还应当在预算和财务计划的执行过程中，进行事中和事后考核分析，促进企业改善经营管理，降低成本费用水平，增收节支，不断提高盈利水平。

## 第三节　会计职能和会计对象

会计工作是一个整体，按照企业管理的需要，会计工作又分为各种具体工作，如会计的预测、决策、计划（预算）、控制、核算、分析和检查等。各种具体会计工作，在生产经营活动中发挥着不同的作用。会计职能，是指会计在经济管理工作中客观上所具有的功能。

### 一、会计职能

随着社会经济的不断发展、经济关系的复杂化和管理水平的不断提高，会计职能的具体内容也在不断地发展变化。按照会计职能的发展变化程度，可划分为会计基本职能和会计扩展职能。

### (一)会计基本职能

会计基本职能包括会计核算与会计监督。

1. 核算职能

会计核算贯穿经济活动的全过程,是会计最基本的职能,也称反映职能。会计核算,是指会计以货币为主要计量单位,通过确认、计量、记录、报告等环节,对特定对象(会计主体)的经济活动进行记账、算账、报账(报送),为有关各方提供会计信息。核算过程,其实就是会计把大量经济数据转换为有用的财务信息的过程。记账、算账、报账(报送)则是会计执行核算职能的主要形式。记账,是指对特定对象的经济活动采用一定的记账方法,在账簿中进行登记;算账,是指在记账的基础上,对特定对象一定时期的收入、费用、利润和特定日期的资产、负债、所有者权益进行计算;报账(报送),是指在算账的基础上,对特定对象的财务状况、经营成果和现金流量情况,以会计报表的形式向有关各方报告。

会计的核算职能具有以下特点:

(1)会计核算以货币量度为主,从价值量上反映各经济实体的经济活动情况,为经济管理提供决策资料。同时,辅之以劳动和实物的量度。劳动量度和实物量度用以计算劳动的占有量和实物的消耗量。

(2)会计核算对经济活动的反映具有完整性、连续性、系统性。完整性,是指对全部经济活动进行无遗漏的反映和记录;连续性,是指对会计对象的计量、记录和报告按照经济活动发生的时间先后顺序进行核算反映;系统性,是指对会计记录的全部内容进行科学的分类、整理和汇总,对经济活动进行相互联系的核算反映。

(3)会计核算要对各单位经济活动的全过程进行反映。会计核算对单位经济活动的全过程进行记录、计算、综合和分析,形成一套完整的会计信息,反映财务状况和经营成果,为指挥、调节经济管理活动提供数据。

2. 监督职能

会计监督职能,也称控制职能,是指通过专门的方法对特定对象经济业务的合法性、合理性进行审查。合法性审查,是指保证各项经济业务符合国家的有关法规,遵守财经法纪,执行国家的各项方针政策,杜绝违法、违纪行为;合理性审查,是指检查各项财务收支是否符合特定对象的财务收支计划,是否有利于预算目标的实现,是否有浪费行为,是否有违反内部控制制度要求等现象,为增收节支、提高经济效益严格把关。

会计监督职能具有以下特点:

(1)会计监督主要通过价值指标来进行。

(2)会计监督要对企事业单位经济活动的全过程进行监督,包括事前监督、事中监督及事后监督。事前监督主要表现为对计划和预算的审查;事中监督主要表现为对日常经济活动的适时限制和调整;事后监督主要是检查财产的安全与完整,表现为对已完成经济活动的合理性、合法性和有效性进行检查、分析、评价以及必要的纠正活动。

会计核算职能与监督职能相辅相成,会计核算的过程也是实行会计监督的过程。会计核算是会计监督的前提条件,会计监督是会计核算的质量保证。只有在对经济业务活动进行正确核算的基础上,才可能提供可靠资料作为监督依据;同时,也只有做好会计监督,保证经济业务按规定的要求进行,并且达到预期的目的,才能发挥会计核算的作用。

**思政专栏 1-1　　会计信息质量、会计监督和内部控制**

提升会计信息质量、防范会计信息欺诈现象的再度发生受到了政府及公众的广泛关注。会计监督与内部控制对于保证会计信息的真实性和可靠性有着重要作用，并且这两者之间并不是替代关系而是互相促进的协同关系。

一、相同点

1. 理论基础相同

会计监督与内部控制都建立在传统的委托代理理论的基础之上。为了解决委托代理所带来的问题，企业需要一定的制约机制，而会计监督和内部控制便是常用的制约方式。

2. 目标相同

内部控制的目标是合理保证企业财务报告可靠，而会计监督的目标是保证企业内部各项财产物资的完全、完整以及有序、有效流动和使用，保证企业会计信息能真实、可靠地反映企业的财务状况和经营成果，两者目标方向相同。

二、不同点

1. 实施主体不同

结合利益相关者理论，会计监督的主体既包括企业会计人员、单位负责人等内部人员和机构，也包括股东、债权人、政府有关部门等外部人员和组织；而内部控制作为企业管理的一种有效方法，主要在企业内部实施，其主体主要是企业的内部人员和内部机构。

2. 实施客体不同

会计监督主要针对企业的会计人员、会计行为、会计信息进行监督；而企业内部控制的实施客体则与企业的固有风险有关，包括企业的各项资产、发生的交易以及各类信息，也与企业的控制风险有关，包括企业的内部控制系统以及董事会、监事会、员工等企业人员。

因此，会计监督与内部控制的实施客体不同，在一定程度上，会计监督可以视为内部控制的一部分。

3. 实施方式不同

从内部会计监督来看，其主要实施方式包括内部审计制度、财产清查制度等，主要对核算过程产生的会计信息进行监督；而内部控制其实施方式覆盖面更广，包括组织结构控制、预算控制、风险控制等，不仅对企业的会计信息实施控制，还对其他影响企业控制风险与固有风险的领域进行控制，内部控制涵盖的范围更广。从外部会计监督来看，目前政府加强了对会计师事务所的审查，希望通过对会计师事务所的审查，进一步找到其所负责审计的企业的违规行为，从侧面加强对企业的外部会计监督；内部控制则一般不会涉及其他外部组织，仅在企业内部实施控制。

资料来源：https://gd.huatu.com/ask/2022/0428/2988777.html。

**(二)会计的扩展职能**

随着经济、科技和管理的发展，会计职能的内涵不断地得到充实并开拓了新的领域。现代会计是经济管理的重要组成部分，其管理职能日益重要并且需要不断地总结、充实和完善。因此，除了会计核算与监督职能外，会计还具有预测经济前景、参与经济决策、控制经济运行、评价经济业绩等扩展职能。

会计预测职能，是指根据已有的会计信息和其他信息资料，对客观经济过程及其发展趋势进行的估计、判断和测算。会计参与决策职能，是指在会计预测的基础上，在未来一定时期经济活动可能采取的各种备选方案中，选择最优方案，以供管理者进行决策。会计控制职能，是指按照管理要求和预定目标，通过组织、指挥、协调企业的经济活动，对经济活动进行必要的干预，使其按照预定的轨道有序地进行。会计分析评价职能，是指以会计核算提供的信息资料为主要依据，结合计划、统计和其他资料，对经济活动的过程和财务成果进行比较、分析、评价，总结经验、发现问题、找出原因、挖掘潜力和改进工作的过程。

## 二、会计对象

会计对象，是指会计核算和监督的内容。会计是以货币为主要计量单位，对一定主体的经济活动进行核算和监督的经济管理活动。会计对象核算和监督的具体内容包括社会再生产过程中可以用货币表现的经济活动的所有方面。以货币表现的经济活动，通常又称为价值运动或资金运动。伴随着企事业单位生产经营的进行或业务活动的开展，所取得的资金必然不断地改变形态并发生数量上的变化，这便是会计核算和监督的经济活动。由此可见，会计对象在市场经济条件下可以概括为“社会再生产过程中的资金运动”。资金运动包括特定对象的资金投入、资金运用(即资金的循环和周转)和资金退出等过程。各种类型的单位因性质不同，其经济活动内容和资金运动形式也有差异，特定单位的会计对象会体现自身的特点。在企业单位，资金运动具体表现为经营资金运动；而在事业、行政单位，则具体表现为预算资金运动。即便同样是企业，产品制造企业、商品流通企业、金融企业等也有各自的资金运动的特点，其中以产品制造企业最具代表性。

以产品制造企业为例，其主要生产经营过程可分为生产准备、生产和销售三个阶段，历经交换、生产、消费、分配四个环节。企业在生产经营开始前，首先要筹集一定数量的资金(包括部分货币资金)，随着企业以货币资金购买并储备材料物资等劳动对象，完成生产准备过程，其资金就从货币形态转化为储备资金形态。生产过程既是产品的制造过程，也是各种财产物资的耗费过程。在此期间，劳动者将劳动资料作用于劳动对象，生产出符合一定质量标准的工业产品。在产品生产过程中，劳动对象的耗费使得资金从储备资金形态转化为生产资金形态；劳动资料的耗费使得厂房、机器设备的价值逐步转化为生产资金的一部分；劳动者活劳动的耗费则使得部分货币资金转化为生产资金。当产品完工后，资金又从生产资金形态转化为成品资金形态。销售过程是产品价值的实现过程。在此期间，企业通过市场将产品销售出去取得销售收入，收回货款，成品资金便又转化为货币资金。一个经营过程结束后，企业会有一部分资金由于某种原因而退出企业的经营过程，不再参加企业资金的周转，如偿还贷款、上缴税金、向投资者分配利润等。

如前所述，企业在生产经营过程中，其资金从货币资金形态出发，依次经过生产准备、生产和销售过程，分别表现为储备资金、生产资金、成品资金等不同形态，最后回到货币资金形态。这一资金的运动变化过程在形态上实现了循环，即从货币资金形态出发，又回到货币资金，其间当然伴随着数量的变化。资金循环不间断地进行、周而复始地循环，就称为资金周转。具体循环过程如图 1-1 所示。

企业的资金运动，从形态转化看，表现为资金的循环与周转过程；从价值量的变化上看，则表现为资金的耗费与收回的过程。产品制造企业资金运动包括资金的投入、资金的运用和资

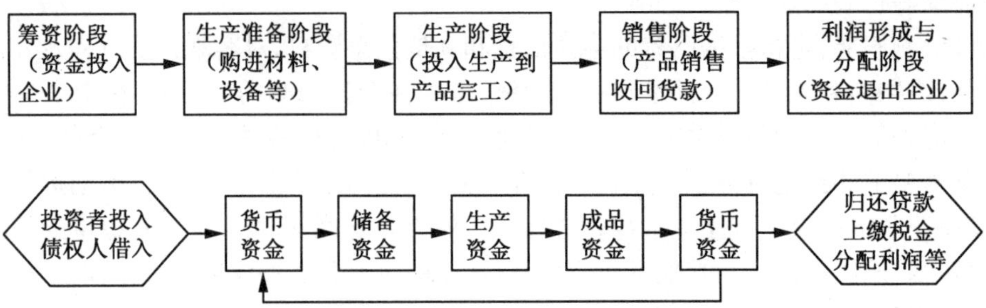


图1-1 企业资金循环过程

金的退出三部分。资金的投入包括企业所有者投入的资金和向债权人借入的资金两部分,前者属于企业所有者权益,后者属于企业债权人权益(负债)。投入的资金一部分形成企业的流动资产,另一部分形成企业的非流动资产(长期资产)。资金的运用分为生产准备、生产、销售三个阶段。在生产准备阶段,企业发生采购原材料等业务,需计算材料采购成本、与供货方结算货款等;在生产阶段,劳动者利用生产设备对原材料进行加工以生产出满足社会需要的产品,需计算生产过程中发生的各项耗费,计算产品的制造成本和发生的期间费用;在销售阶段,企业发生销售商品及提供劳务的业务,企业需计算发出商品成本、收回货款、支付销售费用、缴纳有关税金等经济业务。期末,企业对一定时期所取得的各项收入,扣除各项成本、费用、支出、损失等,计算盈亏,进行利润分配。资金的退出包括偿还各项债务、缴纳各项税金、向投资者支付股利或利润,这部分资金退出企业的资金循环与周转。

上述资金运动的三个阶段构成了开放式的运动形式,是相互联系、相互制约的统一体。

## 第四节 会计核算的基本程序与核算方法

会计作为一个信息系统,其基本目标就是提供财务报告信息。为了实现会计目标,会计在提供以财务信息为主的经济信息时,需采用独特的会计程序和方法。

### 一、会计核算的基本程序和会计循环

会计核算的基本程序,是指对发生的经济业务进行会计数据处理与信息加工的程序。它包括会计确认、计量、记录和报告等程序。

**(一)会计核算的基本程序**

会计核算基本程序一般包括以下四个步骤:

1. 会计确认

会计主体所产生的经济信息,有些属于会计核算和监督的内容(如购买原材料和设备等),有些则不属于会计核算和监督的范围(如企业根据各自的生产经营活动签订的购销合同、机器设备及其利用情况、职工的构成等),这些信息虽然是企业的经济业务,而且对企业的最终经营成果也会产生影响,但却无法按照会计核算系统的特有方法直接进行加工处理。如果不加以确认,将所有的经济信息都进行会计处理,势必影响会计提供最后信息的价值。因此,在会计核算系统正式接收、记录经济业务的有关数据之前,应进行必要的确认,以排除不属于会计核算范围的经济数据。

所谓“会计确认”，是将某一经济业务或会计事项作为企业的一项资产、负债、所有者权益、收入、费用和利润等要素，正式记录或列入该会计主体的会计核算体系的过程。一项经济业务是否属于会计核算范围，受到会计假设、会计目标和会计信息质量的制约。会计确认包括确认标准和确认时点：

(1)会计确认标准

会计确认几乎涉及会计信息的整个加工处理过程，主要涉及是否应该记录某项经济活动及其影响，作为何种要素记录，以及何时记录三个问题。凡符合确认标准的各种项目，均应在财务报表中予以确认。概括地讲，确认标准包括以下几个方面的要求：

第一，可定义性。首先应确认发生的经济业务能否进入会计核算系统，然后对能够进入会计核算系统的经济业务按照会计要素的定义将其具体确认为某一会计要素。第二，可计量性。作为会计确认的核心问题，可计量性在可定义性的基础上，是指经济信息必须能够量化，能够以货币计量，才能够保证经过确认后的信息具有质的统一性，可以进行比较和加工。第三，经济信息的可靠性。会计信息要真实可靠，也就是如实地、完整地反映相关的交易或事项，而且这些交易或事项必须根据其实质和不带偏向的经济现实，而不仅仅根据其法律形式进行反映。第四，经济信息的相关性。将相关性作为确认的标准，是因为各方面信息使用者的需要不同。针对信息使用者的具体需要，排除不相关的数据，增进信息的有用性，如在财务报表中增加补充资料以满足不同使用者的需要等。此外，资料如果不适当地拖延，就可能失去其相关性。

(2)会计确认时点

按确认时点，会计确认可分为初次确认和再次确认。

初次确认，是指对输入会计核算系统的原始经济信息进行的确认。这类原始的经济信息的载体就是伴随经济业务发生的原始凭证。初次确认是从审核及填制原始凭证开始，对经济业务所产生的原始数据按其内容(诸如经济业务的种类、执行单位、经手人、时间、地点，业务的数量、单价、金额等)进行具体的识别、判断、选择和归类，以便对其进行正式的记录。初次确认要依据会计目标或会计核算的特定规范要求，筛选掉多余的或不可接受的数据，将筛选后有用的原始数据进行分类，运用复式记账法编制记账凭证，将经济数据转化为会计信息，并登记有关账簿。初次确认实际上是经济数据能否转化为会计信息，并进入会计核算系统的筛选过程。

再次确认，是指对会计核算系统输出的经过加工的会计信息进行确认。经过初次确认的原始数据，借助于会计的核算方法转化为账簿资料。为便于管理者使用，账簿资料还须依据管理者的需要，继续进行加工、浓缩、提炼，或加以扩充、重新归类、组合。这就是会计再次确认。因此，再次确认是依据管理者的需要，确认账簿资料中的哪些内容应列入财务报表，或是在财务报告中应揭示多少财务资料和何种财务资料。

会计确认的核心问题是根据何种标准(如什么时间、多少金额)，对输入会计核算系统的经济信息加以初次确认或对会计核算系统产出的信息进行再次确认。初次确认决定着经济信息能否转换成会计信息进入会计核算系统；而再次确认则是对经过加工的信息进行再次提炼。只有通过对会计信息的初次确认和再次确认，才能保证会计信息的真实客观性和决策有用性。

2. 会计计量

所谓“会计计量”，是指以货币或其他度量单位衡量各项经济业务的影响和结果的过程，即以货币和其他度量单位衡量各项经济业务对资产、负债、所有者权益、收入、费用和利润的影响及其结果的过程。

会计计量包括会计计量单位和会计计量基础。会计计量单位，是指计量尺度的量度单位，一般以货币计量为主,但也不排除以实物量度、劳动量度作为辅助量度。

3. 会计记录

所谓"会计记录",就是将经会计确认与计量的经济业务或会计事项,按照复式记账的要求,运用一定的文字与金额,登记在预先设置的会计账簿中的过程。会计记录是对经济业务进行分类、汇总和加工的过程。只有经过这一程序,经济业务才能被进一步加工处理成会计信息。在实务工作中,会计确认、会计计量和会计记录是紧密结合、相辅相成的。会计确认与计量是会计记录的基础,而会计记录是会计确认和会计计量的结果。

4. 会计报告

所谓"会计报告"(或称为财务报告),是指以账簿记录为依据,采用表格和文字形式,将会计核算形成的会计信息传递给财务会计报告信息使用者的过程。通过会计确认、计量和记录已将经济活动登记在会计账簿中,但这些信息还比较分散,还必须对其进一步加工处理,使之形成一系列反映企业财务状况和经营成果的财务指标体系,以便于会计信息使用者的使用。传递会计信息主要通过财务报告方式,包括财务报表和文字说明部分。财务报表的编制是对会计账簿所记录数据的再加工过程,这一过程实际是会计的再次确认,即确认哪些数据可以列入会计报表以及应如何列入报表。

**(二)会计循环**

为了将会计主体经济活动的结果,通过财务会计报告的方式提供给会计信息的使用者,必须经过记录、分类、汇总、编制报表、传递信息等一系列的工作程序。这种在每一会计期间周而复始进行的程序,在会计上就称为会计工作的循环,简称会计循环。会计循环的基本步骤包括:

(1)初次确认。判断经济业务或会计事项能否用货币计量,将能够以货币计量的经济业务纳入会计处理系统,并确定经济业务的发生对会计要素的影响。

(2)入账。经过审核原始凭证分析具体的经济业务,编制会计分录,填制记账凭证或登记日记账,将能够以货币表现的经济业务记录到会计核算体系中。

(3)过账。根据已编制的记账凭证或日记账登记到分类账簿中,以便分类反映会计要素。

(4)结算余额。根据每一账户期初余额、本期发生额计算期末余额。

(5)编制调整前的试算平衡表。根据账簿中记载的余额、发生额编制平衡表,以检查账簿记录的正确性。

(6)编制期末调整分录并过账。依据权责发生制记账基础对分类账户的有关记录进行调整,以便正确计算当期损益;对未入账的经济业务编制调整分录,以使各账户反映调整后的情况。

(7)编制调整后的试算平衡表。编制期末调整分录并过账,并再次编制调整后的平衡表,再次检验账簿记录的正确性。

(8)结账。将各种收入账户和费用账户转到有关账户中,结清收入和费用账户,以计算本期的经营成果。

(9)编制正式的财务会计报告。根据调整后的试算平衡表编制正式的资产负债表、利润表等会计报表。

## 二、会计核算方法

随着会计的发展,会计方法也在不断地丰富和完善。会计方法,是指将经营活动发出的初始信息(数据)进行加工,使之变成对经济决策有用的财务信息所采用的技术和手段。会计的方法包括会计核算的方法、会计分析的方法、会计检查的方法、会计预测以及决策和控制的方法。其中,会计核算的方法是最基本的方法。会计核算方法是对会计对象及其具体内容进行连续、系统、全面、综合的分类、记录、计算、报告等所应用的方法,主要包括设置账户、复式记账、填制和审核凭证、登记账簿、成本计算、财产清查和编制财务会计报告等。也就是说,会计核算是会计加工、生成历史信息的过程,而会计加工、生成预测信息的过程则是会计分析。

**(一)设置账户**

设置账户是对会计对象进行归类、核算和控制的一种专门方法。会计对象的内容复杂多样,为了对会计对象进行核算和监督,需要对其进行科学分类,以取得各种所需的会计指标。账户是对会计对象的具体内容进行的分类,是记录会计对象的工具。设置账户,为填制凭证、登记账簿、编制报表提供了依据。通过设置账户,可以有序、系统、分类地将会计对象——各项经济业务增减变动的数据记入账户,从而分门别类地提供各种会计信息,供国家、投资者、债权人等有关各方使用。设置账户是会计核算最基本的方法。

**(二)复式记账**

复式记账,是指对每一项经济业务都以相等的金额在两个或两个以上相互联系的账户中同时登记的一种记账方法。复式记账能全面地反映一项经济业务的来龙去脉。任何一项经济业务的发生,都至少会引起会计对象两个项目的增减变动。为了完整地反映该笔业务,需要分别在两个(及以上)账户中进行登记。这样既能相互联系地反映经济业务的全貌,又便于试算平衡,核对账簿记录是否正确。

**(三)填制和审核会计凭证**

填制和审核会计凭证,是指经济业务发生后,借助设置会计科目和账户、复式记账方法,按照有关要求进行会计凭证填制,并由有关机构和人员进行审核,保证会计记录真实、正确、合理、合法的一种专门方法。会计凭证是记录经济业务、明确经济责任的书面证明,是登记账簿的重要依据,主要包括原始凭证和记账凭证。对于已经发生或已经完成的经济业务,都必须由经办人员或单位填制原始凭证,并签名盖章。经审核无误后的原始凭证才能作为编制记账凭证和登记账簿的依据。填制和审核凭证是会计核算的一种专门方法,是会计的特点之一,对提高会计信息质量起着重要作用。

**(四)登记账簿**

账簿是用来全面、连续、系统地记录各项经济业务的簿籍,也是保存会计数据资料的重要工具。登记账簿是运用复式记账原理,根据审核无误的会计凭证,在账簿上连续地、完整地、系统地记录经济业务的一种专门方法。在账簿中,既要将所有的经济业务按照账户加以归类反映,以便提供分类的财务信息;又要将全部经济业务按其发生的先后时间,进行序时记录,并定期进行结账和核对账目,计算出各项核算指标,以保证账簿记录的正确性。

**(五)成本计算**

成本计算是按一定的成本对象,对生产经营过程中所发生的各种成本费用进行归集和分配,以确定各对象的总成本和单位成本的一种专门方法。企业生产经营的每个阶段都会发生相应的费用,为了考核各项费用是否符合节约原则,应把这些费用按照一定的对象加以归集,分别计算出该对象的总成本和单位成本。准确计算成本不仅为产品劳务定价、生产耗费补偿提供了依据,而且可以掌握成本的构成情况,考核成本计划的完成情况。

**(六)财产清查**

财产清查是对各项财产物资、货币资金进行实物盘点，对各项往来款项进行核对，以查明其实有数的一种专门方法。为了保证会计信息的真实性和正确性，必须定期或不定期地进行财产清查。通过财产清查，可以查明各项财产物资、债权债务、所有者权益的情况，有利于企业加强物资管理，保证财产安全完整。如发现账实不符，应分析原因，明确责任，调整账簿记录，以保证会计信息真实可靠。

**(七)编制财务会计报告**

编制财务会计报告是会计核算的一种专门方法，是企业对外提供会计信息的主要形式。通过编制财务会计报告，能对分散在账簿中的日常核算资料进行综合、分析、加工整理，以提供财务会计报告信息使用者所需的会计信息。编制财务会计报告是以会计报表为中心进行的，会计报表是财务会计报告主要的、最基本的形式，它记载着企业的绝大部分财务信息。因此，若要了解企业的财务信息，首先必须阅读其财务会计报告。

如图 1-2 所示，一般业务流程是对于日常发生的各项经济业务，须以合法的凭证为依据，按规定的账户，对经济业务进行分类，采用复式记账的方法在有关的账簿中进行登记。对于生产经营过程中发生的各项费用，应进行成本计算，并定期进行财产清查，在保证账实相符的基础上，主要根据账簿记录编制会计报表，提供会计信息，从而实现会计目标。

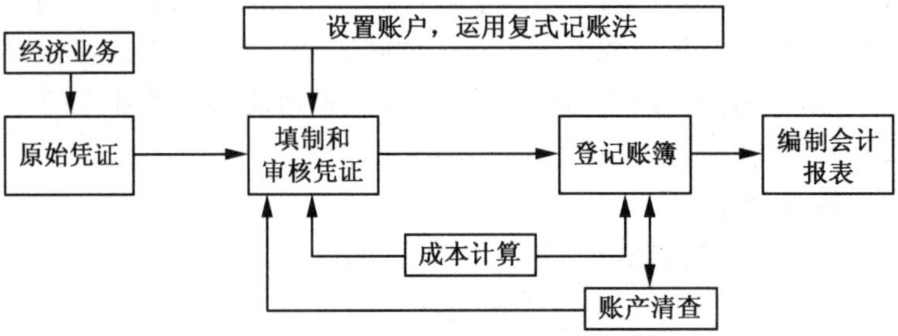


**图 1-2 会计核算基本方法体系**

上述七种会计核算方法相辅相成、密切相关，构成完整的会计核算方法体系。设置账户是前提、基础，借助于复式记账方法，先进行会计凭证的填制和审核；再根据审核无误的会计凭证登记账簿；成本计算和财产清查的结果，也要填制凭证、登记在账簿中；最后，根据核对无误的会计账簿，进行会计报表的编制。

在这些方法中，填制和审核凭证是会计核算的首要环节；登记账簿是会计核算的中心环节；编制会计报表是会计核算的最终环节。就其各自的作用来说，审核和填制凭证是信息收集的方法；设置账户、复式记账和登记账簿是信息分类记录和加工储存的方法；财产清查是信息检验的方法；编制财务会计报告是信息的高度概括和报送的方法。

## 第五节 会计管理体制和会计规范

### 一、会计管理体制

会计管理体制，是指一个国家或地区依据需要对本国(或本地区)会计活动进行组织和管理的方式。世界各国会计管理体制大体上可以分为两种类型：一种是集中与立法管理型；另一种是自我管理型。所谓“集中与立法管理”，是指政府积极参与会计活动的管理，这种管理主要通过行政手段和法律手段来进行，而会计职业团体在会计活动的管理中不占主导地位，只起着协助政府管理会计活动的作用。所谓“自我管理”，是指政府对会计活动的干预较少，除某些必要的立法外，对会计活动的管理完全交给会计职业团体自行管理。我国现行会计管理体制可以定位于集中与立法管理型，即我国现行会计管理体制采用统一领导和分级管理的办法。

根据《中华人民共和国会计法》（以下简称《会计法》）的规定，国务院财政部门主管全国的会计工作，县级以上地方各级人民政府财政部门管理本行政区域内的会计工作。国务院有关部门可以依照《会计法》和国家统一的会计制度制定对会计核算和会计监督有特殊要求的行业实施国家统一的会计制度的具体办法或者补充规定，报国务院财政部门审核批准。

一个国家的会计管理体制主要包括实施会计管理的机构和组织，以及规范企业会计行为的有关法律、准则和制度等规范体系。

**专栏 1－3**　会计组织

**一、会计机构的设置**

企业单位应当根据会计业务的需要，设置会计机构，或者在有关机构中设置会计人员并指定会计主管人员。设置会计机构，应当配备专职会计人员，并在专职会计人员中指定会计主管人员。不具备设置会计机构和配备会计人员条件的，应当根据相关规定，委托经批准设立从事会计代理记账业务的中介机构代理记账。

会计机构还应当建立内部稽核制度。会计机构内部稽核制度是会计机构自身对会计核算工作进行的一种自我检查、自我审核的制度，其主要内容包括：稽核工作的组织形式和具体分工，稽核工作的职责、权限，审核会计凭证和复核会计账簿、会计报表的方法。建立会计机构内部稽核制度的目的在于，防止会计核算工作上的差错和有关人员的舞弊，提高会计核算工作的质量。

会计工作岗位一般包括会计机构负责人或者会计主管人员、出纳、财产物资核算、工资核算、成本费用核算、财务成果核算、资金核算、往来结算、总账报表、稽核、档案管理等。开展会计电算化和管理会计的单位，可以根据需要设置相应工作岗位，也可以与其他工作岗位相结合。会计工作岗位，可以一人一岗、一人多岗或者一岗多人。但出纳人员不得兼管稽核、会计档案保管和收入、支出、费用、债权债务账目的登记工作。

**二、会计人员的配备**

（一）会计人员专业职务

会计专业职务分为高级会计师、会计师、助理会计师和会计员四个级别。根据《中华人民共和国会计法》的规定，会计人员应当具备从事会计工作所需要的专业能力，担任单位会计机构负责人（会计主管人员）的，应当具备会计师以上专业技术职务资格或者从事会计工作三年以上经历。

（二）会计人员调动或离职程序

会计人员调动工作或离职，必须与接管人员办清交接手续。一般会计人员办理交接手续时，由会计机构负责人（会计主管人员）办理交接手续，单位负责人监交，必要时主管单位可以派人会同监交。

(三)会计人员应遵守职业道德

会计人员在会计工作中应当遵守职业道德,树立良好的职业品质、严谨的工作作风,严守工作纪律,努力提高工作效率和工作质量;熟悉财经法律、法规、规章和国家统一的会计制度,并结合会计工作进行广泛宣传;按照会计法律、法规和国家统一的会计制度规定的程序和要求进行会计工作,保证所提供的会计信息合法、真实、准确、及时、完整;会计人员办理会计业务应当实事求是、客观公正;会计人员应当熟悉本单位的生产经营和业务管理情况,运用掌握的会计信息和会计方法,为改善单位内部管理、提高经济效益服务;会计人员应当保守本单位的商业秘密,除法律规定和领导人同意外,不能私自向外界提供或者泄露单位的会计信息。

(四)会计人员的教育和培训

会计人员应当按照国家有关规定参加会计业务的培训。各单位应当合理安排会计人员的培训,保证会计人员每年有一定时间用于学习和参加培训。会计人员教育培训的主要任务是提高会计人员的政治素质、业务能力、职业道德水平,使其知识和技能不断得到更新、补充、拓展和提高。

**思政专栏 1-2　　会计人员职业道德**

会计人员在会计工作中应当遵守职业道德,树立良好的职业品质、严谨的工作作风,严守工作纪律,努力提高工作效率和工作质量;熟悉财经法律、法规、规章和国家统一的会计制度,并结合会计工作进行广泛宣传;按照会计法律、法规和国家统一的会计制度规定的程序和要求进行会计工作,保证所提供的会计信息合法、真实、准确、及时、完整;会计人员办理会计业务应当实事求是、客观公正;会计人员应当熟悉本单位的生产经营和业务管理情况,运用掌握的会计信息和会计方法,为改善单位内部管理、提高经济效益服务;会计人员应当保守本单位的商业秘密,除法律规定和领导人同意外,不能私自向外界提供或者泄露本单位的会计信息。

## 二、会计规范

随着市场经济的发展,我国逐步建立和完善了能适应市场经济需要的会计法规体系。会计法规是规范和指导各单位和人员会计行为的重要依据。中国会计法规体系是一个以会计法为核心、以国家统一的会计制度为主体的比较完整的法规系统。从纵向上看,我国的企业会计法规体系包括三个层次,即会计法律、会计行政法规和会计规章。

**(一)会计法律**

会计法律在会计法规体系中居于最高的层次。《会计法》是全国人民代表大会常务委员会制定和颁布的,是全国会计工作的根本大法,它在会计法规体系中最具有权威性,是制定其他各层次的会计法规的依据。中华人民共和国成立以后的第一部《会计法》是于 1985 年 1 月 21 日由第六届全国人民代表大会常务委员会第九次会议通过,并于 1985 年 5 月 1 日开始实施的。随着我国经济体制改革的不断深化,为适应社会主义市场经济发展的需要,1993 年 12 月和1999年10月、2017年11月分别对《会计法》进行了修订。《会计法》规定了会计工作的基本目的、会计管理权限、会计责任主体、会计核算和会计监督的基本要求、会计人员和会计机构的职责权限，并对会计法律责任作了详细规定。

除《中华人民共和国会计法》外，《中华人民共和国公司法》和《中华人民共和国证券法》等对我国的会计工作也具有直接的指导意义。

**(二)会计行政法规**

由国务院以及国务院有关部门制定的各种会计行政法规是会计法规体系的第二个层次。会计行政法规是对会计法律的补充和具体化，属于这类法规的有《企业财务会计报告条例》等。

为了规范企业财务会计报告制度，保证财务会计报告的真实、完整，根据《会计法》的基本要求，国务院陆续颁布了《总会计师条例》《企业财务会计报告条例》《会计基础工作规范》等会计行政法规，这类法规对修改和完善我国会计核算制度、深化会计制度改革提供了法律保障，同时也标志着我国会计制度向更成熟的方向发展。

**(三)会计规章**

会计规章是由《会计法》授权、财政部制定的有关会计工作的部门规范。我国会计方面的行政规章必须依照会计法律和会计行政法规的有关规定制定，主要包括企业会计制度和企业会计准则。修订后的《会计法》在第8条明确规定："国家实行统一的会计制度，国家统一的会计制度由国务院财政部门根据本法规定并公布。"

所谓"国家统一的会计制度"，是指由国务院财政部门根据《会计法》制定的关于会计核算、会计监督、会计机构和会计人员及会计工作管理的准则、制度、办法等。这些准则、制度、办法等都是在全国范围内实施的会计工作管理方面的规范性文件，主要包括三个方面：一是国家统一的会计核算制度，如《企业会计准则》以及各种具体准则等；二是国家统一的会计机构和会计人员管理制度，如《会计人员职权管理条例》等；三是国家统一的会计工作管理制度，如《会计档案管理办法》《会计人员继续教育暂行规定》等。

1. 企业会计制度

《企业会计制度》是我国会计核算制度改革总体思路的重要的组成部分。从1993年起，我国会计制度改革一直致力于与国际会计准则的协调和趋同，其改革总体思路是建立国家统一的会计核算制度体系。财政部于2000年12月29日发布《企业会计制度》，并于2001年1月1日起开始实施。《企业会计制度》的颁布实施是我国会计核算制度的又一次重大改革，它摆脱了原有计划经济对我国会计核算制度的束缚，标志着我国会计制度改革朝着适应社会主义市场经济的方向迈进，为我国加入世界贸易组织、加快实现会计制度的国际接轨奠定了良好的基础。

《企业会计制度》打破了行业及所有制界限，使不同行业之间的信息更具有可比性。其结构和内容包括：一般规定、会计科目和会计报表，还附有主要事项分录举例和一些必要的会计法规。"一般规定"部分，对会计要素和重要经济业务事项的确认、计量、报告等，以条款的形式作了原则规定；"会计科目和会计报表"部分，规定了经济业务事项应当设置的科目及使用说明，会计报表的格式及编制说明；"附录"部分列举了主要会计事项的具体账务处理方法。

除《企业会计制度》以外，财政部按企业性质和规模分别还颁布实施了《民间非营利组织会计制度》(2005)、《村集体经济组织会计制度》(2005)等。

2. 企业会计准则

企业会计准则作为财政部制定的会计规章的一部分，与其他会计规范相比，重在规范会计要素的确认计量和相关信息的披露上。

早在20世纪90年代初，财政部就提出了建立中国会计准则体系的目标，并要求这套体系既要照顾中国的国情，也要考虑国际惯例，有利于证券市场和市场经济的发展。为了适应我国会计由计划经济模式向市场经济模式转换的客观要求，当时我国制定了“两则”“两制”，实现了我国会计与国际会计惯例的初步接轨。从2005年开始到2006年2月对1997—2001年期间颁布的16项具体会计准则进行了全面梳理、调整和修订，并增加了22项具体会计准则，最终在2006年2月15日，中国企业会计准则体系正式颁布，首次构建了完整协调的有机的统一体系，成为中国会计史上新的里程碑。这套会计准则体系于2007年1月1日起在上市公司和会计师事务所中执行，其他企业鼓励执行。此后又于2014年和2017年陆续颁布、修订了多项会计准则。迄今为止，我国会计准则新体系已扩充至43项会计准则，并对原有部分准则进行了修正与调整，以更好地适应社会主义市场经济发展需要。

企业会计准则本身是一个体系，主要由三个层次构成：基本准则、具体准则和应用指南。其中，基本准则处于第一层次，是制定具体准则和应用指南的依据，也是指导会计实务的规则；具体准则处于第二层次，是根据基本准则制定的，用来指导企业各类经济业务确认、计量、记录和报告的规范；应用指南处于第三层次，是根据基本准则和具体准则制定的、指导会计实务的操作性指南。

(1)基本会计准则

基本会计准则包括会计的基本前提、会计信息质量要求以及会计要素等内容，并确立了财务会计报告目标，强化了为投资者和社会公众提供决策有用的会计信息的理念，为维护投资者和社会公众利益、促进资本市场健康稳定发展提供了制度保证。

基本准则涉及整个会计工作和整个会计准则体系的指导思想和指导原则，对42项具体准则起着统驭和指导作用，并且为没有具体会计准则规范的交易或事项的会计处理提供理论指导。基本准则主要解决会计信息为谁服务、提供会计信息的目标是什么、应该提供哪些会计信息、会计信息应具备哪些质量特征、在何种假设前提下提供会计信息、提供会计信息应遵守哪些基本原则等方面的问题。各具体准则的基本原则均来自基本准则，基本会计准则为具体会计准则以及会计制度的制定提供了基本框架。

(2)具体会计准则

具体会计准则是根据基本会计准则的要求制定的，是对经济业务的会计处理以及报表披露等方面作出的具体规定。迄今为止，现行的会计准则体系中共包含42项具体企业会计准则。

**专栏1-4　　我国企业会计准则——具体准则**

2007年，财政部颁布实施的企业会计准则体具体准则共有38项，包括：①《企业会计准则——存货》；②《企业会计准则——长期股权投资》；③《企业会计准则——固定资产》；④《企业会计准则——无形资产》；⑤《企业会计准则——投资性房地产》；⑥《企业会计准则——建造合同》；⑦《企业会计准则——生物资产》；⑧《企业会计准则——石油天然气开采》；⑨《企业会计准则——金融工具确认与计量》；⑩《企业会计准则——金融资产转移》；⑪《企业会计准则——金融工具列报》；⑫《企业会计准则——套期保值》；⑬《企业会计准则——资产减值》;⑭《企业会计准则——职工薪酬》;⑮《企业会计准则——借款费用》;⑯《企业会计准则——债务重组》;⑰《企业会计准则——收入》;⑱《企业会计准则——原保险合同》;⑲《企业会计准则——再保险合同》;⑳《企业会计准则——所得税》;㉑《企业会计准则——每股收益》;㉒《企业会计准则——股份支付》;㉓《企业会计准则——企业年金基金》;㉔《企业会计准则——政府补助》;㉕《企业会计准则——非货币性资产交换》;㉖《企业会计准则——租赁》;㉗《企业会计准则——或有事项》;㉘《企业会计准则——财务报表列报》;㉙《企业会计准则——现金流量表》;㉚《企业会计准则——中期报告》;㉛《企业会计准则——分部报告》;㉜《企业会计准则——关联方披露》;㉝《企业会计准则——资产负债表日后事项》;㉞《企业会计准则——会计政策、会计估计变更和差错更正》;㉟《企业会计准则——企业合并》;㊱《企业会计准则——合并财务报表》;㊲《企业会计准则——外币折算》;㊳《企业会计准则——首次执行企业会计准则》。这 38 项具体准则基本涵盖了各类企业的主要经济业务。

2014 年,财政部相继对《企业会计准则——基本准则》《企业会计准则第 2 号——长期股权投资》《企业会计准则第 9 号——职工薪酬》《企业会计准则第 30 号——财务报表列报》《企业会计准则第 33 号——合并财务报表》和《企业会计准则第 37 号——金融工具列报》进行了修订,并发布了《企业会计准则第 39 号——公允价值计量》《企业会计准则第 40 号——合营安排》和《企业会计准则第 41 号——在其他主体中权益的披露》三项具体准则。

2017 年到 2021 年期间,财政部再次对《企业会计准则第 7 号——非货币性资产交换》《企业会计准则第 12 号——债务重组》《企业会计准则第 14 号——收入》《企业会计准则第 16 号——政府补助》《企业会计准则第 21 号——租赁》《企业会计准则第 22 号——金融工具确认和计量》《企业会计准则第 23 号——金融资产转移》《企业会计准则第 24 号——套期会计》《企业会计准则第 25 号——保险合同》和《企业会计准则第 37 号——金融工具列报》进行了修订,并发布了《企业会计准则第 42 号——持有待售的非流动资产、处置组和终止经营》这一项具体准则。

具体会计准则可分为一般业务准则、特殊行业的特定业务准则和报告准则三类。其中,一般业务准则主要规范各类企业普遍适用的一般经济业务的确认和计量要求,包括存货、会计政策、会计估计变更和差错更正、资产负债表日后事项、所得税、固定资产、租赁、收入、职工薪酬、股份支付、政府补助、外币折算、借款费用、长期股权投资、企业年金基金、每股收益、无形资产、资产减值、或有事项、投资性房地产、企业合并等准则项目;特殊行业的特定业务准则主要规范特殊行业的特定业务的确认和计量要求,如石油天然气开采、生物资产、金融工具确认和计量、金融资产转移、套期保值、金融工具列报、原保险合同、再保险合同等准则项目;报告准则主要规范普遍适用于各类企业的报告类准则,如财务报表列报、现金流量表、合并财务报表、中期财务报告、分部报告、关联方披露等准则项目。

(3)应用指南

企业会计准则应用指南主要解决在运用准则处理经济业务时所涉及的会计科目、账务处理、会计报表及其格式等问题。

自 2007 年以来开始实施的会计准则体系对有效地防范企业对利润的操纵,规范会计工作秩序和会计行为，提高我国会计信息质量，满足投资者、债权人、监管部门等利益相关者对会计信息的需求，维护社会公众利益，具有重大积极的影响。同时，会计准则体系的建立实现了与国际惯例的趋同，有助于提升我国资本市场的国际竞争力。此外，企业会计准则体系建立起了一套较为科学完善的会计要素确认、计量和报告标准体系，对于提高我国会计透明度、履行财务受托责任具有重要意义。

会计法规体系的几个层次间的关系是紧密结合、相辅相成的。《会计法》是指导会计工作的根本大法，是会计工作的母法。《会计法》指导《企业会计准则》，《企业会计准则》指导《具体会计准则》和《企业会计制度》。《企业会计准则——基本准则》是对企业会计工作的核算要素、核算原则、核算前提等所作的统一规定。《企业会计准则》具体准则、《企业会计制度》主要用以规范企业会计核算基础工作和特殊业务。会计法制建设对规范会计行为、提高会计信息质量、发挥会计作用具有十分重要的意义，标志着我国社会主义事业正进入一个崭新的发展阶段。

综上所述，会计是随着生产力的发展、生产关系的变革和生产经营管理的需要而产生、发展并不断完善起来的。会计要为提高经济效益服务。实践证明，经济越发展，会计越重要。

## 本章小结

会计的产生和发展，可以分为古代会计、近代会计和现代会计三个阶段。会计学按其研究的内容不同，一般包括会计学基础、财务会计学、管理会计学、成本会计学、财务管理学、审计学、计算机会计等。在我国社会主义市场经济条件下，会计是借助于专门的方法和程序，对特定主体的经济业务进行核算、实行监督，为会计信息使用者提供相关经济决策信息，旨在提高经济效益、实现企业价值最大化的一项管理活动。

财务会计报告目标是向财务会计报告使用者提供与企业财务状况、经营成果和现金流量等有关的会计信息，反映企业管理层受托责任履行情况，有助于财务会计报告使用者作出经济决策。按照会计职能的发展变化程度可划分为会计基本职能和扩展职能。会计基本职能包括会计核算与会计监督。除此之外，会计还具有预测经济前景、参与经济决策、控制经济运行、评价经济业绩等扩展职能。会计对象包括社会再生产过程中可以用货币表现的经济活动的所有方面。会计核算的工作程序包括确认、计量、记录和报告。会计核算方法包括设置账户、复式记账、填制和审核凭证、登记账簿、成本计算、财产清查和编制财务会计报告等。

我国现行会计管理体制采用“统一领导”和“分级管理”的办法。我国企业会计法规体系包括三个层次，即会计法律、会计行政法规和会计规章。企业会计准则由三个层次构成：基本准则处于第一层次，是制定具体准则和应用指南的依据，也是指导会计实务的规则；具体准则共有42项，处于第二层次，是根据基本准则制定的，用来指导企业各类经济业务确认、计量、记录和报告的规范；应用指南处于第三层次，是根据基本准则和具体准则制定的、指导会计实务的操作性指南。

## 思考练习题

1. 如何理解会计的含义？
2. 有人说：“会计就是做账”，你是否同意？如何理解会计的基本职能？
3. 什么是会计目标？会计目标的确定应考虑哪些因素？

4. 如何理解会计法、会计行政法规、会计规章之间的关系？它们是如何指导会计工作的？

5. 为什么出纳人员不得兼管稽核、会计档案保管和收入、支出、费用、债权债务账目的登记工作？会计基本职能在会计分工上是如何体现的？

6. 会计核算方法主要有哪几种？

7. 会计制度与会计准则之间的联系和区别是什么？

## 补充与提高

1. 中华人民共和国财政部会计准则委员会：http://www.casc.org.cn。

2. 中国证券监督管理委员会：http://www.csrc.gov.cn。

3. 财政部会计准则委员会：《会计信息质量特征》，大连出版社 2005 年版。

4. 会计信息质量特征研究课题组：《对建立我国会计信息质量特征体系的认识》，《会计研究》2006 年第 1 期。

5. 小沃尔特·T. 哈里森等：《财务会计(第 11 版)》，清华大学出版社 2018 年版。

6. 国际会计准则委员会：《国际财务报告准则(2021)》(IFRS Foundation 2021 Edition)。

7. 应唯、张娟、杨海峰：《政府会计准则体系建设中的相关问题及研究视角》，《会计研究》2016 年第 6 期。

8. 会计专业精品教材编委会：《会计基础》，立信会计出版社 2021 年版。

9. 企业会计准则编审委员会：《企业会计准则详解与实务》，人民邮电出版社 2019 年版。

10. 张新民：《从报表看企业(第 4 版)》，中国人民大学出版社 2021 年版。

# 第二章　会计核算基本前提和信息质量要求

**本章要点**

1. 理解会计核算的四个基本前提。
2. 理解美国会计准则委员会和国际会计准则委员会对会计信息的质量要求。
3. 掌握我国会计信息质量的八个要求。

## 第一节　会计核算的基本前提

会计人员在会计核算过程中，面对极为复杂、变化不定的经济环境，就不得不对会计核算所处的时间、空间环境作出一些合理设定，即建立会计核算的基本前提，也称为会计假设。

会计假设不是毫无根据的虚构设想，而是在长期的会计实践中，人们逐步认识和总结而形成的，是对客观情况合乎事理的推断。会计假设规定了会计核算工作赖以存在的一些基本前提条件，为会计核算对象的确定、会计政策的选择、会计数据的收集提供重要依据。只有规定了这些会计假设，会计核算才能得以正常进行下去。因此，会计假设既是会计核算的基本依据，也是制定会计准则和会计核算制度的重要指导思想。

会计的基本假设通常包括会计主体、持续经营、会计分期和货币计量。

### 一、会计主体

会计主体，又称会计实体，是指会计工作为之服务的特定单位或组织，它规范了会计的空间范围。会计主体可以是一个特定的企业，也可以是一个企业的某一特定部分（如分厂、分公司、门市部等），还可以是由若干家企业通过控股关系组织起来的集团公司，甚至可以是一个具有经济业务的特定非营利组织。

会计工作的目的是反映一个单位的财务状况、经营成果和现金流量，为包括投资者在内的各个方面作出决策服务。确定会计主体，就是要明确为谁核算、核算谁的经济业务。只有明确规定会计核算的对象，将会计要反映的对象与包括所有者在内的其他经济实体区别开来，才能保证会计核算工作的正常开展，实现会计目标。《企业会计准则——基本准则》第 5 条明确指出："企业应当对其本身发生的交易或者事项进行会计确认、计量和报告。"

会计主体的基本前提，为会计人员在日常核算中对各项交易和事项作出正确判断、对会计处理方法和会计处理程序作出正确选择提供了依据。

首先，只有明确会计主体，才能划定会计所要处理的各项交易或事项的范围。企业的生产经营活动是由各项具体的经济活动所构成的，而每项经济活动都是与其他有关经济活动相联系的，企业本身的经济活动也总是与其他企业或单位的经济活动相联系的。在会计核算工作中，资产、负债和所有者权益的确认和计量，收入的取得和费用的发生，都是针对特定会计主体而言的。

其次，对企业会计来说，核算的只能是企业本身的生产经营活动，只有明确了会计主体，会计人员才能把握会计处理的独立立场，即会计人员只能站在企业角度进行会计处理。例如，记录购买材料业务时，在登记存货增加的同时，登记货币的减少（支付货款）或负债的增加（尚未支付货款）；记录销售商品业务时，则需要登记收入的增加、资产的增加（收到货币或形成应收款）或负债的减少（以商品抵偿债务）；记录所有者以货币投资时，登记货币的增加、所有者权益的增加；等等。

最后，会计主体是一个独立的、特定的经济实体，它不仅要求会计把各个会计主体之间的经济关系划分清楚，而且还要求会计把企业自身的资产与负债同其所有权拥有者的其他资产或负债分离，同其职工个人的资产、负债分离。只有明确会计主体，才能将特定会计主体的经济活动与该主体所有者及职工个人的经济活动区别开来。例如，一个自然人投资设立一个一人有限责任公司，企业所有者与经营者为同一个人时，应当明确区分公司的资产与股东的财产；对于股东不能证明公司财产独立于股东自己的财产的，应当对公司债务承担连带责任。由于会计为之服务的对象是企业，这就需要把所有者的个人消费与企业开支分开，及时结算企业与业主之间的往来，否则就无法计量企业的费用和利润，也无法进行经济效益的分析和比较。

会计主体与法律主体（法人）并非对等的概念，两者是有区别的。法人一定是会计主体，应当建立会计核算体系，独立地反映其财务状况、经营成果和现金流量。但是，会计主体不一定是法人。例如，独资企业与合伙企业通常不具有法人资格，它们所拥有的财产和对外承担的债务，在法律上仍视为业主或合伙人的财产与债务，但在会计核算中，则把它们作为独立的会计主体来处理。

## 二、持续经营

会计主体假设是财务会计最基本的假设。对于作为会计主体而存在的企业，会计主体已经规定了其空间范围，为了对其经济活动进行数量描述，还需要确定其活动的时间，即主体能否长期经营下去。持续经营，是指会计主体将长期地以当前的规模和状态，并按正常的经营方针和既定的经营目标持续经营下去。也就是说，在可预见的未来，会计主体将不会面临破产清算。在持续经营的基础上，会计主体将所拥有的经济资源按原定的用途在正常的经营过程中被耗用或出售，按原承诺的偿债条件对所承担的债务进行清偿。显然，持续经营是一个判断，而不是市场经济所决定的必然前提。

在市场经济中，任何企业都面临激烈的竞争和巨大的风险，任何企业的经营期限都是很难确定的。从企业经营的存续时间来看，存在两种可能：一是企业在近期可能面临破产清算；二是在可预见的将来企业会持续经营下去。是否持续经营，对于会计处理具有非常大的影响。不同的可能性决定了企业采用不同的会计原则和会计方法进行核算。会计核算上所使用的一系列会计处理方法都是建立在持续经营的前提基础上，持续经营的假设为会计核算的正常进行提供了依据，解决了财产计价、费用和收益的确认及计量问题。例如，只有假定企业是持续不断地经营下去的,企业的资产价值以历史成本计量,而不是采取现行市价或清算价格,企业才可以采用权责发生制作为确认收入或费用的标志,而不以是否收或付货币资金为依据。此外,股东、董事会、监事会、经理会、雇员、债权人、债务人等各方面权益的实现,都有赖于企业的财务状况和经营成果,都也有赖于企业的正常经营。

持续经营假设是会计主体假设的延续和引申,只有假定企业能够永久地连续经营下去,会计原则和程序才能够建立在非清算的基础上。企业在信息的收集和处理上所采用的会计方法才能保持稳定,会计核算也才能正常进行。为了使会计核算中使用的会计处理方法保持稳定,保证企业会计记录和会计报表真实可靠,《企业会计准则——基本准则》第 6 条规定:"在会计主体持续经营前提下,企业会计确认、计量和报告应当以持续经营为前提。"

在竞争社会,任何企业都不可能"长生不老",企业破产清算的风险始终存在。为此,需要企业定期对其持续经营基本前提作出分析和判断。如果判断出企业不会持续经营,就应当改变会计核算的原则和方法,并在财务会计报告中作出相应披露。企业一旦进入破产清算,所有以持续经营为前提的会计程序与方法就不再适用,而应当采用破产清算的会计程序和方法,以清算价格取代历史成本,但这不会影响持续经营前提在大多数正常企业中适用的重要性与合理性。

## 三、会计分期

由于假定主体持续经营的时间是无限的,这就意味着企业的经营活动在时间的长河中无休止地运行,那么,会计人员提供的会计信息,应从何时开始,又在何时终止呢? 企业生产经营活动和投资者要求及时得到有关信息,要等到企业的经营活动全部结束时再进行盈亏核算和编制报表是不可能的。为了及时获得会计信息,充分发挥会计的反映和监督职能,就必须提出信息提供的时间要求,考虑到需要与可能,应把主体持续经营的"时间长河"分割为若干"期间"片段,以便分期编制财务报表并对外提供会计信息。

会计分期,是指在企业持续不断的经营过程中,人为地划分一个个间距相等、首尾相接的会计期间,以便确定每一个会计期间的收入、费用和利润,确定该会计期间期初、期末的资产、负债和所有者权益的数量,并据以结算账目和编制财务报表,从而及时向各方面提供有关企业财务状况、经营成果和现金流量的信息。

企业经营活动是一个连续不断的过程,为了对该过程进行计量、记录和报告,提供经营管理信息,就应该将经营活动的时间划分清楚。会计分期假设对于制定会计准则和会计程序具有极为重要的作用。由于有了会计期间,才产生了本期与非本期的区别;由于有了本期与非本期的区别,才产生了权责发生制和收付实现制,才使不同类型的会计主体有了记账的基准,进而需要在会计处理上运用预收、应收、应付等会计方法。此外,界定了会计信息的时间段落,也为会计信息的相关性、可比性、谨慎性以及及时性等奠定了理论与实务的基础。

在会计分期的前提下,企业应当划分会计期间,分期结算账目和编制会计报表。会计期间分为年度和中期。年度也称为会计年度,可以是日历年,也可以是营业年。中期,是指短于一个完整的会计年度的报告期间,包括半年度、季度和月度。因此,企业还需按半年度、按季、按月份编制报表。对于会计年度的起讫时间,各个国家的划分方式不尽相同,有的国家采用公历年度,有的国家则另设起止时间。在我国,会计年度自公历每年的 1 月 1 日起至 12 月 31 日止,半年度、季度和月份的起止时间也采用公历日期。

会计分期由持续经营前提所决定,企业的生产经营活动是持续不断的一个过程。在提出"持续经营"假设之后,再提出"会计分期"假设,不仅顺理成章,而且解决了市场对会计信息及时性的需要，进一步突出了财务报表的作用。“会计分期”假设与“持续经营”假设相辅相成，缺一不可。

### 四、货币计量

货币计量，是指会计主体在会计核算过程中采用货币为计量单位，计量、记录和报告会计主体的财务状况、经营成果和现金流量。

企业在日常的经营活动中，有大量的错综复杂、千差万别的经济业务。会计核算可以采用不同的计量单位，如实物计量、劳动计量、货币计量等。为了连续、系统、全面、综合地反映企业的经济活动，会计核算客观上需要一种统一的计量单位作为会计核算的计量尺度。选择合理、实用又简化的计量单位，对于提高会计信息质量具有至关重要的作用。

在市场经济条件下，货币自然就成为会计核算选择的计量单位。在会计核算过程中之所以选择货币作为计量单位，是由货币本身的属性决定的。货币是商品的一般等价物，是衡量一般商品价值的共同尺度，具有价值尺度、流通手段、贮藏手段和支付手段等特点。其他计量单位，如重量、长度、容积、台等，只能从一个侧面反映会计主体的生产经营情况，无法在量上进行汇总和比较，不便于管理和会计计量。《企业会计准则——基本准则》第 8 条明确指出：“企业会计应当以货币计量。”

当然，统一采用货币尺度，也有不利之处，并不是所有影响会计主体财务状况和经营成果的因素都可以用货币来计量。例如，企业的经营战略、市场竞争态势、人力资源、技术研发能力等，为了弥补货币计量的局限性，要求企业采用一些非货币指标作为会计报表的补充。

此外，这一基本前提的背后隐含着币值稳定的假设，即强调货币的价值应当保持稳定不变，即使有所变动，应不足以影响会计计量和会计信息的正确性。如果货币价值发生变化且变化幅度很大时，这个假设就不能成立。在恶性通货膨胀环境下，货币价值的波动给会计计量带来很大的困难，按常规方法编制的财务报表会严重失实，引起报表使用者的误解。

货币计量的主要意义在于：确认了以货币为主要的、统一的计量单位，同其他三项基本前提一起，为各项会计原则的确立奠定了基础。

上述四项基本前提具有相互依存、相互补充的关系。会计主体确立了会计核算的空间范围，持续经营与会计分期确立了会计核算的时间范围，而货币计量则对会计核算上的时空计量提供了有力的手段。没有会计主体，就不会有持续经营；没有持续经营，就不会有会计分期；没有货币计量，就不会有现代会计。

会计要确定会计工作为之服务的特定单位和范围，采用货币作为统一尺度，在持续经营条件下选择恰当的会计方法对日常的经济业务进行记录、计算和反映，并按等距期间定期完整、及时、准确地编制出会计报表。

## 第二节　会计信息的质量要求

### 一、会计信息的质量特征

会计信息的质量特征是会计理论研究的重要课题，也是会计实务中无法回避的。所谓“会计信息的质量特征”，是对会计信息应具有的质量标准所做的具体描述或要求，是对会计信息质量进行评判的最一般和最基本的依据，它具体规定了会计信息为实现会计目标所应具备的质量要求。①

从信息提供者与信息使用者的不同角度来看，所认定的会计信息质量的标准可能会有所区别。例如，信息提供者可能更多地着眼于经营管理责任(包括会计师责任)的解除，即要求自己只要执行现有的规定就算提供了高质量的会计信息；而信息使用者可能认为，对会计核算在理论上的基本要求，就是要如实反映经济活动的真相，即会计信息必须反映经济真实，只有达到这一要求的会计信息才是高质量的信息。

概括地说，高质量会计信息的内涵就是满足财务会计报告使用者的需要。具体来说，包括以下几个方面：②

(1)有助于分析企业经营业务的性质。企业的经营业务包括基本经济业务和其他经济业务两大类，从充分揭示的原则出发，这两种业务都要披露。因为它反映了企业的主要经营目标和经营结构，这对了解企业经营活动与经营事项之间的联系及其对企业财务的影响具有重要意义。它是理解一个企业的核心问题，也是高质量财务信息的首要内涵。

(2)有助于分析企业分部的不同机会和风险。企业分部包括行业分部和地区分部。行业分部，是指企业经营业务涉及哪些行业(产业)；地区分部，是指企业的产品在何处生产和销售。经验证明，提供这些信息，有利于深入分析企业的机会和风险。

(3)有利于及时了解企业的重大变动情况和掌握管理部门的意图。对于企业发生的重大变动情况，如企业决定对另一企业投资、开发新产品、停产和转产、兼并与收购等，必须及时编制财务会计报告并对外公布。同时，企业管理部门的经营思想和经营战略如果发生重大变化，也应以报表说明的形式予以披露。对信息使用人来说，掌握管理部门的意图，可以评价管理质量和分析企业发展趋势。

(4)有利于了解企业的未来发展趋势。为了解企业的未来发展趋势，企业应提供最近几年的资产负债表、利润表和现金流量表，并计算每年的净资产收益率、总资产利润率、销售增长率、每股收益等财务指标，以便财务会计报告使用者从中了解企业的未来发展趋势。

(5)有利于理解企业信息的可靠性。可靠性是会计信息质量的基本特征之一，但企业提供的信息是否可靠，信息使用者总是持怀疑态度的，这就需要委托会计师事务所对会计报表进行审计验证，并出具审计报告。

**专栏 2-1　　FASB 和 IASB 联合概念框架的质量要求**

在美国，由于证券市场发达，企业社会化的程度很高，企业财务报告的影响相当广泛。经过多年的会计实践验证和会计理论研讨，1980 年 12 月，美国会计准则委员会(FASB)在其第 2 号概念公告《会计信息的质量特征》中，比较全面地阐述了会计信息必须符合的一系列质量要求。然而，21 世纪初期在美国本土爆发的一系列重大财务丑闻使得许多国家和组织对美国“规则导向”(Rule based)的准则提出了质疑，也认识到 FASB 所构建的概念框架并非完美。2004 年 4 月，FASB 与国际会计准则理事会(International Accounting Standard Board，IASB)正式同意共同致力于制定一份完整的、内在一致的趋同概念框架，即联合概念框架，其主要议题是财务报告目标和会计信息质量特征。2010年9月

① 葛家澍、刘峰：《会计理论》，中国财政经济出版社 2003 年版。

② 廖洪：《论财务信息》，《经济评论》2000 年第 6 期，第 117～120 页。

IASB和FASB联合制定发布的《财务报告概念框架》中，将能够体现受托责任和决策有用的信息质量特征作为主要的信息质量特征，具体包括相关性和如实反映。2018年3月，IASB发布了修订完成的《财务报告概念框架》，建立了一套全面的财务报告概念。联合概念框架中会计信息质量的结构层次如图2-1所示。

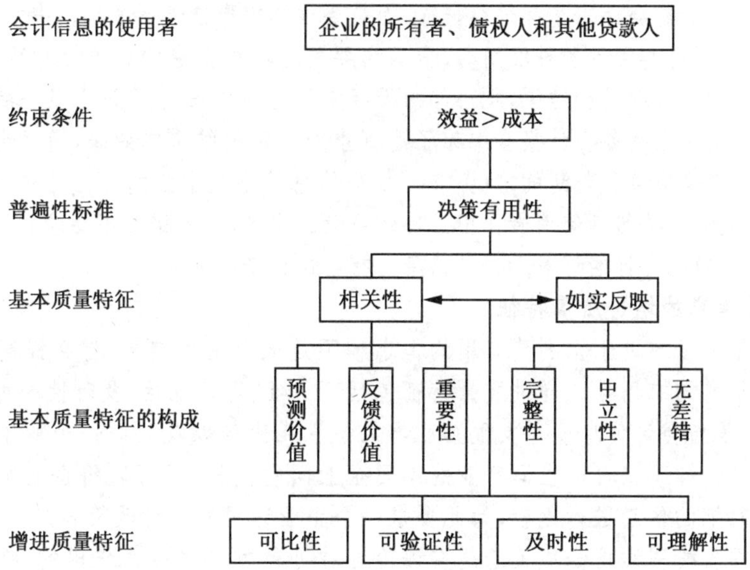


**图2-1　联合概念框架中会计信息质量的结构层次**

**一、决策有用性**

决策有用性，是指会计信息必须有助于信息使用者（包括企业的使用者、债权人和其他贷款人）的决策。会计信息的"决策有用性"作为会计信息质量特征体系的核心特征，属于质量特征的最高层次。

**二、会计信息的基本质量特征**

会计信息要对决策有用，又必须具备两种基本质量特征，即相关性和如实反映，如果这两个特征中的任何一个完全不存在，信息就不会是有用的。

（一）相关性

相关性，是指会计信息能够帮助使用者对某一事项的过去、现在和未来形成判断，或者去证实或纠正以往的预期情况，从而影响其决策。相关性包括预测价值、反馈价值和重要性。预测价值，是指过去的和现在的会计信息能通过改善决策者的预测能力来影响其决策；反馈价值，是指通过证实或修正使用者以前作出的决策以期影响将要作出的决策。此外，如果信息的省略或误报会影响使用者根据财务报表作出的经济决策，信息就具有重要性。重要性一般是指项目的金额、项目的性质以及项目金额与性质的综合。重要性取决于需做判断的项目的大小，或者在出现省略或发生误报的特定情况下，所导致差错的大小。

（二）如实反映

有用的会计信息不仅与决策相关，而且要能够如实反映其拟反映的客观经济现象。

如实反映意味着客观真实、实事求是地反映报告主体的经济活动，这要求会计信息应与其所要反映的现象或状况保持一致，不歪曲事实。如实反映包括完整性、中立性和无差错三个组成部分。完整性要求编报的报表及其附注内容等应当保持完整，不能随意遗漏或者减少应予披露的信息，与使用者决策相关的有用信息都应当充分披露。当然，完整性也不可能要求财务会计报告对所有会计信息都进行披露，而是要根据重要性进行披露。中立性，又称不偏不倚性，是指在制定和实行各种准则时，应当主要关心所得信息的相关性和可靠性，不偏不倚地表述实际的经济活动和结果，既不偏向于事先预定的结果，也不迎合某一特定利益集团的需要。如果企业在财务会计报告中为了达到事先设定的结果或效果，通过选择或列示有关会计信息以影响决策和判断的，财务会计报告信息就不是中立的。无差错要求会计信息的准确、可靠能够支持信息使用者作出正确的决策。当然，无差错并不要求会计信息完全做到分毫不差，适当的会计估计对于会计信息的有用性还是必要的。

**三、会计信息的增进质量特征**

增进质量特征有助于识别更有用的信息和不是很有用的信息，旨在提高相关且如实反映的会计信息的有用性。增进质量特征包括可比性、可验证性、及时性和可理解性。

可比性，是指会计信息能与其他企业类似信息相比较以及与同一企业不同时期的信息相比较。可比性不仅可以在同行业的不同企业间的比较，还可以将企业某一期的会计信息与其他时期的信息进行比较，为此要求一个企业选用的会计政策和方法具备一贯性，不得任意变更。投资和信贷决策总是在评价各种可行方案之后才作出的，如果没有可以比较的信息，评价就难以合理进行。只有具备可比性的会计信息，才能使信息使用者通过会计信息更好地预测未来、把握规律和趋势，才能有助于其经济决策。

可验证性，是指在如实反映的前提下，不同知识背景且独立的观测者能够达成一致但并不一定是完全相同的结论。可验证性要求会计信息能经得起验证，也是报表编制层面的要求。

及时性要求信息在失去影响决策能力之前提供给决策者，要求主体对已发生的交易或事项，应及时确认、计量和披露，不得延后，以便能够影响他们的决策。

可理解性要求清晰简洁地对信息进行分类，按特征进行描述及列报。会计信息的价值就在于使用者对它的使用，它要求会计信息能够被使用者所理解。可理解性受下列两个因素的制约：一是使用者的特点，如掌握经济知识的广度和深度，是否愿意钻研；使用者若要使用会计信息，首先要求能够理解会计信息的含义。但会计信息并不是所有人都能够理解的信息，它要求会计信息的使用者应该具备一定的理解能力。二是信息固有的特征。不能只因信息为少数人所理解或使用而不予提供，也不能仅仅由于有些人理解有困难，而把重要的有关信息排除在外。

**四、约束条件**

提供会计信息受到提供信息的成本约束。成本效益原则是一个普遍性的限制条件，即任何一项活动，只有当其效益大于成本时才是可行的。提供会计信息既可带来某些效益，也必定会发生一定的成本。对一项信息资料来说，即使它的披露与决策相关，能有利于投资者了解企业的财务状况和业绩，作出相应的决策，但如果为了提供这项信息，所花费的成本大于其所产生的效益，得不偿失，那么企业将不会提供这项信息。

## 二、我国对会计信息的质量要求

我国《企业会计准则——基本准则》首次构建了较为完善的会计信息质量标准体系，除继续要求企业会计信息应当确保真实可靠、内容完整外，还要求企业会计信息应当遵循公允列报的要求，使财务报表反映企业所有重大的交易或事项，以有助于信息使用者对企业的过去、现在和将来作出科学的评价和合理的预测。会计信息质量包括可靠性、相关性、可理解性、可比性、实质重于形式、重要性、谨慎性和及时性等。

**(一)可靠性**

可靠性，是指企业应当以实际发生的交易或者事项为依据进行会计确认、计量和报告，如实反映符合确认和计量要求的各项会计要素及其他相关信息，保证会计信息真实可靠、内容完整。

会计信息的可靠性是一项基本质量要求，它必须建立在如实反映和内容完整之上。会计信息是会计核算的最终产品，提供会计信息是为了满足会计信息使用者的决策需要，真实的会计信息是进行科学决策的基础。因此，会计信息应做到内容真实、数据准确、资料可靠。

会计信息的可靠性具体包括三方面的含义，即真实性、准确性和可验证性。真实性，是指会计反映的结果应当同企业实际的财务状况和经营成果相一致，而不能受主观意志的左右。企业的会计记录和会计报告都不允许弄虚作假、隐瞒谎报。准确性，是指对于经济业务的记录和报告，必须根据审核无误的原始凭证编制记账凭证，采用特定的专门方法进行记账、算账、报账，保证所提供的会计信息做到数字准确、项目完整、手续齐备、资料可靠。可验证性，是指会计信息应经得起复核和验证，以核实其是否真实，凡是过去已发生的经济业务，都应当有合理合法的凭证可供事后检查。

如果企业的会计核算不是以实际发生的交易或事项为依据，不能如实地反映企业经济活动，无法满足会计信息使用者了解企业情况的需要，会计工作也就失去了存在的意义，甚至会误导会计信息使用者，导致其决策失误。

**(二)相关性**

相关性，又称有用性，是指企业提供的会计信息应当能够反映企业财务状况、经营成果和现金流量，满足会计信息使用者的需要。这就要求企业提供的会计信息应当与财务会计报告使用者的经济决策需要相关，有助于财务会计报告使用者对企业过去、现在或者未来的情况作出评价或者预测。

只有相关的会计信息才具有使用价值，信息的价值在于对决策的有用性。相关的会计信息有助于财务报告使用者评价过去的决策，证实或修正某些预测，从而具有反馈价值；有助于财务会计报告使用者作出预测和决策，从而具有预测价值。然而，不同会计信息使用者对会计信息的需求也有所不同，其目的也不同。相关性要求企业在收集、加工、处理、传递会计信息的过程中，要考虑会计信息的使用者对会计信息需要的不同特点，兼顾不同的使用者对会计信息的不同需要，确保企业内外各方对会计信息的相关需要。对于特定用途的信息，不一定都能通过财务会计报告来提供，而可以采用其他形式加以提供。

**(三)可理解性**

可理解性，是指企业提供的会计信息应当清晰明了，便于财务会计报告使用者理解和使用。

提供会计信息的目的在于使用。会计信息的使用者只有准确地把握会计信息的内容，才能更好地对信息加以利用。会计记录和财务会计报告应当清晰明了地反映企业的财务状况和经营成果,以利于会计信息的使用者准确地掌握和运用。

为使会计信息清晰明了,在日常会计核算中,要做到会计记录的准确、清晰,填制会计凭证、登记会计账簿必须做到依据合法;记账凭证和账簿记录中的账户对应关系清楚、文字摘要简洁达意、相关项目填写完整;在编制会计报表时,项目勾稽关系清楚、项目完整、数字准确;附注应当披露财务报表的编制基础,相关信息应当与资产负债表、利润表、现金流量表和所有者权益变动表等报表中列示的项目相互参照。企业对报表重要项目的说明,应当按照资产负债表、利润表、现金流量表、所有者权益变动表及其项目列示的顺序,采用文字和数字描述相结合的方式进行披露,使会计信息使用者从定量与定性、货币信息与非货币信息各个方面清晰地了解和把握所得到的会计信息,以增强会计信息的有用性。

如果企业的会计核算和编制的财务会计报告不能做到清晰明了、便于理解和利用,就不符合可理解性的要求,不能满足会计信息使用者的决策需求。

**(四)可比性**

企业提供的会计信息应当具有可比性。

从横向上来看,不同的企业可能处于不同行业、不同地区,经济业务发生于不同时点,为了保证会计信息能够满足决策的需要,就应当采用规定的会计政策和会计处理方法,确保会计信息口径一致,以便于不同企业尤其是同一行业中不同企业的财务状况、经营成果和现金流量等会计信息的相互比较和分析,判断企业的社会地位,便于会计报表的汇总,从而为国家进行宏观调控,为投资者及其他利益相关者作出正确的决策提供必要依据。横向可比要求在制定会计准则和会计制度时,尽量减少会计处理方法的可选择性范围。在编报会计报告时,应按国家统一规定的会计标准编报。

从纵向上来看,同一企业不同时期发生的相同或者相似的交易或事项,应当采用一致的会计政策,不得随意变更。确需变更的,应当在附注中说明,以消除会计信息使用者可能产生的误解。一致性是从纵向上对同一企业、不同时期而言,便于会计信息使用者对企业前后各期会计信息进行比较和分析,合理预测企业的发展趋势,并为企业制定科学合理的发展规划提供可靠依据。在会计核算中坚持一致性要求,有利于提高会计信息的使用价值;同时,可以制约和防止会计主体通过会计程序和会计处理方法的变更,在会计核算上弄虚作假,粉饰会计报表。

会计处理方法的统一是保证会计信息可比的基础。如果对于相同或者相似的交易或事项,不同的企业或同一企业在不同的会计期间采用不同的会计政策,将不利于财务会计报告使用者对会计信息的理解,不利于会计信息作用的发挥。

**(五)实质重于形式**

实质重于形式要求企业应当按照交易或事项的经济实质进行会计确认、计量和报告,不应仅以交易或事项的法律形式为依据。

在实际工作中,交易或事项的外在法律形式并不总能完全真实地反映其实质内容。在会计核算的过程中,当遇到一些经济实质与法律形式不吻合的业务或事项时,应以其经济实质作为确认、计量和报告的依据,而不能仅仅根据它们的法律形式进行核算和反映。例如,在金融负债和权益工具的区分上,应当遵循实质重于形式的原则,而不是根据某一工具的名称来确认。一般而言,债务类融资工具通常被划分为金融负债,股权类融资工具通常被划分为权益工具。但对于永续债,如果规定了发行人可以自主递延利息的支付,并无需为这一行为承担任何后果,说明发行人可以无条件地规避交付现金的义务,则这类永续债应当确认为权益工具而不是金融负债。同理，对于优先股，如果规定了发行人每年必须按照一定的股息率支付股利，则说明发行人不能无条件地避免交付现金的义务，因此这类优先股应当被确认为金融负债。

如果企业的会计核算仅仅按照交易或事项的法律形式进行，而其法律形式又没有反映其经济实质和经济现实，那么，其最终结果将不仅不会有利于会计信息使用者的决策，反而会误导会计信息使用者的决策。

**(六)重要性**

重要性要求企业提供的会计信息应当反映与企业财务状况、经营成果和现金流量等有关的所有重要交易或事项。

根据重要性要求，企业在会计核算过程中，应当区别交易或事项的重要程度，进而采用不同的核算方法。对资产、负债、损益等有较大影响，并进而影响财务会计报告使用者据以作出合理判断的重要会计事项，必须按照规定的会计方法和程序进行处理，分别核算、分项反映、力求准确，并在财务会计报告中予以充分、准确的披露；对于次要的会计事项，在不影响会计信息真实性和不至于误导财务会计报告使用者作出正确判断的前提下，可适当简化处理、合并反映。例如，固定资产与低值易耗品都属于劳动手段，但一般来说，固定资产的金额较大、使用期限较长，代表着企业的生产能力和生产规模，因此在会计核算中采用单项核算的方式，逐项设置卡片，进行明细核算，以反映其详细的有关信息；而低值易耗品相对金额较小、使用期限较短，在会计核算中一般采用合并核算的方式，而且对于金额较小的低值易耗品视同原材料，在领用时将其价值金额一次计入当期损益。

重要性要求与会计信息的成本效益直接相关。坚持重要性要求，就能够使提供会计信息的收益大于成本；反之，就会使提供会计信息的成本大于收益。企业的经济业务纷繁复杂，要将所有零散的经济数据全部转化成会计报表中详细罗列的指标，不但会增加核算成本，而且还会掩盖重点，有损于会计信息的使用价值，甚至影响决策。

坚持重要性，必须在保证会计报表和会计信息质量的前提下进行，兼顾全面性和重要性。在评价某些项目的重要性时，很大程度上取决于会计人员的职业判断。一般来说，应当从质和量两个方面对事项的重要性进行分析判断：性质上，只要该会计事项发生就可能对决策有重大影响时，即属于具有重要性的事项；数量上，当某一项目的数量达到一定规模时，一般认为其具有重要性。判断某一项会计事项重要与否，更重要的是应当考虑经济业务的性质。如果特定的经济决策确实需要某一方面的会计资料，即使相应的核算成本很高、比重很小，也应将其作为重要事项来核算。

**(七)谨慎性**

谨慎性，又称保守性或稳健性，它要求企业对交易或者事项进行会计确认、计量和报告时应当保持应有的谨慎，不应高估资产或者收益、低估负债或者费用。

企业经营活动充满着风险和不确定性，谨慎性要求就是针对这些不确定因素而提出的。企业在面临不确定性的环境下，会计人员在作出职业判断时应保持必要的谨慎，既不高估资产或收益，也不低估负债或费用。例如，企业在销售商品时产生各种应收款项，由于债务人的偿债能力和偿债意愿各不相同，总有一些债务人无力或无意偿还债务，从而造成一些应收款项无法收回而形成坏账。而企业在确认应收账款时已经确认相应的销售收入，进而增加了利润。应收款项的损失使得原来确认的利润高估，但应收款项是否能够收回，在应收款项发生时并不能确定。为了保证所确认利润的可靠性，在期末需要按照一定的方法预计可能损失数额，作为费用计入当期利润，这就需要计提坏账准备，以体现谨慎性信息质量要求。可以说，市场经济越发达、市场风险越大，越需要遵循损益确认的谨慎性。

谨慎性要求体现于会计工作的全过程，包括会计确认、计量、报告等会计核算的各个方面。在会计确认方面，要求确认标准和方法建立在稳妥合理的基础之上，对某些会计事项有不同处理方法可供选择时，应尽量选择不虚增企业利润、不夸大所有者权益的程序和方法；从会计计量来说，要求合理核算企业可能发生的损失和费用，不得高估资产和利润的数额；从会计的报告来说，要求会计报告向会计信息的使用者提供尽可能全面的会计信息，特别是应报告有关可能发生的风险损失。

值得注意的是，在会计核算中贯彻谨慎性要求，并不意味着企业可以漫无边际随意地使用，随意地、无根据地提高有关减值准备。超过合理水平的减值准备就是秘密准备。滥用谨慎性要求，歪曲其财务状况和经营成果，将会影响会计核算的可靠性，应按照对会计差错更正的要求进行相应的会计处理。

**（八）及时性**

及时性要求企业对已经发生的交易或者事项，应当及时进行会计确认、计量和报告，不得提前或者延后，以便会计信息及时被利用。

会计信息的价值在于帮助会计信息使用者作出经济决策，因此要求会计信息具有时效性。即使是可靠、可比、相关的会计信息，如果不能及时提供，对会计信息使用者也是毫无意义的。特别是在市场经济条件下，市场瞬息万变，企业竞争日趋激烈，各方面对会计信息的及时性要求越来越高，强调及时性更有其现实意义。

基于会计信息及时性的要求，企业需要及时收集会计信息，在经济业务发生以后，及时收集整理各种原始单据；及时加工处理会计信息，在国家统一会计制度规定的时限内编制出财务会计报告；及时传递会计信息，在国家统一会计制度规定的时限内，及时将编制的财务会计报告传递给会计信息使用者。

## 本章小结

企业会计核算的基本前提包括会计主体、持续经营、会计分期和货币计量。

企业应当以实际发生的交易或者事项为依据进行会计确认、计量和报告，如实反映符合确认和计量要求的各项会计要素及其他相关信息，保证会计信息真实可靠、内容完整。

企业提供的会计信息应当与财务会计报告使用者的经济决策需要相关，有助于财务会计报告使用者对企业过去、现在或者未来的情况作出评价或者预测。

企业提供的会计信息应当清晰明了，便于财务会计报告使用者理解和使用。

企业提供的会计信息应当具有可比性，可比性包括横向可比与纵向可比（一致性或一贯性）。

企业应当按照交易或者事项的经济实质进行会计确认、计量和报告，不应仅以交易或者事项的法律形式为依据。

企业提供的会计信息应当反映与企业财务状况、经营成果和现金流量等有关的所有重要交易或者事项。

企业对交易或者事项进行会计确认、计量和报告应当保持应有的谨慎，不应高估资产或者收益、低估负债或者费用。

企业对已经发生的交易或者事项，应当及时进行会计确认、计量和报告，不得提前或者延后。

## 思考练习题

1. 我国《企业会计准则——基本准则》中所规定的会计核算的基本前提有哪些？怎样理解会计的基本前提？简述其内容与作用。

2. FASB 和 IASB 在联合制定发布的《财务报告概念框架》中规定的会计信息质量特征有哪些？怎样理解它们之间的结构层次？

3. 我国《企业会计准则——基本准则》中所规定的会计信息质量要求有哪些？其主要内容是什么？

4. 举例说明“实质重于形式”的会计质量要求。

5. 如何理解会计信息质量要求中的谨慎性要求？企业是否可以适当低估资产、高估负债？

6. 比较我国《企业会计准则——基本准则》中所规定的会计信息质量要求与 FASB 和 IASB 制定的联合概念框架在会计信息质量特征方面要求的异同。

## 补充与提高

1. http://classroom. dufe. edu. cn.

2. 中华人民共和国财政部会计准则委员会:http://www. casc. gov. cn。

3. 中国证券监督管理委员会:http://www. csrc. gov. cn。

4. 会计信息质量特征研究课题组:《对建立我国会计信息质量特征体系的认识》,《会计研究》2006 年第 1 期。

5. 财政部会计准则委员会:《会计信息质量特征》,大连出版社 2005 年版。

6. 小沃尔特·T. 哈里森等:《财务会计(第 11 版)》,清华大学出版社 2018 年版。

7. 国际会计准则委员会:《国际财务报告准则(2021)》(IFRS Foundation 2021 Edition)。

8. 应唯、张娟、杨海峰:《政府会计准则体系建设中的相关问题及研究视角》,《会计研究》2016 年第 6 期。

9. 企业会计准则编审委员会:《企业会计准则详解与实务》,人民邮电出版社 2019 年版。

10. 张新民:《从报表看企业(第 4 版)》,中国人民大学出版社 2021 年版。

11. 何瑛、马珂、邵翠丽:《大数据时代商业模式创新对财务会计变革的影响研究》,《会计之友》2018 年第 13 期。

# 第三章　会计要素与财务报表

本章要点

1. 掌握权责发生制和收付实现制。
2. 掌握会计要素的概念和内容。
3. 熟悉会计计量属性。
4. 熟悉财务报表的种类和列报要求。

## 第一节　会计确认、计量和报告的基础

### 一、会计确认、计量和报告的关系

会计是由确认、计量和报告构成的一个有机整体。会计确认是按照规定的标准和方法，确认和确定经济信息是否作为会计信息进行正式记录并列入财务报表的过程。凡是确认，必须具备一定的条件。在国际会计准则中，如果一个项目满足要素定义，并且满足以下标准，就应当加以确认：与该项目有关的任何未来经济利益可能会流入或流出企业；该项目具有能够可靠计量的成本和价值。我国采用了国际会计准则的确认标准。会计确认主要解决某一个项目是否确认、如何确认和何时确认的问题，而会计计量是以货币和其他度量单位衡量各种经济业务对资产、负债、所有者权益、收入、费用和利润的影响和结果的过程，主要解决记录金额多少的问题。财务报表的编制是对会计账簿所记录数据的再加工过程，这一过程实际是会计的再次确认，即确认哪些数据可以列入会计报表以及应如何列入报表。会计确认、计量和报告的基础是权责发生制。

### 二、权责发生制和收付实现制

在企业的经济活动中，企业发生的货币收支业务与交易或事项本身并不完全一致，例如，款项已经收到，但销售并未实现；或者款项已经支付，但并不是为了本期的生产经营活动而产生的。在这种情况下，会计一般应对收入和费用根据实际影响期间来计量，而不是根据其发生现金收付时间来计量。这样，在确认资产、负债、收入、费用时，就可能出现两种时间选择：一是收付实现制，即按照期间内实际收付的现金加以确认、计量和记录；二是权责发生制，即按照资

源及其变动的发生期间来确认、计量与记录。

**(一)权责发生制**

权责发生制又称应计制，是用来确认企业在报告期内的收入和费用的一项记账基础。它的操作规则是：凡属本期已实现的收入，不管其款项是否收到，都作为本期的收入处理；凡属本期应负担的费用，不管款项是否付出，都作为本期的费用处理。反之，凡是不应归属本期的收入，即使款项已经收到并入账，都不作为本期的收入处理；凡是不应归属本期的费用，即使其款项已经付出并入账，都不作为本期的费用处理。《企业会计准则——基本准则》第 9 条规定，企业应当以权责发生制为基础进行会计确认、计量和报告。

**(二)收付实现制**

收付实现制是与权责发生制相对应的一种确认基础，它是以收到或支付现金作为确认收入和费用的依据记录收入的实现或费用的发生。即按收付日期确定其归属期，凡属本期收到的收入和支出的费用，不管其是否应归属本期，都作为本期的收入和费用；反之，凡本期未收到的收入和未支付的费用，即使应归属本期收入和费用，也不作为本期的收入和费用。

**【例 3-1】** 甲企业本月份发生以下经济业务：

(1)支付上月份电费 5 000 元；

(2)收回上月的应收账款 10 000 元；

(3)收到本月的营业收入款 8 000 元；

(4)支付本月应负担的办公费 900 元；

(5)支付下季度保险费 1 800 元；

(6)应收营业收入 25 000 元，款项尚未收到；

(7)预收客户货款 5 000 元；

(8)负担上季度已经预付的保险费 600 元。

要求：通过计算说明权责发生制与收付实现制对收入、费用和盈亏的影响。

分析过程如表 3-1 所示。

**表 3-1　权责发生制与收付实现制对收入、费用和盈亏的影响**　单位：元

| 项　目 | 收　入 | | 费　用 | | 本期收益 |
|---|---|---|---|---|---|
| 权责发生制 | 收到本月营业收入 | 8 000 | 本月应负担办公费 | 900 | 31 500 |
| | 应收营业收入 | 25 000 | 负担保险费 | 600 | |
| | 收入小计 | 33 000 | 费用小计 | 1 500 | |
| 收付实现制 | 收到上月应收账款 | 10 000 | 支付上月电费 | 5 000 | 15 300 |
| | 收到本月营业收入款 | 8 000 | 支付本月办公费 | 900 | |
| | 预收客户款 | 5 000 | 支付下季度保险费 | 1 800 | |
| | 收入小计 | 23 000 | 费用小计 | 7 700 | |

**专栏3-1　　权责发生制和收付实现制的会计处理**

权责发生制和收付实现制在确认收入与费用时的原则不同,在会计处理方面也存在着很多不同:

第一,会计主体核算所需设置和运用的会计科目不完全相同。因收付实现制是以实收实付为原则,故无须设置和运用应收或预收收入之类的账户;而权责发生制是以应收应付为原则,存在着收入的应收或预收的问题,故会计核算必须设置和运用"应收账款""预收账款"等账户。

第二,会计期末是否调整账项的要求不同。在收付实现制下,收到外单位还来的前欠货款、预收货款都作为本月的收入;在本月份预付以后月份的费用、支付以前月份应付的费用都作为本月的费用,所以不需要在会计期末对账簿记录进行调整就可计算本期盈亏;而在权责发生制下,应归属本期的收入和费用,不仅包括本月实际收到的收入和实际支付的费用,也可能包括在上期已经取得的收入和付出的费用,还可能包括在下期才能收到的收入和支付的费用,所以在会计期末要确定本月的收入和费用,必须按照归属原则对账簿记录进行调整,才能计算本期盈亏。

第三,计算盈亏的准确程度不同。由于收付实现制是以款项的实际收付为标准来确认本期的收入和费用,缺乏合理的配比关系,算出来的盈亏不是十分客观;而权责发生制是以应收应付为标准将收入和费用进行归属,存在合理的配比关系,算出来的盈亏准确,能够说明计算期的效益,故为企业广泛采用。配比关系是根据收入与费用的内在联系,要求收入与其成本、费用应当相互配比,同一会计时间内各项收入和与其相关的成本、费用,应当在该会计期间内确认。配比具体包括两层含义:一是因果配比,将收入与其对应的成本相配比,如将主营业务收入与主营业务成本相配比等;二是时间配比,将一定时期的收入与同时期的费用相配比,如将当期的收入与管理费用、财务费用等期间费用相配比等。主要的配比关系有以下三种:

(1)与该期收入具有直接关系的成本(直接配比)。

(2)与该期收入具有间接关系的成本(间接配比)。

(3)实际上无法归属任一其他期间的成本(即时确认)。

总之,收付实现制的会计记录直观、简便,但它不能合理计算本期盈亏;权责发生制可以正确反映各个会计期所实现的收入和为实现收入所负担的费用,可以把各期的收入与费用进行配比,正确计算各期财务成果。所以,企业应当以权责发生制为基础进行会计确认、计量和报告。

## 第二节　会计要素

会计要向财务会计报告使用者提供信息,首先必须要对经济业务进行分析,然后采用一定的方法按照经济业务的分类予以记录。

会计对象是一个会计主体的资金运动,但这个资金运动是一个过程,需要对会计对象进一步分类。会计要素作为会计确认和计量的依据,是会计核算对象的基本分类,是设定会计报表结构和内容的依据。其意义主要体现在以下两个方面:

第一,会计要素是会计内容的基本分类,它为会计分类核算提供了基础。一方面,企业可以按照会计要素的分类提供财务会计报告使用者需要的会计数据和财务信息,如投资者所需的企业盈利能力信息或债权人所需的企业偿债能力信息等;另一方面,按照会计要素的分类分别对经济事项进行会计确认和会计计量,使会计确认和会计计量的内容更加具体和系统。

第二,会计要素为财务会计报告构建了基本框架。各个报表项目以会计要素为基础,即可以通过各个会计要素的基本数据分别反映报表项目的信息来源及其增减变化,并科学、合理地反映会计要素之间的相互关系,从而提供了许多有用的经济信息,这对企业财务会计报告使用者和企业内部的管理都是十分必要的。

我国《企业会计准则——基本准则》规定,会计要素主要包括企业经济活动中的资产、负债、所有者权益、收入、费用、利润六个要素。这六大会计要素可以划分为反映财务状况的会计要素和反映经营成果的会计要素两大类。其中,资产、负债和所有者权益是反映会计主体特定时点财务状况的要素,又称为静态会计要素;收入、费用和利润是反映会计主体在某一个会计期间经营成果的要素,又称为动态会计要素。

## 一、资产

### (一)资产的概念和确认

资产,是指企业过去的交易或者事项形成的、由企业拥有或者控制的、预期会给企业带来经济利益的资源。企业过去的交易或者事项包括购买、生产、建造行为或其他交易或者事项。预期在未来发生的交易或者事项不形成资产。由企业拥有或者控制,是指企业享有某项资源的所有权,或者虽然不享有某项资源的所有权,但该资源能被企业所控制。预期会给企业带来经济利益,是指直接或者间接引致现金和现金等价物流入企业的潜力。

资产具有以下特征:

第一,资产是由企业过去的交易或事项所形成的,是现实的资产,而不是预期的资产。只有过去发生的交易或事项才能增加或减少企业的资产,不能根据未来发生的交易或事项确认资产。如已经购入的设备形成了企业的固定资产,但尚未实行生产线采购计划则不会形成资产。

第二,资产是企业拥有或控制的资源。企业资产除了包括所有权属于企业的经济资源外,还包括所有权不属于企业,但企业能够控制使用,并获得经济利益的资源,如租赁形成的使用权资产。

第三,资产能够为企业带来预期经济利益。这是资产的本质特征,不能为企业带来经济利益的就不能确认为资产。前期已确认为资产的项目,若不能再为企业带来经济利益则不能再确认为企业的资产。

以上是符合资产概念的资源的特征,但符合资产概念的资源若要纳入会计核算体系中,还需要符合相应的确认条件。

符合资产定义的资源,在同时满足以下条件时,确认为资产:

(1)与该资源有关的经济利益很可能流入企业。

(2)该资源的成本或者价值能够可靠地计量。

符合资产定义和确认条件的项目,应当列入资产负债表;符合资产定义,但不符合资产确认条件的项目,不应当列入资产负债表。

**【例 3-2】** A 公司本年度 3 月发生下列经济业务,判断每项经济业务是否应确认为 A 公司的资产。

(1)4 日，购买 5 000 元的原材料用于甲产品的生产，材料已经到达企业并验收入库。

分析：原材料用于甲产品的生产，日后能对外销售获得经济利益，应确认为 A 公司的资产。

(2)5 日，购买取得生产用设备一台，价值 100 000 元，货款将在 2 年内付清，款项付清后，设备的所有权归属 A 公司。

分析：在此后 2 年中，即使 A 公司不拥有该项设备的所有权，但 A 公司在付款期间内有权支配该项设备并从中获益，故应确认为 A 公司的资产。

(3)8 日，销售商品一批，收到购货单位签发并在 3 个月后承兑的、金额为 5 000 元的商业承兑汇票一张。

分析：该商业承兑汇票在未来能够给 A 公司带来确定金额的经济利益的流入，因此应该属于 A 公司的资产。

(4)10 日，收到广告公司开出的广告费发票一张，金额为 10 000 元。

分析：企业进行的广告宣传在一定程度上会提升企业的知名度，有利于企业经济利益的增加，但是由于广告宣传作用带来的经济利益具有不确定性，因此，不符合资产的确认条件，不能归属 A 公司的资产，而应该算作费用。

(5)30 日，设备管理部门报来一项计划，打算在下一年 5 月份购买一批新设备替换那些即将报废的设备。

分析：对 A 公司而言，这些新设备目前还不能确认为资产，因为 A 公司没有与设备供应商进行交易，因此不符合资产的特征，即资产应为企业过去的交易或者事项所形成。

**(二)资产的内容**

资产按其流动性可分为流动资产和非流动资产，具体如图 3-1 所示。

- 资产
  - 流动资产
    - 库存现金
    - 银行存款
    - 交易性金融资产
    - 应收票据
    - 应收账款
    - 预付账款
    - 其他应收款
    - 存货
    - 合同资产
    - 持有待售资产
    - 一年内到期的非流动资产
  - 非流动资产
    - 债权投资
    - 其他债权投资
    - 长期应收款
    - 长期股权投资
    - 其他权益工具投资
    - 投资性房地产
    - 固定资产
    - 在建工程
    - 使用权资产
    - 无形资产
    - 商誉
    - 长期待摊费用
    - 递延所得税资产

**图 3-1 资产的要素构成**

1. 流动资产

流动资产，是指可以在正常的营业周期内变现或耗用的资产。

符合下列条件之一的，应当归类为流动资产：①预计在企业正常营业周期中变现、出售或耗用的资产；②主要为交易目的而持有的资产；③预计在自资产负债表日起一年内变现的资产；④自资产负债日起一年内，用于交换其他资产或清偿负债的能力不受限制的现金或现金等价物。

正常营业周期，通常是指从购买用于加工的资产起至实现现金或现金等价物的期间。正常营业周期通常短于一年，在一年内有几个营业周期。但也存在营业周期长于一年的情况，如房地产开发企业开发用于出售的房地产、造船企业制造的用于对外出售的大型船只等，往往超过一年才变现出售或耗用，但仍应划分为流动资产。当正常营业周期不能确定时，应当以一年（12 个月）作为正常营业周期。

流动资产主要包括库存现金、银行存款、交易性金融资产、应收票据、应收账款、预付账款、其他应收款、存货、合同资产、持有待售资产、一年内到期的非流动资产等。

**专栏 3-2**　　流动资产项目

库存现金，是指在企业中存放的现金。这是一种流动性最强的流动资产，可以充当交换媒介，自由流通，自由运用，可随时用来购买所需的财产物资，偿还债务，支付各种费用，也可以随时存入银行。

银行存款，是指企业存放在银行或其他金融机构，可自由提取、使用的各种性质存款。

交易性金融资产，是指资产负债表日企业分类或直接指定为以公允价值计量且其变动计入当期损益的金融资产。

应收票据，是指企业因销售商品、产品、提供劳务等而收到的商业汇票，包括银行承兑汇票和商业承兑汇票。作为流动资产的应收票据一般是由于销售商品或提供劳务等经营活动所产生的、企业持有的尚未到期兑现的各种商业汇票。

应收账款，是指企业因销售商品、产品、提供劳务等经营活动应收取的款项，是对客户的要求权。

预付账款，是指企业预付给供应单位的款项。

其他应收款，是指除应收票据、应收账款、预付账款、应收股利、应收利息、长期应收款等经营活动以外的其他各种应收、暂付的款项等。其他原因所产生的应收款项包括应收各种赔款、罚款等。

存货，是指企业在日常活动中持有以备出售的产成品或商品、处在生产过程中的在产品、在生产过程或提供劳务过程中耗用的材料和物料等，主要包括在途物资、原材料、库存商品、周转材料等。在途物资，是指货款已付尚未验收入库的购入材料或商品等。原材料，是指企业库存的各种材料，包括原料及主要材料、辅助材料、外购半成品（外购件）、修理用备件（备品备件）、包装材料、燃料等。库存商品，是指企业库存的各种商品，包括库存产成品、外购商品、存放在门市部准备出售的商品、发出展览的商品以及寄存在外的商品等。周转材料主要包括包装物、低值易耗品，以及企业（建筑承包商）的钢模板、木模板、脚手架等。由于行业的不同，存货的内容也不尽相同。制造业企业的存货有原材料、半成品、库存商品等。商品流通企业的存货有商品、材料物资等。服务业企业则有少量的存货，如物料用品、办公用品等。

合同资产，是指企业已向客户转让商品而有权收取对价的权利，且该权利取决于时间流逝之外的其他因素。

持有待售资产，是指企业主要通过出售而非持续使用来收回其账面价值的一项非流动资产或处置组。

一年内到期的非流动资产，是指预计自资产负债表日起一年内变现的非流动资产，包括一年内到期的债权投资、长期待摊费用和一年内可收回的长期应收款。

2. 非流动资产

除符合流动资产条件以外的资产，都属于非流动资产，通常包括债权投资、长期应收款、长期股权投资、其他权益工具投资、投资性房地产、固定资产、在建工程、使用权资产、无形资产、商誉、长期待摊费用、递延所得税资产等。

**专栏 3-3　　非流动资产项目**

债权投资，是指资产负债表日企业以摊余成本计量的长期债权投资。

其他债权投资，是指资产负债表日企业分类为以公允价值计量且其变动计入其他综合收益的长期债权投资。

长期应收款，是指企业融资租赁产生的应收款项和采用递延方式分期收款、实质上具有融资性质的销售商品和提供劳务等经营活动产生的应收款项。

长期股权投资，包括投资方持有的对联营企业、合营企业以及子公司的投资。股权投资，是指取得被投资单位的股份或股权，享有一定比例的权益份额代表的资产。根据投资方在投资后对被投资单位能够施加影响的程度，可划分为金融工具和长期股权投资。根据不同情况，长期股权投资可以采用成本法或权益法核算。

其他权益工具投资，是指企业指定为以公允价值计量且其变动计入其他综合收益的非交易性权益工具投资。即企业对外投资准备长期持有，但对被投资方达不到控制也不能施加重大影响，不能划为长期股权投资的投资。

投资性房地产，是指为赚取租金或资本增值，或两者兼有而持有的房地产。

固定资产，是指同时具有下列特征的有形资产：①为生产商品、提供劳务、出租或经营管理而持有的。②使用寿命超过一个会计年度。使用寿命，是指企业使用固定资产的预计期间，或者该固定资产所能生产产品或提供劳务的数量。

在建工程，是指企业基建、技改等在建工程，主要反映企业期末各项未完工程的实际支出，包括交付安装的设备价值、未完建筑安装工程已经耗用的材料、工资和费用支出、预付出包工程的价款、已经建筑安装完毕而尚未交付使用的工程等的可收回金额。

使用权资产，是指承租人可在租赁期内使用租赁资产的权利。

无形资产，是指企业拥有或者控制的没有实物形态的可辨认非货币性资产。可辨认标准是能够满足以下两种条件之一的情况：①能够从企业中分离或者划分出来，并能单独或者与相关合同、资产或负债一起，用于出售、转移、授予许可、租赁或者交换；②源自合同性权利或其他法定权利，无论这些权利是否可以从企业或其他权利和义务中转移或者分离，主要包括专利权、非专利技术、商标权、著作权、土地使用权等。企业内部研究开发无形资产项目的支出，应当区分研究阶段支出与开发阶段支出。研究，是指为获取并理解新的科学或技术知识而进行的独创性的有计划调查。开发，是指在进行商业性生产或使用前，将研究成果或其他知识应用于某项计划或设计，以生产出新的或具有实质性改进的材料、装置、产品等。企业内部研究开发项目研究阶段的支出，应当于发生时计入当期损益。企业内部研究开发项目开发阶段的支出，同时满足下列条件的，才能确认为无形资产：①完成该无形资产以使其能够使用或出售在技术上具有可行性；②具有完成该无形资产并使用或出售的意图；③无形资产产生经济利益的方式，包括能够证明运用该无形资产生产的产品存在市场或无形资产自身存在市场，无形资产将在内部使用的，应当证明其有用性；④有足够的技术、财务资源和其他资源支持，以完成该无形资产的开发，并有能力使用或出售该无形资产；⑤归属该无形资产开发阶段的支出能够可靠地计量。

商誉，通常是指企业所处的地理位置优越，或由于信誉好而获得了客户信任，或由于组织得当、生产经营效益高，或由于技术先进，掌握了生产诀窍等原因而形成的无形价值。这种无形价值表现为企业的获利能力超过了行业企业的平均获利水平。商誉代表净资产的获取代价与其公允价值之间的差额，意味着企业高于社会平均水平的盈利能力。在会计上通常把购买其他企业时成本超过净资产的差额作为商誉。

长期待摊费用，是指企业已经发生但应由本期和以后各期负担的分摊期限在 1 年以上的各项费用。

递延所得税资产，是指企业由于税收政策和会计准则的不同而产生的暂时性的税收差异而形成的资产。资产的账面价值小于其计税基础（或者负债的账面价值大于其计税基础），表明该项资产于未来期间产生的经济利益流入低于税法允许税前扣除的金额（或者该项负债于未来期间产生的经济利益流出高于税法允许税前扣除的金额），产生可抵减未来期间应纳税所得额的因素，减少未来期间以所得税税款的方式流出企业的经济利益，应确认为递延所得税资产。

## 二、负债

### （一）负债的概念和确认

负债，是指企业过去的交易或者事项形成的、预期会导致经济利益流出企业的现时义务。现时义务，是指企业在现行条件下已承担的义务。未来发生的交易或者事项形成的义务，不属于现时义务，不应当确认为负债。

负债具有以下基本特征：

第一，负债是由过去已经发生的交易或事项所形成。

第二，负债是企业的现时义务。

第三，负债的清偿预期会导致经济利益流出企业。

在同时满足以下条件时，确认为负债：

（1）与该义务有关的经济利益很可能流出企业。

（2）未来流出的经济利益的金额能够可靠地计量。

符合负债定义和负债确认条件的项目，应当列入资产负债表；符合负债定义，但不符合负债确认条件的项目，不应当列入资产负债表。

**【例 3－3】** A 公司本年度 2 月发生以下经济业务，判断每项经济业务是否属于 A 公司的负债。

(1)7 日，购买 20 000 元的原材料用于甲产品的生产，经与供应商协商，货款将于下月初支付。

分析：该项业务将导致企业下月初经济利益的流出，属于 A 公司的负债。

(2)18 日，按照购销合同，A 公司收到 C 公司 50 000 元的乙产品预付款，A 公司将在 7 月份生产乙产品。

分析：A 公司因收取了 C 公司交来的预付款，有义务在 7 月份按照合同将价值 50 000 元的乙产品交付给 C 公司，因此，该项业务属于 A 公司的负债。在未交付乙产品期间，A 公司应将所收到 B 公司的产品预付款作为合同负债处理。

**(二)负债的内容**

负债按其流动性，可分为流动负债和非流动负债，具体如图 3－2 所示。

- 负债
  - 流动负债
    - 短期借款
    - 交易性金融负债
    - 应付票据
    - 应付账款
    - 预收账款
    - 合同负债
    - 应付职工薪酬
    - 应交税费
    - 其他应付款
    - 持有待售负债
    - 一年内到期的非流动负债
  - 非流动负债
    - 长期借款
    - 应付债券
    - 租赁负债
    - 长期应付款
    - 预计负债
    - 递延收益
    - 递延所得税负债

**图 3－2　负债的要素构成**

1. 流动负债

流动负债主要包括短期借款、交易性金融负债、应付票据、应付账款、预收账款、合同负债、应付职工薪酬、应交税费、其他应付款、持有待售负债、一年内到期的非流动负债等。

符合下列条件之一的负债，应当归类为流动负债：①预计在企业正常营业周期中清偿的负债；②在自资产负债表日起一年内到期应予以清偿的负债；③企业无权自主地将清偿推迟至自资产负债表日后一年以上的负债。

**专栏 3－4**　　**流动负债项目**

短期借款，是指企业向银行或其他金融机构等借入的期限在 1 年以下(含 1 年)的各种借款。

交易性金融负债，是指企业采用短期获利模式进行融资所形成的负债，反映资产负债表日企业承担的交易性金融负债，以及企业持有的直接指定为以公允价值计量且其变动计入当期损益的金融负债的期末账面价值。

应付票据，是指企业购买材料、商品和接受劳务供应等而开出、承兑的商业汇票，包括银行承兑汇票和商业承兑汇票。

应付账款，是指企业因购买材料、商品和接受劳务供应等经营活动应支付的款项。

预收账款，是指企业向购货方预收的购货订金或部分货款。

合同负债，是指企业已收或应收客户对价而应向客户转让商品的义务。

应付职工薪酬，是指企业为获得职工提供的服务而应付给职工各种形式的报酬。

应交税费，是指企业按照税法规定计算应缴纳的各种税费，包括增值税、消费税、所得税、资源税、土地增值税、城市维护建设税、房产税、土地使用税、车船使用税、教育费附加、矿产资源补偿费等。

其他应付款，是指企业除应付票据、应付账款、预收账款、应付职工薪酬、应付利息、应付股利、应交税费、长期应付款等经营活动以外的其他各项应付、暂收的款项。

持有待售负债，是指企业资产负债日处置组中与划分为持有待售类别的资产直接相关的负债。

一年内到期的非流动负债，是指预计自资产负债表日起一年内到期的非流动负债。

2. 非流动负债

除符合流动负债条件以外的负债，都属于非流动负债，通常包括长期借款、应付债券、租赁负债、长期应付款、预计负债、递延收益、递延所得税负债等。

**专栏 3-5　　非流动负债项目**

长期借款，是指企业向银行或其他金融机构借入的期限在 1 年以上（不含 1 年）的各项借款。

应付债券，是指企业为筹集（长期）资金而发行的有价证券。

租赁负债，尚未支付的租赁付款额的现值，承租人在租入资产确认使用权资产的同时确认租赁负债。

长期应付款，是指企业除长期借款和企业债券以外的其他各种长期应付款项，包括以分期付款方式购入固定资产和无形资产发生的应付账款、应付融资租入固定资产的租赁费等。

预计负债，是指与或有事项相关的义务同时满足下列条件的负债：①该义务是企业承担的现时义务；②履行该义务很可能导致经济利益流出企业；③该义务的金额能够可靠地计量。预计负债主要包括对外提供担保、未决诉讼、产品质量保证、重组义务、亏损性合同以及固定资产和矿区权益弃置义务等产生的负债。

递延收益，是指待确认的收入或收益，我国递延收益主要应用在租赁准则和政府补助准则的相关内容中。

递延所得税负债，是指企业由于税收政策和会计准则不同而产生暂时性的税收差异而形成的负债。资产的账面价值大于其计税基础（或者负债的账面价值小于其计税基础），表明该项资产于未来期间产生的经济利益流入高于税法允许税前扣除的金额（或者该项负债于未来期间产生的经济利益流出低于税法允许税前扣除的金额），产生可增加未来期间应纳税所得额的因素，增加未来期间以所得税税款的方式流出企业的经济利益，应确认为递延所得税负债。

## 三、所有者权益

### （一）所有者权益的概念和确认

所有者权益，是指企业资产扣除负债后由所有者享有的剩余权益。在我国，股份制公司的所有者权益称为“股东权益”。

所有者权益的特征如下：

第一，在正常的经营情况下，企业不需要偿还所有者投资。

第二，所有者权益的增减变动受到所有者增资或减资以及留存收益等因素的影响。

第三，当企业清算时，企业在清偿全部债务后，剩余财产才能够用于偿还所有者。

第四，所有者以其在企业享有的所有者权益的份额，参与企业的利润分配。

所有者权益项目应当列入资产负债表。

### （二）所有者权益的内容

所有者权益的来源包括所有者投入的资本、直接计入所有者权益的利得和损失（其他综合收益）、留存收益等。直接计入所有者权益的利得和损失，是指不应计入当期损益、会引致所有者权益发生增减变动的、与所有者投入资本或者向所有者分配利润无关的利得或者损失。利得，是指由企业非日常活动所形成的、会引致所有者权益增加的、与所有者投入资本无关的经济利益的流入。损失，是指由企业非日常活动所发生的、会导致所有者权益减少的、与向所有者分配利润无关的经济利益的流出。所有者权益金额取决于资产和负债的计量。

所有者权益包括实收资本、其他权益工具、资本公积、其他综合收益、专项储备、盈余公积和未分配利润，具体如图 3－3 所示。

所有者权益
- 实收资本（股本）
- 其他权益工具
- 资本公积
- 其他综合收益
- 专项储备
- 盈余公积
- 未分配利润

**图 3－3　所有者权益的要素构成**

**专栏 3－6**　　所有者权益项目

实收资本，是指企业接受投资者投入企业的实收资本。

其他权益工具，是指企业发行的除普通股以外的归类为权益工具的各种金融工具，如优先股、永续债等。

资本公积，是指企业收到投资者出资超出其在注册资本或股本中所占的份额的资本或资产以及直接计入所有者权益的利得和损失等，主要包括资本（或股本）溢价、接受捐赠资产、法定财产重估增值、外币资本折算差额等。

其他综合收益，是指企业根据企业会计准则规定未在当期损益中确认的各项利得和损失。

专项储备，是指高危行业企业按照规定提取的安全生产费以及维持简单再生产费用等具有类似性质的费用。

盈余公积，是指企业按照规定的比例从净利润中提取的公积金，主要包括法定盈余公积和任意盈余公积等。企业的盈余公积可以用于弥补亏损和转增资本（或股本）。

未分配利润，是指尚未分配的利润或未指定用途的利润。

值得注意的是，所有者权益与负债有着本质的区别。所有者投入的资产或资本，企业一般可长期使用，不需要按期归还，也不需要支付使用费；而负债是企业对内和对外所承担的经济责任，需要企业定期偿还，有时还需支付有关的费用，如借款的利息费等。所有者可以参与企业的利润分配，而债权人无此项权利，只能按照预先约定的条件取得利息收入。

## 四、收入

### （一）收入的概念和确认

收入，是指企业在日常活动中形成的、会引致所有者权益增加的、与所有者投入资本无关的经济利益的总流入。日常活动，是指企业为完成其经营目标所从事的经常性活动以及与之相关的其他活动。工业企业制造并销售产品、商业企业销售商品、保险公司签发保单、咨询公司提供咨询服务、软件企业为客户开发软件、安装公司提供安装服务、商业银行对外贷款、租赁公司出租资产等，均属于企业为完成其经营目标所从事的经常性活动，由此产生的经济利益的总流入构成收入。工业企业转让无形资产使用权、出售原材料、对外投资（收取的利息收入、股利收入）等，属于与经常性活动相关的其他活动，由此产生的经济利益的总流入也构成收入。企业代第三方收取的款项，应当作为负债处理，不应当确认为收入。

收入具有以下基本特征：

第一，收入应该是企业在日常经营活动中产生的，而不是从偶发的交易或事项中产生的，如工业企业的收入是从其销售商品、提供工业性劳务等日常活动中产生的，而不应是从处置固定资产等非日常活动中产生的。

第二，收入的取得可能会引起资产的增加，如取得收入会同时增加应收账款、银行存款等；收入的取得也可能会引起负债的减少，如以商品或劳务抵偿债务，在收入取得的同时减少了负债；或两者兼而有之，如商品销售货款中一部分收取现款，一部分抵偿债务。值得注意的是，并非所有资产的增加或负债的减少都会形成企业的收入，如投资人追加投资、从银行取得借款、偿还银行借款等。

第三，收入的增加能引致企业所有者权益的增加。收入是经济利益的总流入，进而引起所有者权益增加。

第四，收入只包括本企业经济利益的流入，不包括为第三方或客户代收的款项。营业收入总是产生于企业持续的正常的生产经营活动中，其实质是净资产的增加。企业为第三方或客户代收的款项，如增值税销项税额、代收利息等，一方面增加企业的资产，另一方面增加企业的负债，不增加所有者权益，也不属于本企业的经济利益，不能作为本企业的收入。

**专栏 3-7　　收入确认的步骤和条件**

对企业来说，收入是补偿费用、取得盈利的源泉，是企业经营活动取得的经营成果。

2017 年 7 月 5 日，财政部修订发布了《企业会计准则第 14 号——收入》(以下简称“新收入准则”)。这是我国企业会计准则体系修订完善、保持与国际财务报告准则持续全面趋同的重要成果。

新收入准则适用于所有与客户之间的合同，但下列各项不适用：金融工具确认和计量、金融资产转移、长期股权投资、套期会计、合并财务报表、合营安排、租赁、保险合同等。

根据新收入准则，收入的确认需要包括以下五个步骤：

(1)识别与客户订立的合同；

(2)识别合同中的单项履约义务；

(3)确定交易价格；

(4)将交易价格分摊至各单项履约义务；

(5)履行每一单项履约义务时确认收入。

当企业与客户之间的合同同时满足下列条件时，企业应当在客户取得相关商品控制权时确认收入：

(1)合同各方已批准该合同并承诺将履行各自义务；

(2)该合同明确了合同各方与所转让商品或提供劳务相关的权利和义务；

(3)该合同有明确的与所转让商品相关的支付条款；

(4)该合同具有商业实质，即履行该合同将改变企业未来现金流量的风险、时间分布或金额；

(5)企业因向客户转让商品而有权取得的对价很可能收回。

符合收入定义和收入确认条件的项目，应当列入利润表。

### (二)收入的内容

按照日常活动在企业所处的地位，收入可分为主营业务收入和其他业务收入。

主营业务收入，是指企业销售商品、提供劳务等主营业务所实现的收入，即企业为完成其经营目标而从事的日常活动中的主要项目。

其他业务收入，是指企业除主营业务以外的其他经营活动实现的收入，包括出租固定资产、出租无形资产、出租包装物和商品、销售原材料等实现的收入。

## 五、费用

### (一)费用的概念和确认

费用，是指企业在日常活动中发生的、会导致所有者权益减少的、与向所有者分配利润无关的经济利益的总流出。

费用具有以下基本特征：

第一，费用是企业在日常活动中发生的经济利益的流出，而不是从偶发的交易或事项中发生的经济利益的流出。有些交易或事项虽然也能使企业发生经济利益的流出，但不属于企业的日常经营活动，其经济利益的流出不属于费用，如制造业企业出售固定资产的净损失。

第二，费用的发生通常会引起资产的减少，如生产中消耗原材料；费用的发生也会引起负债的增加，如应支付职工的工资；或两者兼而有之，如购买原材料中一部分支付现金，一部分尚未支付。费用实质上是企业的一种经济利益的流出。

第三，费用的发生最终会导致企业所有者权益的减少。通常，资金流出会减少企业的所有者权益，即形成企业的费用，不导致所有者权益减少的经济利益的流出不确认为费用。

企业在生产经营过程中，有的支出不应该归入企业的费用，如企业用银行存款偿还银行借款，只是一项资产的减少和一项负债的减少，对所有者权益并没有影响，不构成企业的费用；又如，企业向投资者分配股利，这一资金的流出虽然减少了所有者权益，但属于最终的利润分配，也不应该作为费用。

费用只有在经济利益很可能流出进而导致企业资产减少或者负债增加，且经济利益的流出能够可靠计量时才能予以确认。符合费用定义和费用确认条件的项目，应当列入利润表。

值得注意的是，费用与成本、支出的概念是不同的。成本，是指用于某种目的的资源数量的货币计量，如产品制造业为生产某种产品而消耗的直接材料、直接人工和制造费用。支出，是指与所发生的成本有关的资产减少额（如现金）或负债的增加额（如应付账款）。当一项支出完成时，相关的成本或是一项资产，或是一项费用。如果支出能为未来各期带来收益，它就表现为资产的增加，如企业为购置机器、设备等固定资产而发生的支出（即属于资本性支出）；如果支出只为当期带来收益，它就是当期的一项费用，如企业为销售商品而发生的商品广告支出（即属于收益性支出）。

**（二）费用的内容**

费用有多种表现形式，但其本质是资产的转化形式，是企业资产的耗费。费用与收入是相对的概念，也可以说是企业为取得收入而付出的代价。费用应当按照功能分类，划分为营业成本、生产费用、期间费用和其他费用等。

1. 营业成本

营业成本，是指销售商品或提供劳务的成本。企业为生产产品、提供劳务等发生的可归属产品成本、劳务成本等的费用，应当在确认产品销售收入、劳务收入等时，将已销售产品、已提供劳务的成本等计入当期损益。

按照其所销售商品或提供劳务在企业日常活动中的所处地位，可以分为主营业务成本和其他业务成本。主营业务成本，是指企业根据收入准则确认销售商品、提供劳务等主营业务收入时应结转的成本。其他业务成本，是指企业除主营业务活动以外的其他经营活动所发生的支出，包括销售原材料的成本、出租固定资产的累计折旧、出租无形资产的累计摊销、出租包装物的成本或摊销额、采用成本模式计量的投资房地产的累计折旧或累计摊销等。

2. 生产费用

生产费用，是指能归入某种产品成本的费用，可分为直接费用和间接费用两类。

直接费用，是指直接为生产产品或提供劳务等发生的费用，包括直接材料费、直接人工费和其他直接费用。这些费用于发生时直接计入某一特定产品成本。

间接费用，是指企业生产车间、部门为生产产品和提供劳务而发生的、应由几种或全部产品负担的费用，如制造费用等。这些费用需要按一定的标准分配计入产品成本。

3. 期间费用

期间费用，是指不能直接或间接归入某种产品成本而在发生期间全额计入当期损益的费用。企业发生的支出不产生经济利益的，或者即使能够产生经济利益但不符合或者不再符合资产确认条件的，应当在发生时确认为费用，计入当期损益。企业发生的交易或者事项导致其承担了一项负债而又不确认为一项资产的，应当在发生时确认为费用，计入当期损益。期间费用的特点是于发生时直接计入当期损益，从当期收入中得到补偿。期间费用包括管理费用、财务费用、研发费用和销售费用。

**专栏3-8** 期间费用项目

管理费用，是指企业为组织和管理企业生产经营所发生的管理费用，包括企业在筹建期间内发生的开办费、董事会和行政管理部门在企业的经营管理中发生的或者应由企业统一负担的公司经费(包括行政管理部门职工薪酬、物料消耗、低值易耗品摊销、办公费和差旅费等)、工会经费、董事会费(包括董事会成员津贴、会议费和差旅费等)、聘请中介机构费、咨询费(含顾问费)、诉讼费、业务招待费、技术转让费、矿产资源补偿费、研究费用、排污费等。

财务费用，是指企业为筹集生产经营所需资金等而发生的应予费用化的筹资费用，包括利息支出(减利息收入)、汇兑差额以及相关的手续费。

研发费用，是指企业进行研究与开发过程中发生的费用化项目，以及计入管理费用的自行开发无形资产的摊销金额。

销售费用，是指企业销售商品和材料、提供劳务的过程中发生的各种费用，包括保险费、包装费、展览费和广告费、商品维修费、装卸费等以及为销售本企业商品而专设的销售机构(含销售网点、售后服务网点等)的职工薪酬、业务费、折旧费等经营费用。

4. 其他费用

所得税费用，是指企业根据所得税准则确认的应从当期利润总额中扣除的所得税金额，包括当期所得税费用和递延所得税费用两个部分。

税金及附加，是指企业经营活动应负担的消费税、城市维护建设税、教育费附加、资源税、房产税、土地使用税、车船税、印花税等相关税费。

资产减值损失，是指企业计提各项资产减值准备所形成的损失。

信用减值损失，是指企业计提的各项金融工具信用减值准备所确认的信用损失。其中，金融工具是指形成一方的金融资产并形成其他方的金融负债或权益工具的合同，包括金融资产、金融负债和权益工具。

## 六、利润

### (一)利润的概念和确认

利润，是指企业在一定会计期间内生产经营活动的经营成果。利润金额取决于收入和费用、直接计入当期利润的利得和损失金额的计量。在一个会计期间内，如果企业的收入和利得之和超过费用和损失之和，表示实现利润；反之，则表示发生亏损。利润项目应当列入利润表。

**(二)利润的内容**

利润包括收入减去费用后的净额、直接计入当期利润的利得和损失等。其中,直接计入当期利润的利得和损失,是指应当计入当期损益、会引致所有者权益发生增减变动的、与所有者投入资本或者向所有者分配利润无关的利得或者损失。

由此可见,收入和费用是影响企业利润的主要因素。企业通过销售商品或提供劳务,以现金或者应收账款的形式,从客户处获得的收入,大多引致资产的增加或负债的减少,当然也引致所有者权益的增加。为了获得收入就需要支付费用,企业发生的费用都必须由收入弥补,导致收入的减少。利润可以理解为企业净资产的增加额,即所有者权益的增加额(收入减去费用、利得减去损失后的净额)。

企业利润主要分为营业利润、利润总额和净利润三个层次。

1. 营业利润

营业利润,是指营业收入减去营业成本和税金及附加,减去销售费用、管理费用、研发费用、财务费用,减去信用减值损失和资产减值损失,加上其他收益、投资收益、公允价值变动损益和资产处置损益的金额。

其他收益,是指与企业日常活动相关,除冲减相关成本费用以外的政府补助,以及其他应计入其他收益的内容。与日常活动相关的政府补助包括即征即退的返还增值税,对企业给予的就业、创新、专利补贴等。

投资收益,是指企业根据长期股权投资准则确认的投资收益或投资损失。

公允价值变动损益,是指企业交易性金融资产、交易性金融负债,以及采用公允价值模式计量的投资性房地产、衍生工具、套期保值业务中公允价值变动形成的应计入当期损益的利得或损失。

资产处置损益,是指企业出售划分为持有待售的非流动资产或处置组时确认的利得或损失,以及处置未划分为持有待售的固定资产、在建工程、生产性生物资产及无形资产而产生的处置利得或损失。处置仍有使用价值的固定资产的损益计入资产处置损益,如用固定资产抵债、投资、捐赠等,该经营行为是为了换取对价,具有一定的商业价值。

2. 利润总额

利润总额,是指营业利润加上营业外收入,减去营业外支出后的金额。

营业外收入,是指企业发生的与其经营活动无直接关系的各项净收入,主要包括非流动资产毁损报废利得、罚没利得、政府补助利得、确实无法支付而按规定程序经批准后转作营业外收入的应付款项、捐赠利得、盘盈利得等。与日常活动无关的政府补助在营业外收入下核算,如因遭受自然灾害收到的政府补助、拆迁补助。

营业外支出,是指企业发生的与其经营活动无直接关系的各项净支出,包括非流动资产毁损报废损失、罚款支出、捐赠支出、非常损失等。

3. 净利润

净利润,是指利润总额减去所得税费用后的金额。

## 第三节 会计计量

企业在将符合确认条件的会计要素登记入账并列报于会计报表及其附注时,应当按照规定的会计计量属性进行计量,确定其金额。

会计计量，是指所用量度的经济属性，主要包括历史成本、重置成本、可变现净值、现值和公允价值等。

## 一、历史成本

在历史成本计量下，资产按照购置时支付的现金或者现金等价物的金额，或者按照购置资产时所付出的对价的公允价值计量；负债按照因承担现时义务而实际收到的款项或者资产的金额，或者承担现时义务的合同金额，或者按照日常活动中为偿还负债预期需要支付的现金或者现金等价物的金额计量。

获取成本或历史成本是确认一切取得的货币、资产和服务、发生的费用、负债与权益的基础。或者说，财务报表的每一个项目，都要以取得、发生或形成时的交易价格来计量。如果需要分配摊提，也要按成本基础把摊余成本作为其现有价值即净值。这主要是因为历史成本是资产实际发生的成本，有客观依据，便于查核，也容易确定，比较可靠。需要注意的是，如果资产已经发生了减值，其账面价值已经不能反映其未来可收回金额，企业就应当按照规定计提相应的减值准备。

历史成本计量是由所有的会计基本假设共同确定的。首先，会计计量对象是一个会计主体所取得的资产、发生的费用或其他要素，而这些资产的取得和费用的发生都是会计主体在经济活动中为取得经济利益所付出的"代价"。其次，由于会计主体持续经营的前提，就排除了用清算价值来计量资产和费用的可能性。再次，由于会计必须分期，成本就要分为两个部分：未耗用的，构成资产的价值；已耗用的，则成为应与收入配比的费用。最后，考虑到货币计量假设，会计主体对所得和所失都只能用货币单位加以计量。所"失"的货币计量就是成本。

但是，历史成本计量也有局限性，即历史成本计量是在币值基本稳定的前提下采用的，因此，当货币购买力变动和物价上涨时，按历史成本计价就不能准确地反映企业资产的真实价值。在这种情况下，就会削弱会计信息的有用性。所以，在物价变动会计或通货膨胀会计中，不再适用历史成本计量。

## 二、重置成本

在重置成本计量下，资产按照现在购买相同或者相似资产所需支付的现金或者现金等价物的金额计量，负债按照现在偿付该项债务所需支付的现金或者现金等价物的金额计量。重置成本是用现时市场条件重新购置或建造一个全新状态的资产所需的全部成本，减去已经发生的实体性贬值、功能性贬值和经济性贬值，得到的差额作为资产价值的一种价值度量方法。

重置成本计量的主要缺点是重置成本的确定缺乏客观性。由于市场上所销售的商品在计量重置成本之日，价格可能并非完全一致，加之销售条件等可能不完全相同，因此，在重置成本数额确定过程中，不可避免地会带有一些主观因素。此外，在计量重置成本之日，由于技术进步等原因，企业有些资产也可能在市场上很难找到与之相同甚至相似的资产，对于这些资产的重置成本只能依靠估计，重置成本的确定由此更带有主观的成分。

## 三、可变现净值

在可变现净值计量下，资产按照其正常对外销售所能收到现金或者现金等价物的金额扣减该资产至完工时估计将要发生的成本、估计的销售费用以及相关税费后的金额计量。

**【例3-4】** 假定甲公司5月31日库存W型机器12台，成本(不含增值税)为360万元，单位成本为30万元/台。该批W型机器全部销售给乙公司。与乙公司签订的销售合同约定，6月20日，甲公司应按每台30万元的价格(不含增值税)向乙公司提供W型机器12台。甲公司销售部门提供的资料表明，向长期客户乙公司销售的W型机器的平均运杂费等销售费用为0.12万元/台；向其他客户销售W型机器的平均运杂费等销售费用为0.1万元/台。

分析：在这种情况下，W型机器的可变现净值应以销售合同约定的价格30万元/台为基础确定。据此，W型机器的可变现净值为：

可变现净值＝30×12－0.12×12＝360－1.44＝358.56(万元)

W型机器的可变现净值358.56万元低于W型机器的成本360万元，应按其差额1.44万元计提存货跌价准备(假定以前未对W型机器计提存货跌价准备)。如果W型机器的成本为350万元，则不需要计提存货跌价准备。

## 四、现值

在现值计量下，资产按照预计从其持续使用和最终处置中所产生的未来净现金流入量的折现金额计量，负债按照预计期限内需要偿还的未来净现金流出量的折现金额计量。

**【例3-5】** 2023年12月31日，A公司发现上一年度12月31日用3 000 000元购入的一项利用专利技术设备，现账面价值为2 300 000元。类似的专利技术在市场上已经出现。该设备尚可使用6年，未来5年的现金流量为500 000元、480 000元、460 000元、440 000元、420 000元，第6年现金流量及使用寿命结束时预计处置带来的现金流量为380 000元，在折现率为5%的情况下，试计算该项专利技术的现值。

分析：该项专利技术的现值为未来6年可使用寿命内的现金流量按照5%折现率计算的折现金额。

**表3-2**　　**预计未来现金流量现值计算表**　　单位：元

| 年　份 | 预计未来现金流量 | 折现率 | 折现系数 | 现　值 |
|---|---|---|---|---|
| 2024 | 500 000 | 5% | 0.952 4 | 476 190 |
| 2025 | 480 000 | 5% | 0.907 0 | 435 374 |
| 2026 | 460 000 | 5% | 0.863 8 | 397 365 |
| 2027 | 440 000 | 5% | 0.822 7 | 361 989 |
| 2028 | 420 000 | 5% | 0.783 5 | 329 081 |
| 2029 | 380 000 | 5% | 0.746 2 | 283 562 |
| 合　计 | | 5% | | 2 283 561 |

## 五、公允价值

我国《企业会计准则第39号——公允价值计量》中对公允价值的定义是：“市场参与者在计量日发生的有序交易中，出售一项资产所能收到或者转移一项负债所需支付的价格。”由上述定义可知，公允价值概念的指导思想是要求真实和公允。

公允价值最大的特点是来自公平交易的市场，参与市场交易的理性双方充分考虑了市场信息后所达成的共识。这种达成共识后的公平市场交易价格即为公允价值。公允价值的实质是市场对计量客体价值的确定。

我国《企业会计准则——基本准则》规定，企业在对会计要素进行计量时，一般应当采用历史成本；采用重置成本、可变现净值、现值、公允价值计量的，应当保证所确定的会计要素金额能够取得并可靠计量。如果这些金额无法取得或无法可靠地计量，则不允许采用这些计量属性。

## 第四节 财务报表

我国《企业会计准则——基本准则》规定，财务会计报告包括会计报表及其附注，以及其他应当在财务会计报告中披露的相关信息和资料。

财务会计报告，是指企业对外提供的反映企业某一特定日期的财务状况和某一会计期间的经营成果、现金流量等会计信息的文件。

### 一、财务报表的内容

财务报表是反映企业财务状况、经营成果和现金流量的书面文件，体现了会计工作的最终成果，是企业向利益相关者提供财务会计信息的主要手段。财务报表由会计报表和附注组成。会计报表应当包括资产负债表、利润表、所有者权益变动表和现金流量表等报表，并具有一定结构和格式，所反映的内容具有一定的稳定性，具体如图 3－4 所示。

- 财务报表
  - 会计报表
    - 资产负债表
    - 利润表
    - 现金流量表
    - 所有者权益变动表
  - 附注

**图 3－4 财务报表的组成**

资产负债表，是指反映企业在某一特定日期的财务状况的会计报表。

利润表，是指反映企业在一定会计期间的经营成果的会计报表。

现金流量表，是指反映企业在一定会计期间的现金和现金等价物流入和流出的会计报表。

所有者权益变动表，是指反映构成所有者权益各组成部分当期的增减变动情况的会计报表。

附注，是指对在会计报表中列示项目所做的进一步说明，以及对未能在这些报表中列示项目的说明等。

### 二、财务报表的意义

现代企业是一个利用社会资源生产与分配社会财富的经济实体。企业与许多利益相关者存在着经济利益关系，如国家及各级政府的经济管理部门、企业的投资者、企业的债权人、企业的经营管理者、企业的职工、企业的顾客、社会公众等。这些利益相关者关心企业的经营情况，关心自己的利益是否得到维护，并根据情况作出相应的经济决策。因此，利益相关者要求企业提供有关企业经营情况的报告。财务报表是为满足这一要求而产生的，其目标是为财务会计报告的使用者进行经济决策提供高质量的有用信息。

编制财务报表的意义主要表现在以下几个方面：

**(一)财务报表为利益相关者进行科学、有效的决策提供重要信息**

利益相关者利用财务报表提供的资料，分析该公司的盈利能力、财务状况、资金周转情况和企业的发展情况等，作为选择投资对象的重要依据，这样有利于利益相关者进行科学、有效的决策，以获取较高的收益。在现代企业生产经营活动中，证券市场是企业筹融资与投资者投资的重要途径。在证券市场筹融资的企业，必须提供反映企业经营情况的财务报表，这是证券投资者了解在证券市场筹融资的企业的重要资料。

**(二)财务报表为考核企业经营管理者的受托责任的履行情况提供重要信息**

随着市场经济的发展，企业的资产所有者与资产经营管理者相分离，即企业的经营管理者受企业所有者的委托经营管理企业。这样，企业所有者就要定期地考核企业经营管理者的受托责任的履行情况；而受托责任履行的好坏是通过企业的经营成果、财务状况、现金流量情况来反映的。因此，财务会计报告就成为考核企业经营管理者的受托责任的履行情况的重要资料。

**(三)财务报表为企业管理人员加强和改善企业生产经营管理、制定正确的经营战略等决策提供重要信息**

财务报表以一定的表格和文字形式将企业生产经营活动情况进行分类、汇总、加工成系统的信息资料传递给企业管理人员。企业管理人员通过财务报表可以系统地了解企业的生产经营情况，对财务报表提供的信息进行分析，就能够发现企业生产经营活动存在的问题而采取相应的措施，改善企业的生产经营管理。企业管理人员对同行业竞争对手的财务报表进行分析，有利于企业正确认识自己在市场竞争中的优势和弱点，制定出正确的市场竞争策略与经营战略。

## 三、财务报表的分类

**(一)按反映的经济内容分类**

按反映的经济内容，可分为反映财务状况的报表、反映经营成果的报表和反映费用成本的报表。

反映财务状况的报表是总括反映企业财务状况及其变动情况的报表，如资产负债表、现金流量表和所有者权益变动表等。

反映经营成果的报表是总括反映企业在一定期间内的经营过程中收入、费用和财务成果的报表，如利润表等。

反映费用成本的报表是总括反映企业生产经营过程中各项费用和成本情况的报表，如制造费用表、主要产品单位成本表、期间费用表等。

**(二)按反映的资金运动状况分类**

按反映的资金运动状况，可分为静态报表和动态报表。

静态报表反映的是企业在特定日期资产、负债、所有者权益等会计要素综合形成的财务状况。它反映的是资金运动的横截面，如资产负债表。

动态报表是反映企业在一定时期资金变动情况或经营情况的报表。它反映的是资金运动的纵剖面，如利润表、现金流量表和所有者权益变动表。

**(三)按编报时间分类**

按编报时间，可分为月份报表、季度报表、半年度报表和年度报表。其中，月报、季报、半年报统称为中期报告。

月报，是指在每月月末编报的以一个月为会计核算期间的财务报表。月报的财务报表要求简明扼要，能及时地反映企业的主要情况与主要问题，一般包括资产负债表与利润表。

季报，是指在每季度末编报的以一个季度为会计核算期间的财务报表。在提供信息的详细程度方面，季报介于年报与月报之间，一般包括资产负债表和利润表。

半年度财务报表，即中期财务报表，是指在每年6月末编报的以半年为会计核算期间的财务报表。在提供信息的详细程度方面，半年度财务报表介于年报与月报之间。它为股份公司中期预分配股利提供重要依据，一般包括资产负债表、利润表和现金流量表等。

年报，又称为年度决算报告，是在年末编报的整个会计核算期间的财务报表。年报要求编报的财务报表种类更齐全，揭示的信息更详细，能全面地反映全年经营活动的成果、现金流动情况与年终的财务状况。

月度财务会计报告应当于月度终了后6天内对外提供，季度财务会计报告应当于季度终了后15天内对外提供，半年度财务会计报告应当于年度中期结束后60天内对外提供，年度财务会计报告应当于年度终了后4个月内对外提供。

**（四）按编制单位分类**

按编制单位，可分为单位会计报表、汇总会计报表和合并会计报表。

单位会计报表，是指由企业在自身会计核算基础上编制的会计报表，主要反映企业自身的财务状况、经营成果和现金流量情况。

汇总会计报表，是指由企业主管部门或上级机关根据所属单位报送的会计报表，连同本单位会计报表汇总编制的会计报表。

合并会计报表，是指反映母公司和其全部子公司形成的企业集团整体财务状况、经营成果和现金流量的财务报表。合并会计报表的合并范围应当以控制为基础予以确定。控制，是指投资方拥有对被投资方的权力，通过参与被投资方的相关活动而享有可变回报，并且有能力运用对被投资方的权力影响其回报金额。

**（五）按报送对象分类**

按报送对象，可分为对内报表和对外报表。

对内报表，是指为适应企业内部经营管理需要而编制的会计报表。为了加强企业内部管理，企业还应根据内部管理的需要，提供企业、单位资金运用状况、财务收支状况、成本费用水平以及长、短期经营预测、决策等所需的资料，主要包括产品成本明细表、制造费用表等报表。对内报表属于企业的保密性资料，一般不对外公开。企业内部管理需要的报表由企业自行规定，没有规定的格式，也没有统一的指标体系。

对外报表，是指主要向外部信息使用者提供信息的财务会计报表。外部信息使用者主要包括财税部门、开户银行、主管部门和社会公众等。为了维护使用者利益和稳定资本市场，会计报表作为正式对外提供的规范化信息报告，必须受会计法律法规的约束，无论是形式还是内容都有较为严格或统一的要求。企业对外报送的会计报表包括资产负债表、利润表、现金流量表和所有者权益变动表及其有关附表。

**专栏 3-9　　财务报表的列报要求**

企业应当以持续经营为基础，根据实际发生的交易和事项，按照《企业会计准则——基本准则》和其他各项具体会计准则的规定进行确认和计量，并在此基础上编制财务报表。以持续经营为基础编制财务报表不再合理的，企业应当采用其他基础编制财务报表，并在附注中披露这一事实，但企业不应以附注披露代替确认和计量。

财务报表项目列报应当在各个会计期间保持一致，不得随意变更，但下列情况除外：

(1)会计准则要求改变财务报表项目的列报。

(2)企业经营业务的性质发生重大变化或对企业经营影响较大的交易或事项发生后，变更财务报表项目的列报能够提供更可靠、更相关的会计信息。

具体列报要求主要表现在以下几个方面：

(1)性质或功能不同的项目，应当在财务报表中单独列报，但不具有重要性的项目可以汇总列报。性质或功能类似的项目，可以汇总列报，但是对其具有重要性的类别，应当单独列报。会计准则规定在财务报表中单独列报的项目，应当单独列报。重要性，是指财务报表某项目的省略或错报会影响使用者据此作出经济决策的，该项目具有重要性。重要性应当根据企业所处环境，从项目的性质和金额大小两方面予以判断。

(2)财务报表中的资产项目和负债项目的金额、收入项目和费用项目的金额不得相互抵销，但其他会计准则另有规定的除外。资产项目按扣除减值准备后的净额列示，不属于抵销。非日常活动产生的损益，以收入扣减费用后的净额列示，不属于抵销。

(3)当期财务报表的列报，至少应当提供所有列报项目上一可比会计期间的比较数据，以及与理解当期财务报表相关的说明，但其他会计准则另有规定的除外。根据会计准则的规定，财务报表项目的列报发生变更的，应当对上期比较数据按照当期的列报要求进行调整，并在附注中披露调整的原因和性质，以及调整的各项目金额。对上期比较数据进行调整不切实可行的，应当在附注中披露不能调整的原因。不切实可行，是指企业在做出所有合理努力后仍然无法采用某项规定。

(4)企业应当在财务报表的显著位置至少披露下列各项：①编报企业的名称；②资产负债表日或财务报表涵盖的会计期间；③人民币金额单位；④财务报表是合并财务报表的，应当予以标明。

(5)企业至少应当按年编制财务报表。年度财务报表涵盖的期间短于一年的，应当披露年度财务报表的涵盖期间，以及短于一年的原因。

## 本章小结

会计是由确认、计量和报告构成的一个有机整体。会计确认、计量和报告的基础是权责发生制基础。权责发生制，又称应计制，是用来确认企业在报告期内的收入和费用的一项记账基础。收付实现制是与权责发生制相对应的一种确认基础，它是以收到或支付现金作为确认收入和费用的依据记录收入的实现或费用的发生。

会计要素是会计核算对象的基本分类，是设定会计报表结构和内容的依据，也是进行会计确认和计量的依据。会计要素主要包括企业经济活动中的资产、负债、所有者权益、收入、费用、利润六个要素。资产、负债和所有者权益是反映会计主体特定时点财务状况的要素，所以又称为静态会计要素；收入、费用和利润是反映会计主体在某一个会计期间经营成果的要素，所以又称为动态会计要素。财务报表是反映企业财务状况、经营成果和现金流量的书面文件，体现了会计工作的最终成果，是企业向利益相关者提供财务会计信息的主要手段。

财务报表由会计报表和附注组成。会计报表应当包括资产负债表、利润表、所有者权益变动表和现金流量表等报表，并具有一定结构和格式，所反映的内容具有一定的稳定性。会计报表按反映的经济内容，可分为反映财务状况的报表、反映经营成果的报表和反映费用成本的报表；按反映的资金运动状况，可分为静态报表和动态报表；按编报时间，可分为月份报表、季度报表、半年度报表和年度报表；按编制单位，可分为单位会计报表、汇总会计报表和合并会计报表；按报送对象，可分为对内报表和对外报表。

## 思考练习题

1. 会计确认、计量和记录的基础是什么？如何理解？
2. 如何理解资产、负债和收入、费用的定义和特点？它们如何分类？
3. 如何理解所有者权益的定义和特点？它包括哪些内容？
4. 如何理解利润的定义和特点？它包括哪些内容？
5. 为什么代收款项不属于企业的收入？
6. 编制会计报表的目的是什么？财务会计报表列报应符合哪些基本要求？
7. 按不同的标准，财务报表如何分类？
8. 某企业当月经济业务资料如下：

| 经济业务 | 权责发生制 | | 收付实现制 | |
|---|---|---|---|---|
| | 收入 | 费用 | 收入 | 费用 |
| 支付本月水费 1 500 元 | | | | |
| 收到上月甲产品销货款 20 000 元 | | | | |
| 预付下年度的报刊费 3 000 元 | | | | |
| 计提本月的折旧 2 000 元 | | | | |
| 本月销售乙产品 15 000 元，收款 10 000 元，其余暂欠 | | | | |
| 预计本月的租金收入 1 000 元 | | | | |
| 支付上月乙产品货款 5 000 元 | | | | |
| 本月销售甲产品 2 000 元，款未收 | | | | |
| 预提本月短期借款利息 3 000 元 | | | | |

要求：

(1)将上述业务按表格要求分类，比较权责发生制与收付实现制的异同。

(2)分别根据权责发生制和收付实现制计算收入和费用，并通过计算说明它们对收入、费用和盈亏的影响。

(3)说明权责发生制、收付实现制各有何优缺点。

## 补充与提高

1. http://www. casc. org. cn/2014/0221/99439. shtml.

2. http://club. esnai. com/club/default. asp.

3. http://www. mof. gov. cn/index. html.

4. http://www. crifs. org. cn/.

5. http://www. cs. com. cn/ssgs.

6. 中华人民共和国财政部:《企业会计准则》,立信会计出版社 2022 年版。

7. 企业会计准则编审委员会:《企业会计准则应用指南》,立信会计出版社 2017 年版。

8. 中华人民共和国财政部:《企业会计准则应用指南》,立信会计出版社 2022 年版。

9. 朱传华:《最新企业会计准则:解析·比较·案例分析》,北京交通大学出版社 2015 年版。

10. 李海波、蒋瑛:《新编会计学原理——基础会计》,立信会计出版社 2019 年版。

11. 邵瑞庆:《会计学原理》,立信会计出版社 2021 年版。

# 会计核算篇

本篇脉络

# 第四章　会计科目与账户

本章要点

1. 理解会计科目的概念、作用、设置原则与分类。
2. 理解账户的概念和作用，掌握账户的基本结构和格式。
3. 理解会计科目与账户之间的关系。
4. 了解账户分类的概念和作用以及账户分类的原则。
5. 掌握账户按经济内容、用途、指标详尽程度、反映会计报表内容分类的方法。

## 第一节　会计科目

### 一、会计科目的概念和作用

会计对象的具体内容是会计要素，但会计要素只是概括地反映会计对象，比较笼统。会计作为一种经济管理活动，需从数量上核算和监督各项会计要素的增减变化情况，以便向有关各方提供其所需的会计信息，不但需要取得各项会计要素增减变化及其结果的总括数字，而且需要取得一系列更加具体的、分类的数量指标。由于各单位发生的经济业务活动纷繁复杂，其所引起的各个会计要素的内部构成以及各个会计要素之间的增减变化也错综复杂，为了全面、系统、清晰地反映和监督各项经济活动，以及由此引起的会计诸要素的增减变动情况，就需要根据其各自不同的特点细分为若干具体项目。例如，资产要素包含库存现金、银行存款、应收账款、原材料、固定资产等项目。

会计科目就是对会计对象的具体内容，按其不同的特点和经济管理的需要，进行分类核算的项目。每一个会计科目都有一定的名称，都应反映其特定的经济内容。例如，制造业企业为了生产产品，就必须储备各种原材料、修理用备件等。这些材料具有一个共同特点：它们一经投入生产就要被全部消耗，改变其原来的实物形态，其价值有的一次转移到产品中，构成产品实体，有助于产品的形成，因此将其归为一类，设置“原材料”这一会计科目。又如，企业的货币资金是一种资产，但是它的保管及收付方式不一样，因此可以将其划分为两个类别，即银行存款和库存现金。相应地设置两个会计科目，其中，“银行存款”科目核算企业银行存款的收付结存情况，“库存现金”科目核算企业库存现金的收付结存情况。可见，会计科目就是对会计要素的具体内容分类的标志，在每一个会计科目名称之下，都应有明确的含义和核算范围。

对会计对象的具体内容进行科学的分类，确定会计要素的具体项目，是会计核算的一项重要基础工作。把各项会计要素所包含的具体内容分门别类地记在账上，可以将会计主体发生的繁杂的经济业务按其对会计要素增减变动的影响分门别类地进行核算，可以清楚地为会计信息使用者提供其所需的、全面的、连续的、系统的会计信息资料。会计科目作为会计对象具体内容进行分类核算所事先确定的项目，为编制会计凭证提供了依据，是设置账户、进行账务处理和编制会计报表的依据或基础，是正确进行会计核算的一个重要条件。

设置会计科目除了能分门别类核算和监督会计对象的具体内容，反映资金运行的各个环节外，拥有统一的名称和核算内容，对统一核算指标口径、分析利用会计信息、组织国民经济综合平衡都有重大意义。

## 二、设置会计科目的原则

合理地设置会计科目是正确组织会计核算的一个重要条件，各单位必须根据企业会计准则和国家统一会计制度的规定设置和使用会计科目。如何设置会计科目、设置哪些会计科目，是由会计核算和监督的具体内容的特点及经济管理的要求决定的。一般地，设置会计科目应该遵循以下几项原则：

### （一）与信息使用者需求相关

会计核算所提供的会计信息是企业进行预测、分析、决策的依据，也是宏观经济管理者、企业的投资者、债权人及其他有关方面进行决策的依据。不同的信息使用者对企业提供的会计信息要求有所不同。所以，在设置会计科目时，必须与各方面对企业财务状况、经营成果和现金流量等会计信息的需求相关，并根据需要提供数据的详细程度，分设总分类科目和明细分类科目。设置的总分类科目所提供的总括性指标，基本上能够满足企业外部有关方面的需要；在总分类科目下设置的二级科目和明细科目所提供的明细核算资料，主要是满足企业内部经营管理的需要。

### （二）能够全面、系统地反映会计对象的内容和特点

不同的会计主体，特别是不同行业的会计主体，其主要的经营活动有所不同，会计要素所包含的内容也各有特点。在设置会计科目时，除了各行各业共性的会计科目外，应根据自身经济活动和经济业务的内容和特点，设置相应的会计科目。例如，主要经济业务是生产，必须设置反映生产费用的归集、成本计算与制造成本形成的会计科目，如“生产成本”“库存商品”等。而商品流通企业的主要经营业务是购进和销售商品，一般没有制造产品的业务，所以不必设置“生产成本”等科目，而需要设置“库存商品”和“商品进销差价”等科目。

### （三）在适应经济业务发展的同时，保持相对稳定

会计科目的设置，应适应社会经济环境的变化和本单位业务发展的需要。当会计环境发生变化、会计制度进行修改补充时，会计科目也应随之做相应的调整变更，以及时反映新的经济业务的全部内容。例如，随着商业信用的发展，为了核算和监督商品交易中的延期交货或提前付款而形成的债权债务关系，核算中应单独设置“预收账款”和“预付账款”科目，即把预收、预付货款的核算从“应收账款”和“应付账款”科目中分离出来。当企业发生合并、转让等情况时，也需要增加或调整有关会计科目。但是，为了便于在不同时期分析比较会计核算指标和在一定范围内汇总核算指标，会计科目一经确定，就应保持相对稳定，不能随意变更会计科目的名称、内容、数量，以使核算指标具有可比性，同时也便于会计人员熟练掌握和运用会计科目。

**(四)合法性与实用性相结合**

由于企业的经济业务千差万别,在分类核算会计要素的增减变化时,需要将合法性与实用性相结合。所谓"合法性",就是在设置会计科目时,在科目名称和核算内容上,应根据提供会计信息的要求,按照《企业会计准则》对一些主要会计科目的设置及其核算内容所作的统一规定,应尽量做到核算口径一致、相互可比,以利于提供统一口径的会计信息。所谓"实用性",是指在保证提供统一核算指标的前提下,各个单位根据自己的具体情况和经济管理要求,在不违反会计准则确认、计量规定的同时,可根据本企业的实际情况自行增设、分拆、合并会计科目。对于不存在的交易事项,可不设置相关科目。

**(五)会计科目名称内容确切、简明实用**

会计科目的名称要简单明确、通俗易懂、便于记忆。每一个会计科目都应有特定的核算内容,各科目之间既要有联系,又要有明确的界限,不能含糊不清。因此,在设置会计科目时,对每一个科目的特定核算内容必须严格地、明确地界定。会计科目名称应与其核算内容相一致,并要含义明确、通俗易懂。科目数量及详略程度应根据企业规模的大小、业务的繁简和管理的需要而定。对每一个会计科目设有固定编码,以便分类排列和应用电子计算机处理会计数据。

## 三、会计科目的分类

为了在核算中正确地掌握和运用会计科目,必须对会计科目进行分类。分类的标志一般分为按核算的经济内容和按提供指标的详尽程度两种,前者是主要的、基本的分类。

**(一)会计科目按其经济内容分类**

会计科目按其经济内容进行分类,也就是按照会计对象具体内容进行分类。由于各单位的经济业务内容不尽相同,所设置的会计科目按其经济内容分类的结果也就不完全一样。企业单位会计科目,按其经济内容分类,一般可分为六类:资产类、负债类、共同类、所有者权益类、成本类和损益类。在会计学习的基础阶段暂不考虑共同类科目。

会计科目按其经济内容分类,便于了解和掌握会计科目所核算和监督的内容,继而有利于正确运用各会计科目所提供的核算资料。会计科目的经济内容是设置账户的依据,而会计科目按经济内容分类又是账户分类的基础。通过对会计科目按经济内容分类的研究,可以确切了解各个会计单位应该设置和运用哪些账户,从而正确区分账户的经济性质,建立适应各单位经济管理特点,并能满足各单位管理需要的账户体系。

**(二)会计科目按提供指标的详尽程度分类**

企业的生产经营管理所需要的会计核算资料是多种多样的,既要求内容上的全面性,又要求指标上的层次性。因此,必须在按经济内容对会计科目分类的基础上,再按提供核算指标的详尽程度对会计科目进行分类,即不同的管理层次,对会计核算资料详尽程度的要求会有所不同。会计科目按其所提供核算指标的详尽程度,可分为总分类科目和明细分类科目。

1. 总分类科目

总分类科目,也称总账科目或一级科目,是对会计要素的具体内容进行总括分类,用以提供总括核算指标的会计科目。表 4-1 中的科目都是总分类科目,如"应收账款""长期股权投资""固定资产""短期借款""应付账款"等。设置总分类科目,可以对具有不同特点的各类会计对象进行总体上的核算与监督,直接对某一类会计要素的具体项目进行管理。

表 4-1 会计科目

| 顺序号 | 编号 | 会计科目名称 | 顺序号 | 编号 | 会计科目名称 |
|---|---|---|---|---|---|
| | | **一、资产类** | 48 | 2203 | 预收账款 |
| 1 | 1001 | 库存现金 | 49 | 2205 | 合同负债 |
| 2 | 1002 | 银行存款 | 50 | 2211 | 应付职工薪酬 |
| 3 | 1012 | 其他货币资金 | 51 | 2221 | 应交税费 |
| 4 | 1101 | 交易性金融资产 | 52 | 2231 | 应付利息 |
| 5 | 1121 | 应收票据 | 53 | 2232 | 应付股利 |
| 6 | 1122 | 应收账款 | 54 | 2241 | 其他应付款 |
| 7 | 1123 | 预付账款 | 55 | 2401 | 递延收益 |
| 8 | 1131 | 应收股利 | 56 | 2501 | 长期借款 |
| 9 | 1132 | 应收利息 | 57 | 2502 | 应付债券 |
| 10 | 1221 | 其他应收款 | 58 | 2701 | 长期应付款 |
| 11 | 1231 | 坏账准备 | 59 | 2702 | 未确认融资费用 |
| 12 | 1401 | 材料采购 | 60 | 2711 | 专项应付款 |
| 13 | 1402 | 在途物资 | 61 | 2801 | 预计负债 |
| 14 | 1403 | 原材料 | 62 | 2901 | 递延所得税负债 |
| 15 | 1404 | 材料成本差异 | | | **三、共同类** |
| 16 | 1405 | 库存商品 | 63 | 3101 | 衍生工具 |
| 17 | 1406 | 发出商品 | 64 | 3201 | 套期工具 |
| 18 | 1407 | 商品进销差价 | 65 | 3202 | 被套期项目 |
| 19 | 1408 | 委托加工物资 | | | **四、所有者权益类** |
| 20 | 1411 | 周转材料 | 66 | 4001 | 实收资本 |
| 21 | 1471 | 存货跌价准备 | 67 | 4002 | 资本公积 |
| 22 | 1473 | 合同资产 | 68 | 4101 | 盈余公积 |
| 23 | 1501 | 债权投资 | 69 | 4103 | 本年利润 |
| 24 | 1502 | 其他债权投资 | 70 | 4104 | 利润分配 |
| 25 | 1503 | 其他权益工具投资 | 71 | 4201 | 库存股 |
| 26 | 1511 | 长期股权投资 | | | **五、成本类** |
| 27 | 1512 | 长期股权投资减值准备 | 72 | 5001 | 生产成本 |
| 28 | 1521 | 投资性房地产 | 73 | 5101 | 制造费用 |
| 29 | 1531 | 长期应收款 | 74 | 5201 | 劳务成本 |
| 30 | 1541 | 存出资本保证金 | 75 | 5301 | 研发支出 |
| 31 | 1601 | 固定资产 | | | **六、损益类** |
| 32 | 1602 | 累计折旧 | 76 | 6001 | 主营业务收入 |
| 33 | 1603 | 固定资产减值准备 | 77 | 6051 | 其他业务收入 |
| 34 | 1604 | 在建工程 | 78 | 6101 | 公允价值变动损益 |
| 35 | 1605 | 工程物资 | 79 | 6111 | 投资收益 |
| 36 | 1606 | 固定资产清理 | 80 | 6301 | 营业外收入 |
| 37 | 1701 | 无形资产 | 81 | 6401 | 主营业务成本 |
| 38 | 1702 | 累计摊销 | 82 | 6402 | 其他业务成本 |
| 39 | 1703 | 无形资产减值准备 | 83 | 6403 | 税金及附加 |
| 40 | 1711 | 商誉 | 84 | 6601 | 销售费用 |
| 41 | 1801 | 长期待摊费用 | 85 | 6602 | 管理费用 |
| 42 | 1811 | 递延所得税资产 | 86 | 6603 | 财务费用 |
| 43 | 1901 | 待处理财产损溢 | 87 | 6604 | 研发费用 |
| | | **二、负债类** | 88 | 6701 | 资产减值损失 |
| 44 | 2001 | 短期借款 | 89 | 6702 | 信用减值损失 |
| 45 | 2101 | 交易性金融负债 | 90 | 6711 | 营业外支出 |
| 46 | 2201 | 应付票据 | 91 | 6801 | 所得税费用 |
| 47 | 2202 | 应付账款 | 92 | 6901 | 以前年度损益调整 |

2. 明细分类科目

明细分类科目，也称明细科目或称细目，是对总分类科目所做的进一步分类，是反映核算指标详细、具体情况的科目。企业可以在总分类科目下，根据本单位的实际情况和管理工作的需要自行设置明细科目。例如，“应付账款”科目（总分类科目）可按债权人的名称或姓名分别设置不同的明细分类科目。

在实际工作中，当某一总分类科目下属的明细分类科目较多时，为了满足管理工作的需要，可在总分类科目与明细分类科目之间设置二级或多级科目，二级或多级科目所提供的指标或信息介于总分类科目和明细分类科目之间。例如，在“原材料”科目（总分类科目）下先按原材料的类别分别设置二级科目，再在每个二级科目下按原材料的品种和规格分别设置明细科目。

为了简化说明，一般将二级科目（子目）作为明细分类科目的一个组成部分，明细科目（细目）所属的科目为二级科目。因此，明细分类科目包括二级科目（子目）和明细科目（细目）。

会计科目按提供指标的详尽程度分类的示例如表 4－2 所示。

表 4－2　会计科目按提供指标的详尽程度的分类

| 总分类科目（一级科目） | 明细分类科目 | |
|---|---|---|
| | 二级科目（子目） | 明细科目（细目） |
| 原材料 | 原料及主要材料 | 生铁<br>废钢<br>焦炭 |
| | 辅助材料 | 耐火材料<br>增碳剂<br>浇注料 |
| | 燃料 | 焦炭<br>烟煤<br>精粉 |
| 生产成本 | 炼钢车间 | A 产品<br>B 产品 |
| | 热轧车间 | C 产品<br>D 产品 |

总分类科目、二级科目和明细分类科目共同对某类会计要素的有关项目进行详尽程度不同的分类核算，它们之间的关系是前者统驭后者，后者从属于前者。

在不设置二级科目的情况下，总分类科目直接统驭明细科目。例如，通过设置“应付账款”的总分类科目，可以提供企业全部应付款项形成、偿付及结欠的总括资料；为了解具体债权单位或个人债务的清偿情况，还应通过设置“应付账款”的明细分类科目，以提供更为详细的会计核算资料。

## 第二节　会计账户

### 一、账户的概念和作用

所谓“账户”，是指具有一定格式，用来分类、连续地记录经济业务，反映会计要素增减变动及其结果的一种工具。会计科目的设置只是确定了对会计要素具体内容进行分类核算的项目。这些项目的本身仅表示其所反映的会计要素的内容，而经济业务的发生所引起的会计要素的变化不能在这些项目中反映或加以说明。设置账户后，对所发生的经济业务在相应的账户中进行分门别类的记录，就可以序时、连续、系统地反映因经济业务发生所引起的会计要素的增减变动，以提供会计信息。

在会计核算中，账户是分类核算和监督会计对象的重要工具。设置和运用账户，是会计核算方法体系中的重要环节，也是应用复式记账的前提条件。各单位在会计核算工作中必须依据会计科目开设账户：一方面，应当根据会计科目按经济内容分类开设账户，如制造业企业应开设资产类账户、负债类账户、所有者权益类账户、成本类账户和损益类账户；另一方面，应当根据会计科目按提供核算指标的详尽程度分别开设总分类账户、二级账户和明细分类账户，以全面地反映会计对象的具体内容，为经济管理提供所需的核算资料。

## 二、账户的基本结构和格式

账户是用来记载会计要素具体内容的增减变动情况及结果的载体，必须具有一定的结构。企业发生经济业务后，引起资金运动数量的变化，不外乎是增加资金和减少资金两种情况及其资金数量变化的结果，并由此形成账户的基本结构。

账户的基本结构是由会计要素的数量变化情况决定的，主要包括两部分：账户的名称和账户的方向。账户的名称表明了账户的性质，同时也限定了账户记录的经济业务内容。账户的方向规定了账户记录经济业务内容的位置。不管采用何种记账方法，不管是什么性质的账户，都必须提供经济业务的数量变化情况，因此，账户规定了左、右两个方向，用其中一个方向记录某项经济内容的增加金额，用另一个方向记录某项经济业务内容的减少金额。用一个简化的"T"型账户来说明，如图 4-1 所示。

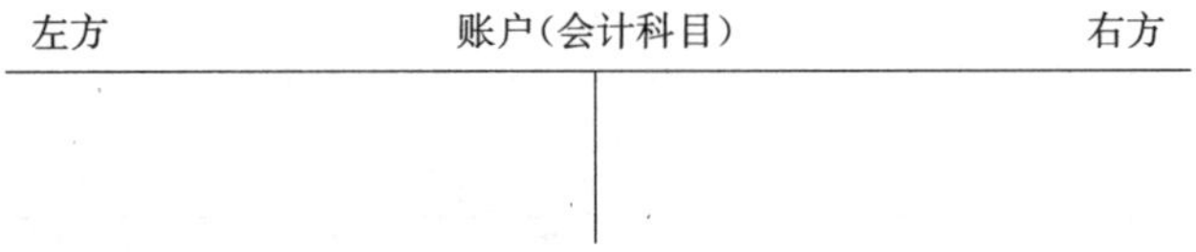


**图 4-1　账户的基本结构**

至于账户左、右两方的名称，以及用哪一方记录增加金额、哪一方记录减少金额，则取决于以下两个因素：一是账户所反映的经济内容，也就是账户所反映的会计要素的具体内容；二是在实际工作中所采用的记账方法。

账户的左、右两方分别用来登记增加数或减少数，本期增加的金额称为本期增加发生额，本期减少的金额称为本期减少发生额，增减相抵后的差额称为余额，余额的方向一般与记录增加额的方向相同。一个会计期间开始时记录的余额称为期初余额，结束时记录的余额称为期末余额，本期的期末余额即为下期的期初余额。账户中记录的金额包括期初余额、本期增加发生额、本期减少发生额和期末余额四项指标，它们之间的基本关系如下：

**期末余额＝期初余额＋本期增加发生额－本期减少发生额**

例如，某企业某一期间"银行存款"账户的结构如图 4-2 所示。

| 左方 | 银行存款 | | 右方 |
|---|---|---|---|
| 期初余额： | 4 000 | | |
| 本期发生额（本期增加额）： | 5 000 | 本期发生额（本期减少额）： | 3 500 |
| 期末余额： | 5 500 | | |

**图 4 - 2　账户结构**

根据图 4 - 2 的账户结构，可以了解到企业期初的银行存款余额为 4 000 元，本期增加了 5 000 元，本期减少了 3 500 元，到期末企业银行存款余额为 5 500 元。

需要说明的是，上述“T”型账户格式是最简化的形式。在实际工作中，借贷记账法下的账户结构包括以下主要内容：①账户的名称，即会计科目；②日期和摘要，反映经济业务发生的时间和对经济业务内容的简要说明；③凭证号数，反映账户记录的依据；④增加和减少的金额；⑤余额。具体如表 4 - 3 所示。

**表 4 - 3**　　**账户的一般格式**

账户名称：

| ××年 | | 凭证号数 | 摘　要 | 借　方 | 贷　方 | 借或贷 | 余　额 |
|---|---|---|---|---|---|---|---|
| 月 | 日 | | | | | | |
| | | | | | | | |
| | | | | | | | |
| | | | | | | | |
| | | | | | | | |

## 三、会计科目与账户的关系

会计科目与账户是两个既有区别又相互联系的概念。两者的联系表现在三个方面：首先，会计科目和账户都是分门别类地反映会计要素的具体内容，即两者所反映的经济内容是一致的。例如，“应收账款”会计科目与“应收账款”账户，经济内容都是指由于赊销商品应向购货单位收取的货款。其次，账户根据会计科目开设户头，账户的名称就是会计科目。最后，两者的分类与核算方法相同。会计科目的分类与账户的分类是相同的，某个科目所属类别与相应账户所属类别是一致的，它们的核算方法也是相同的。如“固定资产”科目是资产类，同样，“固定资产”账户也是资产类；“固定资产”科目规定固定资产价值的确认方法，也是“固定资产”账户确认固定资产价值的方法。

会计科目与账户的区别表现在三个方面：首先，会计科目只表明某项会计要素的具体内容，无法提供任何数据；而账户不仅表明相同的内容，还具有一定的结构、格式，可以对会计对象进行连续、系统的记录，以反映某项经济内容的增减变化及其结果，为经济管理提供量化的核算资料。其次，会计科目的作用主要是为开设账户、填制记账凭证所运用；而账户的作用主要是系统地提供某一具体会计对象的核算资料，为编制会计报表和经营管理所运用。最后，设置账户是会计核算方法的组成部分，它包含设置会计科目的内容；而设置会计科目不构成一种独立的会计方法，它只是为账户的设置提供依据。

在实际工作中，由于账户是根据会计科目开设的，有什么样的会计科目就有什么样的账户，因此，通常将两者作为同义语来理解，互相通用，不加区别。

## 第三节 账户分类

### 一、账户分类的概念和作用

如前所述，为了满足会计信息使用者使用会计信息的需求，就要根据会计科目在账簿中开设一系列的账户。账户是对经济业务分类记录的“门户”，每一个账户都有其特定的核算内容，只能对特定的经济业务进行核算，只能对某项经济业务中某一方面的会计数据进行分类记录，只能从某一个侧面来反映会计要素的变化过程及其结果，一般不能用其他账户来替代，正因为这样，每个账户才有区别于其他账户的特征。为了更好地掌握和运用这些账户，有必要进一步研究账户的分类。

所谓“账户的分类”，就是研究整个账户体系中各个账户的特性和共性，探明各账户之间的区别和联系，掌握各类账户能够提供什么性质的核算指标以及它们在提供核算指标方面的规律性，以便设置和运用账户的一种方法。通过对账户的分类，可以对整个账户体系有一个全面、系统的认识，从而提高正确设置和运用账户的能力。

(1)通过对账户的分类研究，有利于从理论上认识账户体系中各个账户之间的区别和联系，明确各个账户在账户体系中的地位与作用，有助于更好地掌握和运用账户这一核算工具，对企业经济活动进行全面记录和反映，提高对经济业务核算的效率。

(2)通过对账户的分类研究，有助于建立完善的账户体系。若想有效地反映和监督单位的经营活动，就要从本单位经营活动的特点出发，选择能够反映本单位经营活动的账户体系，使其能全面、系统地记录本单位的经济活动过程和结果，为会计信息使用者提供所需的信息。按一定标准对账户进行分类，有助于认识所设置的全部账户是否完整、系统，有利于掌握设置和运用账户的规律性，并在有关会计准则或制度许可的范围内，根据企业实际情况增设或合并有关账户。弄清如何设置账户体系，确定各账户的核算范围和使用方法，对于会计制度设计显然也是十分重要的。

(3)为了及时、正确地编制会计报表，需要根据特定会计报表所反映的经济内容，确定编制每张会计报表所需的数据资料是来自哪些账户，这些账户能提供什么样的会计信息。通过账户的分类研究，有利于正确认识各账户反映的会计要素的具体内容与会计报表编制要求的关系，经过加工、整理、归类，从而形成会计报表所需揭示的企业财务信息和其他经济信息，为经济管理提供系统的、分门别类的会计资料。

### 二、账户分类的原则

企业设置的各个账户共同构成一个完整而严密的账户体系，它们之间既有区别又有联系。为了对账户进行更科学、更有意义的分类，在对账户进行分类时，应遵循以下几个原则：

**(一)账户分类标志的确定应能准确体现账户的共性**

分类的目的是寻找事物的规律性，以便于对纷繁复杂的事物加以整理，使其清晰，这就要求所确定的账户分类标志必须能体现其规律性，类别之间的界限清楚。

**(二)账户分类必须适应会计对象的特点**

账户是用来核算和控制会计对象的，从本质上说，账户是对会计对象分类的结果，对账户进行分类就必须考虑会计对象的特点。例如，对账户按其经济内容进行分类，就是账户按会计对象的经济特征所进行的分类。

**（三）账户分类应便于应用**

设置账户的目的是及时、完整地反映企业发生的经济业务，更好地加强经济管理，为有关方面提供所需信息。因此，账户的分类应当简明扼要，做到适用性强，便于应用。

## 三、账户的具体分类

**（一）账户按经济内容分类**

账户按经济内容分类，是账户分类的基础。账户的经济内容，是指账户所反映和监督的会计对象的具体内容，而会计对象的具体内容实质上就是会计要素的内容。在借贷记账法下，不同会计对象增减变动的记账方向是不同的，不同的会计对象具有不同的账户结构和用途。账户的经济内容决定了账户的用途和结构，体现在账户的用途和结构之中，明确了账户的经济内容，就为明确账户的用途和结构奠定了一个良好的基础。不同的会计报表包含不同的会计要素，明确了账户的经济内容，就能正确掌握会计账户与相应会计报表之间的关系。因此，通过账户按经济内容分类的研究，可以确切地了解各个账户反映和监督的内容，这对于正确区分账户的经济性质，设置出适应本企业经营管理需要的、科学完整的账户体系；同时，为学习账户的其他分类打下基础。此外，账户按经济内容分类还可以为编制会计报表提供依据。

会计对象分为六个会计要素，会计要素可进一步划分为会计科目。会计科目有六大类，则根据会计科目开设的账户也应有六大类。然而，按现行会计制度的规定，账户按会计要素的分类，并未设置利润类账户，而将其并入所有者权益类账户。其原因是：收入类账户反映企业各类收入的形成，成本费用类账户反映生产经营过程中成本费用的发生，在会计期末，将两类账户的发生额进行结转，便形成了一定期间的利润。利润经过分配，除分配给投资者的利润要退出企业外，按规定计提的盈余公积金和留存企业的未分配利润，最终都转化为所有者权益。因此，会计账户按经济内容分为资产、负债、所有者权益、收入、费用五类。

企业的会计对象就是资金运动，资金运动可以分为静态运动和动态运动两种形式。资产、负债、所有者权益构成资金运动的静态形式，而收入、费用和利润则构成资金运动的动态形式。于是，按经济内容分类建立的账户体系，应包括反映资金运动的静态账户和反映资金运动的动态账户两类。反映资金运动的静态账户应由反映资产的账户、反映负债的账户和反映所有者权益的账户所组成；反映资金运动的动态账户应由反映收入的账户、反映费用的账户和反映利润的账户所组成。现分别说明如下：

1. 资产类账户

资产类账户，是反映企业资产的增减变动及其余额的账户。资产类账户按流动性不同，可分为反映流动资产的账户和反映非流动资产的账户两类。反映流动资产的账户主要有“库存现金”“银行存款”“应收账款”“其他应收款”“原材料”“库存商品”账户等，反映非流动资产的账户主要有“长期股权投资”“固定资产”“累计折旧”“无形资产”和“长期待摊费用”账户等。

2. 负债类账户

负债类账户，是反映企业负债的增减变动及余额的账户。按照负债的还款期不同，可以分为反映流动负债的账户和反映非流动负债的账户两类。反映流动负债的账户主要有“短期借款”“应付账款”“应付票据”“预收账款”“其他应付款”“应付职工薪酬”“应交税费”“应付股利”账户等，反映非流动负债的账户主要有“长期借款”“应付债券”“长期应付款”账户等。

3.所有者权益类账户

所有者权益类账户，是反映企业所有者权益的增减变动及余额的账户。按照所有者权益的来源和构成的不同，又可以分为反映投资者投入资本的账户、反映留存收益的账户、反映企业利润的实现和分配情况的账户以及反映所有者权益其他来源的账户。反映投资者投入资本的账户主要有“实收资本”和“资本公积”账户，反映留存收益的账户主要有“盈余公积”和“未分配利润”账户，反映利润实现情况的账户主要有“本年利润”账户等，反映利润分配情况的账户主要有“利润分配”账户，反映所有者权益其他来源的账户有“资本公积”账户（直接计入所有者权益的利得和损失在“其他综合收益”账户中核算）。

4.收入类账户

收入类账户，是反映企业生产经营过程中取得各种营业收入情况的账户。此处的收入是指广义的收入。按照收入与企业的生产经营活动是否相关，又可以分为营业收入账户和非营业收入账户两类。营业收入账户主要有“主营业务收入”“其他业务收入”“投资收益”等账户，非营业收入账户主要有“营业外收入”账户。

5.费用类账户

费用类账户，是反映企业生产经营过程中所发生的各种耗费情况的账户，此处的费用是指广义的费用。按照费用与企业的生产经营活动是否相关，又可以分为营业费用账户和非营业费用账户两类。营业费用账户主要有“主营业务成本”“其他业务成本”“税金及附加”“销售费用”“管理费用”“财务费用”“所得税费用”账户等，非营业费用账户主要有“营业外支出”账户等。

将一般企业按经济内容分类建立的账户体系列示如图 4－3 所示。

按提供指标的详尽程度，账户可分为总分类账户和明细分类账户。总分类账户是总括核算指标，一般只用货币计量。例如，根据“固定资产”科目开设的“固定资产”账户，能够提供有关企业固定资产增加、减少以及期末余额的信息。明细分类账户也称明细账户，是对企业经济业务的具体内容进行明细核算、提供详细核算资料的账户。明细分类账户是在明细分类账簿中按照二级或三级会计科目开设的账户，它所提供的是企业某一经济业务具体内容的明细核算指标。除可以用货币计量外，还可用实物量度（件、千克、吨等）进行辅助计量。例如，根据“应收账款”科目下属的各明细科目开设的明细账户，就可以了解企业应收有关单位货款的金额。明细分类账户提供的明细核算指标主要是满足企业内部经营管理的需要，因此，明细分类账户由企业根据经营管理的需要和经济业务的具体内容自行设置，企业会计制度对此没有统一规定。在此需要指出的是，会计核算中并不是所有的总分类账户都要设置所属的明细分类账户，如“库存现金”账户无须设置明细分类账户。

按照其与会计主体的关系，账户可分为表内账户与表外账户。表内账户，是指用来核算一个会计主体的资产、负债和所有者权益增减变动情况，以及用来核算会计主体的收入取得、费用发生和财务成果形成的账户。如账户本身有余额，都应当直接记入该会计主体的资产负债表；如其本身没有余额，其发生额经过转账，形成财务成果账户的余额，最终也会记入该会计主体的资产负债表。表外账户，是指用来核算不属于会计主体的资产和权益的账户，如代为加工的原材料、代管物资等账户。根据会计主体假设，它们所反映的内容只是暂时留存本企业的资产或作为非本企业的权益等，其余额就不应当列入各会计主体资产负债表内。

- 账户
  - 反映资金运动静态的账户
    - 资产类账户
      - 反映流动资产的账户
        - 货币资金
        - 交易性金融资产
        - 应收票据
        - 应收账款
        - 预付账款
        - 应收利息
        - 应收股利
        - 其他应收款
        - 存货
        - 合同资产
        - 一年内到期的非流动资产
        - 其他流动资产
      - 反映非流动资产的账户
        - 债权投资
        - 长期应收款
        - 长期股权投资
        - 投资性房地产
        - 固定资产
        - 在建工程
        - 工程物资
        - 固定资产清理
        - 无形资产
        - 开发支出
        - 商誉
        - 长期待摊费用
        - 递延所得税资产
        - 其他非流动资产
    - 负债类账户
      - 反映流动负债的账户
        - 短期借款
        - 交易性金融负债
        - 应付票据
        - 应付账款
        - 预收账款
        - 应付职工薪酬
        - 合同负债
        - 应交税费
        - 应付利息
        - 应付股利
        - 其他应付款
        - 一年内到期的非流动负债
        - 其他流动负债
      - 反映非流动负债的账户
        - 长期借款
        - 应付债券
        - 长期应付款
        - 专项应付款
        - 预计负债
        - 递延所得税负债
        - 其他非流动负债
    - 所有者权益类账户
      - 反映投资者投入的账户——实收资本、资本公积
      - 反映留存收益的账户——盈余公积、未分配利润
      - 反映利润实现情况的账户——本年利润
      - 反映利润分配情况的账户——利润分配
      - 反映所有者权益其他来源的账户——其他综合收益
  - 反映资金运动动态的账户
    - 收入类账户
      - 反映营业收入的账户
        - 主营业务收入
        - 其他业务收入
        - 投资收益
      - 反映非营业收入的账户——营业外收入
    - 费用类账户
      - 反映营业费用的账户
        - 主营业务成本
        - 其他业务成本
        - 税金及附加
        - 销售费用
        - 管理费用
        - 财务费用
        - 资产减值损失
        - 所得税费用
      - 反映非营业费用的账户——营业外支出等

**图 4－3　按经济内容分类的账户体系**

(二)账户按用途和结构分类

企业错综复杂的经济活动所涉及的会计数据资料都需要通过账户来加以记录和反映,而每一个账户都是根据经营管理和对外报告会计信息的需要而设置的,都有其特定的用途和结构。账户按经济内容分类,可以使我们了解完整的账户体系包括哪些账户、各类账户所核算的会计对象的具体内容是什么。但是,仅按经济内容对账户进行分类,还不能使我们了解各种账户的作用,以及它们是如何向会计信息的使用者提供信息的。为了理解和掌握账户在提供核算指标以及账户结构上的规律性,以便正确地运用账户,就需要在对账户按经济内容分类的基础上,进一步研究账户按用途和结构分类的问题。

按用途和结构分类的账户体系,包括基本账户、调整账户、成本账户和损益计算账户四大类。基本账户具体又可以分为盘存账户、资本和资本增值账户、结算账户和跨期摊配账户;调整账户根据调整方式的不同,又可以分为备抵调整账户、附加调整账户和备抵附加调整账户;成本账户具体又可以分为集合分配账户、成本计算账户和对比账户;损益计算账户具体又可以分为收入计算账户、费用计算账户和财务成果计算账户。

1. 盘存账户

盘存账户,是反映和监督各项财产物资和货币资金(包括库存有价证券)的增减变动及其结存情况的账户。它是任何企业单位都必须设置的基本账户。属于这一类的账户主要有"库存现金""银行存款""原材料""库存商品""固定资产"等账户。在这类账户中,借方登记各项财产物资和货币资金的增加数,贷方登记其减少数;余额总是在借方,表示期末各项财产物资和货币资金的实际结存数。

盘存账户的结构如图 4 - 4 所示。

| 借方 | | 盘存账户 | 贷方 |
|---|---|---|---|
| 期初余额: | 财产物资、货币资金的期初实存数 | | |
| 本期发生额: | 财产物资、货币资金的本期增加数 | 本期发生额: | 财产物资、货币资金的本期减少数 |
| 期末余额: | 财产物资、货币资金的期末实存数 | | |

**图 4 - 4　盘存账户**

盘存账户的特点是:①盘存账户反映的各项财产物资和货币资金可以通过财产清查的方法确定其实存数,即实际盘点或对账的方法,核对货币资金和实物资产的实际结存数与账面结存数是否相符,并检查其在经营管理上存在的问题。②除"库存现金"和"银行存款"账户外,其他的盘存账户通过设置明细分类账,可以提供实物和价值两种指标。

2. 资本和资本增值账户

资本和资本增值账户,是用来反映和监督企业所有者投入资本与内部形成的积累的增减变动及其实有数的账户。它是任何企业单位都必须设置的基本账户。属于这一类的账户主要有"实收资本"(或"股本")"资本公积""盈余公积""未分配利润"等。在这类账户中,贷方登记所有者投入资本的增加数或其他所有者权益的增值额,借方登记所有者投入资本的减少数或其他所有者权益的抵减额;其余额若在贷方,表示投资者权益的实有数额;若没有余额或其余额在借方，在有限责任的情况下，表示所有者权益已降至零。

资本和资本增值账户的结构如图 4－5 所示。

| 借方 | 资本和资本增值账户 | | 贷方 |
|---|---|---|---|
| | | 期初余额： | 期初所有者权益的实有数 |
| 本期发生额： | 本期所有者权益的减少数 | 本期发生额： | 本期所有者权益的增加数 |
| | | 期末余额： | 期末所有者权益的实有数 |

**图 4－5　资本和资本增值账户**

企业的资本公积一般包括资本溢价、接受捐赠等原因形成的公积金。资本公积产生的根本原因在于为维持投资者的原有股权结构，是资本的非经营性积累；盈余公积是留存收益形成的公积金，是企业经营活动中产生的资本增值。这两部分，由于所有权属于企业的投资者，本质上是投资者对企业的一种权益性投入。因此，将“资本公积”“盈余公积”等账户归入资本和资本增值账户。

资本和资本增值账户的特点是：应按照企业的投资者分别设置明细分类账户，以便反映各投资者对企业实际拥有的所有者权益数额；由于资本和资本增值账户反映的是投资人对企业净资产的所有权，所以资本和资本增值账户的总账和明细账只提供价值指标。

3. 结算账户

结算账户，是用来反映和监督企业与其他单位或个人之间债权债务结算情况的账户。由于结算业务性质的不同，决定了结算账户具有不同的用途和结构。结算账户按其用途和结构不同又可分为债权结算账户、债务结算账户和债权债务结算账户三类。

(1)债权结算账户

债权结算账户，也称资产结算账户，是用来反映和监督企业债权的增减变动和实有数额的账户。属于这一类的账户主要有“应收账款”“其他应收款”“应收票据”“预付账款”等账户。这类账户的特点是：借方登记债权的增加数，贷方登记债权的减少数；期末余额在借方，表示债权的实有数。

债权结算账户的结构如图 4－6 所示。

| 借方 | 债权结算账户 | | 贷方 |
|---|---|---|---|
| 期初余额： | 债权的期初实有数 | | |
| 本期发生额： | 债权的本期增加数 | 本期发生额： | 债权的本期减少数 |
| 期末余额： | 债权的期末实有数 | | |

**图 4－6　债权结算账户**

(2)债务结算账户

债务结算账户，也称负债结算账户，是用来反映和监督本企业债务的增减变动和实有数额的账户。属于这一类的账户的主要有“应付账款”“其他应付款”“应付职工薪酬”“应交税费”“应付股利”“短期借款”“长期借款”“应付债券”和“长期应付款”等账户。这类账户的特点是：贷方登记债务的增加数，借方登记其减少数；期末余额在贷方，表示债务的实有数。

债务结算账户的结构如图 4－7 所示。

| 借方 | 债务结算账户 | | 贷方 |
|---|---|---|---|
| | | 期初余额： | 债务的期初实有数 |
| 本期发生额： | 债务的本期减少数 | 本期发生额： | 债务的本期增加数 |
| | | 期末余额： | 债务的期末实有数 |

**图 4-7　债务结算账户**

(3)债权债务结算账户

债权债务结算账户，也称资产负债往来结算账户，是用来反映和监督本企业与其他单位或个人以及企业内部各单位之间相互往来结算业务的账户。这类账户既反映债权结算业务，又反映债务结算业务，是双重性质的结算账户。

由于企业之间往来结算业务经常发生变动，企业有时处于债权人的地位，有时则处于债务人的地位。例如，企业向同一单位销售产品，如果是先发货后收款，发生的应收而尚未收到的款项，就构成了企业的债权；如果合同规定购买方先预付一部分货款，企业预收的款项就构成了企业的债务，而在企业发出货物后应该收取的其余款项就构成了企业的债权。为了能在同一个账户中反映本企业与其他单位的债权债务的增减变化，减少会计科目的使用，简化核算手续，在借贷记账法下，有必要设置和运用这类债权债务的双重性质结算账户，在同一个债权结算账户或者同一个债务结算账户，反映应收和预收或者应付和预付该企业款项的增减变动及其结余情况。如果企业的预收、预付业务不多，可以不单独设置“预收账款”“预付账款”账户。企业发生的预收业务通过“应收账款”账户核算，这时的“应收账款”账户既反映应收账款业务，也反映预收账款的增减变动及其结果；同样，企业发生的预付业务通过“应付账款”账户核算，这时的“应付账款”账户同时核算应付和预付账款的增减变动及其结果。此时的“应收账款”账户和“应付账款”账户均为债权债务结算账户。在借贷记账法下，可以将“其他应收款”账户和“其他应付款”账户合并，设置“其他往来”账户，用来同时核算和监督企业其他应收款和其他应付款的增减变动情况和结果。此时，“其他往来”账户也是一个债权债务结算账户。

债权债务结算账户的结构如图 4-8 所示。

| 借方 | 债权债务结算账户 | | 贷方 |
|---|---|---|---|
| 期初余额： | 期初债权大于债务的差额 | 期初余额： | 期初债务大于债权的差额 |
| 本期发生额： | 本期债权的增加数或债务的减少数 | 本期发生额： | 本期债务的增加数或债权的减少数 |
| 期末余额： | 净债权(债权大于债务的差额) | 期末余额： | 净债务(债务大于债权的差额) |

**图 4-8　债权债务结算账户**

债权债务结算账户的特点是：

①借方登记债权(如应收款项和预付款项)的增加额和债务(如应付款项和预收款项)的减少额，贷方登记债务的增加额和债权的减少额。

②债权债务结算账户是具有双重性质的账户，结算账户只提供价值指标，应该根据总分类账户所属明细分类账户的余额方向判断账户的性质。期末账户余额可能在借方，也可能在贷方，如在借方，表示尚未收回的债权净额，即尚未收回的债权大于尚未偿付的债务的差额。此时，结算账户是债权结算账户；如在贷方，表示尚未偿付的债务净额，即尚未偿付的债务大于尚

未收回的债权的差额。此时，结算账户是债务结算账户。

③按照结算业务的对方单位或个人设置明细分类账户，以便及时进行结算和核对账目。该账户所有所属明细分类账户的借方余额之和与贷方余额之和的差额，应与有关总分类账户的余额相等。

④在总分类账户中，债权和债务能自动抵减，导致总分类账户的余额不能明确反映企业与其他单位债权债务的实际结余情况。这样，在编制资产负债表的有关项目时，必须根据总分类账户所属明细账的余额分析计算填列，将属于债权部分的余额列在资产负债表的资产方，将属于债务部分的余额列在资产负债表的负债和所有者权益方，以便如实反映债权、债务的实际状况。

4. 跨期摊配账户

跨期摊配账户，是用来反映和监督应由若干个会计期间共同负担的费用，在各期进行分配的账户。企业在生产经营过程中所发生的费用，有些是应由几个会计期间共同负担的，按权责发生制原则的要求，必须严格划分费用的归属期，把应由若干个会计期间共同负担的费用，合理地分摊到各个会计期间。为此，需要设置跨期摊配账户来实现权责发生制原则的要求。跨期摊配账户有"长期待摊费用"账户。其借方登记费用的实际发生额，贷方登记计入当期成本或费用的摊销额或预提额。

"长期待摊费用"账户用以反映已经支付，但应计入本期和以后若干期的费用。它先通过借方登记，然后在各受益期末再通过贷方登记计入当期成本或费用的摊销额，即先支出后摊销；余额一般在借方，表示尚未摊配、应由以后各期负担的费用，属于长期资产，列示于资产负债表中的资产项目内。

"长期待摊费用"账户的结构如图 4－9 所示。

| 借方 | "长期待摊费用"账户 | | 贷方 |
|---|---|---|---|
| 期初余额： | 已支付但尚未摊配的长期待摊费用数 | | |
| 本期发生额： | 本期增加的长期待摊费用数 | 本期发生额： | 本期长期待摊费用的摊销数 |
| 期末余额： | 已支付但尚未摊配的长期待摊费用数 | | |

**图 4－9　"长期待摊费用"账户**

跨期摊配账户的特点是：设置跨期摊配账户是用来解决费用支付期和归属期不一致的问题的，而先支付后归属和先归属后支付是不同的，这必然引致跨期摊配账户的性质的不同；跨期摊配账户只提供价值指标。

5. 调整账户

在会计核算过程中，为了满足管理上对某种特殊指标的需要，对某些会计要素内容的增减变化和结余情况，需要用两个不同的账户来反映，即在保持某个原账户核算的内容、结构及所提供信息不变的前提下，采取另外设置一个专门账户对原账户金额进行调整，将原始数据与调整数据相加或相减，以产生新的实有数额，另外设置的专门账户称为原账户的调整账户。按照调整方式的不同，调整账户可分为备抵调整账户、附加调整账户和备抵附加调整账户。

(1)备抵调整账户

备抵调整账户，也称抵减调整账户，是指对原账户金额进行调减，以求得被调整账户的实际余额的账户。例如，"累计折旧"账户是"固定资产"账户的备抵调整账户。其调整方式可用下列公式表示：

**被调整账户余额－备抵调整账户余额＝被调整账户的实际余额**

由于备抵调整账户对被调整账户的调整实际上是对被调整账户余额的抵减，因此，被调整账户余额的方向与备抵调整账户的余额方向必定相反。如果被调整账户的余额方向在借方(或贷方)，则备抵账户的余额方向一定在贷方(或借方)。

按照被调整账户的性质，备抵调整账户又可以分为资产备抵调整账户和权益备抵调整账户两种。

①资产备抵调整账户。

资产备抵调整账户是用来抵减某一资产账户的余额，以求得调整后实际余额的账户。"累计折旧""坏账准备""存货跌价准备"等各种资产减值准备账户等都是比较典型的资产备抵调整账户。

下面以"累计折旧"账户和"固定资产"账户为例，说明其间的调整与被调整关系。"固定资产"账户是用以核算固定资产原值增减变化的账户，借方登记固定资产原值的增加额，贷方登记固定资产原值的减少额，余额在借方，表示固定资产原值的结存数。"累计折旧"账户则是用以累计固定资产损耗价值的账户，贷方登记固定资产折旧的提取额，借方登记固定资产折旧的冲减额，余额在贷方，表示提取固定资产的累计折旧额。两个账户期末余额相抵减后的数据表示固定资产的净值。

被调整账户与资产备抵调整账户之间的关系，如图 4－10 所示。

累计折旧（备抵调整账户）

| 借方 | 贷方 |
|---|---|
| | 期初余额：期初累计折旧额 |
| 本期发生额：本期转出数 | 本期发生额：本期提取数 |
| | 期末余额：期末累计折旧额 |

固定资产（被调整账户）

| 借方 | 贷方 |
|---|---|
| 期初余额：固定资产原值期初数 | |
| 本期发生额：固定资产本期增加数 | 本期发生额：固定资产本期减少数 |
| 期末余额：固定资产原值期末数 | |

| | |
|---|---|
| 固定资产原值(被调整账户的原有数额) | A |
| 减：累计折旧(备抵调整账户的抵减数) | B |
| 固定资产净值 | A－B |

**图 4－10　被调整账户与资产备抵调整账户之间的关系**

②权益备抵调整账户。

权益备抵调整账户，是用来抵减某一权益账户(被调整账户)的余额，以求得该权益账户实际余额的账户。例如，"利润分配"账户就是"本年利润"账户的备抵账户，"本年利润"账户的期末贷方余额，反映期末已实现的利润额；"利润分配"账户的借方余额，反映截至期末本年已分配的利润数。用"本年利润"账户的贷方余额减去"利润分配"账户的借方余额，可以得到期末尚未分配的利润额。

下面以"本年利润"账户与"利润分配"账户为例来说明权益备抵调整账户与被调整账户之间的关系，如图 4－11 所示。

| 借方 | 利润分配（备抵调整账户） | 贷方 |
| --- | --- | --- |
| 期末余额：已分配的利润数 45 000 | | |

| 借方 | 本年利润（被调整账户） | 贷方 |
| --- | --- | --- |
| | | 期末余额：已实现的净利润 68 000 |

| | |
| --- | --- |
| 已实现的利润额（被调整账户的原有数额） | 68 000 |
| 减：已分配的利润数（备抵调整账户的抵减数） | 45 000 |
| 未分配利润 | 23 000 |

**图 4－11　被调整账户与权益备抵调整账户之间的关系**

(2)附加调整账户

附加调整账户，是用来增加某些资产账户或所有者权益账户的余额，以确定其实际数字的账户。与备抵调整账户相反，采用附加调整账户，其调整方式是：

**被调整账户的余额＋附加调整账户的余额＝被调整账户的实有数额**

附加调整账户的特点是：附加账户与其被调整账户的性质相同，账户的结构相同，账户的余额方向相同。如果被调整账户的余额在借方（或贷方），则附加账户的余额也必定在借方（或贷方）。

例如，企业溢价发行债券，发行时按债券面值贷记“应付债券——债券面值”账户，溢价金额贷记“应付债券——利息调整”账户。“利息调整”二级账户是“债券面值”二级账户的附加账户，两者期末贷方余额之和，表示该项债券的实际余额。两者的关系如图 4－12 所示。

| 借方 | 应付债券——利息调整（附加账户） | 贷方 |
| --- | --- | --- |
| | | 期末余额：债券利息调整摊销后的余额 500 |

| 借方 | 应付债券——债券面值（被调整账户） | 贷方 |
| --- | --- | --- |
| | | 期末余额：尚未偿还的债券面值 10 000 |

| | |
| --- | --- |
| 应付债券——债券面值（被调整账户的原有数额） | 10 000 |
| 加：应付债券——利息调整（附加调整账户的附加数） | 500 |
| 应付债券账面价值 | 10 500 |

**图 4－12　被调整账户与附加调整账户之间的关系**

实务中很少设置纯粹的附加调整账户。

(3)备抵附加调整账户

备抵附加调整账户是既可以起备抵作用，又可以起附加作用的账户。当其余额所在的方向与被调整账户余额的方向不一致时，它就是备抵调整账户；当其余额与被调整账户余额方向一致时，它就是附加调整账户。属于这类账户的有“材料成本差异”账户等。例如，制造业企业在采用计划成本法核算原材料、产成品的情况下，为了反映原材料、产成品的实际成本，需要设置“材料成本差异”“产成品成本差异”账户，分别对“原材料”“产成品”账户进行备抵或附加调整。

以原材料成本核算为例，“原材料”账户用以核算材料的计划成本，“材料成本差异”账户用以核算企业各种材料的实际成本与计划成本的差异。当“材料成本差异”账户的余额在借方时，表示实际成本大于计划成本的超支数；反之，当购入材料的实际成本小于计划成本时，节约差异记入“材料成本差异”账户的贷方。由此可见，“材料成本差异”账户的期末余额可能在借方，也可能在贷方，借方余额表示超支差异，贷方余额表示节约差异。当出现借方余额时，“材料成本差异”账户与“原材料”账户结构相同，“原材料”账户的借方余额加上“材料成本差异”账户的借方余额为库存材料的实际成本。在这种情况下，“材料成本差异”账户表现为“原材料”账户的附加调整账户。当出现贷方余额时，“材料成本差异”账户与“原材料”账户结构相反，“原材料”账户的借方余额减去“材料成本差异”账户的贷方余额，其差额为库存材料的实际成本。这种情况下，“材料成本差异”账户表现为“原材料”账户的备抵调整账户。综上所述，如果一个调整账户可能有借方或贷方两个余额方向，则可称为备抵附加调整账户。

举例说明“材料成本差异”账户与其被调整账户“原材料”之间的关系，如图 4－13 所示。

材料成本差异——A材料（备抵附加调整账户）

| 借方 | | 贷方 | |
|---|---|---|---|
| 期初余额： | 1 500 | | |
| 本期发生额： | 6 000 | 本期发生额： | 3 000 |
| 期末余额： | 4 500 | | |

材料成本差异——B材料（备抵附加调整账户）

| 借方 | | 贷方 | |
|---|---|---|---|
| | | 期初余额： | 1 000 |
| | | 本期发生额： | 4 800 |
| | | | 2 400 |
| | | 期末余额： | 3 400 |

原材料（被调整账户）

| 借方 | | 贷方 | |
|---|---|---|---|
| 期初余额： | 58 000 | | |
| 本期发生额： | 140 000 | 本期发生额： | 70 000 |
| 其中：A材料 | 80 000 | 其中：A材料 | 40 000 |
| B材料 | 60 000 | B材料 | 30 000 |
| 期末余额： | 128 000 | | |

| | |
|---|---|
| “原材料”账户的借方余额（计划成本） | 128 000 |
| 加：“材料成本差异”账户的借方余额（超支差） | 4 500 |
| 减：“材料成本差异”账户的贷方余额（节约差） | 3 400 |
| 库存原材料的实际成本 | 129 100 |

其中：A材料的“材料成本差异”账户对“原材料”账户起附加作用；
B材料的“材料成本差异”账户对“原材料”账户起抵减作用。

**图 4－13 被调整账户与备抵附加调整账户之间的关系**

综上所述，调整账户具有以下特点：

①调整账户与被调整账户反映的经济内容相同，但用途结构不同；

②被调整账户核算会计要素的原始数字，而调整账户核算的是同一要素的调整数字，所以，调整账户不能离开被调整账户而独立存在；

③调整账户的调整方式是：调整账户与被调整账户的余额在不同方向时相减，余额在相同方向时相加。

6. 集合分配账户

集合分配账户，是用来归集和分配企业生产经营过程中某个阶段所发生的某种费用的账户。属于集合分配账户的有“制造费用”账户。

企业在生产经营过程中发生的应由各个成本计算对象共同负担的间接费用，应首先通过集合分配账户进行归集，然后再按照一定标准分配记入各成本计算对象，借以反映和监督有关间接费用的计划执行情况，以及间接费用分配情况的账户。设置这类账户，一方面可以将某一经营过程中实际发生的间接费用和计划指标进行比较，考核间接费用的超支和节约情况；另一方面也便于将这些费用摊配出去。

集合分配账户在结构上的特点是：借方登记各种费用的发生数，贷方登记按照一定标准分配记入各个成本计算对象的费用分配数，除季节性生产的企业外，归集在这类账户借方的费用一般在当期全部分配出去，由有关成本计算对象负担，故这类账户期末通常没有余额。可见，集合分配账户具有明显的过渡性质。

集合分配账户的基本结构如图 4 - 14 所示。

| 借方 | 集合分配账户　　贷方 |
|---|---|
| 本期发生额：归集经营过程中间接费用的本期发生额 | 本期发生额：本期分配到有关成本计算对象上的间接费用额 |

**图 4 - 14　集合分配账户**

7. 成本计算账户

成本计算账户，是用来核算和监督经营过程中某一阶段的全部费用并直接确定各成本计算对象实际成本的账户。属于成本计算类的账户有“材料采购”“生产成本”“在建工程”等账户。设置和运用成本计算账户，对正确计算材料采购、产品生产和产品销售的实际成本，考核有关成本计划的执行和完成情况具有重要作用。

成本计算账户的借方汇集应记入特定成本计算对象的全部费用（其中，一部分是在费用发生时直接记入的，另一部分是先记入集合分配账户，在会计期末通过一定的分配方法转到成本计算账户），贷方反映转出的某一成本计算对象的实际成本，余额通常在借方。例如“生产成本”账户，借方余额表示尚未完成生产过程的在产品的实际成本。

成本计算账户的基本结构如图 4 - 15 所示。

| 借方 | | 成本计算账户 | 贷方 |
|---|---|---|---|
| 期初余额： | 期初尚未完成某一过程的成本计算对象的实际成本 | | |
| 本期发生额： | 生产经营过程中发生的应由成本计算对象承担的费用 | 本期发生额： | 结转已完成某一加工过程的成本计算对象的实际成本 |
| 期末余额： | 期末尚未完成某一过程的成本计算对象的实际成本 | | |

**图 4 - 15　成本计算账户**

成本计算账户的特点是：

①期末未完成某过程但已发生的成本，在成本计算账户中表现为该账户的期末余额；既提供价值指标，又提供实物指标。

②除了设置总分类账户外，还应按照各个成本计算对象设置明细分类账户，并按成本项目设置专栏进行明细分类核算。此外，成本计算账户的明细账还可以根据成本和费用控制的责任部门或环节来设置。

8. 对比账户

对比账户，是用来对经营过程中某一阶段某项经济业务按照两种不同的计价标准进行对比，借以确定其业务成果的账户。按计划成本进行材料日常核算的企业所设置的“材料采购”账户、“固定资产清理”账户等，都属于对比账户。

例如，按计划成本进行材料日常核算的企业所设置的“材料采购”账户，其结构特点是：该账户的借方登记材料的实际成本，贷方登记按照计划价格核算的材料的计划成本，通过借贷双方两种计价对比，可以确定物资采购业务成果(超支或节约)。由于确定的材料成本差异，无论是超支还是节约，都要从“材料采购”账户结转记入“材料成本差异”账户。因此，当采购的材料均已全部运达并验收入库时，结转后“材料采购”账户应无余额。如有余额，一定在借方，表示期末尚有一部分材料未运达企业，或虽已运达企业但尚未验收入库，即在途材料。

以“材料采购”账户为例，对比账户的基本结构如图 4－16 所示。

| 借方 | 对比账户 | | 贷方 |
|---|---|---|---|
| 期初余额： | 未入库材料的实际成本 | | |
| 本期发生额： | 本期尚未入库材料的实际成本及转入“材料成本差异”账户贷方的实际成本小于计划成本的节约差额 | 本期发生额： | 入库材料的计划成本及转入“材料成本差异”账户借方的实际成本大于计划成本的超支差额 |
| 期末余额： | 在途材料的实际成本 | | |

**图 4－16 对比账户**

对比账户的特点是：借贷两方的计价标准不一致；期末确定业务成果转出后，该账户的借方余额是剔除了计价差异后的按借方计价方式计价的资产价格。例如，“材料采购”账户的借方余额表示按实际成本计价的在途材料实际成本。

9. 收入计算账户

收入计算账户，是用来核算和监督企业在一定时期(月、季或年)内所取得的各种收入的账户。这里的收入概念是广义的，不仅包括营业收入，还包括投资收益和营业外收入等。属于这类账户的有“主营业务收入”“其他业务收入”“投资收益”“营业外收入”等账户。这类账户的结构特点是：贷方登记本期收入的增加额，借方登记本期收入的减少额和期末转入“本年利润”账户的收入额。由于当期实现的全部收入和收益都要在期末转入“本年利润”账户，因此收入计算账户期末无余额。收入计算账户的基本结构如图 4－17 所示。

| 借方 | 收入计算账户 | | 贷方 |
|---|---|---|---|
| 本期发生额： | 收入和收益的减少数、期末转入“本年利润”账户的收入和收益额 | 本期发生额： | 本期收入和收益的增加额 |

**图 4－17 收入计算账户**

收入计算账户的特点是：除了设置总分类账户外，还应按照业务类别设置明细分类账户，进行明细分类核算；收入计算账户只提供价值指标。

10. 费用计算账户

费用计算账户，是用来核算和监督企业在一定时期(月、季或年)内所发生的应计入当期损益的各项费用、成本和支出的账户。这里的费用概念是广义的，不仅包括为取得营业收入而发生的各项耗费，还包括营业外支出和所得税费用。属于这类账户的有“主营业务成本”“其他业务成本”“税金及附加”“销售费用”“管理费用”“财务费用”“营业外支出”“所得税费用”等账户。费用计算账户的借方登记本期费用支出的增加额，贷方登记费用支出的减少数和期末转入“本年利润”账户的费用支出数。由于当期发生的全部费用支出数都要于期末转入“本年利润”账户，故该类账户期末无余额。

费用计算账户的基本结构如图 4 - 18 所示。

| 借方 | 费用计算账户 | | 贷方 |
|---|---|---|---|
| 本期发生额： | 本期费用支出的增加数 | 本期发生额： | 本期费用支出的减少或转销数和期末转入“本年利润”账户的费用支出数 |

**图 4 - 18 费用计算账户**

费用计算账户的特点是：除了设置总分类账户外，还应按业务内容、费用支出项目等设置明细分类账户，进行明细分类核算；费用计算账户只提供价值指标。

11. 财务成果计算账户

财务成果计算账户，是用来核算和监督企业在一定期间内全部生产经营活动最终成果的账户。“本年利润”账户属于财务成果计算账户。其贷方登记期末从各收入账户转入的、本期发生的各项收入数；借方登记期末从各费用账户转入的、本期发生的、与本期收入相配比的各项费用数；余额可能在贷方，也可能在借方。1—11 月份期末有余额，在贷方即为利润数，在借方则为亏损数，账户的余额（无论是实现的利润还是发生的亏损）不转账，要一直保留在该账户，目的是提供截至本期累计实现的利润或发生的亏损。期末贷方余额表示年初至本期实现的累计利润额，期末借方余额表示年初至本期发生的累计亏损额。在年终一般要将“本年利润”账户的年末余额转入“利润分配”账户；年末转账后，该账户应无余额。

财务成果计算账户的基本结构如图 4 - 19 所示。

| 借方 | 财务成果计算账户 | | 贷方 |
|---|---|---|---|
| 本期发生额： | 从费用计算账户转入的主营业务成本、其他业务成本、期间费用、资产减值损失、投资损失和营业外支出、所得税费用等本期成本、费用的发生数 | 本期发生额： | 从收入计算账户转入的主营业务收入、其他业务收入、投资收益和营业外收入等本期各项收入、收益的发生数 |
| 期末余额： | 净损失 | 期末余额： | 净利润 |

**图 4 - 19 财务成果计算账户**

财务成果计算账户的特点是：借方和贷方所登记的内容，应遵循权责发生制的要求；贷方所登记的各项收入、收益数与借方所登记的各项费用支出数，一方面要与相应的会计期间相配合，另一方面从事某类业务活动所得的收入要与相应的成本费用相配比；财务成果计算账户只提供价值指标；年终结账后无余额。

综上所述，按用途、结构分类的账户体系由四个部分十一类组成，如图 4 - 20 所示。

- 账户
  - 基本账户
    - 盘存账户
      - 库存现金
      - 银行存款
      - 原材料
      - 库存商品
      - 债权投资
      - 固定资产等
    - 资本和资本增值账户
      - 实收资本
      - 资本公积
      - 盈余公积
    - 结算账户
      - 债权结算账户
        - 应收账款
        - 应收票据
        - 其他应收款等
      - 债务结算账户
        - 应付账款
        - 应付职工薪酬
        - 应交税费
        - 交易性金融负债
        - 短期借款
        - 长期借款等
      - 债权债务结算账户——其他往来
    - 跨期摊配账户——长期待摊费用
  - 调整账户
    - 备抵调整账户
      - 坏账准备
      - 存货跌价准备
      - 累计折旧等
    - 附加调整账户——债券利息调整等
    - 备抵附加调整账户——材料成本差异
  - 成本账户
    - 集合分配账户——制造费用
    - 成本计算账户
      - 生产成本
      - 在途物资等
    - 对比账户——材料采购等
  - 损益计算账户
    - 收入计算账户
      - 主营业务收入
      - 其他业务收入
      - 投资收益
      - 营业外收入等
    - 费用计算账户
      - 主营业务成本
      - 其他业务成本
      - 税金及附加
      - 销售费用
      - 管理费用
      - 财务费用
      - 资产减值损失
      - 信用减值损失
      - 营业外支出等
      - 所得税费用
    - 财务成果计算账户——本年利润

**图 4－20　按用途结构分类的账户体系**

**(三)账户按反映会计报表的内容分类**

会计报表的各项指标一般是根据账户数额来填列的,账户与会计报表之间有着密切的联系。因此,账户按反映会计报表的内容不同可以分为资产负债表账户和利润表账户两大类。这是以会计要素为基础进行分类的。

1. 资产负债表账户

资产负债表账户期末一般都有余额,又称实账户,是据以编制资产负债表、反映企业某一时点的财务状况的账户。资产类、负债类、所有者权益类以及成本类账户都属于资产负债表账户,是编制资产负债表的主要依据。这些账户无论在平时或结账后,都有期末余额(个别账户除外),表示企业资产、负债和所有者权益的实存数期末余额转入下期。

2. 利润表账户

收入类、费用类账户是反映企业经营成果的账户,期末经过结转一般没有余额(有的利润类账户期末也有余额),故也称为虚账户。其发生额是编制利润表的主要依据,也可以称其为利润表账户。

确定账户按期末余额分类的目的在于把握账户期末余额代表的内容及期末结转的规律性,以便正确地组织会计核算。

## 本章小结

设置会计科目是完成会计核算任务的基础。通过设置会计科目,为设置账户和登记账簿提供了依据,为编制会计报表提供了条件。会计科目不能对经济业务的发生所引起的会计要素的增减变动及其结果加以序时、连续、系统地记录,提供各种会计信息,所以必须设置账户。

按经济内容分类是账户分类的基础,账户的经济内容是指账户所反映的会计对象的具体内容。账户按其所反映的经济内容,可分为资产类账户、负债类账户、共同类账户、所有者权益类账户、收入类账户、费用类账户六类。

此外,账户还有其他分类。例如,按提供指标的详尽程度,分为总分类账户和明细分类账户;按会计主体,分为表内账户与表外账户。

## 思考练习题

1. 什么是会计科目?设置会计科目有何意义?

2. 设置会计科目应遵循哪些原则?

3. 会计科目如何按核算的经济内容和按提供核算指标的详尽程度进行分类?其作用是什么?

4. 什么是账户?设置账户有何意义?

5. 简述账户的基本结构。

6. 账户的分类标志有哪些?如何进行?

7. 甲企业库存材料日常核算按计划成本计价。本月发生下列经济业务:

(1)购进一批材料,用银行存款支付材料价款 20 000 元,增值税进项税款 2 600 元,材料已验收入库。

(2)结转入库材料的计划成本 22 000 元。

(3)计算并结转材料成本差异 2 000 元(节约)。

要求:

(1)根据上述业务编制会计分录。

(2)开设“材料采购”“材料”和“材料成本差异”三个账户,根据会计分录登账并结账。

## 补充与提高


1. 陈国辉、迟旭升:《基础会计》,东北财经大学出版社 2018 年版。
2. 李海波、蒋瑛:《新编会计学原理:基础会计》,立信会计出版社 2017 年版。
3. 张捷:《基础会计》,中国人民大学出版社 2018 年版。
4. 中华人民共和国财政部:《企业会计准则——应用指南》,立信会计出版社 2018 年版。
5. 石本仁:《会计学原理》,人民邮电出版社 2018 年版。
6. 财政部中国财政杂志社:《中国会计年鉴》,2021 年版。

# 第五章　复式记账法及其应用

本章要点

1. 熟悉静态会计等式、动态会计等式和综合会计等式。
2. 掌握并应用复式记账原理和借贷记账法。
3. 熟悉资产、负债、所有者权益、收入、费用和利润的账户结构。
4. 掌握会计分录的编制。
5. 掌握试算平衡原理并编制试算平衡表。

## 第一节　会计恒等式

会计恒等式是揭示会计要素之间内在联系的数学表达式，又称会计方程式或会计等式，主要包括静态会计等式、动态会计等式和综合会计等式。

### 一、静态会计等式

企业要实现其经营目标，要进行生产经营活动，就必须要拥有一定数量的资产。在经济活动的各个方面，这些资产表现为不同的占用形态，如货币资金、原材料、机器设备、房屋建筑物等。从资产来源渠道的性质看，进入企业的资产来源不外乎两种：一是来源于所有者（企业投资人），形成企业的所有者权益；二是来源于债权人，形成企业的债权人权益。

**【例 5－1】** 开办一个小企业——华夏企业，需要 400 000 元资金才能正常生产经营。投资者向企业投入货币资金 300 000 元，企业从银行取得短期借款 100 000 元。这时，企业的资产（货币资金）金额为 400 000 元，它相对应的来源是：所有者权益（实收资本）300 000 元，负债（短期借款）100 000 元，用等式可表示为：

资产 400 000＝所有者权益（实收资本）300 000＋债权人权益（负债）100 000

由此可见，资产与权益（负债和所有者权益）实际上是同一价值运动的两个方面：资产是财产物资的占用形态，表明企业所拥有或控制的经济资源；权益是财产物资的资金来源，表明投资人或债权人对经济资源可以提出的要求权。资产和权益是相互联系、相互依存的，从数量上看，有一定的资产，就必然有对这些资产的权益；有一定的权益，也必然有体现其权益的资产存在，任何企业在特定时点上所拥有的资产与其权益的总额必然相等。

在例5-1中，如果在本会计期间该企业未经营创利，当华夏企业向银行借入100 000元到期时，该企业用货币资金偿还借款本金100 000元，资产减少了100 000元，同时负债也减少了100 000元。此时，企业剩余资产(货币资金)300 000元，与此相对应的所有者权益(实收资本)为300 000元，会计等式由“资产400 000元＝权益400 000元”转变为“资产300 000元＝权益300 000元”。若根据债权人要求，在偿还借款本金100 000元的同时，还需偿还利息10 000元，则企业偿还借款利息后就减少10 000元资产(货币资金)。由于华夏企业没有收入和盈利，偿还利息的10 000元只能用投资者的资金，减少了所有者的权益。

综上所述，资产与权益一直保持平衡关系。这一基本的平衡关系用数学方程式表述就是会计基本等式，称为第一会计等式。因其是企业资金运动的静态表现形式，故又称静态会计等式。其关系式为：

**资产＝权益**

权益意味着对企业资产的要求权，按其性质不同可分为所有者权益和债权人权益：所有者投入资金就形成企业的所有者权益，债权人投入资金就形成企业的债权人权益。上式还可表示为：

**资产＝所有者权益＋债权人权益**

## 二、动态会计等式

在经营活动的过程中，企业会取得各项收入，同时也会发生相关的各项费用。一定时期的收入抵补费用之后，形成利润或亏损。这部分利润或亏损必然增加或冲抵先前时点上的静态会计等式中所有者权益的一部分价值。这种关系可表示为：

**收入－费用＝利润**

这个表明经营成果与相应会计期间的收入和费用之间关系的等式，称为第二会计等式。因其是资金运动的动态表现形式，故又称为动态会计等式。从这个会计等式可以看出，利润要素的量是由收入要素的量和费用要素的量共同决定的。如果收入大于费用，利润为正；反之则发生亏损；当收入等于费用时，利润为零，说明企业在会计期间内保本。

**【例5-2】** 华夏企业本年度3月份开工生产S产品。S产品耗用原材料5 000元，发生生产工人工资2 500元，管理费用1 000元。S产品当月全部完工并全部售出，取得收入17 000元，向国家缴纳商品流通环节税金及附加费935元。

分析：在本例中，华夏企业3月份取得收入17 000元；发生计入成本的费用7 500元(直接材料5 000元，直接人工费用2 500元)；计入损益的费用1 935元(管理费用1 000元，税金及附加935元)。华夏企业3月份获得利润为：

利润＝17 000－(5 000＋2 500)－(1 000＋935)＝7 565(元)

收入、费用与利润的平衡关系主要依据权责发生制记账基础，即在事项和交易发生时确认各期的经营收支，而不是在收取或支出相关现金时确认，并要求会计核算要将一定会计期间的各项收入同与之相关的各项费用相配合，从而正确确定各会计期间的经营成果。

## 三、综合会计等式

在任何一个会计期间的起点上，企业的资金都会处于相对静止的状态，表现为“资产＝负债＋所有者权益”。随着生产活动的进行，企业会发生各种费用，从而引起资产的减少或负债的增加。同时，企业还会通过销售产品、提供劳务而取得收入，引起资产的增加或负债的减少。

也就是说，在一个会计期间内，企业的资产、负债、所有者权益、收入、费用、利润都会发生数量的变化。到会计期末，企业由于取得经营成果而获得利润，并使资产总额增加。企业获得的利润属于企业的所有者，发生的亏损也最终要由所有者承担。因此，从本质上来讲，利润是所有者权益的增加，亏损则是所有者权益的减少。用等式表示为：

**资产＝负债＋(所有者权益＋利润)**

**资产＝负债＋所有者权益＋(收入－费用)**

上述等式就是第三会计等式，经过等式左、右两方的转换，还可以写成以下形式：

**资产＋费用＝负债＋所有者权益＋收入**

第三会计等式反映了企业财务状况与经营成果之间的关系。企业利润的实现将增加资产或减少负债，亏损的发生将减少资产或增加负债，从而最终影响企业的财务状况。到会计期末，利润计入所有者权益项目，会计等式又恢复到会计期初的形式。即“资产＝负债＋所有者权益”，只是等号左、右各个会计要素的金额以及总额发生了增减变化。

**【例 5－3】** 承例 5－1 和例 5－2，在企业实现了 7 565 元的利润后，当年年底企业的会计等式为：

资产 407 565＝负债 100 000＋所有者权益 300 000＋利润 7 565

等式转换后：

资产 407 565＝负债 100 000＋所有者权益 307 565

因第三会计等式反映了所有会计要素之间的关系，故又称为综合会计等式。综合会计等式既反映了资金的静态运动，又反映了资金的动态运动，从而全面地反映了企业经营资金运动的内在规律。

## 四、经济业务对会计等式的影响

所谓“经济业务”，是指会计主体在生产经营过程中发生的那些能用货币计量，并能够引起会计要素增减变动的经济活动。经济业务通常分为两大类：一是外部的经济业务，即交易；二是内部经济业务，即事项。会计上的交易，主要是指主体与主体之间或主体与外界其他单位之间发生的经济往来，如向供应商购货、向客户销货、向债权人和投资者融资、向税务部门缴税等。所谓“事项”，是指发生在会计主体内部各部门之间的资源转移的各种经济活动，如固定资产计提折旧、生产车间领用原材料等。在会计实务中，习惯上将交易和事项统称为经济业务或者会计事项。故本书将经济业务和会计事项视为同义语。

经济业务的发生，必然会引起资产、负债、所有者权益等会计要素的增减变化，对于一个会计主体，无论发生什么样的经济业务，都不会破坏会计等式的平衡关系。经济业务所引起的资产和权益的增减变动主要体现为表 5－1 中的几种类型。

**表 5－1　　经济业务对会计等式的影响类型**

| 经济业务 | 资产　　＝ | 负债　　＋ | 所有者权益 |
|---|---|---|---|
| 1 | 增 | 增 | |
| 2 | 增 | | 增 |
| 3 | 减 | 减 | |
| 4 | 减 | | 减 |

续表

| 经济业务 | 资产 | = 负债 | + 所有者权益 |
|---|---|---|---|
| 5 | 增、减 | | |
| 6 | | 增、减 | |
| 7 | | | 增、减 |
| 8 | | 减 | 增 |
| 9 | | 增 | 减 |

**【例 5-4】** 设华夏企业本年度发生如下经济业务：

**业务 1**：华夏企业 2 月 5 日从供应单位购入甲种原材料，价款共计 5 000 元，尚未支付。

**分析**：这项经济业务使华夏企业资产方面的“原材料”项目增加了 5 000 元，同时，权益方面的“应付账款”项目也增加了 5 000 元。这项经济业务使资产和权益（负债）同时发生相同数额的增加，从而使会计等式的平衡关系保持不变。

| | 资产 | = | 负债＋所有者权益 |
|---|---|---|---|
| | 原材料 | = | 应付账款 |
| ① | ＋5 000 | | ＋5 000 |
| 余额 | 5 000 | | 5 000 |

**业务 2**：投资者 2 月 10 日向华夏企业追加货币投资 45 000 元，华夏企业已收到并存入银行。

**分析**：这项经济业务使华夏企业资产方面的“银行存款”项目增加了 45 000 元，同时，在权益方面，“实收资本”项目也相应增加了 45 000 元。这项经济业务使资产和权益（所有者权益）同时发生相同数额的增加，从而使会计等式的平衡关系保持不变。

| | 资产 | = | 负债＋所有者权益 |
|---|---|---|---|
| | 银行存款＋原材料 | = | 应付账款＋实收资本 |
| 原余额 | ＋5 000 | | ＋5 000 |
| ② | ＋45 000 | | ＋ 45 000 |
| 新余额 | 45 000＋5 000 | | 5 000 ＋ 45 000 |

**业务 3**：2 月 15 日，华夏企业用银行存款 3 000 元偿还应付账款。

**分析**：这项经济业务使华夏企业资产方面的“银行存款”项目减少了 3 000 元，同时权益方面的“应付账款”项目也减少了 3 000 元。这项经济业务使资产和权益（负债）同时发生相同数额的减少，从而使会计等式的平衡关系保持不变。

| | 资产 | = | 负债＋所有者权益 |
|---|---|---|---|
| | 银行存款＋原材料 | = | 应付账款＋实收资本 |
| 原余额 | 45 000＋5 000 | | 5 000＋45 000 |
| ③ | －3 000 | | －3 000 |
| 新余额 | 42 000＋5 000 | | 2 000＋45 000 |

**业务 4**：2 月 17 日，所有者撤回对华夏企业的投资 10 000 元，用银行存款支付。

**分析**：这项经济业务使华夏企业资产方面的“银行存款”项目减少了 10 000 元，同时权益方面的“实收资本”项目也减少了 10 000 元，资产和权益（所有者权益）同时发生相同数额的减少，从而使会计等式的平衡关系保持不变。

| | 资产 | = | 负债＋所有者权益 |
|---|---|---|---|
| | 银行存款＋原材料 | = | 应付账款＋实收资本 |
| 原余额 | 42 000＋5 000 | | 2 000＋45 000 |
| ④ | －10 000 | | －10 000 |
| 新余额 | 32 000＋5 000 | | 2 000＋35 000 |

**业务 5**：2 月 20 日，华夏企业从银行提取现金 2 000 元备作零用。

**分析**：这项经济业务使华夏企业资产方面的“银行存款”项目减少了 2 000 元，“库存现金”项目增加了 2 000 元。两者以相同数额一增一减，只是反映了资产项目内部的增减变化，一个资产项目转变为另一个资产项目。也就是一种资金形态转变为另一种资金形态，而不涉及企业权益，所以资产总额不变，权益总额也不变。

| | 资产 | = | 负债＋所有者权益 |
|---|---|---|---|
| | 库存现金＋银行存款＋原材料 | = | 应付账款＋实收资本 |
| 原余额 | 0＋ 32 000 ＋5 000 | | 2 000＋35 000 |
| ⑤ | ＋2 000－ 2 000 | | |
| 新余额 | 2 000＋ 30 000 ＋5 000 | | 2 000＋35 000 |

**业务 6**：2 月 22 日，华夏企业从银行取得 2 000 元短期借款，直接偿还前欠供货单位的材料款。

**分析**：这项经济业务使华夏企业权益方面的“短期借款”项目增加了 2 000 元，“应付账款”项目减少了 2 000 元，两者以相同数额一增一减，只是反映了权益方面负债项目内部的增减变化，一个负债项目转变为另一个负债项目，而权益总额不变。这项经济业务只是以新债偿还了旧债，并不涉及企业的资产，所以资产总额不变。

| | 资产 | = | 负债＋所有者权益 |
|---|---|---|---|
| | 库存现金＋银行存款＋原材料 | = | 应付账款＋短期借款＋实收资本 |
| 原余额 | 2 000 ＋ 30 000 ＋5 000 | | 2 000 ＋35 000 |
| ⑥ | | | －2 000 ＋ 2 000 |
| 新余额 | 2 000 ＋ 30 000 ＋5 000 | | 0 ＋ 2 000 ＋35 000 |

**业务 7**：2 月 25 日，投资者代为偿还短期借款 1 000 元，作为对华夏公司投资的增加。

**分析**：这项经济业务使华夏企业权益方面的“短期借款”项目减少了 1 000 元，“实收资本”项目增加了 1 000 元，两者以相同数额一增一减，从而使会计等式的平衡关系保持不变。

| | 资产 | = | 负债＋所有者权益 |
|---|---|---|---|
| | 库存现金＋银行存款＋原材料 | = | 应付账款＋短期借款＋实收资本 |
| 原余额 | 2 000 ＋ 30 000 ＋ 5 000 | | 0 ＋ 2 000 ＋ 35 000 |
| ⑦ | | | － 1 000 ＋ 1 000 |
| 新余额 | 2 000 ＋ 30 000 ＋ 5 000 | | 0 ＋ 1 000 ＋ 36 000 |

**业务 8**：2 月 27 日，华夏企业宣告发放现金股利 6 000 元。

**分析**：这项经济业务使华夏企业权益方面的负债项目“应付股利”项目增加了 6 000 元，而所有者权益中未分配利润减少了 6 000 元，两者以相同数额一增一减，从而使会计等式的平衡关系保持不变。

| | 资产 | | | = | 负债＋所有者权益 | | | |
|---|---|---|---|---|---|---|---|---|
| | 库存现金 | ＋银行存款 | ＋原材料 | = | 短期借款 | ＋应付股利 | ＋实收资本 | ＋利润分配 |
| 原余额 | 2 000 | ＋ 30 000 | ＋ 5 000 | | 1 000 | | ＋ 36 000 | |
| ⑧ | | | | | | ＋ 6 000 | | −6 000 |
| 新余额 | 2 000 | ＋ 30 000 | ＋ 5 000 | | 1 000 | ＋ 6 000 | ＋ 36 000 | −6 000 |

**业务 9**:2 月 28 日,投资者甲将其对华夏企业的投资 8 000 元转让给投资者乙。

**分析**:这项经济业务使华夏企业权益方面的一项所有者权益(实收资本——甲)减少了 8 000 元,而另一项所有者权益(实收资本——乙)增加了 8 000 元。两者以相同数额一增一减,反映了权益项目所有者权益内部的增减变化,而权益总额不变,资产总额也不变。

| | 资产 | | | = | 负债＋所有者权益 | | | |
|---|---|---|---|---|---|---|---|---|
| | 库存现金 | ＋银行存款 | ＋原材料 | = | 短期借款 | ＋应付股利 | ＋实收资本 | ＋利润分配 |
| 原余额 | 2 000 | ＋ 30 000 | ＋ 5 000 | | 1 000 | ＋ 6 000 | ＋ 36 000 | − 6 000 |
| ⑨ | | | | | | | − 8 000 | |
| | | | | | | | ＋ 8 000 | |
| 新余额 | 2 000 | ＋ 30 000 | ＋ 5 000 | | 1 000 | ＋ 6 000 | ＋ 36 000 | − 6 000 |

**业务 10**:3 月 3 日,购买 A 产品一批,计价款 4 000 元,以银行存款支付。

**分析**:这项经济业务使华夏企业资产方面的"银行存款"项目减少了 4 000 元,同时资产方面的"库存商品"项目增加了 4 000 元,从而资产总额不变,权益总额也不变。

| | 资产 | | | | = | 负债＋所有者权益 | | | |
|---|---|---|---|---|---|---|---|---|---|
| | 库存现金 | ＋银行存款 | ＋原材料 | ＋库存商品 | = | 短期借款 | ＋应付股利 | ＋实收资本 | ＋利润分配 |
| 原余额 | 2 000 | ＋ 30 000 | ＋5 000 | | | 1 000 | ＋ 6 000 | ＋ 36 000 | −6 000 |
| ⑩ | | − 4 000 | | ＋ 4 000 | | | | | |
| 新余额 | 2 000 | ＋ 26 000 | ＋ 5 000 | ＋ 4 000 | | 1 000 | ＋ 6 000 | ＋ 36 000 | −6 000 |

在企业的生产经营活动中,除了只涉及资产、负债和所有者权益的经济业务,还存在许多涉及收入和费用的经济业务。同样,不管发生何种涉及收入和费用的经济业务,都不会破坏综合会计等式"资产＋费用＝负债＋所有者权益＋收入"的平衡,最终依旧保持静态会计等式的平衡。

**业务 11**:3 月 10 日,所生产的 A 产品全部售出,取得现金 6 000 元全部存入银行。

**分析**:这项经济业务使企业的"银行存款"项目增加了 6 000 元,"主营业务收入"项目增加了 6 000 元。同时,凡销售了的商品,都应结转其销售成本。因此,应将 A 商品生产成本 4 000 元转为主营业务成本,即"库存商品"项目减少了 4 000 元,"主营业务成本"项目增加了 4 000 元。

| | 资产＋费用 | | | | | = | 负债＋所有者权益＋收入 | | | | |
|---|---|---|---|---|---|---|---|---|---|---|---|
| | 库存现金 | ＋银行存款 | ＋原材料 | ＋库存商品 | ＋主营业务成本 | = | 短期借款 | ＋应付股利 | ＋实收资本 | ＋利润分配 | ＋主营业务收入 |
| 原余额 | 2 000 | ＋ 26 000 | ＋ 5 000 | ＋ 4 000 | | | 1 000 | ＋ 6 000 | ＋ 36 000 | − 6 000 | |
| ⑪ | | ＋ 6 000 | | −4 000 | ＋ 4 000 | | | | | | ＋ 6 000 |
| 新余额 | 2 000 | ＋ 32 000 | ＋ 5 000 | | ＋ 4 000 | | 1 000 | ＋ 6 000 | ＋ 36 000 | − 6 000 | ＋ 6 000 |

从上面的例题可以看出，表 5－1 中的九种类型又可被简要分为四种类型，分别是：

(1)引起会计等式左、右两方有关会计要素等额增加的经济业务。

(2)引起会计等式左、右两方有关会计要素等额减少的经济业务。

(3)引起会计等式左方有关会计要素之间等额一增一减的经济业务。

(4)引起会计等式右方有关会计要素之间等额一增一减的经济业务。

资产、负债、所有者权益、收入、费用和利润六项会计要素，无论如何转化，最终都要回到资产、负债与所有者权益三者之间的平衡关系上来。企业发生的任何经济业务，不管它涉及哪个会计要素，最终都不会破坏企业的会计等式。会计等式的平衡关系不仅不受任何会计事项的影响，而且不受企业类型、时间和地点的影响，所以通常称会计等式为会计恒等式。

## 第二节　复式记账原理

### 一、复式记账

复式记账法，是指对每一笔经济业务用相等金额在两个或两个以上相关账户中进行登记的记账方法。复式记账的特征，主要表现在通过两个或两个以上相互联系的账户以相等的金额来记录每一项经济业务。

根据静态会计等式“资产＝负债＋所有者权益”的原理，等式两侧同时增加或者减少同一数值，或者等式一侧同时一增一减一个相同数值，等式仍然成立。通过对会计恒等式关系的检验发现：每一笔经济业务的发生都会引起会计要素相关项目发生增减变化。有些经济业务会同时引起会计等式两边的会计要素的有关项目发生增减变动，或同时增加，或同时减少；有些经济业务只引起资产或负债、所有者权益两者中一个方面的具体项目的此增彼减，然而无论发生什么样的经济业务，都不会影响会计等式的平衡关系。会计等式的性质和经济业务的类型，决定了经济业务能够以双重记录的形式表示，并且账户之间有关数额也具有平衡关系，这就是复式记账法的原理。

采用复式记账方法，需设置全面、完整的账户体系，对于每一项经济业务都要在相互联系的两个或两个以上的账户中进行登记，并通过账户之间的对应关系，全面、清晰地反映经济业务的全貌。结合复式记账法的原理，采用试算平衡的方法可以检查一定时期所发生的全部经济业务的账户记录的正确性，防止差错。因此，复式记账法是一种科学的记账方法。例如，国家向某企业投入 20 万元货币资金存入银行。这是一笔经济业务，它涉及“银行存款”和“实收资本”两个相对应的账户。处理这笔经济业务时，要在这两个账户中都登记 20 万元。同一笔经济业务做了双重记录后，就能清楚地反映银行存款增加了 20 万元的原因是国家投资了资本金。期末在对所有会计事项进行试算平衡后，如果资产等于权益，说明会计记录基本没有错误，否则就要查错更正。因此，复式记账原理能随时检查账户记录的正确性和完整性。

复式记账法主要有增减记账法、收付记账法和借贷记账法三种。增减记账法是以“增”“减”为记账符号来反映经济活动和财务变化的一种复式记账方法。它是我国特有的一种记账方法。20 世纪 60 年代起至 90 年代，我国商业企业和其他部门的企业很多采用增减记账法。收付记账法是以“收”“付”为记账符号来反映经济活动和财务变化的一种复式记账方法，分为现金收付记账法、资金收付记账法、钱物收付记账法三种。目前，增减记账法和收付记账法已很少有企业使用。我国《企业会计准则——基本准则》规定，会计记账应采用借贷记账法。

**专栏 5-1** **单式记账法**

单式记账法，是指除对于有关应收款、应付款的现金、银行存款收付业务，在两个或两个以上账户中登记外，对于其他经济业务，只在一个账户中登记或不做登记的一种记账方法。其特点是平时只登记现金、银行存款的收付业务和各项往来账项。例如，用银行存款购买原材料时，只记“银行存款”账户，不记“原材料”账户；赊购原材料时，只记“应付账款”账户，不记“原材料”账户；收到应收账款和偿付应付账款时，则须同时登记“库存现金”或“银行存款”账户、“应收账款”或“应付账款”账户。对于诸如固定资产折旧、原材料领用等，则不予登记。

单式记账法只是一种比较简单的记账方法。它重点考虑的是库存现金、银行存款以及债权债务方面，而对费用的产生、财产物资的增加等则忽略不计。采用单式记账法，手续简便，但由于单式记账法没有一套完整的账户体系，账户之间没有相互对应的关系，不能全面反映经济活动的来龙去脉，也不便于检查账户记录的正确性。因此，它只是一种很不完整、不科学的记账方法，现在已很少采用。

## 二、借贷记账法

借贷记账法大约产生于中世纪资本主义开始萌芽的意大利。当时有一些专门从事借贷活动的高利贷者，他们作为中介人，一边从商人和官僚那里贷入钱财，一边又转手借给手工业者和贫民。为了记录这些借贷活动，高利贷者把借出去的钱记在债务人账户的左方，称为借方；把贷进来的钱记在债权人账户的右方，称为贷方。那时，“借”“贷”二字不仅是记账的符号，而且是债权、债务的真实反映。随着经济的发展、记账对象的扩大以及这种方法的广泛应用，“借”“贷”逐渐失去了原来的含义，而纯粹成为一种记账符号和会计上的专业术语。1494 年，在著名的《算术、几何与比例概要》中，意大利数学家卢卡·帕乔利从实务和理论两方面对借贷复式记账法进行了较为系统完整的论述，后来在经济发展过程中，借贷记账法还建立了记账规则、试算平衡的方法，使之不断完善和发展，最终在世界各地广为流传使用。20 世纪初，借贷记账法传入我国。它是目前全世界广泛采用的一种记账方法，也是我国法定的记账方法。

### (一)借贷记账法的概念

借贷记账法是指以“借”(Debit，简写为 Dr)、“贷”(Credit，简写为 Cr)为记账符号，反映各项会计要素增减变动情况的一种复式记账法。其中，记账符号是用以确定发生的经济业务应当记在账户某一方向的标志，不同的记账方法，记账符号也不相同。

“借”和“贷”只是分别代表账户的“左”“右”两个方向，但是在具体的账户中，它们有确切的含义：首先，所有账户均需设两个部位记录数量上的增减变化，“借” 和“贷”分别代表账户中两个固定的部位，即左方称作“借方”，右方称为“贷方”。其次，与不同类型的账户相结合，分别表示增加或减少。“借” 和“贷”本身不等于增加或减少，只有当其与具体类型的账户相结合以后，才可以表示增加或减少。最后，“借” 和“贷”还表示余额的方向。

### (二)借贷记账法的账户结构

1. 资产、负债和所有者权益账户的结构

反映各项资产的账户称为资产账户，反映负债和所有者权益的账户则分别称为负债账户和所有者权益账户。

一般在资产负债表的左方反映资产项目，习惯上在资产账户的借方登记期初余额和本期增加额，而在资产账户的贷方登记本期减少额。在正常情况下，资产账户的期初余额与本期增加额之和总是大于本期减少额，因此，资产账户的期末余额往往在借方。这四项金额要素之间的关系可以用以下等式表示：

**期末余额(借方)＝期初余额(借方)＋本期增加额(本期借方发生额)－本期减少额(本期贷方发生额)**

负债和所有者权益列示在资产负债表的右方，习惯上在负债和所有者权益账户的贷方登记期初余额和本期增加额，而在负债和所有者权益账户的借方登记本期减少额。在正常情况下，负债和所有者权益账户的期初余额和本期增加额之和总是大于本期减少额，故负债和所有者权益账户的余额一般在贷方。这四项金额要素之间的关系可以用以下等式表示：

**期末余额(贷方)＝期初余额(贷方)＋本期增加额(本期贷方发生额)－本期减少额(本期借方发生额)**

资产、负债和所有者权益账户的结构如图 5－1、图 5－2 所示。

资产账户

| 借方 | 贷方 |
|---|---|
| 期初余额 | |
| 本期增加额 | 本期减少额 |
| 本期借方发生额 | 本期贷方发生额 |
| 期末余额 | |

**图 5－1　资产账户**

负债和所有者权益账户

| 借方 | 贷方 |
|---|---|
| | 期初余额 |
| 本期减少额 | 本期增加额 |
| 本期借方发生额 | 本期贷方发生额 |
| | 期末余额 |

**图 5－2　负债和所有者权益账户**

2. 收入、费用、利润账户的结构

通过分析会计等式可知，收入的取得会引致资产和所有者权益的增加，而费用的发生将会导致资产和所有者权益的减少。基于此可以合理地假定，企业因取得收入而增加的资产属于所有者，企业所发生的耗费则应该从所有者权益中扣减。所以，会计处理上最简单的做法就是：在所有者权益账户的贷方反映取得的收入，而在所有者权益账户的借方反映发生的费用。但是，当经济业务很多时，这样的处理方法将使企业难以区分所有者权益的增减到底是所有者投资的增减还是企业取得的收入或发生的费用，并且不能集中反映企业一定期间取得的收入和发生的费用以及所实现的经营成果，即利润或亏损。所以，需要设置专门的收入、费用和利润账户。

收入的取得可理解为所有者权益的增加，故收入的增加额记在账户的贷方，减少额记在借方。费用的发生可理解为所有者权益的减少，故费用的增加额记在账户的借方，减少额记在贷方。期末，将收入账户的贷方发生额减去借方发生额的余额转入利润账户的贷方，将费用账户的借方发生额减去贷方发生额的差额转入利润账户的借方。这样，收入账户和费用账户一般都没有期末余额，通过对比收入和费用即可求得当期的经营成果。当收入大于费用时，利润账户余额在贷方，为企业当期实现的利润；当收入小于费用时，利润账户余额在借方，为企业当期发生的亏损。收入、费用和利润账户的结构如图 5－3、图 5－4、图 5－5 所示。

| 借方 | 收入账户 贷方 |
|---|---|
| 本期减少额<br>或转销额 | 本期增加额 |
| 本期借方发生额 | 本期贷方发生额 |

**图 5－3 收入账户**

| 借方 | 费用(成本)账户 贷方 |
|---|---|
| 本期增加额 | 本期减少额<br>或转销额 |
| 本期借方发生额 | 本期贷方发生额 |

**图 5－4 费用(成本)账户**

| 借方 | 利润账户 贷方 |
|---|---|
| 费用转入额 | 收入转入额 |
| 本期借方发生额 | 本期贷方发生额<br>期末余额(企业盈利) |

**图 5－5 利润账户**

根据综合会计等式,利润最终归所有者所有。在会计年度结束后,通常将利润账户年末余额转入所有者权益账户,利润账户年末一般无余额。

各类要素账户的结构如表 5－2 所示。

**表 5－2　　要素账户结构比较**

| 账户类型 | 账户借方 | 账户贷方 | 账户余额 |
|---|---|---|---|
| 资产类账户 | 增加 | 减少 | 一般在借方 |
| 负债、所有者权益类账户 | 减少 | 增加 | 一般在贷方 |
| 费用、成本类账户 | 增加 | 减少 | 期末一般无余额 |
| 收入、利润类账户 | 减少 | 增加 | 期末一般无余额 |

**(三)借贷记账法的记账规则**

借贷记账法的记账规则是“有借必有贷,借贷必相等”,其主要特征为:

第一,在借贷记账法下,根据复式记账的原理,对于任何一笔经济业务,必须以相等的金额,在两个或两个以上的相互联系的账户中进行登记。

第二,所记入的账户可以是等式同一方向,也可以是不同方向,但对每一项经济业务都应当做借贷相反的记录。具体地说,如果在一个账户中记借方,必须同时在另一个或几个账户中记贷方;或者在一个账户中记贷方,必须同时在另一个或几个账户中记借方。

第三,所记入两个账户的金额,借方和贷方必须相等。本期发生的全部交易或事项在进行正常的处理后,记入所有账户借方的发生额合计,应当等于记入所有账户贷方的发生额合计。

企业发生的经济业务十分繁杂,为了准确反映账户的对应关系与登记金额,在每项经济业务发生后,必须编制会计分录。

**(四)会计分录**

所谓“会计分录”,是对每项经济业务列示其应借记和应贷记账户及其金额的一种记录。会计分录是账户记录的依据,会计分录正确与否,直接影响账户的记录,甚至会计信息的质量。一笔完整的会计分录主要包括三个要素:记账符号、账户名称和金额。

运用借贷记账法编制会计分录时,通常可以按照以下三个步骤分析经济业务:

第一步,确定经济业务发生后所影响的账户,其名称和所属类别;

第二步,确定这些账户的金额变动方向,是增加还是减少;

第三步,根据账户的性质(即所属类别),确定应记入账户的借方还是贷方。

在编制会计分录时,应先记借方后记贷方,并且贷记符号不能写在借记符号的同一行上,即贷记符号应写在借记符号的下面一行;贷记符号应在借记符号基础上向右留空一格或两格,借贷账户及金额均应叉栏列示。会计分录在理论教学中用得比较多,而实务的会计分录是填写在记账凭证中的。

会计分录可分为简单会计分录和复合会计分录。简单分录,是指一项经济业务发生后,只能在相互联系的两个账户中进行登记。复合分录,是指经济业务发生后,需要在三个或者三个以上相互联系的账户中进行登记。因此,在借贷记账法下,可以编制“一借一贷”“多借一贷”“一借多贷”和“多借多贷”四种会计分录,其中第一种为简单分录,后面三种为复合分录。简单会计分录如例5-5所示,复合会计分录如例5-6所示。

**【例5-5】** 用银行存款1 000元偿还前欠货款。

借:应付账款　　1 000
　贷:银行存款　　1 000

**【例5-6】** 购入原材料,货款共计50 000元,以银行存款支付30 000元,其余货款以后支付。

借:原材料　　50 000
　贷:银行存款　　30 000
　　应付账款　　20 000

## 第三节　复式记账法举例

以在本章第一节中华夏企业本年度2月发生的经济业务为基础(业务1至业务9同例5-4),举例具体说明怎样运用复式记账法在有关账户中进行记录。

**【例5-7】**

**业务1**:华夏企业2月5日从供应单位购入甲种原材料,价款共计5 000元,尚未支付。

**分析**:这项经济业务使华夏企业资产类中的“原材料”项目增加,以“借”表示;同时,负债类中的“应付账款”项目增加,以“贷”表示。根据借贷记账原理,对这项经济业务的分析如下:

| 受影响的账户 | 账户类别 | 金额变化 | 借　方 | 贷　方 |
|---|---|---|---|---|
| 原材料 | 资产 | 增加 | 5 000 | |
| 应付账款 | 负债 | 增加 | | 5 000 |

编制会计分录如下:

借:原材料　　5 000
　　贷:应付账款　　5 000

**业务2**:投资者2月10日向华夏企业追加货币投资45 000元,华夏企业已收到并存入银行。

**分析**:这项经济业务使华夏企业资产类中的"银行存款"项目增加,以"借"表示;同时,所有者权益类中的"实收资本"项目增加,以"贷"表示。对这项经济业务的分析如下:

| 受影响的账户 | 账户类别 | 金额变化 | 借　方 | 贷　方 |
|---|---|---|---|---|
| 银行存款 | 资产 | 增加 | 45 000 | |
| 实收资本 | 所有者权益 | 增加 | | 45 000 |

编制会计分录如下:

借:银行存款　　45 000
　　贷:实收资本　　45 000

**业务3**:2月15日,华夏企业用银行存款3 000元偿还应付账款。

**分析**:这项经济业务使华夏企业负债类中的"应付账款"项目减少,以"借"表示;同时,资产类中的"银行存款"项目减少,以"贷"表示。对这项经济业务的分析如下:

| 受影响的账户 | 账户类别 | 金额变化 | 借　方 | 贷　方 |
|---|---|---|---|---|
| 银行存款 | 资产 | 减少 | | 3 000 |
| 应付账款 | 负债 | 减少 | 3 000 | |

编制会计分录如下:

借:应付账款　　3 000
　　贷:银行存款　　3 000

**业务4**:2月17日,所有者撤回对华夏企业的投资10 000元,用银行存款支付。

**分析**:这项经济业务使华夏企业所有者权益类中的"实收资本"项目减少,以"借"表示;同时,资产类中的"银行存款"项目减少,以"贷"表示。对这项经济业务的分析如下:

| 受影响的账户 | 账户类别 | 金额变化 | 借　方 | 贷　方 |
|---|---|---|---|---|
| 银行存款 | 资产 | 减少 | | 10 000 |
| 实收资本 | 所有者权益 | 减少 | 10 000 | |

编制会计分录如下:

借:实收资本　　10 000
　　贷:银行存款　　10 000

**业务5**:2月20日,华夏企业从银行提取现金2 000元备作零用。

**分析**:这项经济业务使华夏企业资产类中的"库存现金"项目增加,以"借"表示;同时,资产类中的"银行存款"项目减少,以"贷"表示。对这项经济业务的分析如下:

| 受影响的账户 | 账户类别 | 金额变化 | 借　方 | 贷　方 |
|---|---|---|---|---|
| 银行存款 | 资产 | 减少 | | 2 000 |
| 库存现金 | 资产 | 增加 | 2 000 | |

编制会计分录如下：

借：库存现金 2 000

贷：银行存款 2 000

**业务6**：2月22日，华夏企业从银行取得2 000元短期借款，直接偿还前欠供货单位的材料款。

**分析**：这项经济业务使华夏企业负债类中的"应付账款"项目减少，以"借"表示；同时，负债类中的"短期借款"项目增加，以"贷"表示。对这项经济业务的分析如下：

| 受影响的账户 | 账户类别 | 金额变化 | 借 方 | 贷 方 |
|---|---|---|---|---|
| 应付账款 | 负债 | 减少 | 2 000 | |
| 短期借款 | 负债 | 增加 | | 2 000 |

编制会计分录如下：

借：应付账款 2 000

贷：短期借款 2 000

**业务7**：2月25日，投资者代为偿还短期借款1 000元，作为对华夏企业投资的增加。

**分析**：这项经济业务使华夏企业负债类中的"短期借款"项目减少，以"借"表示；同时，所有者权益类中的"实收资本"项目增加，以"贷"表示。对这项经济业务的分析如下：

| 受影响的账户 | 账户类别 | 金额变化 | 借 方 | 贷 方 |
|---|---|---|---|---|
| 短期借款 | 负债 | 减少 | 1 000 | |
| 实收资本 | 所有者权益 | 增加 | | 1 000 |

编制会计分录如下：

借：短期借款 1 000

贷：实收资本 1 000

**业务8**：2月27日，华夏企业宣告发放现金股利6 000元。

**分析**：这项经济业务使华夏企业所有者权益类中的"利润分配——未分配利润"项目减少，以"借"表示；同时，负债类中的"应付股利"项目增加，以"贷"表示。对这项经济业务的分析如下：

| 受影响的账户 | 账户类别 | 金额变化 | 借 方 | 贷 方 |
|---|---|---|---|---|
| 应付股利 | 负债 | 增加 | | 6 000 |
| 利润分配——未分配利润 | 所有者权益 | 减少 | 6 000 | |

编制会计分录如下：

借：利润分配——未分配利润 6 000

贷：应付股利 6 000

**业务9**：2月28日，投资者甲将其对华夏企业的投资8 000元转让给乙公司。

**分析**：这项经济业务使华夏企业所有者权益类中的"实收资本——甲"项目减少，以"借"表示；同时，所有者权益类中的"实收资本——乙"项目增加，以"贷"表示。对这项经济业务的分析如下：

| 受影响的账户 | 账户类别 | 金额变化 | 借　方 | 贷　方 |
|---|---|---|---|---|
| 实收资本——甲<br>实收资本——乙 | 所有者权益<br>所有者权益 | 减少<br>增加 | 8 000 | <br>8 000 |

编制会计分录如下：

借：实收资本——甲　　8 000

　贷：实收资本——乙　　8 000

**业务10**：华夏企业3月1日生产S产品，耗用原材料5 000元。

**分析**：这项经济业务使华夏企业成本类中的“生产成本”项目增加，以“借”表示；同时，资产类中的“原材料”项目减少，以“贷”表示。对这项经济业务的分析如下：

| 受影响的账户 | 账户类别 | 金额变化 | 借　方 | 贷　方 |
|---|---|---|---|---|
| 生产成本——S产品<br>原材料 | 成本<br>资产 | 增加<br>减少 | 5 000 | <br>5 000 |

编制会计分录如下：

借：生产成本——S产品　　5 000

　贷：原材料　　5 000

**业务11**：3月26日，华夏企业生产S产品发生生产工人工资2 500元。

**分析**：这项经济业务使华夏企业成本类中的“生产成本”项目增加，以“借”表示；同时，负债类中的“应付职工薪酬”项目增加，以“贷”表示。对这项经济业务的分析如下：

| 受影响的账户 | 账户类别 | 金额变化 | 借　方 | 贷　方 |
|---|---|---|---|---|
| 生产成本——S产品<br>应付职工薪酬 | 成本<br>负债 | 增加<br>增加 | 2 500 | <br>2 500 |

编制会计分录如下：

借：生产成本——S产品　　2 500

　贷：应付职工薪酬　　2 500

**业务12**：3月27日，华夏企业购买办公用品，共付现金1 000元。

**分析**：这项经济业务使华夏企业费用类中的“管理费用”项目增加，以“借”表示；同时，资产类中的“库存现金”项目减少，以“贷”表示。对这项经济业务的分析如下：

| 受影响的账户 | 账户类别 | 金额变化 | 借　方 | 贷　方 |
|---|---|---|---|---|
| 管理费用<br>库存现金 | 费用<br>资产 | 增加<br>减少 | 1 000 | <br>1 000 |

编制会计分录如下：

借：管理费用　　1 000

　贷：库存现金　　1 000

**业务13**：3月29日，华夏企业生产的S产品全部完工并入库，产品成本共计7 500元(直接材料费5 000元，直接人工费2 500元)。

**分析**：产品完工入库，使产成品仓库中的“库存商品”增加，同时，生产过程中发生的生产成本也相应转到完工的S产品上,即"生产成本"减少。资产类中的"库存商品"项目增加,以"借"表示;同时,成本类中的"生产成本"项目减少,以"贷"表示。对这项经济业务的分析如下:

| 受影响的账户 | 账户类别 | 金额变化 | 借　方 | 贷　方 |
|---|---|---|---|---|
| 生产成本 | 成本 | 减少 | | 7 500 |
| 库存商品——S产品 | 资产 | 增加 | 7 500 | |

编制会计分录如下:

借:库存商品——S产品　　7 500

　　贷:生产成本　　7 500

**业务14**:3月30日,华夏企业将S产品全部出售,取得收入17 000元,其中现金7 000元,还有10 000元尚未收到。

**分析**:这项经济业务使华夏企业资产类中的"库存现金"项目增加7 000元,"应收账款"项目增加10 000元,以"借"表示;同时,收入类中的"主营业务收入"项目增加17 000元,以"贷"表示。对这项经济业务的分析如下:

| 受影响的账户 | 账户类别 | 金额变化 | 借　方 | 贷　方 |
|---|---|---|---|---|
| 库存现金 | 资产 | 增加 | 7 000 | |
| 应收账款 | 资产 | 增加 | 10 000 | |
| 主营业务收入 | 收入 | 增加 | | 17 000 |

编制会计分录如下:

借:库存现金　　7 000

　　应收账款　　10 000

　　贷:主营业务收入——S产品　　17 000

**业务15**:3月31日,华夏企业结转已售S产品的成本7 000元。

**分析**:S产品售出后,产成品仓库中的"库存商品"减少,其相应的成本应转为"主营业务成本",以便与取得的营业收入配比,为计算营业利润提供依据。费用类中的"主营业务成本"项目增加,以"借"表示;同时,资产类中的"库存商品"项目减少,以"贷"表示。对这项经济业务的分析如下:

| 受影响的账户 | 账户类别 | 金额变化 | 借　方 | 贷　方 |
|---|---|---|---|---|
| 主营业务成本 | 费用 | 增加 | 7 000 | |
| 库存商品 | 资产 | 减少 | | 7 000 |

编制会计分录如下:

借:主营业务成本——S产品　　7 000

　　贷:库存商品——S产品　　7 000

**业务16**:3月31日,华夏企业将其闲置的固定资产出租给A公司,一次性收取租金10 000元,租期为1个月,款项已存入银行。该设备本月折旧费为8 000元,不考虑相关税费。

**分析**:该项经济业务使华夏企业资产类中的"银行存款"项目增加了10 000元,以"借"表示;同时,由于租赁并非该企业的主营业务,故收入类中的"其他业务收入"项目增加10 000

元，以“贷”表示。

同时，固定资产的价值随着出租而损耗，故应使用特殊资产类中的“累计折旧”项目增加了8 000元，以“贷”表示；而其相应的成本应转为“其他业务成本”，与取得的收入进行配比，故费用类中的“其他业务成本”项目增加，以“借”表示。对这项经济业务的分析如下：

| 受影响的账户 | 账户类别 | 金额变化 | 借　方 | 贷　方 |
|---|---|---|---|---|
| 银行存款 | 资产 | 增加 | 10 000 | |
| 其他业务收入 | 收入 | 增加 | | 10 000 |
| 其他业务成本 | 费用 | 增加 | 8000 | |
| 累计折旧 | 特殊资产 | 增加 | | 8 000 |

编制会计分录如下：

取得租金收入：

借：银行存款　　10 000

　　贷：其他业务收入　　10 000

借：其他业务成本　　8 000

　　贷：累计折旧　　8 000

**业务17**：3月31日，华夏企业计算当月应交的城市维护建设税59.5元，教育费附加25.5元(城市维护建设税税率7%，教育费附加税率3%)。

**分析**：已售S产品应缴纳的商品流通环节税金及附加是营业收入的抵减项目，先通过记入“税金及附加”账户核算，然后在计算营业利润时再予以抵减。应缴纳的税金及附加在未缴纳以前是企业欠国家的一笔债。其中，应缴纳的城市维护建设税和教育费附加通过设置“应交税费”科目核算。费用类的“税金及附加”项目增加，以“借”表示；同时，负债类的“应交税费”项目增加，以“贷”表示。对这项经济业务的分析如下：

| 受影响的账户 | 账户类别 | 金额变化 | 借　方 | 贷　方 |
|---|---|---|---|---|
| 税金及附加 | 费用 | 增加 | 85 | |
| 应交税费 | 负债 | 增加 | | 85 |

编制会计分录如下：

借：税金及附加　　85

　　贷：应交税费　　85

**业务18**：3月31日，华夏企业将当月取得的收入全部转入“本年利润”科目。

**分析**：期末结转“主营业务收入”和“其他业务收入”引致“本年利润”增加，收入减少，以“借”表示；同时，所有者权益增加，以“贷”表示。对这项经济业务的分析如下：

| 受影响的账户 | 账户类别 | 金额变化 | 借　方 | 贷　方 |
|---|---|---|---|---|
| 主营业务收入 | 收入 | 减少 | 17 000 | |
| 其他业务收入 | 收入 | 减少 | 10 000 | |
| 本年利润 | 所有者权益 | 增加 | | 27 000 |

编制会计分录如下：

借：主营业务收入　　17 000

其他业务收入　　10 000
贷:本年利润　　27 000

**业务 19**:3 月 31 日,华夏企业将当月发生的"税金及附加""管理费用"和"其他业务成本"全部转入"本年利润"科目。

**分析**:"税金及附加""管理费用"和"其他业务成本"都是营业收入的抵减项目。当营业收入转入"本年利润"科目后,"税金及附加""管理费用"和"其他业务成本"也要相应转到"本年利润"科目进行抵减,导致"本年利润"减少。所有者权益类的"本年利润"项目减少,以"借"表示;同时,费用类的"税金及附加"项目"管理费用"项目和"其他业务成本"项目转走(减少),以"贷"表示。对这项经济业务的分析如下:

| 受影响的账户 | 账户类别 | 金额变化 | 借　方 | 贷　方 |
|---|---|---|---|---|
| 本年利润 | 所有者权益 | 减少 | 9 085 | |
| 税金及附加 | 费用 | 减少 | | 85 |
| 管理费用 | 费用 | 减少 | | 1 000 |
| 其他业务成本 | 费用 | 减少 | | 8 000 |

编制会计分录如下:

借:本年利润　　9 085
　贷:税金及附加　　85
　　管理费用　　1 000
　　其他业务成本　　8 000

综上所述,凡是涉及资产及费用成本的增加,负债及所有者权益的减少,收入的减少、转销,都应该记入各个该类账户的借方;凡是涉及资产及费用成本的减少、转销,负债及所有者权益的增加,收入的增加,都应该记入各个该类账户的贷方。

借贷记账法下某项经济业务发生时,总会在有关账户之间形成应借、应贷的关系。账户之间应借、应贷的相互关系,被称为账户的对应关系;把形成这种对应关系的账户,称为对应账户。例如,在例 5-7 业务 1 中,赊购原材料,就要在"原材料"账户的借方和"应付账款"账户的贷方进行记录。这样,"原材料"与"应付账款"账户之间就发生了对应关系,两个账户也就成了对应账户。通过这种对应的关系可以了解经济业务的内容,检查对经济业务的处理是否合理、合法。

## 第四节　试算平衡

### 一、试算平衡原理

企业日常发生的经济业务都要记入有关的账户。由于经济业务内容庞杂,登记账户次数繁多,稍有疏忽,就会发生错记、重记、漏记等情况,从而影响财务会计报告信息的客观性。因此,对全部账户的记录必须定期进行试算,以检查账户记录是否正确。

试算平衡,是利用资产与权益之间存在的对立统一关系以及记账规则的平衡理论,用表格的形式来检查各类账户的记录是否正确的一种方法。借贷记账法在处理每一笔经济业务时,都遵循"有借必有贷,借贷必相等"的记账规则,在一定时期内,所有账户的借、贷方发生额合计数必然相等；同时，根据静态会计等式"资产＝负债＋所有者权益"可知，所有账户的借方期末余额合计数与贷方期末余额合计数也必然相等。

**（一）借贷发生额试算平衡**

借贷发生额试算平衡包括两方面的内容：一是每笔会计分录的发生额平衡，即每笔会计分录的借方发生额必须等于贷方发生额；二是本期发生额的平衡，即本期所有账户的借方发生额合计必须等于所有账户的贷方发生额合计。本期所有账户的借方发生额合计，相当于把复式记账的借方发生额相加；所有账户的贷方发生额合计，相当于把复式记账的贷方发生额相加，故两者必然相等。

**所有账户本期借方发生额合计＝所有账户本期贷方发生额合计**

**（二）余额试算平衡**

余额试算平衡包括期初余额平衡和期末余额平衡。余额平衡，是指所有账户的借方余额之和与所有账户的贷方余额之和相等。在某一时点上，有借方余额的账户应是资产类账户，有贷方余额的账户应是权益类账户，分别合计其金额，即是具有相等关系的资产总额和权益总额。

**所有账户期末借方余额合计＝所有账户期末贷方余额合计**

利用以上的平衡关系，就可以检查各个账户记录是否正确，以提高会计核算的质量。

## 二、试算平衡表的分类

试算平衡表可以分为以下三种：

**（一）本期发生额试算平衡表**

本期发生额试算平衡表是列示账户借方本期发生额（又称各账户借方合计数）和贷方本期发生额（又称各账户贷方合计数）的试算表，又称合计试算表。其格式如表5-3所示。

**表5-3　本期发生额试算平衡表**

企业名称　　年　月

| 账户名称 | 本期发生额 | |
|---|---|---|
| | 借　方 | 贷　方 |
| | | |
| 合　计 | ××× | ××× |

**（二）余额试算平衡表**

余额试算平衡表是仅列示账户期末余额的试算表。其格式如表5-4所示。

**表5-4　余额试算平衡表**

企业名称　　年　月

| 账户名称 | 期初（或期末）余额 | |
|---|---|---|
| | 借　方 | 贷　方 |
| | | |
| 合　计 | ××× | ××× |

### (三)综合试算平衡表

综合试算平衡表是既列示账户本期发生额，又列示账户余额的试算表。其格式如表 5－5 所示。

表 5－5　　综合试算平衡表

企业名称　　年　月

| 账户名称 | 期初余额 | | 本期发生额 | | 期末余额 | |
|---|---|---|---|---|---|---|
| | 借　方 | 贷　方 | 借　方 | 贷　方 | 借　方 | 贷　方 |
| | | | | | | |
| 合　计 | X1 | X1 | X2 | X2 | X3 | X3 |

试算平衡表主要有以下三个用途：

(1)验证会计记录中的计算有无错误。企业对经济业务的记载难免发生错误，通过试算平衡表可以及时发现错误，并予以更正。

(2)为编制资产负债表和损益表等提供基本的会计资料。试算平衡表是根据各个分类账的借贷余额汇总编制而成的，依据试算平衡表比直接依据分类账编制会计报表更为方便。

(3)粗略显示财务状况和经营成果。试算平衡表所列数据虽未经调整、结账等程序，但也粗略地显示了企业的财务状况和经营成果。

## 三、试算平衡表编制举例

试算平衡表编制时，首先，根据经济业务填制记账凭证；其次，根据记账凭证登记会计账簿；最后，根据会计账簿编制试算平衡表，并检查试算平衡表的正确性。对初学者来说，可以会计分录和"T"型账户代替记账凭证和会计账簿。

现举例简要说明试算平衡表的编制过程。

**【例 5－8】** 甲企业本年度 12 月 1 日资产、负债、所有者权益账户的期初余额如表 5－6 所示。

表 5－6　　资产负债表

编制单位：甲企业　　2023 年 12 月 1 日　　单位：元

| 资　产 | 金　额 | 负债及所有者权益 | 金　额 |
|---|---|---|---|
| 银行存款 | 28 000 | 短期借款 | 28 000 |
| 应收账款 | 12 000 | 应付账款 | 22 000 |
| 原材料 | 25 000 | 实收资本 | 70 000 |
| 库存商品 | 20 000 | 盈余公积 | 40 000 |
| 固定资产 | 75 000 | | |
| 资产合计 | 160 000 | 负债及所有者权益合计 | 160 000 |

该企业 12 月份发生下列经济业务：

业务 1：以银行存款购买原材料 5 000 元，材料验收入库。

业务 2：收到购货单位归还所欠货款 5 000 元，存入银行。

业务3:用银行存款偿还短期借款10 000元。

业务4:吸收其他单位投入资金50 000元,存入银行。

业务5:开出支票偿还货款8 000元。

要求:

(1)根据资料开设“T”型账户,并登记期初余额。

(2)根据资料编制会计分录,并记入有关账户。

(3)结出各账户的本期发生额和期末余额。

(4)编制总分类账户的本期发生额、期末余额试算表。

分析过程如下:

第一步,按照表5-6所示的资料开设账户,登记期初余额。

银行存款

| | | | |
|---|---|---|---|
| 期初余额 | 28 000 | | |

应收账款

| | | | |
|---|---|---|---|
| 期初余额 | 12 000 | | |

原材料

| | | | |
|---|---|---|---|
| 期初余额 | 25 000 | | |

库存商品

| | | | |
|---|---|---|---|
| 期初余额 | 20 000 | | |

固定资产

| | | | |
|---|---|---|---|
| 期初余额 | 75 000 | | |

短期借款

| | | | |
|---|---|---|---|
| | | 期初余额 | 28 000 |

应付账款

| | | | |
|---|---|---|---|
| | | 期初余额 | 22 000 |

实收资本

| | | | |
|---|---|---|---|
| | | 期初余额 | 70 000 |

盈余公积

| | | | |
|---|---|---|---|
| | | 期初余额 | 40 000 |

第二步,对发生的经济业务做会计分录,并把会计分录记入第一步开设的“T”型账户中,结出各账户的本期发生额和期末余额。

(1)借:原材料　5 000
　　贷:银行存款　5 000

(2)借:银行存款　5 000
　　贷:应收账款　5 000

(3)借:短期借款　10 000
　　贷:银行存款　10 000

(4)借:银行存款　50 000
　　贷:实收资本　50 000

(5)借:应付账款　8 000
　　贷:银行存款　8 000

银行存款

| | | | |
|---|---|---|---|
| 期初余额 | 28 000 | | |
| ② | 5 000 | ① | 5 000 |
| ④ | 50 000 | ③ | 10 000 |
| | | ⑤ | 8 000 |
| 本期发生额 | 55 000 | 本期发生额 | 23 000 |
| 期末余额 | 60 000 | | |

应收账款

| | | | |
|---|---|---|---|
| 期初余额 | 12 000 | | |
| | | ② | 5 000 |
| 本期发生额 | | 本期发生额 | 5 000 |
| 期末余额 | 7 000 | | |

原材料

| | | | |
|---|---|---|---|
| 期初余额 | 25 000 | | |
| ① | 5 000 | | |
| 本期发生额 | 5 000 | 本期发生额 | |
| 期末余额 | 30 000 | | |

库存商品

| | | | |
|---|---|---|---|
| 期初余额 | 20 000 | | |
| 本期发生额 | | 本期发生额 | |
| 期末余额 | 20 000 | | |

固定资产

| | | | |
|---|---|---|---|
| 期初余额 | 75 000 | | |
| 本期发生额 | | 本期发生额 | |
| 期末余额 | 75 000 | | |

短期借款

| | | | |
|---|---|---|---|
| | | 期初余额 | 28 000 |
| ③ | 10 000 | | |
| 本期发生额 | 10 000 | 本期发生额 | |
| | | 期末余额 | 18 000 |

应付账款

| | | | |
|---|---|---|---|
| | | 期初余额 | 22 000 |
| ⑤ | 8 000 | | |
| 本期发生额 | 8 000 | 本期发生额 | |
| | | 期末余额 | 14 000 |

实收资本

| | | | |
|---|---|---|---|
| | | 期初余额 | 70 000 |
| | | ④ | 50 000 |
| 本期发生额 | | 本期发生额 | 50 000 |
| | | 期末余额 | 120 000 |

盈余公积

| | | | |
|---|---|---|---|
| | | 期初余额 | 40 000 |
| 本期发生额 | | 本期发生额 | |
| | | 期末余额 | 40 000 |

在结算出所有账户的期末余额后，就可据其编制试算平衡表。试算平衡表既可以试算发生额，也可以同时试算发生额和余额。表 5－7 就是例题中各项经济业务根据以上“T”型账户编制的总分类账户本期发生额及余额对照表。

**表 5－7　　企业总分类账户本期发生额及余额对照表**

2023 年 12 月 31 日　　单位：元

| 账户名称 | 期初余额 | | 本期发生额 | | 期末余额 | |
|---|---|---|---|---|---|---|
| | 借　方 | 贷　方 | 借　方 | 贷　方 | 借　方 | 贷　方 |
| 银行存款 | 28 000 | | 55 000 | 23 000 | 60 000 | |
| 原材料 | 25 000 | | 5 000 | | 30 000 | |
| 应收账款 | 12 000 | | | 5 000 | 7 000 | |
| 库存商品 | 20 000 | | | | 20 000 | |

续表

| 账户名称 | 期初余额 | | 本期发生额 | | 期末余额 | |
|---|---|---|---|---|---|---|
| | 借　方 | 贷　方 | 借　方 | 贷　方 | 借　方 | 贷　方 |
| 固定资产 | 75 000 | | | | 75 000 | |
| 短期借款 | | 28 000 | 10 000 | | | 18 000 |
| 应付账款 | | 22 000 | 8 000 | | | 14 000 |
| 实收资本 | | 70 000 | | 50 000 | | 120 000 |
| 盈余公积 | | 40 000 | | | | 40 000 |
| 合　计 | 160 000 | 160 000 | 78 000 | 78 000 | 192 000 | 192 000 |

从表 5－7 中可见，期初借方余额 160 000 元等于期初贷方余额 160 000 元；本期借方发生额 78 000 元等于本期贷方发生额 78 000 元；期末借方余额 192 000 元等于期末贷方余额 192 000 元，符合平衡公式的要求。

在编制试算平衡表时，一般总是按资产、负债、所有者权益的顺序，把资产负债表的账户列在前面，之后是损益表账户，最后是所有者权益账户留存收益(未分配利润)。

## 四、试算平衡表的缺点

如果通过试算平衡表达到平衡，可以确定以下两点：第一，全部经济业务均以相等金额记入借方和贷方；第二，试算平衡表所列账户余额的结果正确无误。然而，平衡并不能保证记账一定正确，在记账工作中，有些错误是不会破坏试算平衡的，这类错误主要有以下几种：

(1)记账时借贷同时漏记。这类错误可能使试算表的借贷总额减少，但由于借贷方同时漏记，所以不会影响试算表的平衡。

(2)记账时借贷同时重复记录。这种错误会使试算表的借贷总额同步增加，但因为多计的数字相等，所以仍旧不会影响试算表的平衡。

(3)借贷方发生同数额的错误，使金额差错恰好相互抵销。在做会计分录、记账、编表时，某项经济业务的借(贷)方少计或(多计)，而另一项借(贷)方金额正巧也以相同金额多计(或少计)，两个错误刚好抵销，借贷总额平衡仍未受到影响。

(4)会计科目记错，或借贷方记反等错误，也不会破坏试算平衡。

理论上，凡不影响试算平衡的错误，试算平衡表上均难以发现。记账工作中大多数错误往往会使借贷总额相等的关系失衡，试算平衡表在验证会计处理正确性方面具有重要的作用，不失为简便、有效的验证工具。

## 本章小结

会计等式是会计要素之间内在联系的数学表达式。“资产＝负债＋所有者权益”是第一会计等式，反映资金的静态表现，也是最基本的会计等式；“利润＝收入－费用”被称为第二会计等式，反映资金的动态表现；“资产＝负债＋所有者权益＋(收入－费用)”被称为综合会计等式，它既反映了资金的静态运动，又反映了资金的动态运动，从而全面、综合地反映了企业经营资金运动的内在规律。

企业在生产经营过程中发生的经济业务可分为四种类型：引起会计等式左、右两方有关会计要素等额增加的经济业务；引起会计等式左、右两方有关会计要素等额减少的经济业务；引起会计等式左方有关会计要素之间等额一增一减的经济业务；引起会计等式右方有关会计要素之间等额一增一减的经济业务。所有这些经济业务都不会破坏会计等式的平衡关系。

借贷记账法是以复式记账的基本原理为基础，以“借”“贷”为记账符号，以“有借必有贷，借贷必相等”为记账规则，在两个或两个以上的账户中全面地、相互联系地记录每笔经济业务，能够反映经济活动和财务变化的一种复式记账方法，也是我国法定的记账方法。

试算平衡，是利用资产与权益之间存在的对立统一关系以及记账规则的平衡理论，用表格的形式来检查各类账户的记录是否正确的一种方法。在实务操作中，试算平衡表在验证会计处理正确性方面仍有着极为重要的作用。

## 思考练习题

1. 什么是会计等式？会计恒等式何以成立？经济业务的发生是否会影响会计等式的平衡？为什么？

2. 什么是复式记账法？为什么说复式记账法是一种科学的记账方法？

3. 什么是借贷记账法？借贷记账法的记账原则是什么？简述借贷记账法下各要素的账户结构。

4. 试算平衡的意义何在？试算平衡能否保证账户记录的绝对正确？为什么？

5. 请分别列举可能会产生下列变化的经济业务：

(1)资产和负债同时增加。

(2)资产和负债同时减少。

(3)某项资产增加，另一项资产减少。

(4)资产和所有者权益同时增加。

(5)某项资产增加，另一项资产减少，同时负债增加。

## 补充与提高

1. 中华人民共和国财政部：http://www.mof.gov.cn/index.html。

2. 中华人民共和国财政部会计准则委员会：http://www.casc.org.cn。

3. 中华人民共和国财政部：《企业会计准则——应用指南》，立信会计出版社 2023 年版。

4. 财政部会计财务评价中心：《初级会计实务》，经济科学出版社 2023 年版。

5. 李海波、蒋瑛：《新编会计学原理：基础会计》，立信会计出版社 2019 年版。

6. 朱小平、秦玉熙、袁蓉丽：《基础会计(原初级会计学)》(第 11 版)，中国人民大学出版社 2021 年版。

# 第六章　制造业企业主要经济业务的核算

**本章要点**

1. 掌握借贷记账法在制造业企业的资金筹集过程、生产准备过程、产品生产过程、产品销售过程及利润形成与分配过程中的具体应用。

2. 熟悉制造业企业的基本经济业务，掌握如何建立一套完整的账户体系的方法。

3. 掌握对企业发生的各项经济业务进行会计核算的方法，即设置账户和运用借贷记账法编制会计分录。

4. 熟悉企业成本计算的内容和一般程序。

5. 掌握采购成本、生产成本、销售成本的计算以及财务成果形成与分配的核算。

按其与日常经营过程及其经营资金运动的关系，制造业企业的主要经济业务主要包括生产准备业务、生产过程业务、销售过程业务以及与之相联系的筹集资金业务和利润形成与分配业务。其中，前三个阶段是企业日常生产经营的主要过程。在这三个阶段中，制造业企业的资金不断地改变形态，周而复始地循环周转。在生产准备过程中，企业以货币资金购买材料等物资作为生产的必要储备；在生产过程中，企业为生产产品而发生各种生产费用，这些费用构成产品的生产成本；在销售过程中，企业将生产完工的产品销售出去，取得销售收入并获取利润，然后将实现的利润上缴税金并进行分配。

下面以A公司2023年12月发生的经济业务为例，说明制造业企业主要经济业务的核算过程。

**【例6-1】** A公司为增值税一般纳税人，适用的增值税税率为13%、所得税税率为25%；原材料采用实际成本法进行核算，发出材料采用先进先出法计价。该公司2023年11月30日各总账科目账户余额如表6-1所示。

**表6-1**　　**总账科目余额**　　单位：元

| 项　目 | 借　方 | 项　目 | 贷　方 |
|---|---|---|---|
| 库存现金 | 2 000 | 坏账准备 | 15 000 |
| 银行存款 | 1 142 690 | 存货跌价准备 | 20 000 |
| 其他货币资金 | 85 000 | 累计折旧 | 370 000 |

续表

| 项　目 | 借　方 | 项　目 | 贷　方 |
|---|---|---|---|
| 应收票据 | 400 000 | 累计摊销 | 120 000 |
| 应收账款 | 351 000 | 短期借款 | 243 000 |
| 预付账款 | 400 000 | 应付票据 | 200 000 |
| 其他应收款 | 50 000 | 应付账款 | 165 000 |
| 在途物资 | 58 500 | 预收账款 | 10 000 |
| 原材料 | 293 500 | 应付职工薪酬 | 356 000 |
| 库存商品 | 108 000 | 应交税费 | 54 000 |
| 周转材料 | 250 000 | 应付利息 | 73 000 |
| 合同资产 | 437 310 | 其他应付款 | 230 000 |
| 长期股权投资 | 280 000 | 长期借款 | 450 000 |
| 固定资产 | 3 500 000 | 实收资本 | 5 000 000 |
| 在建工程 | 820 000 | 资本公积 | 730 000 |
| 工程物资 | 350 000 | 盈余公积 | 630 000 |
| 无形资产 | 600 000 | 利润分配(未分配利润) | 359 000 |
| 长期待摊费用 | 100 000 | 本年利润 | 463 000 |
| 生产成本 | 260 000 | | |
| 合　计 | 9 488 000 | 合　计 | 9 488 000 |

资产负债表有关账户的明细资料如下：

(1)在途物资 58 500 元为向大中公司采购的 A 材料，至 12 月 31 日仍没有验收入库。

(2)原材料 293 500 元，其中：A 材料 200 000 元(5 000 千克，单位成本 40 元/千克)；B 材料 57 500 元(2 500 千克，单位成本 23 元/千克)；C 材料 36 000 元(3 600 千克，单位成本 10 元/千克)。

(3)周转材料 250 000 元，其中：低值易耗品 150 000 元，包装物 100 000 元。

(4)库存商品 108 000 元，其中：甲产品 48 000 元(30 件，单位成本 1 600 元/件)；乙产品 60 000 元(40 件，单位成本 1 500 元/件)。

(5)固定资产 3 500 000 元，其中：房屋 2 600 000 元，设备 400 000 元，运输车辆 150 000 元，其他固定资产 350 000 元。

(6)应付职工薪酬 356 000 元，其中：工资 56 000 元，福利费等其他职工薪酬 300 000 元。

(7)应交税费 54 000 元为应交所得税。

(8)资本公积 730 000 元，其中：资本溢价 500 000 元，其他资本公积 230 000 元。

(9)盈余公积 630 000 元，其中：法定盈余公积 500 000 元，任意盈余公积 130 000 元。

(10)生产成本 260 000 元，其中：甲产品 173 000 元，乙产品 87 000 元。

A 公司 2023 年 1—11 月利润表有关项目的累计发生额如表 6－2 所示。

表 6-2 1—11 月利润表有关项目的累计发生额 单位:元

| 项目 | 借方 | 贷方 |
|---|---|---|
| 主营业务收入 | | 3 580 000 |
| 主营业务成本 | 2 630 000 | |
| 其他业务收入 | | 30 000 |
| 其他业务成本 | 24 000 | |
| 税金及附加 | 76 000 | |
| 销售费用 | 5 600 | |
| 管理费用 | 87 000 | |
| 财务费用 | 35 000 | |
| 资产减值损失 | 100 000 | |
| 投资收益 | | 1 000 |
| 公允价值变动损益 | | 20 000 |
| 营业外收入 | | 43 000 |
| 营业外支出 | 25 400 | |
| 所得税费用 | 228 000 | |

## 第一节 筹集资金——所有者投入资本的核算

企业的会计对象是企业在生产经营过程中的资金运动,包括资金的投入、资金循环与周转和资金退出等过程。其中,资金的投入既是资金运动的起点,也是整个生产经营活动的起点。企业形成资产的资金来源包括两部分:一是投资者的投资及其增值,即企业的所有者权益,这部分资本属于企业的永久性资本,它既享受企业的经营收益,也承担企业的经营风险;二是企业向银行及其他非金融机构等债权人借入的,形成债权人的权益,这部分资本具有明确的、受法律保护的还本付息期限。所有者和债权人投入企业的资金可以是实物财产,也可以是货币资金;可以是有形的财产物资,也可以是无形的财产。

所有者权益的来源包括所有者投入的资本、直接计入所有者权益的利得和损失、留存收益等。企业的所有者权益包括实收资本、资本公积、其他综合收益、盈余公积和未分配利润等内容。实收资本和资本公积是所有者直接投入企业的资本和资本溢价等,一般也称为投入资本;盈余公积和未分配利润则是企业在经营过程中所实现的利润留存于企业的部分,也称为留存收益。

### 一、投资者投入资本过程的主要经济业务

按照我国有关法律规定,投资者设立企业,首先必须投入资本。实收资本是投资者投入资本形成法定资本的价值,所有者向企业投入的资本在一般情况下无须偿还,可以长期周转使用。实收资本的构成比例,即投资者的出资比例或股东的股份比例,通常是确定所有者在企业所有者权益中所占的份额和参与企业财务经营决策的基础,也是企业进行利润分配或股利分

配的依据，同时还是企业清算时确定所有者对净资产的要求权的依据。

《公司法》第 27 条规定："股东可以用货币出资，也可以用实物、知识产权、土地使用权等可以用货币估价并可以依法转让的非货币财产作价出资；但法律、行政法规规定不得作为出资的财产除外。对作为出资的非货币财产应当评估作价，核实财产，不得高估或者低估作价。法律、行政法规对评估作价有规定的，从其规定。"

投入资本是投资者实际投入企业生产经营的各种财产物资所形成的资本。投资者作为企业的所有者，将视企业经营状况的好坏，按照出资比例或投资契约来分享红利或分担亏损。投资者的投资方式可以分为货币投资、实物投资和无形资产投资。入账后的实收资本，除依法转让及企业清算外，不得以任何形式抽回。

## 二、主要核算账户

投入资本业务核算应设置"实收资本"和"资本公积"账户，并涉及"固定资产""银行存款""无形资产""库存现金""原材料"等账户。

**(一)"实收资本"账户**

"实收资本"账户属于所有者权益类账户，核算企业接受投资者投入的实收资本。股份有限公司应将其改为"股本"账户。该账户贷方登记实收资本的增加额，包括企业接受投资者投入的资本、股东大会批准的利润分配方案中分配的股票股利进行增资以及以权益结算的股份支付换取职工或其他方提供服务实际行权等情况引起的增加额；借方登记企业按法定程序报经批准减少注册资本的数额。由于投资人不得任意抽回资本，因而其借方一般较少发生登记事项。期末贷方余额，反映企业实收资本或股本总额。该账户可按投资者进行明细分类核算。

**(二)"资本公积"账户**

"资本公积"账户属于所有者权益类账户，核算企业收到投资者出资额超出其在注册资本或股本中所占份额的部分。该账户贷方登记企业取得的资本公积，包括企业接受投资者投入的资本、可转换公司债券持有人行使转换权利将债务转为资本等形成的资本公积；借方登记资本公积减少额，包括支付与发行权益性证券直接相关的手续费、佣金等交易费用，以资本公积转增资本等。期末贷方余额，反映企业的资本公积。该账户应当分别按照"资本溢价"(股份有限公司为"股本溢价")、"其他资本公积"进行明细分类核算。

**(三)"固定资产"账户**

"固定资产"账户属于资产类账户，核算企业持有的固定资产原价。该账户借方登记增加固定资产的原始价值，包括投资者投入和企业购建增加的固定资产；贷方登记减少固定资产的原始价值，包括出售、报废、盘亏、毁损、投资转出等原因减少的固定资产等。期末借方余额，反映企业固定资产的原价。该账户可按固定资产类别和项目进行明细分类核算。

**(四)"银行存款"账户**

"银行存款"账户属于资产类账户，核算企业存入银行或其他金融机构的各种款项。该账户借方登记银行存款的增加额，贷方登记银行存款的减少额。期末借方余额，反映企业存在银行或其他金融机构的各种款项。企业可按开户银行和其他金融机构、存款种类等设置"银行存款日记账"进行明细分类核算。

**(五)"无形资产"账户**

"无形资产"账户属于资产类账户，核算企业持有的无形资产成本，包括专利权、非专利技术、商标权、著作权、土地使用权等。该账户借方登记投资者投入、企业外购、自行研发、进行非货币性资产交换与债务重组等取得的无形资产增加数；贷方登记处置等引起的无形资产减少数。期末借方余额，反映企业无形资产的成本。该账户可按无形资产项目进行明细分类核算。

**(六)“库存现金”账户**

“库存现金”账户属于资产类账户，用以核算企业的库存现金。该账户借方登记现金的增加数，贷方登记现金的减少数。期末借方余额，反映企业持有的库存现金。

## 三、主要经济业务核算举例

**【例6-2】** 12月1日，经投资各方协商一致同意增资，企业收到投资者王辉一项专利权投资，公允价值为150 000元，该项专利权换取企业面值1元的股票120 000股。

这项经济业务表明，由于接受了投资者王辉投资的专利权，企业无形资产增加了150 000元，无形资产的增加是资产的增加，应记入“无形资产”账户的借方；同时，企业实收资本也增加了120 000元，超出实收资本部分的30 000元应计入资本公积，实收资本和资本公积的增加是所有者权益的增加，应记入“实收资本”和“资本公积(资本溢价)”账户的贷方。会计分录如下：

| | | |
|---|---|---|
| 借：无形资产 | 150 000 | |
| 　贷：实收资本——王辉 | | 120 000 |
| 　　资本公积——资本溢价 | | 30 000 |

**【例6-3】** 12月1日，企业收到投资者华联公司以一批D原材料作为投资。原材料计税价格为650 000元(5 000千克，单价130元/千克)，增值税发票上注明的进项税额为84 500元，该原材料折换企业面值1元的股票500 000股。

这项经济业务表明，由于接受了华联公司投资的原材料，企业原材料增加了650 000元，原材料的增加是资产的增加，应记入“原材料”账户的借方，同时使增值税进项税额增加84 500元，按增值税专用发票上注明的增值税税额，借记“应交税费——应交增值税(进项税额)”账户；同时，企业实收资本也增加了500 000元，超出实收资本部分的234 500元应计入资本公积(资本溢价)，实收资本和资本公积的增加是所有者权益的增加，应记入“实收资本”和“资本公积”账户的贷方。会计分录如下：

| | | |
|---|---|---|
| 借：原材料——D材料 | 650 000 | |
| 　应交税费——应交增值税(进项税额) | 84 500 | |
| 　贷：实收资本——华联公司 | | 500 000 |
| 　　资本公积——资本溢价 | | 234 500 |

**【例6-4】** 12月1日，投资者吉安公司1 000 000元的货币资金投资取得企业面值1元的股票800 000股，款项已存入银行。

这项经济业务表明，由于接受了吉安公司的货币资金投资，企业银行存款增加了1 000 000元，应记入“银行存款”账户的借方；同时，企业实收资本也增加了800 000元，超出实收资本部分的200 000元应计入资本公积(资本溢价)，实收资本和资本公积的增加是所有者权益的增加，应记入“实收资本”和“资本公积”账户的贷方。会计分录如下：

| | | |
|---|---|---|
| 借：银行存款 | 1 000 000 | |
| 　贷：实收资本——吉安公司 | | 800 000 |
| 　　资本公积——资本溢价 | | 200 000 |

**【例 6－5】** 12 月 1 日，收到投资者华安公司投入的设备一台，投资合同约定的价值和公允价值均为 200 000 元，该设备换取企业面值 1 元的股票 180 000 股。

这项经济业务表明，由于接受了华安公司的固定资产投资，企业固定资产增加了 200 000 元，应记入“固定资产”账户的借方；同时，企业实收资本也增加了 180 000 元，超出实收资本部分的 20 000 元应计入资本公积（资本溢价），实收资本和资本公积的增加是所有者权益的增加，应记入“实收资本”和“资本公积”账户的贷方。会计分录如下：

借：固定资产　　200 000
　贷：实收资本——华安公司　　180 000
　　资本公积——资本溢价　　20 000

**【例 6－6】** 12 月 1 日，经股东大会或类似机构决议，用资本公积 300 000 元转增资本。

经股东大会或类似机构决议，企业可以用资本公积转增资本，此项经济业务会使得企业的实收资本增加 300 000 元，资本公积（资本溢价）减少 300 000 元，一项所有者权益（即实收资本）增加，一项所有者权益（即资本公积）减少，故应借记“资本公积”账户，贷记“实收资本”账户。会计分录如下：

借：资本公积——资本溢价　　300 000
　贷：实收资本　　300 000

所有者投入资本业务的核算程序如图 6－1 所示。

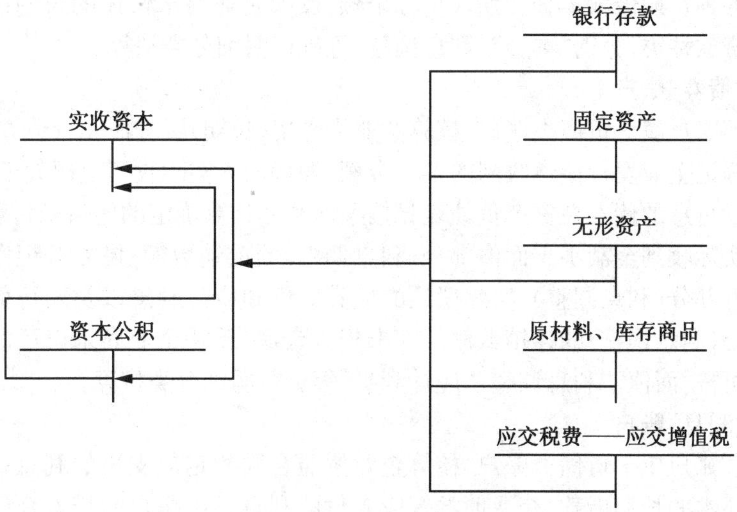


**图 6－1　所有者投入资本业务的核算程序**

## 第二节　筹集资金——负债融资的核算

### 一、负债融资过程的主要经济业务

企业为了进行正常的生产经营活动，除了投资者投入资金外，还需要经常向银行或非银行金融机构借款、发行债券等筹集资金，它主要用于弥补投入资本的不足和扩大再生产的需要，这部分借入资金形成了企业负债。

银行借款，是指企业向金融机构借入的款项，是企业重要的资金筹集方式。按照借款的偿还时间长短分为短期借款和长期借款两种。向银行或其他金融机构借入的款项必须按规定办理手续，支付利息，到期归还。除向银行或其他金融机构贷款外，还可以通过发行债券来筹集资金。

公司债券是指公司依照法定程序发行、约定在一定期限还本付息的有价证券。

## 二、主要核算账户

为了对负债进行核算，应分别设置“短期借款”“长期借款”“应付债券”“应付利息”“在建工程”“财务费用”等账户。

**(一)“短期借款”账户**

“短期借款”账户属于负债类账户，用来核算企业向银行或其他金融机构等借入的期限在1年以下(含1年)的各种借款。该账户的贷方登记企业借入的各种短期借款的增加额，借方登记归还借款的数额。期末贷方余额，反映企业尚未偿还的短期借款。该账户可按借款种类、贷款人和币种进行明细分类核算。

**(二)“长期借款”账户**

“长期借款”账户属于负债类账户，核算企业向银行或其他金融机构借入的期限在1年以上(不含1年)的各项借款。该账户的贷方登记企业借入的各种长期借款本金及利息调整，借方登记归还的各种长期借款本金。期末贷方余额，反映企业尚未偿还的长期借款。该账户可按贷款单位和贷款种类，分别“本金”“利息调整”等进行明细分类核算。

**(三)“应付债券”账户**

“应付债券”账户属于负债类账户，核算企业为筹集(长期)资金而发行债券的本金和利息。该账户的贷方登记企业发行债券收到的票面金额、发行债券实际收到金额大于面值部分(利息调整)、一次还本付息的债券在资产负债表日按票面利率计算确定的应付未付利息(应计利息)以及发行债券实际收到金额小于面值部分(利息调整)的摊销数额；借方登记发行债券实际收到金额小于面值部分(利息调整)、实际偿还的债券面值和应计利息以及发行债券实际收到金额大于面值部分(利息调整)的摊销数额。期末贷方余额，反映企业尚未偿还的长期债券摊余成本。该账户可按“面值”“利息调整”“应计利息”等进行明细分类核算。

**(四)“应付利息”账户**

“应付利息”账户属于负债类账户，核算企业按照合同约定应支付的利息，包括短期借款、分期付息到期还本的长期借款、企业债券等应支付的利息。该账户的贷方登记按计算确定的应付未付利息的短期借款、长期借款的利息费用以及分期付息、一次还本的债券按票面利率计算确定的应付未付利息；借方登记实际支付的利息。期末贷方余额，反映企业应付未付的利息。该账户可按债权人进行明细分类核算。

**(五)“在建工程”账户**

“在建工程”账户属于资产类账户，用以核算企业基建、更新改造等在建工程发生的支出，包括需要安装设备的价值。该账户的借方登记在建工程的增加数，包括企业在建工程发生的管理费、征地费、可行性研究费、临时设施费、公证费、监理费及应负担的税费(待摊支出)，企业发包的在建工程支付的进度款，自营的在建工程领用工程物资、原材料或库存商品的实际成本及相关税费，在建工程应负担的职工薪酬，在建工程发生的、满足借款费用资本化条件的借款费用等；贷方登记达到预定可使用状态时的结转固定资产实际成本。期末借方余额，反映企业尚未达到预定可使用状态的在建工程的成本。该账户可按“建筑工程”“安装工程”“在安装设备”“待摊支出”以及单项工程等进行明细分类核算。

**(六)“财务费用”账户**

“财务费用”账户属于损益类账户,核算企业为筹集生产经营所需资金等而发生的应予费用化的筹资费用,包括利息支出(减利息收入)、汇兑损益以及相关的手续费等。该账户的借方登记发生的利息支出、汇兑损失及相关手续费,贷方登记应冲减财务费用的利息收入、汇兑损益以及期末转入“本年利润”账户数额,结转后期末无余额。该账户可按费用项目进行明细分类核算。

## 三、主要经济业务核算举例

**【例6-7】** 12月2日,从银行借入3年期借款400 000元,借款已存入银行账户,该项借款用于购建固定资产。

这项经济业务涉及“银行存款”和“长期借款”两个账户。向银行借入的3年期借款为长期借款,即长期借款增加了400 000元,长期借款的增加是负债的增加,应记入“长期借款”账户的贷方;同时,因借款存入银行,企业银行存款也增加了400 000元,银行存款增加,应记入“银行存款”账户的借方。会计分录如下:

借:银行存款　　400 000

　　贷:长期借款　　400 000

**【例6-8】** 12月10日,向银行借入期限为6个月的生产周转借款150 000元,款项已存入企业银行账户。

这项经济业务涉及“银行存款”和“短期借款”两个账户。向银行借入的6个月借款为短期借款,即短期借款增加了150 000元,短期借款的增加是负债的增加,应记入“短期借款”账户的贷方;同时,因借款存入银行,企业银行存款也增加了150 000元,银行存款增加,应记入“银行存款”账户的借方。会计分录如下:

借:银行存款　　150 000

　　贷:短期借款　　150 000

**【例6-9】** 12月18日,以银行存款支付银行手续费950元。

该项经济业务的发生,一方面使财务费用增加950元,记入“财务费用”账户的借方;另一方面使银行存款减少950元,记入“银行存款”账户的贷方。会计分录如下:

借:财务费用　　950

　　贷:银行存款　　950

**【例6-10】** 12月30日,企业经批准,按面值发行3年期企业债券1 000张,每张面值500元,票面利率6%。每年计息一次,债券本息到期一次偿还。债券发行完毕,所得款项已存入银行。

该项经济业务的发生,一方面使企业银行存款增加500 000元(1 000×500);另一方面企业按面值发行3年期债券使企业长期负债增加500 000元。基于此,该项经济业务涉及“银行存款”和“应付债券”两个账户。银行存款的增加是企业资产的增加,应记入“银行存款”账户的借方;应付债券的增加是负债的增加,应记入“应付债券”账户的贷方。会计分录如下:

借:银行存款　　500 000

　　贷:应付债券——面值　　500 000

【例6-11】 12月31日，计算确定本期短期借款利息1 500元，长期借款利息12 000元，长期借款利息中满足资本化条件应计入在建工程成本的利息费用为8 000元。

这项经济业务的发生，一方面使企业的财务费用增加了5 500元(1 500＋12 000－8 000)，在建工程支出增加8 000元；另一方面使企业的应付利息增加了13 500元。财务费用和在建工程成本的增加，应分别记入"财务费用"账户和"在建工程"账户的借方；计提利息费用的增加，属于负债的增加，应记入"应付利息"账户的贷方。会计分录如下：

借：财务费用　　5 500
　　在建工程　　8 000
　　贷：应付利息　　13 500

负债融资业务的核算程序如图6-2所示。

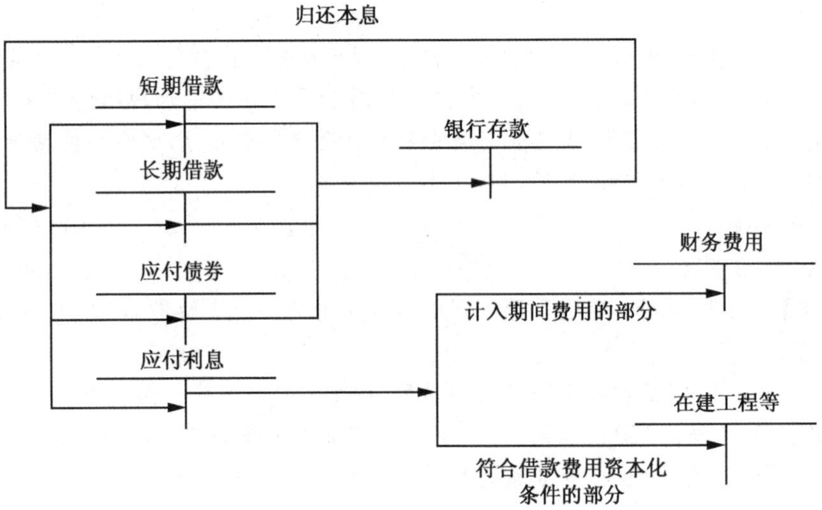


图6-2　负债融资业务的核算程序

## 第三节　生产准备业务的核算

### 一、生产准备过程的主要经济业务

企业为了进行正常的生产经营活动，必须拥有厂房、机器设备等固定资产和材料物资等劳动对象以及劳动力等经济资源。这些经济资源大多是通过企业的生产准备过程取得的。企业筹集资金后，一方面，要购建厂房、车间、其他建筑物和生产设备等固定资产，另一方面，还要为生产准备各种材料物资等劳动对象。因此，企业生产准备过程包括固定资产的购建过程与材料物资的采购过程。

**(一)固定资产的购建过程**

企业设立后，首先要购置或建造生产经营所需要的各种劳动工具或劳动手段。购置固定资产是企业以货币资金向供应商直接购买不需要安装的机器设备；建造固定资产是企业以出包方式或自营方式建造生产经营所需的机器设备、厂房、车间和各种建筑物。不论是购置固定资产还是建造固定资产，都是以现金资产转化为非现金资产的过程。除此之外，企业也有少量固定资产是由投资者直接投入的。在固定资产的购置和建造过程中，需要反映和监督固定资产成本的发生情况及其款项的结算情况等。

企业外购固定资产的成本，包括购买价款、相关税费、使固定资产达到预定可使用状态前所发生的可归属于该项资产的运输费、装卸费、安装费和专业人员服务费等。自行建造固定资产的成本，由建造该项资产达到预定可使用状态前所发生的必要支出构成，包括工程物资成本、人工成本、缴纳的相关税费、应予资本化的借款费用以及应分摊的间接费用等。

**（二）材料物资的采购过程**

材料物资的采购过程，是指从供应商经订货、运输、装卸等到材料物资验收入库及支付价款的全过程，其实质是通过材料物资采购形成企业的各种存货。采购过程的主要经济业务包括材料物资的采购活动、正确计算材料物资的采购成本，以及按照结算制度规定正确、合理地结算价款。

外购材料的采购成本包括购买价款、相关税费、运输费、装卸费、保险费以及其他可归属于存货采购成本的费用。材料的购买价款，是指不含增值税的发票价格；相关税费，是指企业进口材料物资应支付的进口关税及小规模企业购买材料支付的增值税；其他可归属于存货采购成本的费用包括运输途中的合理损耗、入库前的挑选整理费等。对增值税一般纳税人来说，外购材料支付的增值税不计入外购材料的采购成本，而应该记入“应交税费——应交增值税（进项税额）”账户。

## 二、主要核算账户

生产准备过程主要设置“工程物资”“在途物资”“原材料”“应付票据”“应付账款”“预付账款”“应交税费”等账户。

**（一）“工程物资”账户**

“工程物资”账户属于资产类账户，核算企业为在建工程准备的各种物资的成本，包括工程用材料、尚未安装的设备以及为生产准备的工器具等。该账户借方登记购入为工程准备物资增加的金额；贷方登记在建工程领用工程物资以及工程完工后转作本企业存货的实际成本。期末借方余额，反映企业为在建工程准备的各种物资的成本。该账户可按“专用材料”“专用设备”“工器具”等进行明细分类核算。

**（二）“在途物资”账户**

“在途物资”账户属于资产类账户，核算企业采用实际成本（或进价）进行材料、商品等物资的日常核算，以及货款已付尚未验收入库的在途物资的采购成本。该账户的借方登记购入材料、商品时应计入材料、商品采购成本的金额；贷方登记所购材料、商品到达验收入库的实际成本。期末借方余额，反映企业在途材料、商品等物资的采购成本。该账户可按供应单位和物资品种设置明细账，利用多栏式明细账簿进行明细分类核算。

**（三）“原材料”账户**

“原材料”账户属于资产类账户，核算企业库存的各种材料，包括原料及主要材料、辅助材料、外购半成品（外购件）、修理用备件（备品备件）、包装材料、燃料等的实际成本。该账户的借方登记投资者投入、企业购入或自制并已验收入库材料的实际成本；贷方登记生产经营领用、委托外单位加工发出材料的成本。期末借方余额，反映企业库存材料的实际成本。该账户可按材料的保管地点（仓库）、类别、品种和规格等设置数量金额式明细账，进行明细分类核算。

**(四)"应付票据"账户**

"应付票据"账户属于负债类账户,核算企业购买材料、商品和接受劳务供应等开出、承兑的商业汇票,包括银行承兑汇票和商业承兑汇票。该账户的贷方登记企业为抵付货款、应付账款而开出、承兑的商业汇票;借方登记到期偿付或因企业无力支付票款而转出的商业汇票。期末贷方余额,反映企业尚未到期的商业汇票的票面金额。该账户可按债权人进行明细分类核算。同时,企业应当设置"应付票据备查簿",详细登记商业汇票的种类、号数和出票日期、到期日、票面金额、交易合同号和收款人姓名或单位名称以及付款日期和金额等资料。应付票据到期结清时,在备查簿中应予注销。

**(五)"应付账款"账户**

"应付账款"账户属于负债类账户,核算企业因购买材料、商品和接受劳务等经营活动应支付的款项。该账户的贷方登记应付而未付的款项;借方登记企业已偿付的款项;期末贷方余额,反映企业尚未支付的应付账款余额。该账户按债权人设置明细账,进行明细分类核算。

**(六)"预付账款"账户**

"预付账款"账户属于资产类账户,核算企业预付给供应单位的款项。预付款项情况不多的,也可以不设置本账户,将预付的款项直接记入"应付账款"账户。该账户的借方登记按购货合同规定预付给供应单位的货款,贷方登记收到材料等扣抵的预付款数以及供应单位退回多收的货款。期末借方余额,反映企业预付的款项;期末如为贷方余额,反映企业尚未补付的款项。该账户可按供货单位进行明细分类核算。

**(七)"应交税费"账户**

"应交税费"账户属于负债类账户,核算企业按照税法等规定计算应缴纳的各种税费,包括增值税、消费税、所得税、资源税、土地增值税、城市维护建设税、房产税、土地使用税、车船使用税、教育费附加、矿产资源补偿费等。月份终了,企业应交未交的税费的增加记入其贷方,应交税费的减少记入其借方。期末贷方余额,反映企业尚未缴纳的税费;期末如为借方余额,反映企业多交或尚未抵扣的税费。该账户应按税费的种类进行明细分类核算。

根据有关增值税会计处理的规定,企业应在"应交税费"科目下设置"应交增值税"明细科目,在"应交增值税"明细账内,常设置以下专栏:①"进项税额"专栏,记录企业购入货物或接受应税劳务而支付的、准予从销项税额中抵扣的增值税税额。②"已交税金"专栏,记录企业已缴纳的增值税税额。③"销项税额"专栏,记录企业销售商品或提供应税劳务应收取的增值税税额。④"出口退税"专栏,记录企业出口适用零税率的货物,向海关办理报关出口退税而收到退回的税额。⑤"进项税额转出"专栏,记录企业的购进货物、在产品、产成品等发生非正常损失以及其他原因而不应从销项税额中抵扣,按规定转出的进项税额。

## 三、主要经济业务核算举例

**【例 6-12】** 12 月 5 日,购入工程物资一批,收到的增值税专用发票上注明的物资价款为 150 000 元,增值税进项税额为 19 500 元,款项已通过银行转账支付。

该项经济业务的发生,一方面使企业工程物资增加 150 000 元,根据增值税会计处理新的规定,购买工程物资时取得的增值税进项税额可以抵扣,因此使增值税进项税额增加 19 500 元;另一方面,使企业银行存款减少 169 500 元。因此,该项经济业务涉及"工程物资”“应交税费”和“银行存款”三个账户。工程物资的增加是企业资产的增加，应记入“工程物资”账户的借方；购买工程物资的增值税进项税额 19 500 元记入“应交税费——应交增值税(进项税额)”账户的借方；银行存款的减少是资产的减少，应记入“银行存款”账户的贷方。会计分录如下：

| | | |
|---|---|---|
| 借：工程物资 | 150 000 | |
| 　　应交税费——应交增值税(进项税额) | 19 500 | |
| 　　贷：银行存款 | | 169 500 |

**【例 6-13】** 12 月 8 日，购入不需要安装的设备一台，收到的增值税专用发票上注明的设备价款为 100 000 元，增值税进项税额为 13 000 元，支付包装费、运费 3 000 元。价款及包装费、运费均以银行存款支付。设备已交付使用。

外购固定资产成本，包括购买价款，相关税费，使固定资产达到预定可使用状态前所发生的可归属于该项资产的运输费、装卸费、安装费和专业人员服务费等。按照现行的增值税法规定，企业购置固定资产取得的增值税进项税额可以抵扣，因此，使增值税进项税额增加 13 000 元。本例中，购入不需要安装的固定资产，一方面使企业资产增加，应按外购固定资产成本 103 000 元(100 000+3 000)，借记“固定资产”账户；购买设备的增值税进项税额 13 000 元，记入“应交税费——应交增值税(进项税额)”账户的借方；另一方面，银行存款属于企业的资产，企业资产减少应贷记“银行存款”账户。会计分录如下：

| | | |
|---|---|---|
| 借：固定资产 | 103 000 | |
| 　　应交税费——应交增值税(进项税额) | 13 000 | |
| 　　贷：银行存款 | | 116 000 |

**【例 6-14】** 12 月 15 日，外购一台需要安装的生产设备，开出转账支票支付设备的买价 50 000 元、增值税税额 6 500 元和运输费 1 000 元。设备运抵后，企业自行安装，领用工程物资 10 000 元，D 材料 1 000 千克计 130 000 元，应负担工资、福利费等 5 000 元，用支票支付零星配件款 33 500 元。

(1)购入需要安装的固定资产，先记入“在建工程”账户，达到预定可使用状态时再转入“固定资产”账户。

购买设备支付买价及相关税费时，一方面，使企业的在建工程支出增加 51 000 元(50 000+1 000)，应借记“在建工程”账户，同时使增值税进项税额增加 6 500 元；另一方面，使企业银行存款减少 57 500 元，应贷记“银行存款”账户。会计分录如下：

| | | |
|---|---|---|
| 借：在建工程 | 51 000 | |
| 　　应交税费——应交增值税(进项税额) | 6 500 | |
| 　　贷：银行存款 | | 57 500 |

(2)安装设备领用工程物资、库存材料，计算在建工程应负担职工薪酬以及购买零星配件时，使企业工程物资减少 10 000 元，应贷记“工程物资”账户；库存原材料减少 130 000 元，应记入“原材料”账户的贷方；由于将原材料用于在建工程，根据增值税会计处理的新规定，不需要将增值税进项税额转出；应付职工薪酬的增加属于负债的增加，应记入“应付职工薪酬”账户的贷方。上述各项使企业在建工程支出增加 178 500 元(10 000+130 000+5 000+33 500)，应记入“在建工程”账户的借方。会计分录如下：

借:在建工程　　178 500
　　贷:工程物资　　10 000
　　　　原材料　　130 000
　　　　应付职工薪酬——工资　　5 000
　　　　银行存款　　33 500

**【例 6-15】** 12月23日,例6-14所述的设备安装完毕,达到预定可使用状态,并交付使用,结转安装工程成本。

安装工程完工完毕,固定资产达到预定可使用状态后交付使用,使企业固定资产增加229 500元(51 000+178 500),应按实际成本记入"固定资产"账户的借方;结转完工工程成本,记入"在建工程"账户的贷方。会计分录如下:

借:固定资产　　229 500
　　贷:在建工程　　229 500

**【例 6-16】** 12月4日,以银行存款152 776元从金华公司购入材料一批,材料尚在运输途中。其中:A材料2 500千克,单价为40元/千克,专用发票上注明的增值税税额为13 000元;B材料1 600千克,单价为22元/千克,专用发票上注明的增值税税额为4 576元。

这项经济业务的发生,一方面使采购成本增加135 200元[其中,A材料100 000元(2 500×40),B材料35 200元(1 600×22)],由于材料尚在运输途中,故应记入"在途物资"账户的借方,同时使增值税进项税额增加17 576元(其中,购买A材料的增值税进项税额为13 000元,购买B材料的增值税进项税额为4 576元),应记入"应交税费——应交增值税(进项税额)"账户的借方;另一方面,货款已经以银行存款支付,银行存款减少152 776元,应记入"银行存款"账户的贷方。会计分录如下:

借:在途物资——A材料　　100 000
　　　　　　——B材料　　35 200
　　应交税费——应交增值税(进项税额)　　17 576
　　贷:银行存款　　152 776

**【例 6-17】** 12月5日,以银行存款17 000元向银华公司预付C材料款项。

这项经济业务的发生,一方面使银行存款减少17 000元,应记入"银行存款"账户的贷方;另一方面使预付账款增加17 000元,应记入"预付账款"账户的借方。会计分录如下:

借:预付账款——银华公司　　17 000
　　贷:银行存款　　17 000

**【例 6-18】** 12月10日,从金华公司采购的原材料到达并已验收入库,另外以银行存款支付该批材料运费8 200元(假定不考虑运费的增值税进项抵扣问题),应按材料采购数量分配计入材料的采购成本。

材料物资采购的采购成本除包括购买价款外,还包括相关税费、运输费、装卸费、保险费以及其他可归属于存货采购成本的费用。对于采购费用,凡是能够分清为采购哪种材料所支付的费用,如例6-19中的300元运费,应直接计入该种材料的采购成本;凡是不能分清的,如本例中为采购两种材料所支付的运杂费,就应当采用合理的分配标准,在两种材料之间进行分配。运杂费的分配标准有材料的重量、材料的买价或材料的体积等。

这项经济业务的发生,一方面使得在途物资减少,应记入"在途物资"账户的贷方,材料运费已用银行存款支付,应记入"银行存款"账户的贷方;同时库存原材料的增加,应记入"原材料”账户的借方。支付 8 200 元的运费同样构成材料采购成本，由于原材料已经验收入库，可以直接记入“原材料”账户的借方。但 8 200 元运费是 A、B 两种材料的共同费用，应按一定标准分配后确定。本例按 A、B 两种材料的重量为标准进行分配，分配计算方法如下：

分配率＝8 200÷(2 500＋1 600)＝2(元/千克)

A 材料应分摊运费＝2 500×2＝5 000(元)

B 材料应分摊运费＝1 600×2＝3 200(元)

A、B 两种材料的实际采购成本计算如表 6－3 所示。

**表 6－3**　　**材料采购成本计算**　　金额单位：元

| 材料名称 | 单位 | 数量 | 单价 | 总价款 | 运费 | 总成本 | 单位成本 |
|---|---|---|---|---|---|---|---|
| A | 千克 | 2 500 | 40 | 100 000 | 5 000 | 105 000 | 42 |
| B | 千克 | 1 600 | 22 | 35 200 | 3 200 | 38 400 | 24 |
| 合计 | — | 4 100 | — | 135 200 | 8 200 | 143 400 | |

因此，记入“原材料”账户借方的金额应为 143 400 元，其中：A 材料 105 000 元，B 材料 38 400 元。会计分录如下：

借：原材料——A 材料　　105 000

　　　　——B 材料　　38 400

　贷：在途物资——A 材料　　100 000

　　　　　　——B 材料　　35 200

　　银行存款　　8 200

**【例 6－19】** 12 月 15 日，银华公司按照合同约定，将 C 材料运抵企业，并已验收入库。C 材料 1 500 千克，单价为 12 元/千克，专用发票上注明的增值税税额为 2 340 元，余款由企业签发一张期限 3 个月并经银行承兑、不带息的商业汇票承付。另用银行存款支付 C 材料采购运费 300 元。

这项经济业务的发生，一方面使采购成本增加 18 300 元(包括 18 000 元的买价和用银行存款支付的 300 元运费)，由于材料已经验收入库，故应记入“原材料”账户的借方，同时使增值税进项税额增加 2 340 元，应记入“应交税费——应交增值税(进项税额)”账户的借方；另一方面，此项采购使用原来已经预付的货款，预付账款减少，应记入“预付账款”账户的贷方；运费已经以银行存款支付，银行存款减少 300 元，应记入“银行存款”账户的贷方；余款未付签发商业汇票承兑，增加企业一项负债，应记入“应付票据”账户的贷方。会计分录如下：

借：原材料——C 材料　　18 300

　　应交税费——应交增值税(进项税额)　　2 340

　贷：预付账款——银华公司　　17 000

　　应付票据　　3 340

　　银行存款　　300

生产准备业务的核算程序如图 6－3 所示。

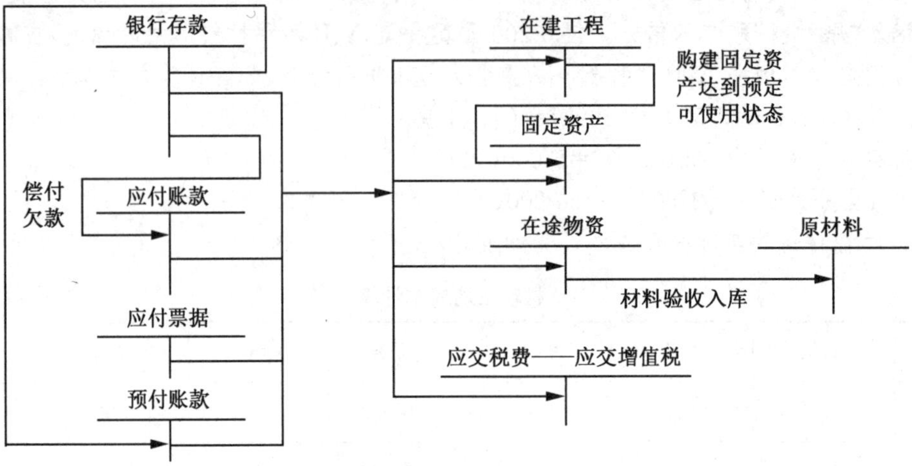


图 6－3　生产准备业务的核算程序

## 第四节　产品生产业务的核算

### 一、产品生产过程的主要经济业务

制造业企业将领用材料投入生产到产成品入库的过程，称为生产过程。在这个过程中，劳动者运用劳动资料对劳动对象进行加工，改变劳动对象的性质、形态、成分、功能或位置，使其成为预期的商品产品。在生产过程中，费用按是否计入产品生产成本分为生产费用和期间费用。生产的产品完工后，生产费用转变为产品制造成本。按其计入产品成本的方式不同，生产费用又分为直接生产费用和间接生产费用。期间费用，是指在会计期间发生的销售费用、管理费用、研发费用和财务费用。制造业企业生产过程中发生的各种耗费如图 6－4 所示。

- 费用
  - 生产费用
    - 直接费用
      - 直接材料
      - 直接人工
      - 其他直接支出
    - 间接费用：制造费用
  - 期间费用
    - 销售费用
    - 管理费用
    - 研发费用
    - 财务费用

图 6－4　制造业企业生产过程中发生的各种耗费

**(一)生产费用**

生产费用，是指用于生产产品的费用。材料耗费、活劳动耗费、固定资产的损耗和其他耗费，是企业在一定时期内为生产产品而发生的物化劳动和活劳动耗费的货币表现。企业的经济活动主要表现为：第一，将材料物资投入生产，其价值随着实物形态的改变而全部转移到所生产的产品成本中去，构成产品制造成本的重要组成部分。第二，固定资产作为劳动资料是生产经营过程中不可缺少的重要生产要素。其耗费特点是：固定资产在生产过程中不可能一次消耗完，可以长期使用，并保持其原有的实物形态，其价值随着固定资产的损耗，逐渐地、部分地转移到产品的成本中去。第三，劳动者在生产过程中消耗的活劳动，通过活劳动的耗费使劳动对象得以改变其使用价值，并创造出新价值，其中的一部分以职工薪酬形式支付给劳动者，构成产品成本的工资费用部分。上述材料费用、折旧费用和职工薪酬，构成制造业企业生产费用的基本要素。除了上述耗费外，还有许多其他耗费，如办公费、管理人员工资、一般材料消耗、业务招待费等。总之，为制造产品发生的各种耗费构成产品的制造成本。

在产品生产过程中，一方面是产品的形成过程，劳动者利用劳动资料对劳动对象进行加工，改变了原劳动对象的形态，生产出一定品种和数量的产品；另一方面也是费用发生的过程，为生产产品而发生的各种耗费也就转化为产品的制造成本。

基于此，生产过程的主要经济业务包括两个方面：一是生产费用的归集与分配；二是产品成本的计算与结转。

为了正确计算产品的制造成本，通常将构成产品制造成本的各种耗费按其用途划分为三个成本项目：直接材料、直接人工和制造费用。

1. 直接材料

直接材料，是指企业生产过程中，直接用于产品生产，构成产品实体的原材料、辅助材料、外购半成品及有助于产品形成的辅助材料和其他材料等。

2. 直接人工

直接人工，是指企业在制造产品的生产过程中，为获得直接参加产品生产人员提供的服务而给予各种形式的报酬以及其他相关支出。

3. 制造费用

制造费用，是指企业为生产产品和提供劳务而发生的各项间接费用，包括车间管理人员的工资和福利费、折旧费、修理费、水电费、物料消耗、劳动保护费及其他制造费用。企业应当根据制造费用的性质，合理地选择制造费用分配方法，将其分配计入产品生产成本。

这三个成本项目被简称为“料”“工”“费”。其中，材料费、人工费发生后可以直接计入某种产品成本，也称直接费用；制造费用中汇集的虽然也是为制造产品发生的费用，但都是无法直接计入某种产品成本的、具有共同性质的、需要按一定的标准计算分配后计入产品成本的各种生产费用，也称间接费用。计算分配制造费用的标准可以采用生产工人工资比例、工时比例、机时比例、耗用原材料的数量或成本等。

**(二)期间费用**

销售费用，是指企业销售商品和材料、提供劳务的过程中发生的各种费用。

管理费用，是指在产品的生产过程中，行政管理部门为组织和管理企业生产经营所发生的各种费用。

研发费用，是指企业为研究与开发某个项目而发生的费用。

财务费用，是指企业为筹集生产经营所需资金等而发生的应予费用化的筹资费用，包括利息支出(减利息收入)、汇兑损益以及相关的手续费等。

## 二、主要核算账户

产品生产过程主要设置“生产成本”“制造费用”“应付职工薪酬”“库存商品”“累计折旧”“累计摊销”“管理费用”“研发支出”和“研发费用”等账户。

**(一)"生产成本"账户**

"生产成本"账户属于成本类账户，核算企业进行工业性生产发生的各项生产成本，包括生产各种产品(产成品、自制半成品等)、自制材料、自制工具、自制设备等。该账户的借方登记当期所发生的直接材料、直接人工等各项直接生产成本和分配计入的制造费用；贷方登记企业已经生产完成并已验收入库的产成品以及入库的自制半成品转入"库存商品"账户的数额。期末借方余额，反映企业尚未加工完成的在产品成本。"生产成本"可按基本生产成本和辅助生产成本进行明细分类核算。基本生产成本应当分别按照基本生产车间和成本核算对象(产品的品种、类别、订单、批别、生产阶段等)设置明细账(或"成本计算单"，下同)，并按照规定的成本项目设置专栏。

**(二)"制造费用"账户**

"制造费用"账户属于成本类账户，核算企业生产车间(部门)为生产产品和提供劳务而发生的各项间接费用。该账户的借方登记企业当期发生的各项制造费用，包括生产车间发生的固定资产修理费、机物料消耗，生产车间管理人员的工资等职工薪酬，生产车间支付的办公费、水电费，发生季节性停工的损失等；贷方登记按一定标准分配记入"生产成本"或"劳务成本"账户应由各种产品负担的制造费用；结转后，除季节性的生产企业外，本账户期末应无余额。该账户可按不同的生产车间、部门和费用项目设置多栏式明细账，进行明细分类核算。

**(三)"应付职工薪酬"账户**

"应付职工薪酬"账户属于负债类账户，核算企业根据有关规定应付给职工的各种薪酬。该账户的贷方登记企业计算的应由本期承担的工资、奖金、津贴和补贴，职工福利费，应当为职工缴纳的医疗保险费、养老保险费、失业保险费、工伤保险费和生育保险费等社会保险费，应当为职工缴存的住房公积金，为职工提供的非货币性福利以及应当支付的因解除劳动关系给予的补偿等；借方登记应付职工薪酬的减少数，包括企业向职工支付工资、奖金、津贴、福利费等，支付工会经费和职工教育经费用于工会活动和职工培训等。期末贷方余额，反映企业应付未付的职工薪酬。该账户可按"工资""职工福利""社会保险费""住房公积金""工会经费""职工教育经费""非货币性福利""辞退福利""股份支付"等进行明细分类核算。

**(四)"库存商品"账户**

"库存商品"账户属于资产类账户，核算企业库存的各种商品的实际成本，包括库存产成品、外购商品、存放在门市部准备出售的商品、发出展览的商品以及寄存在外的商品等。该账户的借方登记企业各种已验收入库的产成品的实际成本；贷方登记企业发出的各种产成品的实际成本。期末借方余额，反映企业库存商品的实际成本。该账户可按库存商品的种类、品种和规格等进行明细分类核算。

**(五)"累计折旧"账户**

"累计折旧"账户属于资产类账户，是"固定资产"账户的调整账户，核算企业固定资产的累计折旧。该账户的贷方登记企业计提的固定资产折旧数；借方登记固定资产出售、报废、盘亏、毁损、调出等转出的折旧数。期末贷方余额，反映企业固定资产的累计折旧额。该账户可按固定资产的类别或项目进行明细分类核算。

**(六)"累计摊销"账户**

"累计摊销"账户属于资产类账户，是"无形资产"账户的调整账户，核算企业对使用寿命有限的无形资产计提的累计摊销。该账户的贷方登记企业计提无形资产的摊销；借方登记无形资产处置时结转的累计摊销数。期末贷方余额，反映企业无形资产的累计摊销额。该账户可按无形资产项目进行明细分类核算。

**(七)"管理费用"账户**

"管理费用"账户是利润核算中使用的主要账户,属于损益类账户,核算企业为组织和管理企业生产经营所发生的管理费用,包括企业在筹建期间内发生的开办费、董事会和行政管理部门在企业的经营管理中发生的或者应由企业统一负担的公司经费(包括行政管理部门职工工资及福利费、物料消耗、低值易耗品摊销、办公费和差旅费等)、工会经费、董事会费(包括董事会成员津贴、会议费和差旅费等)、聘请中介机构费、咨询费(含顾问费)、诉讼费、业务招待费、技术转让费、矿产资源补偿费、排污费、行政管理部门等发生的固定资产修理费用以及应缴纳的残疾人就业保障金等。该账户的借方登记企业当期发生的各项管理费用数;贷方登记企业期末转入"本年利润"账户数,结转后本账户无余额。该账户按费用项目进行明细分类核算。

**(八)"研发支出"账户和"研发费用"账户**

"研发支出"账户属于成本类账户,核算企业研究与开发无形资产过程中发生的各项支出,包括研发活动直接消耗的材料、燃料和动力费用,企业在职研发人员的工资、奖金、津贴、补贴、社会保险费、住房公积金等人工费用以及外聘研发人员的劳务费用,用于研发活动的仪器、设备、房屋等固定资产的折旧费或租赁费,以及相关固定资产的运行维护、维修等费用等。该账户的借方登记企业当期发生的各项研发费用数,贷方登记期末转入"本年利润"账户的费用化支出和形成无形资产后转入"无形资产"账户的资本性支出。该账户应当按照研究开发项目,设置二级科目"资本化"和"费用化"科目进行明细核算。

"研发费用"账户属于损益类账户,核算企业研究和开发无形资产过程中的费用化支出,以及计入管理费用的自行开发无形资产的摊销金额。其包括"管理费用"科目下"研发费用"明细科目的当期发生额,以及"管理费用"科目下"无形资产摊销"明细科目的当期发生额。

## 三、主要经济业务核算举例

**【例 6-20】** 12月5日,生产车间职工张力出差预借差旅费2 000元,以现金支付。

预支差旅费是一种暂付性质的款项,支付时尚未构成费用,但形成了一项债权。这项经济业务的发生,一方面使企业应收回的暂付款项增加2 000元,记入"其他应收款"账户的借方;另一方面使企业的现金减少2 000元,记入"库存现金"账户的贷方。会计分录如下:

| | | |
|---|---|---|
| 借:其他应收款——张力 | 2 000 | |
| 　贷:库存现金 | | 2 000 |

**【例 6-21】** 12月18日,企业用银行存款16 500元支付本月机物料消耗和固定资产检修、维护费。其中,生产车间发生的机物料消耗8 000元,行政管理部门用设备维修费用8 500元。

该项经济业务说明,支付机物料消耗和固定资产修理费,一方面使银行存款减少16 500元,应记入"银行存款"账户的贷方;同时,该项经济业务使得本月制造费用和管理费用分别增加了8 000元和8 500元,应分别记入"制造费用"账户和"管理费用"账户的借方。会计分录如下:

| | | |
|---|---|---|
| 借:制造费用——机物料消耗 | 8 000 | |
| 　管理费用——设备维修费 | 8 500 | |
| 　贷:银行存款 | | 16 500 |

**【例 6-22】** 12月20日,张力出差归来,报销差旅费1 800元,余款交回现金。

这项经济业务的发生，因报销差旅费一方面使生产车间制造费用增加，交回现金200元使企业现金增加；另一方面使企业暂付款项减少，即其他应收款减少；制造费用增加记入“制造费用”账户的借方；现金增加记入“库存现金”账户的借方；暂付款减少记入“其他应收款”账户的贷方。会计分录如下：

借：制造费用——差旅费　　1 800
　　库存现金　　200
　　贷：其他应收款——张力　　2 000

**【例6－23】** 12月25日，企业编制“材料费用分配表”，如表6－4所示。

**表6－4　　材料费用分配表**

2023年12月　　金额单位：元

| 应借科目 | | A材料 | | B材料 | | C材料 | | 金额合计 |
|---|---|---|---|---|---|---|---|---|
| | | 数量(千克) | 金额 | 数量(千克) | 金额 | 数量(千克) | 金额 | |
| 生产成本 | 甲产品 | 2 500 | 100 000 | 500 | 11 500 | | | 111 500 |
| | 乙产品 | 1 500 | 60 000 | 1 300 | 29 900 | 1 000 | 10 000 | 99 900 |
| | 小计 | 4 000 | 160 000 | 1 800 | 41 400 | 1 000 | 10 000 | 211 400 |
| 制造费用 | | 550 | 22 000 | | | 1 350 | 13 500 | 35 500 |
| 管理费用 | | | | 300 | 6 900 | 450 | 4 500 | 11 400 |
| 销售费用 | | 250 | 10 000 | | | 300 | 3 000 | 13 000 |
| 合　计 | | 4 800 | 192 000 | 2 100 | 48 300 | 3 100 | 31 000 | 271 300 |

注：期初库存原材料的明细为：A材料5 000千克，单价40元/千克；B材料2 500千克，单价23元/千克；C材料3 600千克，单价10元/千克。本月各种材料的耗用总量都低于期初库存数量，在发出存货采用先进先出法计价的情况下，均按照期初库存的单位成本结转。

这项经济业务表明，材料投入生产，企业成本费用增加了271 300元，应分别记入有关成本、费用账户的借方。该企业材料费用可以分为以下几个部分：211 400元为直接用于产品制造的直接材料费用。其中，甲产品应承担111 500元，乙产品应承担99 900元，应记入“生产成本”账户的借方；46 900元是生产车间和企业管理部门为组织和管理生产而耗用的材料，应分别记入“制造费用”和“管理费用”账户的借方；13 000元的原材料用于产品销售，应记入“销售费用”账户的借方。同时，材料从仓库发出，企业库存材料减少271 300元，应记入“原材料”账户的贷方。会计分录如下：

借：生产成本——甲产品　　111 500
　　　　　　——乙产品　　99 900
　　制造费用　　35 500
　　管理费用　　11 400
　　销售费用　　13 000
　　贷：原材料——A材料　　192 000
　　　　　　　——B材料　　48 300
　　　　　　　——C材料　　31 000

**【例6－24】** 12月25日，企业编制“工资及其他薪酬费用分配表”，如表6－5所示。

表 6-5　**工资及其他薪酬费用分配表**

2023 年 12 月　单位:元

| 应借科目 | | 工资费用 | 其他薪酬费用 | 合　计 |
|---|---|---|---|---|
| 生产成本 | 甲产品 | 38 000 | 17 100 | 55 100 |
| | 乙产品 | 42 000 | 18 900 | 60 900 |
| | 小　计 | 80 000 | 36 000 | 116 000 |
| 制造费用 | | 3 000 | 1 500 | 4 500 |
| 管理费用 | | 4 000 | 2 000 | 6 000 |
| 合　计 | | 87 000 | 39 500 | 126 500 |

计提工资及其他薪酬费用，一方面使企业的有关生产费用和期间费用增加，应按职工所在岗位分配记入有关账户。其中：按照生产工人工资提取的工资、福利费等薪酬费用，记入“生产成本”账户；按照车间管理人员提取的工资、福利费等薪酬费用，记入“制造费用”账户；按照行政管理部门管理人员提取的工资、福利费等薪酬费用，记入“管理费用”账户。同时，应将应付的职工薪酬确认为企业的一项负债，记入“应付职工薪酬”账户及所属明细账的贷方。会计分录如下：

借：生产成本——甲产品　55 100
　　　　　　——乙产品　60 900
　　制造费用　4 500
　　管理费用　6 000
　　贷：应付职工薪酬——工资　87 000
　　　　　　　　　——福利费、保险费等　39 500

**【例 6-25】**　12 月 25 日，本月领用低值易耗品价值 5 000 元(采用一次摊销法摊销)，其中：生产车间领用 3 000 元，行政管理部门领用 1 500 元，销售部门领用 500 元。

生产车间领用低值易耗品，使得间接费用增加 3 000 元，应记入“制造费用”账户的借方；行政管理部门和销售部门领用低值易耗品，使得期间费用增加 2 000 元，应分别记入“管理费用”和“销售费用”账户的借方；另一方面，低值易耗品的领用意味着资产的减少，应记入“周转材料”账户及所属“低值易耗品”明细账的贷方。会计分录如下：

借：制造费用　3 000
　　管理费用　1 500
　　销售费用　500
　　贷：周转材料——低值易耗品　5 000

**【例 6-26】**　12 月 25 日，签发一张金额为 92 000 元的转账支票，并将企业职工工资结算表及账户信息提供给开户银行(包括在建工程人员，见例 6-14)，委托银行直接将工资转发至职工的工资卡。

支付职工工资 92 000 元(5 000+87 000)，使企业的负债减少，应记入“应付职工薪酬”账户及所属明细账的借方；另一方面，银行存款减少 92 000 元，应记入“银行存款”账户的贷方。会计分录如下：

借：应付职工薪酬——工资　92 000
　　贷：银行存款　92 000

【例 6-27】 12 月 27 日，以银行存款支付本月办公费、水电费 8 900 元，其中：生产车间耗用 6 000 元，行政管理部门耗用 2 900 元。

支付生产车间用办公费、水电费，使得间接费用增加 6 000 元，应记入“制造费用”账户的借方；支付行政管理部门用办公费、水电费，使得期间费用增加 2 900 元，应记入“管理费用”账户的借方；另一方面，银行存款减少 8 900 元，应记入“银行存款”账户的贷方。会计分录如下：

借：制造费用　　6 000
　　管理费用　　2 900
　贷：银行存款　　8 900

【例 6-28】 12 月 30 日，企业用银行存款支付生产车间本季度报刊费 1 200 元。

支付生产车间本季度报刊费，使得间接费用增加 1 200 元，应记入“制造费用”账户的借方；另一方面，银行存款减少 1 200 元，应记入“银行存款”账户的贷方。会计分录如下：

借：制造费用　　1 200
　贷：银行存款　　1 200

【例 6-29】 12 月 31 日，计提固定资产折旧 141 500 元，其中：生产用房屋建筑物和设备等计提折旧 126 500 元，行政管理部门房屋建筑物和设备等计提折旧 15 000 元。

提取生产车间用固定资产折旧费，使得间接费用增加 126 500 元，应记入“制造费用”账户的借方；提取行政管理部门用固定资产折旧费，使得期间费用增加 15 000 元，应记入“管理费用”账户的借方；另一方面，提取固定资产折旧意味着固定资产的价值损耗增加 141 500 元，应记入“累计折旧”账户的贷方。会计分录如下：

借：制造费用　　126 500
　　管理费用　　15 000
　贷：累计折旧　　141 500

【例 6-30】 根据上述例 6-21 至例 6-29，“制造费用”账户的借方已归集了本月发生的制造费用，现根据上述资料登记“制造费用明细账”，如表 6-6 所示。

表 6-6　　制造费用明细账　　单位：元

| 2023 年 | | 凭证号 | 摘　要 | 借　方 | 贷　方 | 余额方向 | 余　额 |
|---|---|---|---|---|---|---|---|
| 月 | 日 | | | | | | |
| 12 | 1 | （略） | 期初余额 | 0 | 0 | 平 | 0 |
| | 18 | | 支付设备维修费 | 8 000 | 0 | 借 | 8 000 |
| | 20 | | 张力报销差旅费余款退回 | 1 800 | 0 | 借 | 9 800 |
| | 25 | | 结转材料成本 | 35 500 | 0 | 借 | 45 300 |
| | 25 | | 计提工资、福利费等职工薪酬 | 4 500 | 0 | 借 | 49 800 |
| | 25 | | 结转领用低值易耗品 | 3 000 | 0 | 借 | 52 800 |
| | 27 | | 以银行存款支付水电、办公费 | 6 000 | 0 | 借 | 58 800 |
| | 30 | | 支付车间报刊费 | 1 200 | 0 | 借 | 60 000 |
| | 31 | | 结转折旧费用 | 126 500 | 0 | 借 | 186 500 |

【例 6-31】 12 月 31 日，按甲、乙两种产品生产工人工时比例分配制造费用。其中：甲产

品耗用人工工时20 000小时，乙产品耗用人工工时30 000小时。

根据例6-30编制的“制造费用明细账”可知，本月份发生的制造费用总额为186 500元。这是生产甲、乙两种产品共同发生的费用，应由这两种产品共同负担。至于每种产品应分摊的金额，需按一定的分配标准在甲、乙两种产品之间进行分配，然后再分别计入甲、乙两种产品的制造成本。制造费用常见的分配标准有生产工人工资、生产人工工时、机器工时等，本例采用生产人工工时对制造费用进行分配。其计算公式如下：

$$\text{制造费用分配率}=\frac{\text{制造费用总额}}{\text{生产工时总额}}=\frac{186\ 500}{20\ 000+30\ 000}=3.73$$

$$\text{甲产品应分配的制造费用}=\text{该种产品的生产工时}\times\text{制造费用分配率}=20\ 000\times 3.73=74\ 600(\text{元})$$

$$\text{乙产品应分配的制造费用}=\text{该种产品的生产工时}\times\text{制造费用分配率}=30\ 000\times 3.73=111\ 900(\text{元})$$

这项经济业务的发生，一方面使生产成本增加186 500元，其中：甲产品增加74 600元，乙产品增加111 900元，应记入“生产成本”账户的借方；另一方面，使制造费用减少186 500元，应记入“制造费用”账户的贷方。会计分录如下：

借：生产成本——甲产品　　74 600
　　　　　　——乙产品　　111 900
　贷：制造费用　　186 500

**【例6-32】** 12月31日，企业生产甲产品和乙产品，有关产量和月初在产品成本资料如表6-7、表6-8所示。乙产品月末产品成本采用定额成本计算，有关资料如表6-9所示。根据以上资料计算两种产品成本，并填制甲、乙产品成本计算单，如表6-10、表6-11所示。

**表6-7　产品产量资料**　单位：件

| 产品名称 | 月初数量 | 本月投产数量 | 本月完工数量 | 月末在产品数量 |
|---|---|---|---|---|
| 甲产品 | 80 | 170 | 250 | — |
| 乙产品 | 75 | 165 | 200 | 40 |

**表6-8　月初在产品成本资料**　单位：元

| 产品名称 | 直接材料 | 直接人工 | 制造费用 | 合　计 |
|---|---|---|---|---|
| 甲产品 | 85 000 | 48 200 | 39 800 | 173 000 |
| 乙产品 | 57 000 | 18 000 | 12 000 | 87 000 |
| 合　计 | 142 000 | 66 200 | 51 800 | 260 000 |

表 6-9　**乙产品月末在产品定额成本资料**　单位:元

| 产品名称 | 直接材料 | 直接人工 | 制造费用 | 合 计 |
|---|---|---|---|---|
| 乙产品 | 36 000 | 12 000 | 11 800 | 59 800 |

表 6-10　**产品成本计算单**　完工产品数量:250

产品名称:甲产品　2023 年 12 月　在产品数量:0

| 成本项目 | 直接材料 | 直接人工 | 制造费用 | 合 计 |
|---|---|---|---|---|
| 月初在产品成本 | 85 000 | 48 200 | 39 800 | 173 000 |
| 本月生产费用 | 111 500 | 55 100 | 74 600 | 241 200 |
| 合计 | 196 500 | 103 300 | 114 400 | 414 200 |
| 月末在产品成本 | 0 | 0 | 0 | 0 |
| 完工产品成本 | 196 500 | 103 300 | 114 400 | 414 200 |
| 单位成本 | 786 | 413.20 | 457.60 | 1 656.80 |

表 6-11　**产品成本计算单**　完工产品数量:200

产品名称:乙产品　2023 年 12 月　在产品数量:40

| 成本项目 | 直接材料 | 直接人工 | 制造费用 | 合 计 |
|---|---|---|---|---|
| 月初在产品成本 | 57 000 | 18 000 | 12 000 | 87 000 |
| 本月生产费用 | 99 900 | 60 900 | 111 900 | 272 700 |
| 合计 | 156 900 | 78 900 | 123 900 | 359 700 |
| 月末在产品成本 | 36 000 | 12 000 | 11 800 | 59 800 |
| 完工产品成本 | 120 900 | 66 900 | 112 100 | 299 900 |
| 单位成本 | 604.50 | 334.50 | 560.50 | 1 499.50 |

**【例 6-33】** 本月完工的甲、乙两种产品已经陆续验收入库。12 月 31 日,结转本月完工产品成本。

在制造业企业中,生产完工并经验收合格入库的产品即成为企业可供销售的库存商品。月末应计算当月完工产品的生产成本,从"生产成本"账户的贷方转入"库存商品"账户的借方。

这项经济业务表明,企业经过生产形成企业用于销售的甲产品 250 件和乙产品 200 件,表示企业库存商品的增加,应记入"库存商品"账户的借方;同时完工产品已退出生产过程,其成本应当随实物转出,记入"生产成本"账户的贷方;如"生产成本"账户结转后仍有余额,则表示期末在产品成本。会计分录如下:

借:库存商品——甲产品　414 200

　　　　　——乙产品　299 900

　贷:生产成本——甲产品　414 200

　　　　　　——乙产品　299 900

产品生产业务的核算程序如图 6-5 所示。

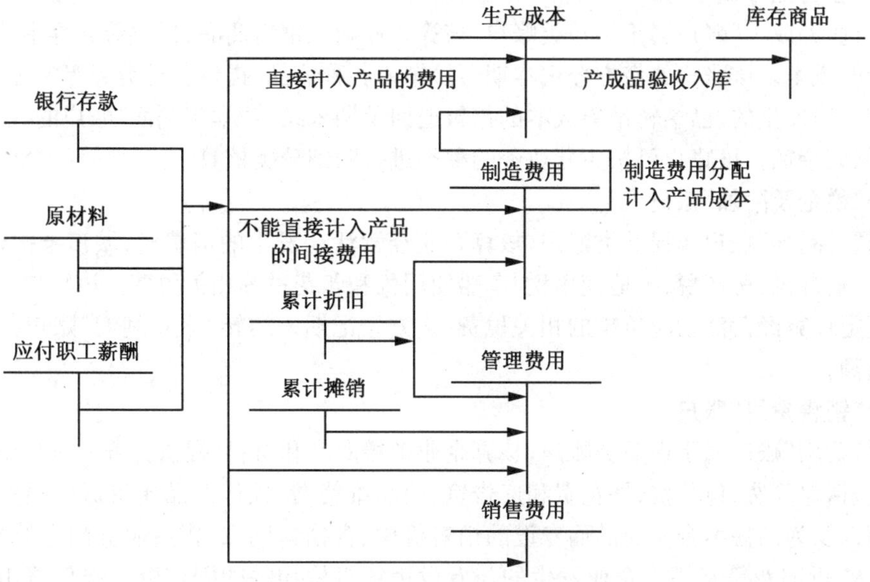


图 6－5　产品生产业务的核算程序

# 第五节　产品销售业务的核算

## 一、产品销售过程的主要经济业务

企业的销售过程是从销售商品、提供劳务开始，到取得销售收入直至收回货款的过程。销售过程是制造业企业资金循环的第三个阶段，也是制造业企业生产经营过程的最后阶段。

企业取得产品销售收入是以付出产品为代价的，如发生产品的销售成本、销售费用及流转税等。已销售产品的生产成本就是产品销售成本。企业销售产品取得销售收入的同时还要发生各种销售费用，如包装费、运输费、广告费、保险费以及为销售本企业产品而专设的销售机构的职工薪酬。此外，企业还要按国家有关税法规定的税种和税率以及实现的销售收入计算缴纳税金及附加。

销售业务核算的主要内容包括：确认和核算营业收入，核算营业成本和营业费用，核算增值税和其他相关税费，核算应收账款和应收票据等。

## 二、主要核算账户

产品销售过程的核算，主要设置“主营业务收入”“主营业务成本”“税金及附加”“销售费用”“应收账款”“应收票据”“预收账款”“合同资产”“合同负债”等账户。

### (一)“主营业务收入”账户

“主营业务收入”账户属于损益类账户，核算企业确认销售商品、提供劳务等主营业务的收入。该账户的贷方登记企业销售产品或提供劳务所实现的收入；借方登记发生的销售退回或销售折让以及期末结转“本年利润”账户的数额；结转后，期末应无余额。该账户可按主营业务的种类进行明细分类核算。

**(二)"主营业务成本"账户**

"主营业务成本"账户属于损益类账户，核算企业确认销售商品、提供劳务等主营业务收入时应结转的成本。该账户的借方登记本期(月)销售各种商品、提供各种劳务等实际成本；贷方登记本期(月)发生的、已结转销售成本的销售退回及期末结转"本年利润"账户的成本总额；结转后，期末无余额。该账户可按主营业务的种类进行明细分类核算。

**(三)"税金及附加"账户**

"税金及附加"账户属损益类账户，核算企业经营活动发生的消费税、城市维护建设税、教育费附加、资源税、房产税、土地使用税、车船使用税和印花税等相关税费。该账户的借方登记企业按规定计算经营活动应负担的相关税费；贷方登记期末结转"本年利润"账户数；结转后，期末无余额。

**(四)"销售费用"账户**

"销售费用"账户属于损益类账户，核算企业销售商品和材料、提供劳务的过程中发生的各种费用，包括保险费、包装费、展览费和广告费、商品维修费、预计产品质量保证损失、运输费、装卸费等以及为销售本企业商品而专设的销售机构(含销售网点、售后服务网点等)的职工薪酬、业务费、折旧费等费用。企业发生的与专设销售机构相关的固定资产修理费用等后续支出，也在本账户核算。该账户的借方登记在销售商品过程中发生的包装费、保险费、展览费和广告费、运输费、装卸费等费用，以及为销售本企业商品而专设的销售机构的职工薪酬、业务费等经营费用；贷方登记期末结转"本年利润"账户数；结转后，期末无余额。该账户可按费用项目进行明细分类核算。

**(五)"应收账款"账户**

"应收账款"账户属于资产类账户，核算企业因销售商品、提供劳务等经营活动应收取的款项。该账户的借方登记应收而未收的款项和企业代购货单位垫支的包装费、运杂费等；贷方登记企业实际收回的款项和经批准转销的坏账损失。期末借方余额，反映企业尚未收回的应收账款；期末如为贷方余额，反映企业预收的账款。该账户可按债务人进行明细分类核算。

**(六)"应收票据"账户**

"应收票据"账户属于资产类账户，核算企业因销售商品、提供劳务等而收到的商业汇票，包括银行承兑汇票和商业承兑汇票。该账户的借方登记企业因销售产品等而收到票据的票面金额；贷方登记持未到期的商业汇票向银行贴现、背书及商业汇票到期实际收到的金额。期末借方余额，反映企业持有的商业汇票的票面金额。该账户可按开出、承兑商业汇票的单位进行明细分类核算。

企业应当设置"应收票据备查簿"，逐笔登记商业汇票的种类、号数，出票日，票面金额，交易合同号，付款人、承兑人、背书人的姓名或单位名称，到期日，背书转让日，贴现日、贴现率和贴现净额，以及收款日和收回金额、退票情况等资料。商业汇票到期结清票款或退票后，在备查簿中应予注销。

**(七)"预收账款"账户**

"预收账款"账户属于负债类账户，核算企业向购货方预收的购货定金或部分货款。预收账款情况不多的，也可以不设置本账户，将预收的款项直接记入"应收账款"账户。该账户贷方登记企业向购货单位预收的款项；借方登记销售实现时向购货单位发出商品抵付的货款数。期末贷方余额，反映企业预收的款项；期末如为借方余额，反映企业尚未转销的款项。该账户可按购货单位进行明细分类核算。

**(八)"合同资产"账户**

"合同资产"账户属于资产类账户,指企业已向客户转让商品而有权收取对价的权利,且该权利取决于时间流逝之外的其他因素。该账户的贷方登记企业收到合同对价时冲销的金额;借方登记企业因已向客户转让商品而有权收取对价的金额。期末借方余额,反映企业因已向客户转让商品而有权收取对价的金额。该账户应按合同进行明细分类核算。

合同资产不是一项无条件收款权利,该权利除时间流逝之外,还取决于其他条件,如履行合同中的其他履约义务,才能收取合同对价。合同资产可能承担其他风险,如履约风险。

**(九)"合同负债"账户**

"合同负债"账户属于负债类账户,指企业已收或应收客户对价而应向客户转让商品的义务。该账户的借方登记企业向客户转让商品时冲销的金额;贷方登记企业在向客户转让商品之前,已经收到或已经取得无条件收取合同对价权利的金额。期末贷方余额,反映企业在向客户转让商品之前,已经收到的合同对价或已经取得的无条件收取合同对价权利的金额。该账户可按合同进行明细分类核算。

合同资产和合同负债应当在资产负债中单独列示,并按流动性,分别列示为"合同资产"或"其他非流动资产",以及"合同负债"或"其他非流动负债"。

同一合同下的"合同资产"和"合同负债"应当以净额列示。

**专栏6-1　　合同资产、合同负债与预付账款、预收账款的区别**

**一、前提不同**

合同资产和合同负债以合同订立为前提,而预付账款和预收账款不要求存在订立的合同。例如,在合同成立前已收到的对价不能称为合同负债,但仍可作为预收账款。而在合同成立后,预收账款则转化为合同负债。

**二、涉及标的不同**

确认预付账款的前提是支付了款项,确认合同资产则不以是否支付款项为前提,而以合同中收款权利的确立为前提。同理,确认预收账款的前提是收到了款项,确认合同负债则不以是否收到款项为前提,而以合同中履约义务的确立为前提。也就是说,合同资产和合同负债主要涉及合同规定的履约义务和收款权利,不一定涉及实际的款项收付;而预付账款和预收账款一定涉及实际款项收付。

**三、核算范围不同**

合同负债能核算已实际收到的预收账款和未实际收到但已拥有收款权利的预收款,而预收账款只能核算实际已收到的预收账款。如企业与客户签订不可撤销的合同,向客户销售其生产的产品。合同开始日,企业收到客户支付的合同价款 1 000 元,相关产品 3 个月后交付。此时,该 1 000 元为企业合同负债。

同理,合同资产能核算已实际支付的预付账款和未实际支付但根据合同应支付的预付款,而预付账款只能核算实际已支付的预付账款。

**四、列示方式不同**

在资产负债表中,同一合同下的合同资产和合同负债应当以净额列示;而预付账款和预收账款并不能互相抵销。

## 三、主要经济业务核算举例

**【例 6－34】** 12 月 2 日，按约定向本市宏伟公司发出甲产品 90 件。11 月 16 日，与宏伟公司签订一项合同中约定，由本公司分别于 11 月 25 日和 12 月 10 日前向客户提供甲产品 90 件，合同约定客户在收到第二批产品验收合格后才一次性付清款项。甲产品每件售价 4 300 元，每批产品分别计 387 000 元，第一批产品于 11 月 23 日发送至宏伟公司并通过验收。当日，宏伟公司验收合格并支付相关款项，货款及增值税税款(税率 13%)已收到并存入银行。

11 月初，企业发出第一批甲产品，宏伟公司验收合格后，企业拥有了向客户转让商品而有权收取对价的权利，但客户根据合同暂时并不付款，应记入“合同资产”账户及所属明细账的借方；同时，确认的产品销售收入应记入“主营业务收入”账户及所属明细账的贷方；因销售货物收取的增值税税额，是代第三方(国家)收取的款项，应记入“应交税费——应交增值税(销项税额)”账户的贷方。会计分录如下：

| | | |
|---|---|---|
| 借：合同资产 | 437 310 | |
| 　贷：主营业务收入 | | 387 000 |
| 　　应交税费——应交增值税(销项税额) | | 50 310 |

12 月初，企业发出第二批甲产品后，客户根据合同规定一次性付清款项，该项交易所取得的款项存入银行，企业的银行存款增加，应记入“银行存款”账户的借方。同时，冲减之前的“合同资产”账户及所属明细账的借方，并将本月销售第二批产品的销售收入记入“主营业务收入”账户及所属明细账的贷方和“应交税费——应交增值税(销项税额)”账户的贷方。会计分录如下：

| | | |
|---|---|---|
| 借：银行存款 | 874 620 | |
| 　贷：合同资产 | | 437 310 |
| 　　主营业务收入 | | 387 000 |
| 　　应交税费——应交增值税(销项税额) | | 50 310 |

**【例 6－35】** 12 月 12 日，向本市东方公司销售乙产品 100 件，每件售价 2 900 元，计 290 000 元，产品已发出；同时，以银行存款 500 元支付代垫运杂费，货款及增值税税款(税率 13%)尚未收到。

这项经济业务的发生，一方面使企业因销售产品而获得收入，企业实现的销售收入 290 000 元，应记入“主营业务收入”账户及所属明细账的贷方；企业代国家向购买方收取的增值税税额 37 700 元，应记入“应交税费”及所属明细账的贷方；此外，企业用银行存款代垫运杂费 500 元，属于资产的减少，应记入“银行存款”账户的贷方。企业销售产品以及代垫的运杂费形成应收而未收到的货款，属于资产的增加，应记入“应收账款”账户及所属明细账的借方。会计分录如下：

| | | |
|---|---|---|
| 借：应收账款——东方公司 | 328 200 | |
| 　贷：主营业务收入 | | 290 000 |
| 　　应交税费——应交增值税(销项税额) | | 37 700 |
| 　　银行存款 | | 500 |

值得注意的是，应收账款是企业无条件收取合同对价的权利，即企业仅随着时间的流逝可收款，且仅承担信用风险。

**【例 6－36】** 12 月 15 日，预收宏升公司购买乙产品交来的部分货款 30 000 元存入银行。

企业虽已收到购货款30 000元，但根据销售收入实现的确认条件，不能认为是已实现的产品销售收入。由于产品销售业务尚未发生，它只表明形成了企业对购货单位的一项债务，应确认为预先收到了货款，属于企业负债的增加，应记入"预收账款"账户及所属明细账的贷方；收到预收款存入银行，表明企业资产的增加，应记入"银行存款"账户的借方。会计分录如下：

借：银行存款　　30 000

　贷：预收账款——宏升公司　　30 000

**【例6-37】** 12月18日，企业按合同规定向购货单位宏升公司发出乙产品20件，单价2 900元/件，增值税税额为7 540元，余款由宏升公司签发一张6个月、经银行承兑的商业汇票抵付。

企业已发出产品，可以确认产品销售收入实现。企业收入增加58 000元，应记入"主营业务收入"账户及所属明细账的贷方；向购货单位收取的增值税税额7 540元，应记入"应交税费"账户及所属明细账的贷方。同时，企业已发出产品抵付预收货款形成了债务清偿，负债减少，应记入"预收账款"账户及所属明细账的借方；收到宏升公司交来的商业汇票形成企业的一项资产，应记入"应收票据"账户的借方。会计分录如下：

借：预收账款——宏升公司　　30 000

　应收票据　　35 540

　贷：主营业务收入　　58 000

　　应交税费——应交增值税(销项税额)　　7 540

**【例6-38】** 12月30日，以银行存款支付本月广告费用2 500元和商品展览费2 500元。

企业为销售产品而支付的广告费和商品展览费，使企业的销售费用增加，应记入"销售费用"账户的借方；银行存款的减少应记入"银行存款"账户的贷方。会计分录如下：

借：销售费用　　5 000

　贷：银行存款　　5 000

**【例6-39】** 12月31日，结转已销售甲、乙产品的销售成本(发出库存商品采用先进先出法)。

已销产品成本是指已销产品的生产成本，它是根据已销产品的数量乘以产品的单位生产成本计算出来的。在计算本期已销产品的成本时，由于所销售的产品不一定都是本期生产完工的，而各期生产的同一种产品的单位生产成本也不一定完全相同，因此应采用一定的计价方法(如先进先出法、加权平均法等)来确定本期产品的销售成本。本例采用先进先出法计价。本期销售的90件甲产品的成本为147 408元(30×1 600+60×1 656.8)，本期销售的120件(100+20)乙产品的成本为179 960元(40×1 500+80×1 499.5)。

由于产品已经售出，经济利益已经流出企业，结转已销产品的成本，一方面使得企业产品的销售成本增加了327 368元，应记入"主营业务成本"账户的借方；另一方面使得企业库存的产品减少了327 368元，其中：甲产品减少147 408元，乙产品减少179 960元，应记入"库存商品"账户及所属明细账户的贷方。会计分录如下：

借：主营业务成本　　327 368

　贷：库存商品——甲产品　　147 408

　　　　　——乙产品　　179 960

**【例6-40】** 12月31日，乙产品属于应交消费税的产品，适用的消费税税率为3%，企业按规定计算出本月销售乙产品应缴纳的消费税为10 440元(348 000×3%)。

期末，企业应按规定计算各项税金及附加，这些税金及附加的增加，属于企业费用的增加，应记入"税金及附加"账户及所属明细账的借方；计算应交而未交的各项税金及附加，属于企业负债的增加，应记入"应交税费"账户及所属明细账的贷方。会计分录如下：

借：税金及附加　　10 440

　贷：应交税费——应交消费税　　10 440

**【例 6-41】** 12 月 31 日，经计算，已销售甲、乙产品应缴纳的城市维护建设税和教育费附加计 1 457.40 元（城市维护建设税税率为 7%；教育费附加税率为 3%）。

根据例 6-34、例 6-35、例 6-37、例 6-42 和例 6-45 可以计算出本月增值税发生销项税额为 147 550 元；根据例 6-3、例 6-12、例 6-13、例 6-14、例 6-16 和例 6-19 计算出本月增值税进项税额为 143 416 元，本月应交增值税税额为 4 134 元（147 550－143 416）。本月应交消费税为 10 440 元。按照应交增值税、应交消费税之和的 7%计算应交城市维护建设税，按 3%计算应交教育费附加。

应交城市维护建设税＝(4 134＋10 440)×7%＝1 020.18(元)

应交教育费附加＝(4 134＋10 440)×3%＝437.22(元)

本月应交城市维护建设税和教育费附加，应记入"税金及附加"账户的借方；企业按规定计提城市维护建设税和教育费附加未上交之前形成企业的负债，应分别记入"应交税费"账户及所属明细账的贷方。会计分录如下：

借：税金及附加　　1 457.40

　贷：应交税费——应交城市维护建设税　　1 020.18

　　　　　　——应交教育费附加　　437.22

产品销售业务的核算程序如图 6-6 所示。

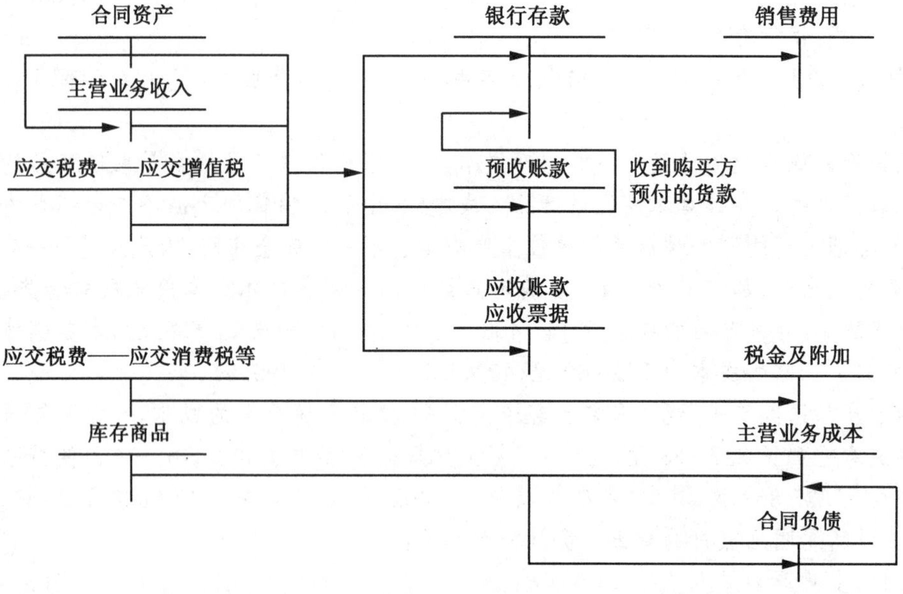


**图 6-6 产品销售业务的核算程序**

# 第六节　利润形成与分配业务的核算

## 一、利润形成与分配业务

### (一)利润的形成

利润是指企业一定会计期间的经营成果。利润在“量”上表现为各项收入抵减各项费用后的余额以及直接计入当期利润的利得和损失，在“质”上表现为企业净资产的增加或减少。

企业利润的构成大致可以分为以下三个层次：营业利润、利润总额和净利润。

**营业利润＝营业收入－营业成本－税金及附加－期间费用－资产减值损失－信用减值损失＋其他收益±投资收益或损失±净敞口套期收益或损失±公允价值变动收益或损失±资产处置收益或损失**

其中：

**营业收入＝主营业务收入＋其他业务收入**

**营业成本＝主营业务成本＋其他业务成本**

**期间费用＝销售费用＋管理费用＋研发费用＋财务费用**

**利润总额＝营业利润＋营业外收入－营业外支出**

**净利润＝利润总额－所得税费用**

### (二)利润的分配

企业实现的利润总额，扣除所得税费用以后，就是企业的净利润。企业净利润的分配涉及各个方面的利益关系，包括投资人、企业内部职工等各方的经济利益，因此必须遵循兼顾各方利益的原则对净利润进行分配。根据《公司法》等有关法规的规定，应按照下列顺序进行分配：

(1)公司的法定公积金不足以弥补以前年度亏损的，应当先用当年利润弥补亏损。

(2)公司分配当年税后利润时，应当提取利润的10%列入公司法定公积金。公司法定公积金累计额为公司注册资本的50%以上的，可以不再提取。

(3)公司从税后利润中提取法定公积金后，经股东会或者股东大会决议，还可以从税后利润中提取任意公积金。

(4)向投资者分配利润或股利，有限责任公司和股份有限公司分别按照股东实缴的出资比例与股东持有的股份比例分取红利。

此外，利润净额还会有一部分以未分配利润的形式留归企业，用于提高企业承受风险的能力。

## 二、主要核算账户

利润形成与分配的核算，主要设置“其他业务收入”“其他业务成本”“盈余公积”“本年利润”“利润分配”“公允价值变动损益”“投资收益”“坏账准备”“资产减值损失”“信用减值损失”“固定资产清理”“资产处置损益”“其他收益”“营业外收入”“营业外支出”“所得税费用”“应付股利”等账户。

### (一)“其他业务收入”账户

“其他业务收入”账户属于损益类账户，核算企业确认的除主营业务活动以外的其他经营活动实现的收入，包括出租固定资产、出租无形资产、出租包装物和商品、销售材料、用材料进行非货币性交换(非货币性资产交换具有商业实质且公允价值能够可靠计量)或债务重组等实现的收入。该账户的贷方登记企业发生上述业务取得的收入;借方登记期末结转“本年利润”账户的数额。结转后,期末应无余额。该账户可按其他业务收入种类进行明细分类核算。

**(二)“其他业务成本”账户**

“其他业务成本”账户属于损益类账户,核算企业确认的除主营业务活动以外的其他经营活动所发生的支出,包括销售材料的成本、出租固定资产的折旧额、出租无形资产的摊销额、出租包装物的成本或摊销额等。该账户的借方登记企业发生的其他业务成本;贷方登记期末结转“本年利润”账户的数额。结转后,期末应无余额。该账户可按其他业务成本的种类进行明细分类核算。

**(三)“盈余公积”账户**

“盈余公积”账户属于所有者权益类账户,核算企业从净利润中提取的盈余公积。该账户的贷方登记企业按规定提取的盈余公积的增加数;借方登记用盈余公积弥补亏损或转增资本的减少数。期末贷方余额,反映企业的盈余公积。该账户应当分别“法定盈余公积”“任意盈余公积”进行明细分类核算。

**(四)“本年利润”账户**

“本年利润”账户属于所有者权益类账户,核算企业当期实现的净利润(或发生的净亏损)。该账户的贷方登记月末从“主营业务收入”“其他业务收入”“营业外收入”“投资收益”“公允价值变动损益”“资产减值损失”“资产处置损益”“其他收益”账户贷方转入的金额;借方登记月末从“主营业务成本”“其他业务成本”“税金及附加”“销售费用”“管理费用”“财务费用”“投资收益”“营业外支出”“资产减值损失”“所得税费用”等账户借方转入的金额。期末余额在贷方,表示企业所实现的净利润;若为借方余额,则表示所发生的净亏损。

年度终了,应将本年收入和支出相抵后结出的本年实现的净利润,转入“利润分配”账户,借记本账户,贷记“利润分配——未分配利润”账户;如为净亏损,做相反的会计分录。结转后,本账户应无余额。

**(五)“利润分配”账户**

“利润分配”账户属于所有者权益类账户,核算企业利润的分配(或亏损的弥补)和历年分配(或弥补)后的余额。该账户借方登记本期企业按规定提取的盈余公积、分配给股东或投资者的现金股利或利润以及分配给股东的股票股利;贷方登记用盈余公积弥补亏损的金额。

年度终了,企业将本年实现的净利润,从“本年利润”账户的借方转入“利润分配”账户,借记“本年利润”账户,贷记本账户(未分配利润);为净亏损的,做相反的会计分录。同时,将“利润分配”账户所属其他明细账户的余额转入本账户“未分配利润”明细账户。结转后,本账户除“未分配利润”明细账户外,其他明细账户应无余额。

结转后,该账户的余额一般在贷方,表示企业未分配利润;如余额在借方,则表示企业未弥补的亏损。该账户应当分别“提取法定盈余公积”“提取任意盈余公积”“应付现金股利或利润”“转作股本的股利”“盈余公积补亏”和“未分配利润”等进行明细分类核算。

**(六)“公允价值变动损益”账户**

“公允价值变动损益”账户属于损益类账户,核算企业交易性金融资产、交易性金融负债,以及采用公允价值模式计量的投资性房地产、衍生工具、套期保值业务等公允价值变动形成的应计入当期损益的利得或损失。该账户借方登记交易性金融资产的公允价值低于其账面余额的差额、交易性金融负债公允价值高于其账面余额的差额等形成的损失;贷方登记交易性金融资产的公允价值高于其账面余额的差额、交易性金融负债公允价值低于其账面余额的差额等产生的收益。期末，应将本账户余额转入“本年利润”账户，结转后本账户无余额。本账户可按“交易性金融资产”“交易性金融负债”“投资性房地产”等进行明细分类核算。

**（七）“投资收益”账户**

“投资收益”账户属于损益类账户，核算企业确认的投资收益或投资损失。该账户借方登记企业持有交易性金融资产、债权投资、其他债权投资和长期股权投资期间发生的投资损失；贷方登记企业持有交易性金融资产、债权投资、其他债权投资、其他权益工具投资和长期股权投资期间取得的投资收益。期末，应将本账户余额转入“本年利润”账户，本账户结转后应无余额。本账户可按投资项目进行明细分类核算。

**（八）“坏账准备”账户**

“坏账准备”账户属于资产类账户，核算企业应收款项的坏账准备。该账户的借方登记应收款项发生减值的减记金额、冲减应计提的坏账准备小于其账面余额的差额以及转销确实无法收回的应收款项的数额；贷方登记应收款项计提坏账准备的增加数，包括应收款项发生减值的减记金额、已确认并转销的应收款项以后又收回的金额。期末贷方余额，反映企业已计提但尚未转销的坏账准备。该账户可按应收款项的类别进行明细分类核算。

**（九）“资产减值损失”账户**

“资产减值损失”账户属于损益类账户，核算企业计提各项资产减值准备所形成的损失。该账户借方登记企业的存货、长期股权投资、固定资产和无形资产等资产发生的减值损失；贷方登记在原已计提的减值准备金额内，存货等资产的价值得以恢复金额以及期末转入“本年利润”账户的数额。期末，结转后本账户无余额。本账户可按资产减值损失的项目进行明细分类核算。

**（十）“信用减值损失”账户**

“信用减值损失”账户属于损益类账户，核算企业以预期信用损失为基础计量各项金融工具减值所形成的损失。该账户借方登记企业的应收款项、债权投资、其他债权投资、租赁应收款、合同资产、部分贷款承诺和财务担保合同等发生的减值损失；贷方登记在原已计提的减值损失金额内，应收账款等项目的预期信用损失的有利变动以及期末转入“本年利润”账户的数额。期末，结转后本账户无余额。本账户可按信用减值损失的项目进行明细分类核算。

**（十一）“固定资产清理”账户**

“固定资产清理”账户属于资产类账户，核算企业因出售、报废、毁损、对外投资、非货币性资产交换、债务重组等原因转出的固定资产价值以及在清理过程中发生的费用等。该账户的借方登记企业因出售、报废、毁损、对外投资、非货币性资产交换、债务重组等转出的固定资产的账面价值及清理过程中应支付的相关税费和其他费用；贷方登记收回出售固定资产的价款、残料价值和变价收入，应由保险公司或过失人赔偿的损失。其借方余额表示固定资产清理后的净损失，属于已丧失使用功能正常报废产生的损失应转入“营业外支出”账户，其他情况的损失应转入“资产处置损益”账户；贷方余额表示固定资产清理后的净收益，属于已丧失使用功能正常报废产生的应转入“营业外收入”账户，其他情况的收益应转入“资产处置损益”账户。期末借方余额，反映企业尚未清理完毕的固定资产清理净损失。该账户应按被清理的固定资产设置明细分类账。

**（十二）“资产处置损益”账户**

“资产处置损益”账户属于损益类账户，核算固定资产、无形资产和在建工程等因出售、转让等原因产生的处置利得或损失。[①] 该账户借方登记因上述情形而产生的处置损失和在期末转入"本年利润"账户的数额,贷方登记因上述情形而产生的处置利得和在期末转入"本年利润"账户的数额。期末,结转后本账户无余额。

**(十三)"其他收益"账户**

"其他收益"账户属于损益类账户,核算部分与日常活动相关的政府补助以及其他与日常活动相关且应直接记入本科目的项目,主要包括上述政府补助、个人所得税扣缴手续费、即征即退增值税等。该账户贷方登记与日常活动相关且按规定应记入本科目的利得,借方登记期末转入"本年利润"账户的数额。期末,结转后本账户无余额。

**(十四)"营业外收入"账户**

"营业外收入"账户属于损益类账户,核算企业发生的各项营业外收入,主要包括非流动资产报废利得、非货币性资产交换利得、债务重组利得、部分与收益相关的政府补助、盘盈利得、捐赠利得等。该账户贷方登记与经营无直接关系的各项利得,借方登记期末转入"本年利润"账户的数额。期末,结转后本账户无余额。本账户可按收入项目进行明细分类核算。

**(十五)"营业外支出"账户**

"营业外支出"账户属于损益类账户,核算企业发生的各项营业外支出,包括非流动资产报废损失、非货币性资产交换损失、债务重组损失、公益性捐赠支出、非常损失、盘亏损失等。该账户借方登记企业所发生的上述损失,贷方登记期末转入"本年利润"账户的数额。期末,结转后本账户无余额。本账户可按支出项目进行明细分类核算。

**(十六)"所得税费用"账户**

"所得税费用"账户属于损益类账户,核算企业确认的应从当期利润总额中扣除的所得税费用。其借方登记企业按照税法规定计算确定的当期应交所得税、递延所得税资产的应有金额小于"递延所得税资产"账户余额的差额以及递延所得税负债的应有金额大于"递延所得税负债"账户余额的差额等;贷方登记递延所得税资产的应有金额大于"递延所得税资产"账户余额的差额、递延所得税负债的应有金额小于"递延所得税负债"账户余额的差额以及年末转入"本年利润"的所得税。期末,结转后本账户无余额。本账户可按"当期所得税费用""递延所得税费用"进行明细分类核算。

**(十七)"应付股利"账户**

"应付股利"账户属于负债类账户,核算企业分配的现金股利或利润。该账户的贷方登记按照企业根据股东大会或类似机构审议批准的利润分配方案确定支付现金股利或利润的金额;借方登记实际支付的现金股利或利润。期末贷方余额,反映企业应付未付的现金股利或利润。本账户可按投资者进行明细分类核算。

除此之外,还应设置"管理费用""财务费用"等账户,这些账户在前面已经介绍,此处不再赘述。

## 三、主要经济业务核算举例

**【例 6-42】** 12 月 20 日,出售 D 材料 2 000 千克,单价为 150 元/千克,增值税税率为

① 反映企业出售划分为持有待售的非流动资产(金融工具、长期股权投资和投资性房地产除外)或处置组(子公司和业务除外)时确认的处置利得或损失,以及处置未划分为持有待售的固定资产、在建工程、生产性生物资产及无形资产而产生的处置利得或损失。

13%，增值税销项税额 39 000 元，款项已收到，存入银行。

销售材料是企业的其他销售业务，取得的销售收入应作为其他业务收入，记入“其他业务收入”账户的贷方；代第三方（国家）收取的销项税额，记入“应交税费——应交增值税（销项税额）”账户的贷方；收取的款项，记入“银行存款”账户的借方。会计分录如下：

| | | |
|---|---|---|
| 借：银行存款 | 339 000 | |
| 贷：其他业务收入 | | 300 000 |
| 应交税费——应交增值税（销项税额） | | 39 000 |

**【例 6-43】** 12 月 20 日，结转出售 D 材料的实际成本 260 000 元（2 000×130）。

结转销售材料成本，是指将已销材料的实际成本转作费用，原材料减少，记入“原材料”账户的贷方；其他业务成本增加，记入“其他业务成本”账户的借方。会计分录如下：

| | | |
|---|---|---|
| 借：其他业务成本 | 260 000 | |
| 贷：原材料——D 材料 | | 260 000 |

**【例 6-44】** 12 月 23 日，被投资企业宣告分派现金股利 30 000 元，股利尚未支付（假定企业对此项投资采用成本法核算，且分配利润属于企业投资后实现的净利润的分配额，被投资企业的所得税税率与本企业相同，均为 25%）。

根据《企业会计准则第 2 号——长期股权投资》的规定，被投资单位宣告分派的现金股利或利润中属于本企业的部分，确认为当期投资收益。该业务的发生，引起资产和收入两个会计要素发生变化：一方面，应收股利增加了 30 000 元；另一方面，投资收益增加了 30 000 元。因此，这项交易、事项涉及“应收股利”和“投资收益”两个账户，应收股利是一项资产，增加应记入资产类账户“应收股利”账户的借方，投资收益增加应记入损益类账户“投资收益”账户的贷方。会计分录如下：

| | | |
|---|---|---|
| 借：应收股利 | 30 000 | |
| 贷：投资收益 | | 30 000 |

**【例 6-45】** 12 月 24 日，没收逾期未退的出租包装物押金 113 000 元（假定该批包装物的成本已在领用时采用一次摊销法摊销完毕）。

收取出租包装物的押金，原已记入“其他应付款”账户的贷方。这笔经济业务的发生，由于没收对方逾期未退包装物的押金，使其他应付款减少，应记入“其他应付款”账户的借方；另一方面，没收加收的押金收入属于其他业务收入，按税收法规规定，对因逾期未收回包装物不再退还的押金，应按所出租（出借）包装物适用的税率征收增值税，应交的增值税增加 13 000 元 $\left(\frac{113\ 000}{1+13\%}\times 13\%\right)$，扣除增值税后的余额增加其他业务收入 100 000 元，应分别记入“应交税费——应交增值税（销项税额）”“其他业务收入”账户的贷方。会计分录如下：

| | | |
|---|---|---|
| 借：其他应付款 | 113 000 | |
| 贷：其他业务收入 | | 100 000 |
| 应交税费——应交增值税（销项税额） | | 13 000 |

**【例 6-46】** 12 月 25 日，生产车间一台机床报废，原价为 200 000 元，已提折旧 184 000 元，清理费用为 5 000 元，残值收入为 4 000 元，均通过银行存款收支。该项固定资产已清理完毕。

该项经济业务表明，对于固定资产处置，一方面减少其原始价值，记入“固定资产”账户的贷方；另一方面转销累计折旧并通过“固定资产清理”账户反映处置固定资产的净值，应记入

"固定资产清理"和"累计折旧"账户的借方。清理过程中发生的清理费用以及应交的税费,也应记入"固定资产清理"账户的借方,支付清理费用时,银行存款减少,应记入"银行存款"账户的贷方。收到固定资产处置价款并确认清理收入时,借记"银行存款"账户,贷记"固定资产清理"账户。固定资产清理的净收益或净损失,应转入"营业外收入"或"营业外支出"账户。会计分录如下:

借:固定资产清理　　16 000
　累计折旧　　184 000
　　贷:固定资产　　200 000
借:固定资产清理　　5 000
　　贷:银行存款　　5 000
借:银行存款　　4 000
　　贷:固定资产清理　　4 000

"固定资产清理"账户借方余额为 17 000 元(16 000+5 000−4 000),意味着处置机床的净损失为 17 000 元,应计入当期损益,记入"营业外支出"账户的借方。会计分录如下:

借:营业外支出　　17 000
　　贷:固定资产清理　　17 000

**【例 6-47】** 12 月 26 日,企业的一辆运输卡车,原价 150 000 元,已计提折旧 52 500 元,在交通事故中报废,收到过失人赔偿款 30 000 元,款项已存入银行。保险公司根据保险合同的规定同意赔偿 50 000 元,款项尚未收到。卡车残料变价收入 7 500 元。

该项经济业务表明,对于固定资产报废,一方面减少其原始价值,记入"固定资产"账户的贷方;另一方面转销累计折旧,并通过"固定资产清理"账户反映报废固定资产的净值,应记入"固定资产清理"和"累计折旧"账户的借方。企业计算或收到的应由过失人或保险公司赔偿的报废、毁损固定资产的损失,应冲减清理损失,记入"银行存款"或"其他应收款"账户的借方,贷记"固定资产清理"账户。收到残料变价收入时,应冲减清理损失,借记"银行存款"账户,贷记"固定资产清理"账户。固定资产清理的净收益或净损失,应转入"营业外收入"或"营业外支出"账户。会计分录如下:

借:固定资产清理　　97 500
　累计折旧　　52 500
　　贷:固定资产　　150 000
借:银行存款(30 000+7 500)　　37 500
　其他应收款——保险公司　　50 000
　　贷:固定资产清理　　87 500

"固定资产清理"账户借方余额为 10 000 元(97 500−87 500),意味着卡车报废的净损失为 10 000 元,应计入当期损益,记入"营业外支出"账户的借方。其会计分录如下:

借:营业外支出　　10 000
　　贷:固定资产清理　　10 000

**【例 6-48】** 12 月 31 日,企业以银行存款向希望工程捐款 20 000 元。

该项经济业务的发生,一方面企业的营业外支出增加,应记入"营业外支出"账户的借方;另一方面企业的银行存款减少,应记入"银行存款"账户的贷方。会计分录如下:

借:营业外支出　　20 000

贷：银行存款　　20 000

**【例 6－49】** 12 月 31 日，企业摊销无形资产 10 000 元。

企业计提的无形资产摊销额应记入"管理费用"账户。该项经济业务的发生，一方面管理费用增加 10 000 元，记入"管理费用"账户的借方；另一方面无形资产价值减少 10 000 元（即摊销额），应记入"累计摊销"账户的贷方。会计分录如下：

借：管理费用　　10 000

贷：累计摊销　　10 000

**【例 6－50】** 12 月 31 日，采用账龄分析法对应收账款、应收票据等应收款项的期末余额进行分析，确定应收账款需计提坏账准备 5 000 元。

企业计提坏账准备，一方面应收账款的账面价值减少，应记入"坏账准备"账户的贷方；另一方面企业当期信用减值损失增加，"信用减值损失"账户属于损益类账户，应记入"信用减值损失"账户的借方。会计分录如下：

借：信用减值损失　　5 000

贷：坏账准备——应收账款　　5 000

**【例 6－51】** 12 月 31 日，以银行存款支付法律咨询费 1 000 元。

该项经济业务的发生，一方面企业的管理费用增加，应记入"管理费用"账户的借方；另一方面企业的银行存款减少，应记入"银行存款"账户的贷方。会计分录如下：

借：管理费用　　1 000

贷：银行存款　　1 000

**【例 6－52】** 12 月 31 日，企业收到违约罚款 15 000 元存入银行。

该项经济业务的发生，一方面银行存款增加 15 000 元，记入"银行存款"账户的借方；另一方面营业外收入增加 15 000 元，记入"营业外收入"账户的贷方。会计分录如下：

借：银行存款　　15 000

贷：营业外收入　　15 000

**【例 6－53】** 12 月 31 日，将各类收入账户余额结转到"本年利润"账户。

按规定，企业应于期末将有关收入类账户的余额转入"本年利润"账户的贷方，而这些收入类账户本身应记入借方。结转时，各类收入账户余额如下：

"主营业务收入"账户为 735 000 元[387 000（例 6－34）＋290 000（例 6－35）＋58 000（例 6－37）]

"其他业务收入"账户为 400 000 元[300 000（例 6－42）＋100 000（例 6－45）]

"投资收益"账户为 30 000 元（例 6－44）

"营业外收入"账户为 15 000 元（例 6－52）

结转时，应编制会计分录如下：

借：主营业务收入　　735 000

其他业务收入　　400 000

投资收益　　30 000

营业外收入　　15 000

贷：本年利润　　1 180 000

**【例 6－54】** 12 月 31 日，将各费用类账户（暂不包括"所得税费用"账户）余额结转到"本年利润"账户。

该项经济业务表明，企业月末应将有关费用类账户的余额转入“本年利润”账户的借方，而这些费用类账户本身应记入贷方。结转时，各类费用账户余额如下：

“主营业务成本”账户为 327 368 元(例 6－39)

“其他业务成本”账户为 260 000 元(例 6－43)

“税金及附加”账户为 11 897.40 元[10 440(例 6－40)＋1 457.40(例 6－41)]

“销售费用”账户为 18 500 元[13 000(例 6－23)＋500(例 6－25)＋5 000(例 6－38)]

“管理费用”账户为 56 300 元[8 500(例 6－21)＋11 400(例 6－23)＋6 000(例 6－24)＋1 500(例 6－25)＋2 900(例 6－27)＋15 000(例 6－29)＋10 000(例 6－49)＋1 000(例 6－51)]

“财务费用”账户为 6 450 元[950(例 6－9)＋5 500(例 6－11)]

“信用减值损失”账户为 5 000 元(例 6－50)

“营业外支出”账户为 47 000 元[17 000(例 6－46)＋10 000(例 6－47)＋20 000(例 6－48)]

结转时，应编制会计分录如下：

| | | |
|---|---|---|
| 借：本年利润 | 732 515.40 | |
| 　贷：主营业务成本 | | 327 368 |
| 　　其他业务成本 | | 260 000 |
| 　　税金及附加 | | 11 897.40 |
| 　　销售费用 | | 18 500 |
| 　　管理费用 | | 56 300 |
| 　　财务费用 | | 6 450 |
| 　　信用减值损失 | | 5 000 |
| 　　营业外支出 | | 47 000 |

**【例 6－55】** 12 月 31 日，按应税所得额的 25％计算应交所得税，并结转所得税费用(假定除投资收益外，其他事项无须进行纳税调整)。

企业 12 月份实现利润总额为 447 484.60 元(1 180 000－732 515.40)，扣除因被投资单位宣告分派现金股利而确认的投资收益 30 000 元(我国税法规定，居民企业直接投资于其他居民企业取得的投资收益免税。投资企业与被投资企业适用的所得税税率相同，为避免重复纳税，符合税法规定的投资收益不需要再缴纳所得税)，按 25％的税率计算的应交所得税为：

应交所得税＝(447 484.60－30 000)×25％＝104 371.15(元)

计算而得的企业应纳所得税，一方面反映企业所得税费用增加 104 371.15 元，记入“所得税费用”账户的借方；另一方面体现所得税在未实际发生支付前形成企业的一项负债，企业应交税费增加 104 371.15 元，记入“应交税费——应交所得税”账户的贷方。会计分录如下：

| | | |
|---|---|---|
| 借：所得税费用 | 104 371.15 | |
| 　贷：应交税费——应交所得税 | | 104 371.15 |

**【例 6－56】** 12 月 31 日，将“所得税费用”账户余额结转入“本年利润”账户。

该项经济业务的发生，一方面，所得税费用作为当期费用冲减本年利润，应记入“本年利润”账户的借方；另一方面，结转所得税费用，所得税费用减少，应记入“所得税费用”账户的贷方。会计分录如下：

| | | |
|---|---|---|
| 借：本年利润 | 104 371.15 | |

　　贷：所得税费用　　104 371.15

**【例 6-57】** 12 月 31 日，将“本年利润”账户余额转入“利润分配”账户所属的“未分配利润”明细分类账户的贷方。

企业 1—11 月份实现税后净利润为 463 000 元，加上 12 月份实现的净利润 343 113.45 元(447 484.60—104 371.15)，全年实现净利润为 806 113.45 元。

借：本年利润　　806 113.45

　　贷：利润分配——未分配利润　　806 113.45

**【例 6-58】** 12 月 31 日，按当年税后净利润 806 113.45 元的 10%提取法定盈余公积 80 611.35 元。

该项经济业务说明，企业计提法定盈余公积，属于利润分配的一项内容。一方面，企业提取法定盈余公积 80 611.35 元，对利润进行分配，可分配利润减少，记入“利润分配——提取法定盈余公积”账户的借方；另一方面，盈余公积增加 80 611.35 元，记入“盈余公积”账户的贷方。会计分录如下：

借：利润分配——提取法定盈余公积　　80 611.35

　　贷：盈余公积　　80 611.35

**【例 6-59】** 12 月 31 日，经股东大会决议，企业从税后利润中提取任意盈余公积 120 000 元。

该项经济业务说明，企业计提任意盈余公积，也属于利润分配的一项内容。一方面，企业提取任意盈余公积 120 000 元，对利润进行分配，可分配利润减少，记入“利润分配——提取任意盈余公积”账户的借方；另一方面，盈余公积增加 120 000 元，记入“盈余公积”账户的贷方。会计分录如下：

借：利润分配——提取任意盈余公积　　120 000

　　贷：盈余公积　　120 000

**【例 6-60】** 12 月 31 日，经股东大会决议，企业按照利润分配方案向投资者分派现金股利 150 000 元。

该项经济业务说明，企业向投资者分配利润属于利润分配的一项内容。一方面，企业向投资者分配利润 150 000 元，记入“利润分配——应付股利”账户的借方；另一方面，向投资者分配利润在没有实际支付之前，形成了企业的一项负债，应记入“应付股利”账户的贷方。会计分录如下：

借：利润分配——应付股利　　150 000

　　贷：应付股利　　150 000

**【例 6-61】** 年终决算时，将“利润分配”账户所属的各明细分类账户的借方分配合计数 350 611.35 元(其中：提取法定盈余公积 80 611.35 元，提取任意盈余公积 120 000 元，应付股利 150 000 元)结转到“利润分配——未分配利润”明细分类账户的借方。

该项经济业务的发生，一方面，应记入“利润分配——未分配利润”账户的借方；另一方面，反向结转“利润分配”账户所属的各明细账户余额，使“利润分配”账户所属的各明细账户余额结平，应记入“利润分配”账户所属的各明细账户的贷方。会计分录如下：

借：利润分配——未分配利润　　350 611.35

　　贷：利润分配——提取法定盈余公积　　80 611.35

　　　　　　　　——提取任意盈余公积　　120 000

——应付股利　　　　　　　　　　　　　　　　　　150 000

年度终了，将"利润分配"账户所属的各明细账户余额结转到"利润分配——未分配利润"账户后，除"未分配利润"账户明细账户外，其他"利润分配"的明细账户应无余额。本年"未分配利润"账户贷方增加额为 455 502.10 元(806 113.45－350 611.35)，因此，"未分配利润"账户期末贷方余额为 814 502.10 元(359 000＋455 502.10)。

利润形成与分配业务的核算程序如图 6－7 所示。

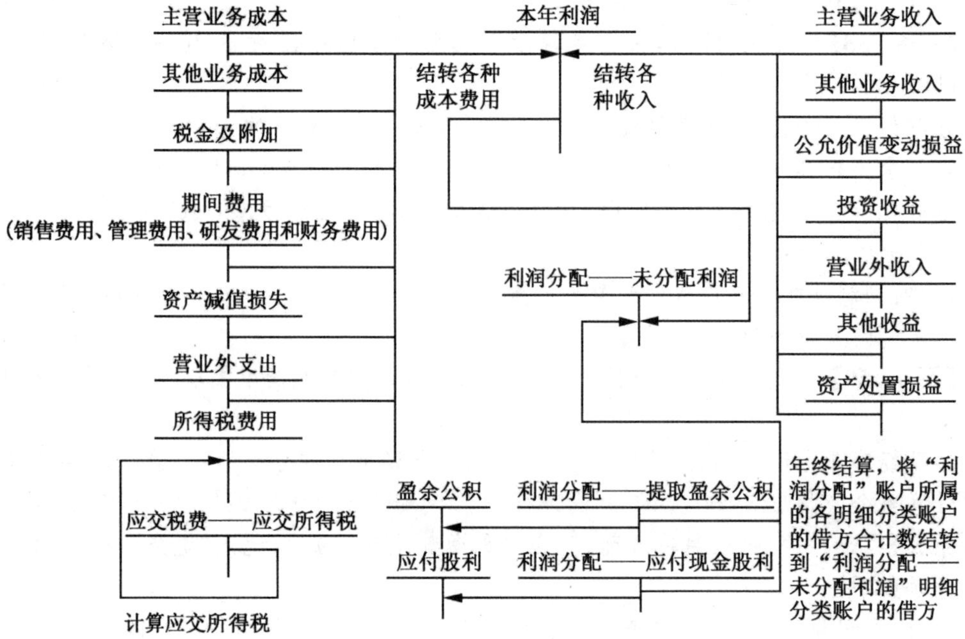


**图 6－7　利润形成与分配业务的核算程序**

## 本章小结

制造业企业的基本经济业务，主要包括资金筹集、生产准备、产品生产、产品销售以及利润形成与分配等。

资金筹集业务的核算，主要设置"实收资本""资本公积""短期借款""长期借款""财务费用"等账户；生产准备过程的核算，主要设置"工程物资""在途物资""原材料""应付账款""预付账款""应交税费"等账户；产品生产过程的核算，主要设置"生产成本""制造费用""应付职工薪酬""库存商品"等账户；产品销售过程的核算，主要设置"主营业务收入""主营业务成本""销售费用""税金及附加""应收账款""合同资产""合同负债"等账户；利润形成与分配的核算，主要设置"其他业务收入""其他业务成本""盈余公积""本年利润""利润分配""投资收益""资产减值损失""资产处置损益""其他收益""营业外收入""营业外支出""所得税费用""应付股利"等账户。

成本计算是会计核算的一种专门方法，是指对企业生产经营过程中所发生的各种费用，按照各种不同对象和一定标准进行归集和分配，以计算确定该对象的总成本和单位成本的一种专门方法。企业主要经营过程中的成本计算，包括材料采购成本的计算、产品制造成本的计算和产品销售成本的计算。

## 思考练习题

1. A 企业本年度 7 月份发生以下有关材料采购的经济业务：

(1)采购员张三预支差旅费 1 500 元，以现金支付。

(2)购进下列原材料，增值税税率为 13%，已验收入库，货款以商业承兑汇票结算。

| | | | |
|---|---|---|---|
| 甲材料 | 2 400 千克 | 单价 16 元 | 计 38 400 元 |
| 乙材料 | 2 600 千克 | 单价 22 元 | 计 57 200 元 |

增值税进项税额为 12 428 元。

(3)以银行存款支付上述材料运费 1 800 元；以现金支付运达后的挑选整理费 240 元。

(4)上述材料验收入库，有关材料采购的间接费用按照采购材料的重量进行分配，计算结转两种材料入库的实际成本。

(5)商业承兑汇票到期，企业以银行存款支付上述材料采购费用。

要求：编制上述材料采购业务核算的会计分录。

2. B 制造业企业本年度 3 月份“生产成本”账户及其所属明细账户月初余额为：“生产成本”账户 113 640 元，其中：A 产品 66 080 元，B 产品 47 560 元。其他有关资料如下：

(1)从仓库领用材料 13 920 元直接用于产品生产。其中：A 产品耗用 7 796 元，B 产品耗用 6 124 元。

(2)结算本月应付职工薪酬 21 600 元，其中：生产工人工资 20 600 元，车间管理人员工资 1 000 元。

(3)以银行存款支付本月生产车间应负担的固定资产修理费 360 元。

(4)计提本月生产车间使用固定资产的折旧费 6 200 元。其中：厂房折旧费 2 400 元，机器设备折旧费 3 800 元。

(5)本月发生的职工薪酬和制造费用，在 A、B 两种产品之间按生产工时比例进行分配(A 产品本月生产工时为 600 小时、B 产品本月生产工时为 400 小时)。

(6)月末，A、B 两种产品全部完工。

(7)月末，出售生产车间一台机器，售价为 40 000 元。该设备原价为 100 000 元，已提折旧 56 000 元，清理费用为 1 000 元，均通过银行存款收支。

要求：根据所提供的资料回答下列问题：

(1)提取固定资产折旧应编制的会计分录是什么？

(2)产品成本计算应设置哪些成本项目？

(3)在 A、B 两种产品之间分配职工薪酬和制造费用，分别计算 A、B 两种产品的总成本(列出计算过程)。

(4)编制出售固定资产的会计分录。

3. 东方工厂本年度 12 月份发生销售过程业务如下：

(1)销售给甲公司 A 产品 10 件，每件售价 12 000 元，货款为 120 000 元，增值税税额 15 600 元，款项尚未收到。

(2)销售给乙公司 A 产品 12 件，每件售价 12 500 元，货款为 150 000 元，增值税税额为 19 500 元，款项收到存入银行。

(3)收到丙公司前欠的货款 80 000 元存入银行。

(4)销售给丁公司 A 产品 3 件，每件售价 12 000 元，货款为 36 000 元，增值税税额为 4 680 元，收到票面金额为 40 680 元的商业承兑汇票。

(5)以银行存款 3 000 元支付广告费，以银行存款 5 000 元支付产品展览费。

(6)收到戊公司预付货款 75 000 元存入银行。

(7)按销售收入的 10%计算本月应缴纳的消费税。

(8)销售一批原材料给长江工厂，售价为 20 000 元，增值税税额为 2 600 元，收到为期 3 个月的应收票据一张。

(9)结转本月已售原材料的实际成本 16 000 元。

(10)结转本月已售 A 产品的制造成本 238 000 元。

要求：根据上述经济业务，编写会计分录。

## 补充与提高

1. 中华人民共和国财政部会计准则委员会：http://www.casc.org.cn。
2. 陈国辉、迟旭升：《基础会计》，东北财经大学出版社 2021 年版。
3. 李海波、蒋瑛：《新编会计学原理：基础会计》，立信会计出版社 2019 年版。
4. 张捷：《基础会计》，中国人民大学出版社 2021 年版。
5. 中华人民共和国财政部：《企业会计准则——应用指南》，立信会计出版社 2023 年版。
6. 石本仁：《会计学原理》，人民邮电出版社 2021 年版。

# 会计实务篇

本篇脉络

# 第七章　会计凭证

本章要点

1. 了解会计凭证的意义，掌握会计凭证的分类。
2. 掌握原始凭证的基本要素和分类，熟悉原始凭证的审核要求。
3. 掌握记账凭证的分类，熟悉记账凭证的填制要求。
4. 熟悉会计凭证的传递和保管的程序。

## 第一节　会计凭证的概念和分类

为了真实、全面地反映经济业务实际发生时的情况，有必要在经济业务发生时，填制或取得适当的证明文件，这种证明文件就是会计凭证。

### 一、会计凭证的概念

会计凭证是记录经济业务的发生情况，明确经济责任，按一定格式编制的作为记账依据的书面证明。

任何单位在进行一项经济活动时，执行业务的相关人员都要填制或取得会计凭证，以详细记录业务的内容，并由执行人员签字或盖章确认，明确经济责任。在填制和取得会计凭证后，由相关人员进行审核，经审核无误并由审核人员签字或盖章后，才可以作为登记账簿的依据。因此，填制和审核会计凭证不仅是会计核算的专门方法，也是会计核算的起点和基础。依据会计凭证登记账簿、处理经济业务是会计核算工作的一项基本原则。

**专栏 7-1**　　会计凭证的意义

如实填制和审核会计凭证是会计核算的重要工作，对于发挥会计在经济管理中的作用有着重要的意义，概括来讲，主要有以下几个方面：

1. 会计凭证是记载和传递信息的工具

会计凭证记录了经济业务发生时的原始信息，是反映企业经营活动的原始资料。通过进一步整理、汇总、分类以及会计处理，可以产生并传递更翔实的会计信息，为企业有效管理纷繁复杂的经济业务提供参考。因此,会计凭证在记载和传递信息方面有着重要的意义。

2.会计凭证是审核经济业务、监督经济活动的手段

会计凭证不仅可以记录有关经济活动的情况,而且可以检查经济业务发生时是否符合有关的政策、法律、法规或者企业自身的制度、计划、预算等规定,确保经济业务能够做到合法、合理,进而发现企业管理中存在的问题,以便采取有效措施,改善企业的经营管理,促使企业的各项经营活动符合国家的财经、财务制度,实现审核经济业务的目的。通过填制和审核会计凭证,还可以监督经济业务的具体实施细节,发挥会计的管理职能。所以,会计凭证在审核经济业务和监督经营活动方面也发挥着至关重要的作用。

3.会计凭证是明确有关人员经济责任的依据

由于每一项经济业务都要填制或取得适当的会计凭证,并且在填制和审核的过程中,相关人员必须签字或盖章,这样根据会计凭证就可以明确相关人员在经济业务中的责任,使得相关人员在其职责范围内各负其责。在处理可能发生的争议时,会计凭证可以作为具有法律效力的依据,便于明确经济责任,促使相关人员恰当地行使职权,严格遵守政策、制度、计划、预算等相关规定,提高责任感。

4.会计凭证是记账的依据

企业在登记会计账簿和编制会计报表的过程中,必须保证每一项经济业务都有真实、合法的会计凭证作为依据,以提高所记录的会计信息的可靠性。通过对会计凭证的填制、审核,按一定方法进行整理、分类、汇总,才能为会计记账提供真实可靠的根据。

## 二、会计凭证的分类

在会计工作中,企业的业务纷繁复杂,会计凭证的种类也多种多样。会计凭证按照不同的标准有不同的分类,但最基本的分类是按照填制程序和用途的不同划分为原始凭证和记账凭证(见图 7-1)。

按照填制程序和用途分类
- 原始凭证
- 记账凭证

**图 7-1 会计凭证的分类**

### (一)原始凭证的概念和分类

1.原始凭证的概念

原始凭证,又称原始单据,是在经济业务发生或完成时,由经办人员直接取得或填制的,用以记录证明经济业务发生或完成的情况,明确经济责任,并具有法律效力的原始证明文件。因此,原始凭证是会计核算的原始资料和重要依据,一切经济业务发生时都必须填制原始凭证。原始凭证的主要作用在于正确、完整、及时地反映经济业务的本来面貌,并据此检查经济业务的真实性、合理性、合法性。

2.原始凭证的分类

原始凭证的分类如图 7-2 所示。

- 原始凭证
  - 按来源分类
    - 外来原始凭证
    - 自制原始凭证
  - 按编制方法分类
    - 一次凭证
    - 累计凭证
    - 汇总凭证
  - 按用途分类
    - 通知凭证
    - 执行凭证
    - 计算凭证
  - 按格式分类
    - 通用凭证
    - 专用凭证

**图 7-2　原始凭证的分类**

(1)自制原始凭证和外来原始凭证

按其来源,原始凭证可分为自制原始凭证和外来原始凭证。

自制原始凭证,是由本单位经办业务的部门和人员,在通知或执行、完成某项经济业务时自行填制的原始凭证。例如,材料、商品验收入库时填制的收料单、收货单;领用材料、销售商品时填制的领料单、发货单等。

表 7-1 为差旅费报销单的样式。

**表 7-1　　差旅费报销单**

2023 年 12 月 25 日

<table>
<tr><td colspan="3">公出者姓名</td><td colspan="5">李　雄</td><td>公出地点</td><td colspan="7">北　　京</td><td rowspan="2">合计</td></tr>
<tr><td colspan="4">出发</td><td colspan="4">到达</td><td>车船费</td><td colspan="2">途中伙食补助</td><td colspan="2">住勤伙食补助</td><td colspan="3">其他</td></tr>
<tr><td>月</td><td>日</td><td>时分</td><td>地点</td><td>月</td><td>日</td><td>时分</td><td>地点</td><td></td><td>日数</td><td>金额</td><td>日数</td><td>金额</td><td>车马费</td><td>住宿费</td><td>其他</td><td></td></tr>
<tr><td colspan="8" rowspan="3">略</td><td>×××</td><td>××</td><td>××</td><td>××</td><td>××</td><td>××</td><td>××</td><td>××</td><td>1 450</td></tr>
<tr><td></td><td></td><td></td><td></td><td></td><td></td><td></td><td></td><td></td></tr>
<tr><td></td><td></td><td></td><td></td><td></td><td></td><td></td><td></td><td></td></tr>
<tr><td colspan="8">合　计</td><td>×××</td><td>××</td><td>××</td><td>××</td><td>××</td><td>××</td><td>××</td><td>××</td><td>1 450</td></tr>
<tr><td colspan="11">报销 2023 年 8 月 11 日 借款 1 500 元,结余 50 元</td><td colspan="6">报销金额(大写):<br>壹仟肆佰伍拾元整<br>¥1 450.00</td></tr>
</table>

会计主管:陈海　　审核:沈平　　制单:董梅　　部门主管:郑香　　公出人:李雄

外来原始凭证,是本单位与其他单位发生经济业务往来收到外单位填制的原始凭证。例如,购货时从供货单位取得的发票;付款时从收款单位或个人处直接取得的收据;办理银行结算时取得的收款通知或付款通知;职工出差报销时提供的住宿发票、车船票、飞机票;上缴税金的缴款书;等等。

表 7－2 为发票的样式。

**表 7－2　　　　发票（企业名称）**

购货单位：

结算方式：　　　　年　　月　　日　　　　编号：

| 货号 | 品名及规格 | | 计量单位 | 数量 | 单价 | 金额 |
|---|---|---|---|---|---|---|
| | | | | | | |
| | | | | | | |
| | | | | | | |
| 总计人民币（大写） | | | | ¥： | | |

经手人：　　　　开票单位（未盖章无效）

（2）一次凭证、累计凭证和汇总凭证

按其编制方法，原始凭证可分为一次凭证、累计凭证和汇总凭证。

一次凭证是反映一项经济业务或几项同类型的经济业务，在其发生时一次性填制完成的一种原始凭证。一次凭证是一次有效的凭证。外来凭证通常都是一次凭证，自制原始凭证中的大部分也是一次凭证，如发货单、收货单、领料单、收料单、产品入库单、借款单等。

表 7－3 为借款单的样式。

**表 7－3　　　　借 款 单**

借款部门：　　　　年　　月　　日　　　　业务授权人：

| 人民币（大写） | | | ¥： | | | | |
|---|---|---|---|---|---|---|---|
| 用　途 | 差旅费 | | | 财务部门 | | 借款部门 | |
| 付款方式 | | 票据号码 | | 负责人 | | 负责人 | |
| 收 款 人 | | 开户银行 | | 审　核 | | 借款人 | |
| | | 账　　号 | | 记　账 | | 经办人 | |

累计凭证是在一定时期内，记载多次重复发生的同类型经济业务，填制手续是在一张凭证中多次进行才能完成的，可以证明多笔同类经济业务的发生或完成情况的一种自制原始凭证。它适用于一些经常重复发生的经济业务，能够有效地减少凭证张数，简化填制手续。同时，也可以随时计算累计发生数，以便同计划或定额数量进行比较，反映经济业务执行或完成的情况，便于控制管理。例如，制造业企业的限额领料单，可以在核定的限额内多次领用材料，并可多次记载有关的业务内容。

表 7－4 为限额领料单的样式。

**表 7－4**　　**限额领料单**

领料单位：

材料名称：　　年　月　日　　发料仓库：

计划产量：　　单位消耗定额：　　编号：

<table>
<tr><td rowspan="2">材料编号</td><td rowspan="2">材料名称</td><td rowspan="2">规格</td><td rowspan="2">计量单位</td><td rowspan="2">单价</td><td rowspan="2">领用限额</td><td colspan="2">全月实用</td></tr>
<tr><td>数量</td><td>金额</td></tr>
<tr><td></td><td></td><td></td><td></td><td></td><td></td><td></td><td></td></tr>
<tr><td>领料日期</td><td>请领数量</td><td>实发数量</td><td colspan="2">领料人签章</td><td>发料人签章</td><td colspan="2">限额结余</td></tr>
<tr><td></td><td></td><td></td><td colspan="2"></td><td></td><td colspan="2"></td></tr>
<tr><td></td><td></td><td></td><td colspan="2"></td><td></td><td colspan="2"></td></tr>
<tr><td></td><td></td><td></td><td colspan="2"></td><td></td><td colspan="2"></td></tr>
<tr><td>合　计</td><td></td><td></td><td colspan="2"></td><td></td><td colspan="2"></td></tr>
</table>

供应部门负责人：　　生产部门负责人：　　仓库管理员：

汇总凭证，又称原始凭证汇总表或汇总原始凭证，是将记载同类经济业务的原始凭证定期汇总而另行编制的一种自制原始凭证。汇总凭证合并了同类型的经济业务，既可以大大简化记账工作，又可以提供经济管理所需要的总量指标和信息。例如，根据领料单定期编制发料凭证汇总表等。

表 7－5 为发料凭证汇总表的样式。

**表 7－5**　　**发料凭证汇总表(企业名称)**

年　月　日　　单位：元

<table>
<tr><td rowspan="2">领料单位</td><td rowspan="2">领料用途</td><td colspan="3">材 料 类 别</td><td rowspan="2">合　计</td></tr>
<tr><td>原料及主要材料</td><td>辅助材料</td><td>燃料</td></tr>
<tr><td rowspan="2">一车间</td><td>生产成本<br>制造费用</td><td></td><td></td><td></td><td></td></tr>
<tr><td>小计</td><td></td><td></td><td></td><td></td></tr>
<tr><td rowspan="2">二车间</td><td>生产成本<br>制造费用</td><td></td><td></td><td></td><td></td></tr>
<tr><td>小计</td><td></td><td></td><td></td><td></td></tr>
<tr><td rowspan="2">行政部门</td><td>管理费用</td><td></td><td></td><td></td><td></td></tr>
<tr><td>小计</td><td></td><td></td><td></td><td></td></tr>
</table>

会计主管：　　记账：　　稽核：　　制单：

(3)通知凭证、执行凭证和计算凭证

按其用途，原始凭证可分为通知凭证、执行凭证和计算凭证。

通知凭证，是指命令或要求企业进行某项经济业务的原始凭证，如收款通知书、付款通知书、罚款通知书等。这种凭证由有关部门签字发出，通知有关部门执行，不能证明某项经济业务已经完成。

表 7－6 为收款通知书的样式。

**表 7－6　　中国工商银行进账单(收账通知)**

年　　月　　日　　　　　　　　第　　号

<table>
<tr><td rowspan="3">出票人</td><td>全　称</td><td></td><td rowspan="3">持票人</td><td>全　称</td><td colspan="10"></td></tr>
<tr><td>账　号</td><td></td><td>账　号</td><td colspan="10"></td></tr>
<tr><td>开户银行</td><td></td><td>开户银行</td><td colspan="10"></td></tr>
<tr><td colspan="5" rowspan="2">人民币<br>(大写)</td><td>千</td><td>百</td><td>十</td><td>万</td><td>千</td><td>百</td><td>十</td><td>元</td><td>角</td><td>分</td></tr>
<tr><td></td><td></td><td></td><td></td><td></td><td></td><td></td><td></td><td></td><td></td></tr>
<tr><td colspan="2">票据种类</td><td></td><td colspan="12" rowspan="3">持票人开户行盖章</td></tr>
<tr><td colspan="2">票据张数</td><td></td></tr>
<tr><td colspan="3">单位<br>主管　　会计　　复核　　记账</td></tr>
</table>

此联是持票人开户银行交给持票人的收账通知

执行凭证，是证明某项经济业务已经完成的原始凭证，如产品入库单、销货发票等。

计算凭证，是为了对已经进行或完成的经济业务进行计算而编制的原始凭证，如工资计算表、产品成本计算单、制造费用分配表等。

(4)通用凭证和专用凭证

按其格式，原始凭证可分为通用凭证和专用凭证。

通用凭证，是指在一定范围内具有统一格式和使用方法的原始凭证，如全国统一使用的银行结算票据、某一地区统一使用的收据等。

专用凭证，是指具有特定内容和专门用途的原始凭证，如差旅费报销单、增值税专用发票等。

### (二)记账凭证的概念和分类

1. 记账凭证的概念

记账凭证，又称为分录凭证，是由会计部门根据审核无误的原始凭证编制的，用来确定会计分录，作为直接记账依据的一种会计凭证。有些会计事项(如更正错账、调整账项和结账等)无法取得原始凭证，也可以根据有关账簿中的数据资料编制记账凭证。

原始凭证来源于经济业务的各个方面，其种类和格式也难以统一，直接根据这些原始凭证登记账簿很不方便，而且容易发生差错。因此，在登记账簿之前，一般应先根据原始凭证编制记账凭证，在记账凭证的摘要栏中说明经济业务的内容，确定应借、应贷的账户名称和金额，然后据以记账。原始凭证和原始凭证汇总表一般应附在有关记账凭证后面作为附件，并在记账凭证中注明附件张数，以便于查阅。这样既可以方便记账，又可以防止出现差错，保证账簿记录工作的正确性。

尽管记账凭证和原始凭证同属于会计凭证，但相较于原始凭证，记账凭证有以下不同的特点：第一，记账凭证是由本单位内部的会计人员填制的，并作为登记账簿的依据，它不能用来证明经济业务的发生，不具备法律的证明效力。第二，记账凭证上一定要列明如何对经济业务处理的会计分录，这是对原始凭证进行整理、将原始数据输入会计信息系统的第一步。

2. 记账凭证的分类

记账凭证的分类如图 7 - 3 所示。

- 记账凭证
  - 按经济内容分类
    - 收款凭证
    - 付款凭证
    - 转账凭证
  - 按填制方法分类
    - 复式记账凭证
    - 单式记账凭证
  - 按适用的经济业务分类
    - 专用记账凭证
    - 通用记账凭证
  - 按是否汇总分类
    - 非汇总记账凭证
    - 汇总记账凭证

**图 7 - 3　记账凭证的分类**

（1）收款凭证、付款凭证和转账凭证

按其经济内容，记账凭证可分为收款凭证、付款凭证和转账凭证。

虽然原始凭证中所反映的经济业务纷繁复杂，但归纳起来不外乎是两种业务：一种是与款项有关的收、付款业务，即直接引起库存现金或银行存款增减变化的业务。例如，收到购货单位付来的款项，就是收款业务；以现金支付职工差旅费，就是付款业务。另一种是转账业务，即不涉及库存现金或银行存款而发生增减变化的其他经济业务。例如，生产车间领用原材料、产品完工验收入库等。因此，记账凭证也可以按照业务内容分为收款凭证、付款凭证和转账凭证。

收款凭证是登记货币资金（库存现金或银行存款）收入业务的记账凭证。它是根据有关库存现金和银行存款收款业务的原始凭证或原始凭证汇总表填制的。在实际工作中，出纳人员应根据会计管理人员或指定人员审核批准的收款凭证，作为记录货币资金的收入依据。出纳人员根据收款凭证收款时，在凭证上加盖“收讫”戳记，以避免差错。收款凭证一般按库存现金和银行存款分别编制库存现金收款凭证和银行存款收款凭证。

付款凭证是反映货币资金（主要是库存现金或银行存款）付出业务的记账凭证。它是根据有关库存现金和银行存款的付款业务，以及货币资金之间相互收、付业务的原始凭证或原始凭证汇总表填制的。在实际工作中，出纳人员应根据会计管理人员或指定人员审核批准的付款凭证，作为记录货币资金的支出并付出资金的依据。出纳人员根据付款凭证付款时，要在凭证上加盖“付讫”戳记，以避免差错。付款凭证一般也按库存现金和银行存款分别编制库存现金付款凭证和银行存款付款凭证。

值得注意的是，对于库存现金与银行存款之间、存款与取款之间的划拨业务，为避免重复记账，一般只编制付款凭证，而不编制收款凭证（将在记账凭证的编制方法中详细说明）。例如，把现金存入银行，只编制库存现金付款凭证，不再填制银行存款收款凭证；同样，从银行提取现金时，也只填制银行存款付款凭证，而不再填制库存现金收款凭证。

转账凭证是反映与货币资金无关的转账业务的记账凭证。它是根据有关转账业务的原始凭证或原始凭证汇总表填制的。

表 7 - 7、表 7 - 8 和表 7 - 9 分别是收款凭证、付款凭证和转账凭证的样式。

**表 7-7** **银行存款收款凭证(企业名称)**

借方账户:银行存款　　　　年　月　日　　　　银收字第×号

| 摘　要 | 贷方账户 | | 金　额 | 记账 |
|---|---|---|---|---|
| | 一级账户 | 明细账户 | | |
| | | | | |
| | | | | |
| | | | | |
| 合　计 | | | | |

附件×张

会计主管　　记账　　出纳　　审核　　填制

**表 7-8** **银行存款付款凭证(企业名称)**

贷方账户:银行存款　　　　年　月　日　　　　银付字第×号

| 摘　要 | 借方账户 | | 金　额 | 记账 |
|---|---|---|---|---|
| | 一级账户 | 明细账户 | | |
| | | | | |
| | | | | |
| | | | | |
| 合　计 | | | | |

附件×张

会计主管　　记账　　出纳　　审核　　填制

**表 7-9** **转账凭证(企业名称)**

年　月　日　　　　转字第×号

| 摘　要 | 会计科目 | | 借方金额 | 贷方金额 | 记账 |
|---|---|---|---|---|---|
| | 一级账户 | 明细账户 | | | |
| | | | | | |
| | | | | | |
| | | | | | |
| 合　计 | | | | | |

附件×张

会计主管　　记账　　审核　　填制

(2)复式记账凭证和单式记账凭证

按其填制方式,记账凭证可分为复式记账凭证和单式记账凭证。

复式记账凭证,也称多科目记账凭证,是指在一张记账凭证上反映完整的经济业务所涉及的所有会计科目,以及相应的借、贷金额的记账凭证。复式记账凭证可以集中反映账户的对应关系,便于了解经济业务的全貌,掌握资金的来龙去脉,查找、复查比较方便,同时可以减少填制记账凭证的工作量。其缺点是不便于汇总、计算每一笔会计科目的发生额,也不便于会计工作人员分工记账。

单式记账凭证，也称单科目记账凭证，要求将某项经济业务所涉及的每个会计科目，分别填制记账凭证，即每张记账凭证只填列一个会计科目，其对方科目只供参考，不凭以记账。单式记账凭证把一项经济业务的会计分录，按所涉及的会计科目分别填制两张或两张以上的记账凭证，其优点在于便于汇总计算每一个会计科目的发生额，便于分工记账；但填制单式记账凭证的工作量大，而且出现错误不易查找。

(3)专用记账凭证和通用记账凭证

按其适用的经济业务，记账凭证可分为专用记账凭证和通用记账凭证。

专用记账凭证是专门用于某一种经济业务的记账凭证。收款凭证、付款凭证和转账凭证都是专用记账凭证。在实际工作中，为了避免差错和提高工作效率，各种专用记账凭证通常用不同的颜色印刷。例如，收款凭证为红色，付款凭证为蓝色，转账凭证为绿色。

通用记账凭证是适用于所有经济业务的记账凭证。采用通用记账凭证的单位，不再区分收款、付款和转账三类凭证，即无论是款项的收、付业务还是转账业务，都采用统一格式的记账凭证。通用记账凭证适合规模不大、款项收付不多的中小型企业，其格式与转账凭证格式一样。

**表 7-10　　通用记账凭证**

出纳编号：

年　月　日　　凭证编号：

| 摘要 | 结算方式 | 票号 | 借方科目 | | 贷方科目 | | 金额 | | | | | | | | | | |
|---|---|---|---|---|---|---|---|---|---|---|---|---|---|---|---|---|---|
| | | | 总账科目 | 明细科目 | 总账科目 | 明细科目 | 亿 | 千 | 百 | 十 | 万 | 千 | 百 | 十 | 元 | 角 | 分 |
| | | | | | | | | | | | | | | | | | |
| | | | | | | | | | | | | | | | | | |
| | | | | | | | | | | | | | | | | | |
| | | | | | | | | | | | | | | | | | |
| 附单据　张 | | | 合计 | | | | | | | | | | | | | | |

会计主管人员　记账　稽核　制单　出纳　交领款人

**专栏 7-2　　非汇总记账凭证和汇总记账凭证**

按其是否汇总，记账凭证可分为非汇总记账凭证和汇总记账凭证。

非汇总记账凭证是根据原始凭证编制的，只反映某项经济业务会计分录的记账凭证。前面介绍的收款凭证、付款凭证、转账凭证和通用凭证都是非汇总记账凭证。

汇总记账凭证是根据许多同类单一记账凭证定期加以汇总而重新编制的记账凭证，可以简化登记总分类账的手续。汇总记账凭证按照其汇总的方法和范围，还可以分为分类汇总记账凭证和全部汇总记账凭证。分类汇总记账凭证主要是对收款凭证、付款凭证和转账凭证分别进行汇总形成汇总收款凭证、汇总付款凭证和汇总转账凭证；全部汇总记账凭证是按照各会计账户名称分别进行汇总，形成科目汇总表。

# 第二节 原始凭证的填制和审核

## 一、原始凭证的基本要素

在具体的会计工作中，由于经济业务的多样性和经营管理的目标不同，原始凭证的内容、格式和名称也是多种多样的。为了便于使用原始凭证，有关部门还统一制定了一些原始凭证的格式，如银行结算凭证、商业专用发票等。尽管如此，仍然不能满足所有经济业务的需求。从原始凭证的定义上来看，所有原始凭证都是记录和反映经济业务发生和完成情况的原始证明，必须详细记载经济业务发生、执行和完成的具体细节，明确相关工作人员的经济责任，具有法律效力。因此，各种原始凭证都必须具备以下一些共同的基本要素：①原始凭证的名称；②填制原始凭证的单位名称；③对外原始凭证要有接收单位的名称；④填制凭证的日期和编号；⑤经济业务的内容或内容摘要；⑥经济业务所涉及的数量和金额；⑦经办人员的签名或盖章；⑧凭证的附件；等等。

## 二、原始凭证的填制

### (一)原始凭证的填制要求

作为记录经济业务的原始证明，原始凭证的填制必须符合一定的要求。同时还必须使填制凭证的会计人员了解原始凭证的重要性，加强责任意识，促使相关经办人员能够按照财务制度和相关手续填制原始凭证。

填制原始凭证的要求，概括起来有以下几点：

1. 记录真实

原始凭证上记录的关于经济业务的日期、业务内容、数量、金额等基本要素必须与经济业务实际发生和完成的情况相一致。对于实物的数量和质量，必须经过有关部门和人员的检查验收，有关金额的数字计算要经过有关人员核对，不得弄虚作假、违反财经制度和法规。

2. 内容完整

内容完整，是指原始凭证的基本要素必须分别填写齐全，不能遗漏省略；在凭证填制的过程中，手续必须完备，符合内部控制原则。原始凭证各个要素的完整性，是指以下几个方面：

(1)原始凭证的名称，标明原始凭证所反映的经济业务的内容和用途，以及本原始凭证的用途。

(2)填制原始凭证的单位名称，对外原始凭证需有接收单位的名称。

(3)填制原始凭证的日期一般是经济业务发生或完成时的日期，若因各种原因而未能在第一时间填制，应以实际填制日期为准；同时，为了更好地传递、保管、检查和核对，对各种原始凭证应该按照顺序进行编号。

(4)经济业务的内容或内容摘要，根据经济业务的发生和完成的实际情况填制，需真实地反映经济业务的内容，以原始凭证作为原始证明，明确经济责任，监督经济业务真实性、合法性和合理性。

(5)经济业务所涉及的数量和金额，主要标明了经济业务的计量数据，是原始凭证的核心内容，这里的计量数据是进行进一步会计处理的依据。

(6)经办人员的签名或盖章，用来表示对该项经济业务的真实性和正确性负责。

(7)有些原始凭证附有附件,需要注明附件的号码和件数。例如,发货票附有运货单和货物明细清单等。

3. 填制及时

根据业务发生或执行的时间,严格按规定填制凭证,以便于及时准确地反映经济业务的详细情况,避免事后回忆填制,造成误差。

4. 书写清楚、正确、规范

凭证中的文字说明和数字必须填写清楚、整齐,易于辨认,文字使用简明规范,不得使用未经国务院公布的简化汉字。数量、单价、金额等的计算要准确无误。须用蓝色或黑色墨水书写,不得擅自涂改、刮擦或挖补。如果填写错误,可以用划线更正法进行更正,并由更正人员在更正处盖章以示负责。涉及现金或银行存款收付的原始凭证,如支票收据等,都印有连续编号,按编号顺序使用。这类凭证如填写错误,应作废重填,并在填错的凭证上加盖"作废"章,与存根一起保存,不得任意撕毁。

5. 金额数字的填制要求

小写金额在阿拉伯数字前面应写上货币单位符号,而在数字后面则不用再写"元"字,并且符号与数字之间不留空格。小写阿拉伯数字应当一个一个地写,不得连笔写。

大写金额前未印有"人民币"字样的,应加写"人民币"三个字,"人民币"字样与大写金额之间不得留有空白。大写金额要规范,金额后面不到分的要在大写金额后面加上"整"字,以免被人为添加数字。阿拉伯数字之间有"0"的,汉字大写要写"零"。一张原始凭证中同时有小写和大写金额的,两者必须一致。

**专栏 7-3　　原始凭证填制的其他要求**

(1)从外单位取得的原始凭证,必须盖有填制单位的公章。公章是具有法律效力和特定用途并能够证明单位身份和性质的印鉴,如业务公章、财务专用章、发票专用章、结算专用章等。从个人处取得的原始凭证,必须有填制人员的签名或者盖章。

(2)自制的原始凭证,必须有经办单位领导或者其指定人员的签名或盖章。对外开出的凭证必须加盖本单位的公章。

(3)购买实物的原始凭证,必须有验收证明。目的是明确经济责任,保证账物相符,防止盲目采购,实现资金的有效利用,避免流失。实物验收工作由经管实物的人员负责办理,会计人员通过有关的原始凭证进行监督和审查。需要入库的实物,必须填写入库验收单,由实物保管人员验收后在入库单上如实填写实收数额,并加盖印章;不需要入库的实物,除经办人员在凭证上签章外,必须交给实物保管人员或者使用人员进行验收,由实物保管人员或者使用人员在凭证上签名或者盖章。总之,必须有购买人以外的第三者查证核实,会计人员才能据以入账。

(4)支付款项的凭证,必须有收款单位和收款人的收款证明,不能仅以支付款项的有关凭证(如银行汇款凭证)代替,目的在于防止舞弊行为的发生。

(5)发生销货退回的,除填制退货发票外,还必须有退货验收证明;退款时,必须得到对方的收款收据或汇款银行的凭证,不得以退货发票代替收据。

(6)职工出差借款凭证,必须附在记账凭证之后。收回借款时,应当另外开收据或退还借款副本,不得退还原借款收据。借款和还款是不同的两项经济业务,在会计科目上要分别反映出来。因此,借款和还款收据都是原始凭证,必须保留,以保证原始资料的完整性。

(7)经上级有关部门批准的经济业务,应将批准文件作为原始凭证附件。如果批准文件要单独归档保管,应该在凭证上注明批准机关名称、日期和文件字号,以便查阅和确认经济业务的审批情况。

(8)一式几联的原始凭证,应该注明各联的用途,只能以一联作为报销凭证。一式几联的发票和收据,必须用双面复写纸套写,并且连续编号。

**(二)原始凭证的填制方法**

下面通过收料单、限额领料单和增值税发票的具体填制,举例说明不同原始凭证的填制方法。

1.收料单的填制

收料单是企业购进材料验收入库时,由仓库保管人员填制的一次性原始凭证。企业外购材料,都应履行入库手续,由仓库保管人员根据供应单位开来的发票账单严格审核,对运达的材料认真计量,并按实收数量填制收料单,同时签章以明确经济责任。收料单一式三联,一联随发票账单到会计部门报账,会计据以进行材料增加的核算;一联留仓库,据以登记材料物资明细账、卡;一联交采购部门保存以便查证。收料单通常是一料一单。收料单的格式如表7-11所示。

**表7-11** **企业材料入库收料单**

领料单位:A公司　　收料单　　凭证编号:0098

发票编号:0034　　2023年12月29日　　发料仓库:5号仓库

| 材料编号 | 材料类别 | 名称 | 规格 | 计量单位 | 数量 | | 成本 | |
|---|---|---|---|---|---|---|---|---|
| | | | | | 应收 | 实收 | 单价 | 金额 |
| 65 | 钢材 | 圆钢 | Φ25毫米 | 千克 | 1 200 | 1 200 | 10 | 12 000 |

仓库保管员:　　收料人:　　记账:　　采购员:

2.限额领料单的填制

限额领料单是多次使用的累计金额、发料凭证。在有效期间内(一般为1个月),只要领用数量不超过限额就可以连续使用。限额领料单由生产、计划部门根据下达的生产任务和材料消耗定额,按每种材料用途分别开出,一料一单,一式两联。一联交仓库据以发料,一联交领料部门据以领料。领料单位领料时,在该限额领料单内注明请领数量,经负责人签章批准后,持往仓库领料。仓库发料时,根据材料的品名、规格在限额内发料,同时将实发数量及限额余额填写在限额领料单内,领、发料双方在限额领料单内签章。月末,在此限额领料单内结出实发量和金额转交会计部门,据以计算材料费用,并进行材料减少的核算。使用限额领料单领料,全月不能超过生产、计划部门所下达的全月领用限额量。因增加生产量而需追加限额时,应经生产、计划部门批准,办理追加限额的手续。因浪费或其他原因超限额用料需追加限额时,应由用料部门向生产、计划部门提出申请,经批准后追加限额。在用另一种材料代替限额领料单内所列材料时,应另填一次"领料单",同时相应地减少限额余额。限额领料单不仅可以对材料的领用起到事先控制的作用，而且可以减少凭证数量和简化凭证填制手续。限额领料单的格式如表 7－12 所示。

**表 7－12**　　**限额领料单**

2023 年 12 月 29 日

领料单位：加工车间　　单位：万元

材料名称：圆钢　　发料仓库：5 号仓库

计划产量：　　单位消耗定额：　　编号：1204

| 材料编号 | 材料名称 | 规　格 | 计量单位 | 单　价 | 领用限额 | 全月实用 | |
|---|---|---|---|---|---|---|---|
| | | | | | | 数　量 | 金　额 |
| 35123 | 圆钢 | Φ25 毫米 | 千克 | 10 | 210 | 200 | 2 000 |
| 领料日期 | 请领数量 | 实发数量 | 领料人签章 | | 发料人签章 | 限额结余数量 | |
| 10 日 | 100 | 100 | | | | 110 | |
| 20 日 | 100 | 100 | | | | 10 | |
| | | | | | | | |
| 合计 | 200 | 200 | | | | 10 | |

供应部门负责人：　　生产部门负责人：　　仓库管理员：

3. 增值税发票的填制

增值税发票由基本联次或者基本联次附加其他联次构成，分为三联版和六联版两种。基本联次为三联：第一联为记账联，是销售方记账凭证；第二联为抵扣联，是购买方扣税凭证；第三联为发票联，是购买方记账凭证。其他联次用途，由纳税人自行确定。纳税人办理产权过户手续需要使用发票的，可以使用增值税专用发票第六联。图 7－4 以增值税电子普通发票为例，说明增值税发票的填制。

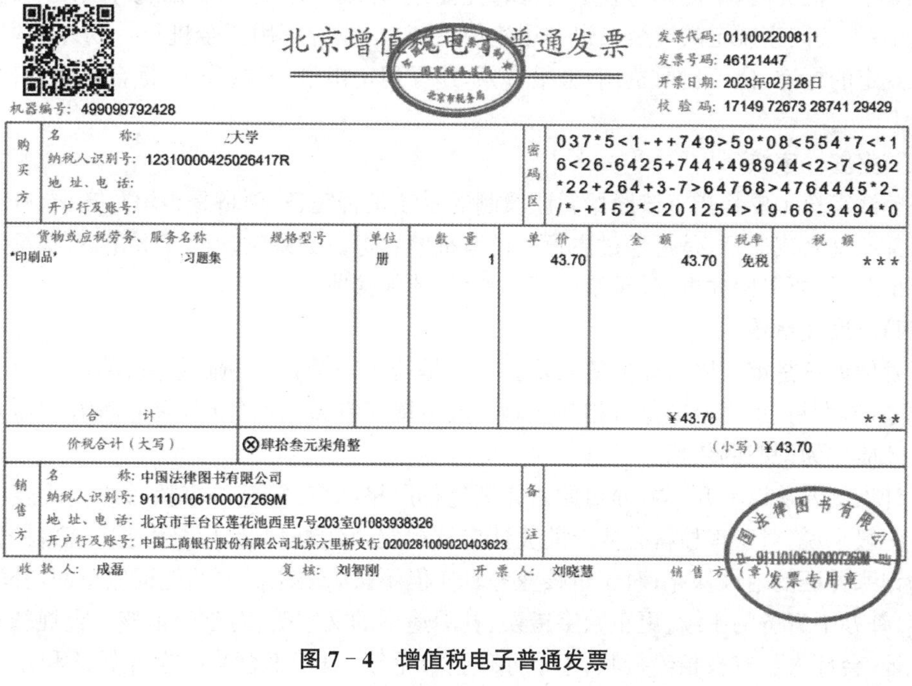
北京增值税电子普通发票

发票代码：011002200811
发票号码：46121447
开票日期：2023年02月28日
校 验 码：17149 72673 28741 29429

机器编号：499099792428

| 购买方 | 名称：大学<br>纳税人识别号：12310000425026417R<br>地址、电话：<br>开户行及账号： | 密码区 | 037*5<1-++749>59*08<554*7<*16<26-6425+744+498944<2>7<992*22+264+3-7>64768>4764445*2-/*-+152*<201254>19-66-3494*0 |
|---|---|---|---|

| 货物或应税劳务、服务名称 | 规格型号 | 单位 | 数量 | 单价 | 金额 | 税率 | 税额 |
|---|---|---|---|---|---|---|---|
| *印刷品* 习题集 | | 册 | 1 | 43.70 | 43.70 | 免税 | *** |
| 合　　计 | | | | | ¥43.70 | | *** |
| 价税合计（大写） | ⊗肆拾叁元柒角整 | | | | （小写）¥43.70 | | |

| 销售方 | 名称：中国法律图书有限公司<br>纳税人识别号：91110106100007269M<br>地址、电话：北京市丰台区莲花池西里7号203室01083938326<br>开户行及账号：中国工商银行股份有限公司北京六里桥支行 0200281009020403623 | 备注 | |
|---|---|---|---|

收款人：成磊　　复核：刘智刚　　开票人：刘晓慧　　销售方（章）

图 7－4　增值税电子普通发票

## 三、原始凭证的审核

为了正确反映和监督企业经济活动，原始凭证必须经过有关经办人员的严格审核，以确保会计凭证的真实性和准确性，这是发挥会计监督作用的重要环节。因此，会计审核是一项严肃的工作，必须认真执行。

《会计法》第 14 条规定："会计机构、会计人员必须按照国家统一的会计制度的规定对原始凭证进行审核，对不真实、不合法的原始凭证有权不予接受，并向单位负责人报告；对记载不准确、不完整的原始凭证予以退回，并要求按照国家统一的会计制度的规定更正、补充。"同时还规定："原始凭证记载的各项内容均不得涂改；原始凭证有错误的，应当由出具单位重开或者更正，更正处理应当加盖出具单位印章。原始凭证金额有错误的，应当由出具单位重开，不得在原始凭证上更正。"

原始凭证的审核作为会计人员职权范围内的一项极为重要的工作，应该由会计主管或专人负责。原始凭证的审核内容主要有以下几个方面：

**(一)真实性审核**

原始凭证是会计信息的基本信息来源，其真实性对信息质量至关重要。真实性审核主要包括两个方面：一方面，凭证本身是否真实，是否伪造或有其他不正当来源；另一方面，业务内容是否真实，不能虚构、捏造、隐瞒经济业务。

具有下列情况之一者不能作为正确的原始凭证：未写接收单位或名称不符，数量和金额计算不正确，有关负责人员没有签字或盖章，凭证联次不符，有污染、涂抹、刀刮和挖补等情况。

**(二)合法性、合规性、合理性审核**

根据有关的经济制度、法令、政策等，来审核凭证所记载的经济业务在内容上是否合法、合规。同时，审查凭证本身是否按照规定程序填制，是否符合企业内部的计划、预算和经济合同的规定，是否符合审批权限和手续，以及开支是否符合节约原则。

凡有下列情况的，不能作为合法的会计凭证：多计或少计收入、支出、费用、成本；擅自扩大开支范围；不按国家规定的资金渠道和用途使用资金，或者挪用资金进行计划外基本建设；不按国家规定的标准、比例提取费用；虚报冒领，违反规定出借公款、公物；擅自动用公款、公物请客送礼。

**(三)完整性审核**

完整性审核主要是指审核原始凭证填制的手续是否完备，项目是否填写齐全，有关经办人员是否都已签名或盖章，是否经过主管人员审批同意等。如果发现内容不完整、签章手续不够齐备等情况，都要退回并更正，重新填写完整后，才能接收。

**(四)正确性审核**

正确性审核是审核原始凭证的摘要和数字是否填写清楚、正确，数量、单价、金额、合计数等有无差错，大写、小写金额是否相等。对于数字填写有差错的凭证，应退回给经办人员进行更正后才能作为记账的依据。

会计人员要从以上几个方面对原始凭证进行严格的审核，并对审核后的凭证做出正确的处理。一般来说，对于审核符合要求的凭证应按规定及时办理会计手续，据以编制记账凭证，并作为记账凭证的附件保存；对于审核业务真实但不符合要求的原始凭证应退回，补填不完整的内容、补办不完备的手续、更正数字错误、补写遗漏的文字等；对于经审核不合规和不合理的原始凭证，会计人员有权拒绝接收，不予办理会计手续；对于不合法的会计凭证和在填制凭证中有严重违法乱纪行为的单位或个人，如伪造、变造假凭证和虚报冒领等行为，要及时向有关部门反映。

## 第三节　记账凭证的填制和审核

### 一、记账凭证的基本内容

记账凭证是用来把经济信息转化为会计信息，对经济业务进行分类核算、确定会计分录的凭证。因其反映经济业务内容的不同，记账凭证存在多种形式。作为确定会计分录、进行款项收付、账簿记录的依据，记账凭证必须具备以下基本要素：①记账凭证的名称。②填制单位的名称。③凭证的填制日期和编号。④经济业务的内容摘要。⑤应借、应贷的账户名称，包括分类账户、二级账户和明细分类账户的名称和金额。⑥所附原始凭证和其他资料的张数。⑦会计主管人员、复核、记账和填制人员的签名或盖章；收、付款凭证还要有出纳人员的签名或盖章。⑧记账备注，即已登记账簿的金额，应在“记账”栏内打“√”或签章。

### 二、记账凭证的填制

#### （一）记账凭证的填制要求

记账凭证是登记账簿的依据，其填制质量直接影响账簿记录的准确性，也会影响会计核算工作。因此，记账凭证的填制是一个严格、严肃的过程，除了要遵循填制原始凭证的要求以外，还要符合以下基本要求：

1. 摘要简明

记账凭证的“摘要”栏要用简要的语言概括经济业务内容的要点，这主要是为了便于查阅凭证和登记账簿。填写“摘要”栏的基本要求是：一方面行文要简明、扼要；另一方面内容要真实、准确、全面、清楚。例如，涉及“物”要有品名、数量和单价；涉及“事”要有过程；银行结算凭证要注明支票号码、去向；送存款项要注明现金、支票或汇票等方式。

2. 日期的填写

库存现金收付记账凭证的日期以办理库存现金收付的日期填写；银行付款业务的记账凭证，一般以付款单位开出付款单据的日期或承付的日期填写；银行收款业务的记账凭证，一般按银行进账单或银行受理回执戳记日期填写；月末结转的业务，按当月最后一天的日期填制。

3. 分录正确填写

在记账凭证中，必须按照会计科目和核算内容编制会计分录，确保分录必须正确，账户对应关系要清晰，符合会计核算的要求。

4. 逐项填写

记账凭证应该按照次序逐行填写，不能跳行。如果“金额”栏最后一笔数字与合计数之间有空行，应当划斜线或“S”形线注销。

5. 附件数量完整

记账凭证所附的原始凭证必须完整无损，并在记账凭证上注明所附原始凭证的张数，以便核对摘要及所编制的会计分录是否准确。对于同一张原始凭证编制两张记账凭证的（如采用单式记账凭证格式），应在未附原始凭证的记账凭证上注明其原始凭证在哪张凭证上面，以便查阅。如果一张原始凭证所列出的支出需要几个单位共同承担，应将其他单位负担的部分，开给对方一份原始凭证分割单(必须具备原始凭证的基本内容),以便结算。对于结账和更正错账的记账凭证,可以不附原始凭证。

6. 顺序编号

记账凭证应该按业务发生的顺序,为不同的记账凭证进行编号,这样可以分清会计处理的先后顺序,便于记账凭证和会计账簿之间的核对,确保记账凭证的完整。记账凭证根据不同的情况采取不同的编号方法,如顺序编号法、字号编号法、分数编号法等。

**(二)记账凭证的填制方法**

1. 收款凭证的填制

收款凭证是根据有关库存现金和银行存款业务的原始凭证或原始凭证汇总表填制的。收款凭证的借方账户是固定的:"库存现金"或者"银行存款"。在凭证的左上方"借方账户"处,应根据所反映的具体经济业务内容的不同,填写"库存现金"或"银行存款"。日期处("年 月 日"处)应填写填制记账凭证的确切日期;右上角为凭证的编号,即"×字第×号",可以加填"现收字第×号"或"银收字第×号"。具体编号一般可以在会计期初从1号开始,顺序编号到期末为止。下个会计期间再重新从1号开始排列,各月各类收款凭证不得有重号或漏号。"摘要"栏应填写经济业务的简要说明。"贷方账户"栏填写与"库存现金""银行存款"相对应的总账科目及明细科目。"金额"栏表示借贷双方的记账金额。从记账凭证记入账簿以后,在"记账"栏划"√"(也可以在该栏中注明所记账户的账页数,以备查考),表示已经过账,以免重记或漏记。"附件×张"处,填写所附原始凭证张数。最后,"会计主管""记账""出纳""审核""填制"等处,由各相关负责人员签名或盖章,以明确经济责任。

**【例7-1】** 企业本年度12月30日收到开户银行收款通知,购货单位光明公司偿还购货欠款30 000元。这是一笔收款业务,根据银行收款通知编制银行存款收款凭证,如表7-13所示。

**表7-13** **银行存款收款凭证(企业名称)**

借方账户:银行存款 2023年12月30日 银收字第×号

| 摘 要 | 贷方账户 | | 金 额 | 记 账 |
|---|---|---|---|---|
| | 一级账户 | 明细账户 | | |
| 收到外单位购货欠款 | 应收账款 | 光明公司 | 30 000 | √ |
| 合 计 | | | 30 000 | |

附件×张

会计主管 记账 出纳 审核 填制

如果是库存现金收款业务,则在编制凭证时,在"借方账户"栏填写"库存现金",编号处为"现收字第×号",其余与表7-13中的格式和内容相同。

2. 付款凭证的填制

付款凭证是根据有关库存现金和银行存款的付款业务,以及货币资金之间相互收、付业务的原始凭证或原始凭证汇总表填制的。付款凭证的填制方法,同收款凭证基本相同,只有以下两点区别:

(1)与收款凭证相反,付款凭证的贷方账户是固定的:"库存现金"或"银行存款"。在凭证的左上方"贷方账户"处,应根据不同的经济业务分别填写"库存现金"或"银行存款"。

(2)编号处相应为"现付字第×号"或"银付字第×号"。

**【例7-2】** 企业用银行存款采购原材料若干,价款共计30 000元(税金略)。这是一笔银行付款业务，应编制银行存款付款凭证，如表 7－14 所示。

表 7－14 银行存款付款凭证(企业名称)

贷方账户：银行存款 2023 年 12 月 29 日 银付字××号

| 摘要 | 借方账户 | | 金额 | 记账 |
|---|---|---|---|---|
| | 一级账户 | 明细账户 | | |
| 采购原材料 | 原材料 | A 材料 | 30 000 | √ |
| 合计 | | | 30 000 | |

附件×张

会计主管 记账 出纳 审核 填制

如果是库存现金付款业务，则在编制凭证时，在“贷方账户”栏填写“库存现金”，编号处为“现付字第×号”，其余与表 7－14 中的格式和内容相同。

收款凭证和付款凭证既是登记现金日记账、银行存款日记账、总账和明细账的依据，也是出纳人员办理收、付款业务的依据。

在编制收款凭证和付款凭证时需要注意：凡是涉及货币资金之间收、付款的业务，例如，将库存现金存入银行或从银行提取库存现金等类似的经济业务，按照上述有关收、付款凭证的编制原理，这样的业务既是收款业务，又是付款业务，就需要同时编制收款凭证和付款凭证，但这样会导致重复记账(一笔业务编制了两张记账凭证)。因此，对于这种业务，为了避免重复记账，在实际工作中一律只编制付款凭证，而不再编制收款凭证。例如，从银行提取库存现金业务只编制银行存款付款凭证，不再编制库存现金收款凭证。

3. 转账凭证的填制

转账凭证是根据有关转账业务的原始凭证或原始凭证汇总表填制的。转账凭证多数项目的填制与收款凭证、付款凭证相同，但有以下几点需要注意：

(1)在编号处应为“转字第×号”。

(2)转账业务的借贷方会计科目都是不固定的，故转账凭证不是以确定的借方或贷方科目来设置的，而是所有借贷方会计科目都体现在凭证中。在“会计科目”栏，分别填写应借、应贷的总账科目和所属的明细科目，按先借后贷的顺序填写。

(3)记入总账科目的金额与记入所属明细账目科目的金额应相等，记入借方栏的金额和记入贷方栏的金额也应相等。

**【例 7－3】** 企业销售一批产品给锦江公司，金额为 20 000 元，增值税为 2 600 元，价款和增值税都未收到。这笔业务没有涉及货币资金，其转账凭证如表 7－15 所示。

表 7－15 转账凭证(企业名称)

2023 年 12 月 30 日 转字第 12 号

| 摘要 | 会计科目 | | 借方金额 | 贷方金额 | 记账 |
|---|---|---|---|---|---|
| | 一级账户 | 明细账户 | | | |
| 销售产品，款项未收 | 应收账款 | 锦江公司 | 22 600 | | √ |
| | 主营业务收入 | | | 20 000 | √ |
| | 应交税费 | 应交增值税 | | 2 600 | √ |
| 合计 | | | 22 600 | 22 600 | |

附件×张

会计主管 记账 审核 填制

在同一项经济业务中，如果既有库存现金或银行存款的收付业务，又有转账业务时，应填制收、付款凭证和转账凭证。例如，某业务员出差回来，报销差旅费 1 100 元，出差之前已经预借 1 500 元，剩余的款项交回现金。对于这笔业务，应同时编制一张库存现金收款凭证和一张转账凭证。

4. 单式记账凭证的填制

以上所述的收款凭证、付款凭证和转账凭证都是复式记账凭证，每发生一笔业务填制一张记账凭证；而单式记账凭证是根据一笔经济业务所涉及的借方会计科目和金额、贷方会计科目和金额，分别填制记账凭证。单式记账凭证按照单独反映每项经济业务所涉及的会计科目及对应关系，可分为“借项记账凭证”和“贷项记账凭证”。

**【例 7－4】** 承例 7－3，如果这笔业务需要编制单式记账凭证，则需要编制一张借项记账凭证和两张贷项记账凭证，凭证编制如表 7－16 至表 7－18 所示。

**表 7－16** **借项记账凭证**

2023 年 12 月 30 日　　转字第 $12\frac{1}{3}$ 号

| 摘　要 | 一级账户 | 明细账户 | 金　额 | 记　账 |
|---|---|---|---|---|
| 销售产品，款项未收 | 应收账款 | 锦江公司 | 22 600 | √ |
| | | | | |
| 对应科目：主营业务收入、应交税费 | | 合计 | 22 600 | |

附件×张

会计主管　记账　出纳　审核　填制

**表 7－17** **贷项记账凭证**

2023 年 12 月 30 日　　转字第 $12\frac{2}{3}$ 号

| 摘　要 | 一级账户 | 明细账户 | 金　额 | 记　账 |
|---|---|---|---|---|
| 销售产品，款项未收 | 主营业务收入 | | 20 000 | √ |
| | | | | |
| 对应科目：应收账款 | | 合计 | 20 000 | |

附件×张

会计主管　记账　出纳　审核　填制

**表 7－18** **贷项记账凭证**

2023 年 12 月 30 日　　转字第 $12\frac{3}{3}$ 号

| 摘　要 | 一级账户 | 明细账户 | 金　额 | 记　账 |
|---|---|---|---|---|
| 销售产品，款项未收 | 应交税费 | 应交增值税 | 2 600 | √ |
| | | | | |
| 对应科目：应收账款 | | 合计 | 2 600 | |

附件×张

会计主管　记账　出纳　审核　填制

上述单式记账凭证中的编号为“分数编号法”，一般适用于单式记账凭证；而复式记账凭证一般用顺序编号法，如“收字第×号”“付字第×号”“转字第×号”等，这里的“×”字一般表示企业该会计期间发生的这类凭证中的第几张。在单式记账凭证的“分数编号法”中，前面的整数表示业务的顺序号，分数中的分母表示这笔业务总共有几张记账凭证，分子表示这是第几张凭证。例如，上述贷项记账凭证（见表 7－17）中的编号“$12\frac{2}{3}$”，“12”表示这是本会计期间的第 12 笔转账业务，“3”表示这笔业务总共有 3 张凭证，“2”表示这张凭证是这笔业务的第 2 张凭证。

## 三、记账凭证的审核

记账凭证是登记账簿的直接依据，为了确保记账凭证的准确性、监督款项收付、全面提供会计信息，除了编制记账凭证的工作人员应当认真负责、正确填制、加强自审以外，同时还必须建立专人审核制度以对记账凭证进行审核。记账凭证是根据审核后的合法的原始凭证编制的，因此记账凭证的审核包括对原始凭证的复核。除此之外，审核记账凭证还应注意以下几点：

### （一）记账凭证是否与原始凭证符合

审核记账凭证是否附有会计凭证，即原始凭证的张数是否符合记账凭证所记载的应有数量；是否经过审核无误，即记账凭证所反映的经济业务是否与原始凭证的记载相符合，金额是否相等。

### （二）会计分录的正确性

审核记账凭证所确定的会计分录，包括应借、应贷账户的会计科目是否正确，对应关系是否清晰，所记金额是否正确，借贷方金额是否相等，总账科目金额和所属明细科目金额是否相等。

### （三）填制内容的全面性

填制内容的全面性，是指审核记账凭证的内容是否填制全面、完备。例如，日期、凭证编号、二级和明细科目、附件张数以及有关人员的签章是否齐全。

### （四）程序处理的合规性

根据现行会计准则、会计制度、会计政策的规定，审核记账凭证的填制是否合规、合法。确保记账凭证所使用的账户名称、账户的核算内容，符合相关法律、法规以及企业自身经济管理的要求。同时，出纳人员在办理相关收付款业务后，是否已在原始凭证上加盖“收讫”或“付讫”的戳记。

审核中如发现差错，应查明原因，及时处理和更正，并由更正人员在更正处签字或盖章。只有经过审核无误的记账凭证，才能据以登记账簿。

# 第四节　会计凭证的传递和保管

## 一、会计凭证的传递

会计凭证的传递，是指会计凭证从填制和取得开始，经过办理业务手续、审核、整理、记账到装订保管的过程，包括在有关单位和人员之间传送的顺序、传递时间和衔接手续。合理地组织会计凭证的传递工作，对于及时处理和登记经济业务、加强对会计凭证的管理、明确岗位经济责任、提高工作效率、进一步加强经济管理有着重要的意义。

具体来讲,会计凭证传递的作用主要体现在以下两个方面:

**(一)有利于及时进行会计记录**

正确合理地组织会计凭证传递可以把反映在会计凭证上的有关经济业务完成情况的资料,传递到企业的各个相关环节,最后集中到会计部门,可以及时、真实地反映和监督各项经济业务的完成情况。

**(二)有利于完善经济责任制度**

经济业务的发生、完成和记录是由若干负责人共同负责、分工完成的。企业可以通过会计凭证的传递,进一步完善经济责任制度,实行会计监督,提高会计工作的质量和效率。为了充分发挥会计工作的作用,必须合理组织会计凭证的传递。这既是会计制度的重要方面,也是经济管理的有机组成部分。

**专栏7-4** 会计凭证传递的原则

各种原始凭证所记录的经济业务内容不同,所办理会计手续的程序和占用时间也不同。在实际工作中,应该对每种会计凭证的传递程序和在各个环节上的滞留时间作出规定。由于企业生产组织特点不同,经济业务内容不同和管理要求不同,会计凭证的传递程序也不同。一般来讲,科学、合理的会计凭证传递程序,应该使会计凭证沿着最快捷、最合理的流向运行。在制定会计凭证传递程序时,应遵循以下几项原则:

1. 合理确定会计凭证传递应经过的环节

企业应根据自身经营规模、经济业务特点、内部机构设置、人员配置情况以及经济管理上的需要,恰当地规定各种会计凭证的联数与经过的必要环节。一般来说,既要保证会计凭证经过必要的环节进行处理和审核,又要尽量避免重复和烦琐,减少不必要的环节和手续,提高工作效率。

2. 合理规定会计凭证在各个环节停留的时间

由于经济业务相关部门与经办人员需要一定的时间办理经济业务的必要手续,所以有必要合理分配会计凭证在各个环节停留的时间,以保证经济业务手续的完成。同时,又要防止会计凭证流经环节过多,影响会计凭证的传递速度以及会计核算的及时性和真实性。

3. 严密会计凭证交接和签收制度

为了保证会计凭证的安全与完整,在各个环节都应该指定专门人员办理交接手续,即会计凭证的签收、交接制度。同时,严密的会计凭证交接和签收制度也可以明确各个部门和相关人员之间的经济责任。

例如,对于材料收入业务的凭证传递,应该明确规定:材料运进企业以后需要多少时间验收入库,何人负责填制收料凭证,何时将收料凭证送到会计部门及其他业务部门,会计部门收到后应由谁负责审核,由何人以及在何时编制记账凭证与登记账簿,由何人负责整理和保管凭证等。这样就可以把材料收入业务从验收入库到登记入账的全部工作,在本企业内部进行分工协作、共同完成。

## 二、会计凭证的保管

会计凭证作为反映监督经济业务并明确经济责任、登记账簿依据的书面文件,对于本单位主管部门加强企业管理和会计监督都是非常重要的。因此,会计人员必须加强对会计凭证的保管。

**(一)会计凭证的日常保管**

(1)会计凭证应及时传递,不得积压;登记完毕后,应按照分类和编号顺序保管,不得散乱和丢失。

(2)对于各种记账凭证,应连同所附的原始凭证或原始凭证汇总表,按照编号顺序折叠整齐。

(3)原始凭证不得外借,其他单位如因特殊原因要使用原始凭证时,经本单位领导批准可以复制。向外单位提供的原始凭证复印件,应在专设的登记账簿上登记,并由提供人员和收取人员共同签名或盖章。

(4)从外单位取得的原始凭证如有遗失,应取得原签发单位盖有公章的证明,并注明原来凭证的号码、金额和内容等,由经办单位负责人批准后才能代作原始凭证。确实无法取得证明的,由当事人写出详细情况,由经办单位会计机构负责人、会计主管人员和单位负责人批准后代作原始凭证。

**(二)会计凭证的归档保管**

会计凭证是重要的经济档案和历史资料,必须采取科学的管理方式,妥善保管。任何企业都应当在完成经济业务手续和记账之后,按照规定建立归档制度,形成会计档案,妥善保管,以便随时查阅。会计凭证的归档保管应做到:既要确保会计凭证的完整和安全,又要便于日后查阅。科学保管会计凭证一般要遵循以下方法和要求:

(1)每月记账完毕,都应将本月各种记账凭证连同相关的原始凭证或原始凭证汇总表,按编号整理并按期装订成册。同时,为了便于翻阅,每册都要加具封面,并注明相关信息,如单位名称、日期、起讫日期、凭证种类以及起讫号码等。为了防止任意拆装,还必须在装订线上加贴封条,由会计主管人员签字或盖章。

(2)如果一个月内凭证过多,可以分册进行装订。如果某些记账凭证所附的原始凭证数量过多,则可以单独装订保管。但要在其封面上注明相关的记账凭证的日期、编号和种类等信息,同时在记账凭证上注明“附件另订”和相关原始凭证的名称和编号。对于经济合同、押金收据、涉外文件等重要的原始凭证,以及随时需要翻阅和利用的原始凭证,可以另行装订,单独保管,同时必须在相关的记账凭证和原始凭证上注明必要的信息。

(3)同时满足下列条件,单位内部形成的属于归档范围的电子会计资料可仅以电子形式保存,形成电子会计档案,无须打印电子会计资料纸质件进行归档保存;单位从外部接收的电子会计资料附有符合《中华人民共和国电子签名法》规定的电子签名的,可仅以电子形式归档保存,形成电子会计档案:

①形成的电子会计资料来源真实有效,由计算机等电子设备形成和传输;

②使用的会计核算系统能够准确、完整、有效接收和读取电子会计资料,能够输出符合国家标准归档格式的会计凭证、会计账簿、财务会计报表等会计资料,设定了经办、审核、审批等必要的审签程序;

③使用的电子档案管理系统能够有效接收、管理、利用电子会计档案,符合电子档案的长期保管要求,并建立了电子会计档案与相关联的其他纸质会计档案的检索关系;

④采取有效措施,防止电子会计档案被篡改;

⑤建立电子会计档案备份制度,能够有效防范自然灾害、意外事故和人为破坏的影响;

⑥形成的电子会计资料不属于具有永久保存价值或者其他重要保存价值的会计档案。

单位仅以电子形式保存会计档案的,原则上应从一个完整会计年度的年初开始执行,以保证其年度会计档案保存形式的一致性。

(4)归档的会计凭证必须集中保管,并指定专人负责。需要查阅时,要办理一定的手续。

(5)会计凭证的保管期限和销毁手续,必须严格执行会计制度规定,即按照现行《会计档案管理办法》的有关规定进行管理。各种会计档案的保管期限,根据其特点,分为永久、定期两类。定期保管期限分为10年、30年两种。各种会计档案的保管期限,从会计年度终了后的第一天算起。

为了便于检查各单位的经济业务和财务状况,会计凭证必须按规定保存一定的年限。一般原始凭证、记账凭证和汇总凭证保管期限为30年(其中涉及外事和其他重要的会计凭证为永久保存),银行存款余额调节表的保存期限为10年。未到规定保管期限的会计凭证,不得随意销毁。保管期满需要销毁的会计凭证,必须开列清单,经上报审批后,才能销毁。会计档案保管期满,需要销毁时,由本单位档案部门提出销毁意见,会同财务会计部门共同鉴定,严格审查,编造会计档案销毁清册。在销毁会计凭证前,监督销毁人员应认真清点核对;销毁后,在销毁清册上签名盖章,并将监销情况报本单位负责人。

## 本章小结

会计凭证是会计工作中记录经济业务、明确经济责任的书面证明,是登记账簿的依据。如实填制和审核会计凭证是会计核算的重要内容,对于发挥会计在经济管理中的作用有着重要的意义。会计凭证按照不同的标志有不同的分类,但最基本的是按其填制程序和用途不同而分为原始凭证和记账凭证。原始凭证必须根据经济业务的真实情况填写,而记账凭证则根据原始凭证,确定会计分录,正确填写。会计凭证需要经过严格的审核,以确保会计凭证的合法性、准确性、真实性和完整性。企业还要正确、合理地组织会计凭证的传递。会计凭证传递包括传递程序、传递时间、传递手续。会计凭证作为企业重要的会计档案,应按照有关规定妥善保管,不得随意拆装、出借和销毁。

## 思考练习题

1. 什么是会计凭证？填制和审核会计凭证有什么作用？
2. 简述会计凭证的分类。
3. 原始凭证包含哪些要素？原始凭证的填制应遵循哪些要求？
4. 记账凭证包含哪些要素？记账凭证的种类有哪些？
5. 什么是会计凭证的传递？如何做好会计凭证的传递和保管？

## 补充与提高

1. 中国会计视野:http://www.esnai.com。
2. 中国注册会计师协会网站:http://www.cicpa.org.cn。
3.《会计档案管理办法》(2016版)。
4. 隋秀娟:《会计学基础模拟实验》(第3版),上海财经大学出版社2013年版。
5. 约翰·J.怀尔德:《会计学原理》(第23版),中国人民大学出版社2021年版。

# 第八章　会计账簿

**本章要点**

1. 了解会计账簿的概念、作用和种类。
2. 熟悉各种账簿的格式，并掌握其登记方法。
3. 掌握总分类账户及其所属明细分类账的平行登记的原理和方法。
4. 掌握期末账项调整的内容和方法。
5. 了解错账查找的方法，掌握错账的更正方法。
6. 掌握对账和结账的内容方法。
7. 了解法律和行政法规中有关会计账簿启用、登记、更换与保管等的规定。

会计账簿是继会计凭证之后，记录经济业务的又一重要载体。设置和登记账簿是会计核算的一种专门方法，也是会计核算工作的中心环节。

## 第一节　账簿的意义和种类

### 一、会计账簿的概念

通过会计凭证的填制和审核，虽然可以正确、及时地反映和监督各项经济业务的具体内容和完成情况，但由于会计凭证的数量繁多，比较分散，每一张凭证一般只反映一项经济业务，提供的会计、核算资料零星分散，缺乏系统性，不便于直接通过会计凭证取得综合的会计信息，也不便于日后查阅。为了集中、全面、系统、连续地反映出一定时期经济业务的全貌，充分发挥会计的作用，必须设置账簿。

所谓"会计账簿"，是指由具有一定格式和互相联系的账页组成，以经过审核的会计凭证为依据，用来全面、系统和连续地记录和反映经济业务的簿籍。会计账簿是联结会计凭证和会计报表的中间环节，是会计报表编制的基础。会计凭证和会计报表都是会计信息的载体，在账簿中应按照会计科目开设有关账户。

账簿与账户的关系是形式和内容的关系。账簿是由若干账页组成的一个整体，账簿中的每一账页就是账户的具体存在形式和载体，没有账簿，账户就无法存在；账簿序时、分类地记录经济业务，是在各个具体的账户中完成的。因此，账簿只是一个外在形式，账户才是它的实质内容。

## 二、会计账簿的作用

设置和登记会计账簿作为会计核算的一种专门方法，是会计循环的主要环节，是提供系统、全面的会计信息资料的重要手段。主要有以下几个方面：

**(一)确保连续、系统地反映经济业务，对会计资料起分类和汇总的作用**

会计账簿能够序时地、分类地记录和反映企业单位日常发生的大量的经济业务，可以把会计凭证上所反映的全部经济业务按照不同的标准进行归类和汇总，使分散在会计凭证上的核算资料集中化、系统化。通过登记各种总分类账，对经济业务进行分类核算，可以连续、系统地记录各项资产、负债、所有者权益的增减变化以及财务成果的核算资料，从而为企业单位正确地计算费用、成本、利润提供总括和明细资料；为企业的经济管理提供系统、完整的会计信息；为改善经营管理、加强经济核算、合理使用资金提供必要的资料。同时，借助于会计账簿记录资料，可以检查和校正会计信息，监督各项财产物资的妥善保管，保护财产物资的安全与完整。

**(二)为编制各种会计报表提供依据**

会计账簿通过对会计凭证所反映的大量经济业务进行序时、分类的记录和加工后，在一定时期终了，再将这些资料进行加工整理后，就可以作为定期编制会计报表的主要的、直接的依据。会计账簿的设置与登记过程是否正确，直接影响会计报表信息是否真实、可靠、及时。

**(三)考核经营成果，进行业绩评价**

根据账簿记录的结果，可以计算出各种收入、成本、费用和利润指标，从而反映一定时期的财务成果。确定财务成果后，按规定的方法进行利润分配，计算出一系列财务指标，为考核企业的经营成果、分析计划和预算的完成情况提供数据资料。

**(四)便于监管企业经济活动**

设置会计账簿，既能够对经济业务进行总分类核算，取得经济活动的总括指标，又可以利用明细分类账得到经济业务的详尽资料。这样，通过账簿记载和储存的会计信息就可以全面掌握企业的资金运动，进而控制企业经营活动的过程。企业主管部门、税务、审计等单位审查账目时，也都要用到账簿的资料。

此外，设置和登记不同种类的会计账簿，还便于会计工作的分工，有利于保存会计信息资料，以便于日后查阅。

## 三、会计账簿的种类

由于会计核算对象的复杂性和不同的会计信息使用者对会计信息需要的多重性，引致了反映会计信息的载体——账簿的多样化。不同的会计账簿可以提供不同的信息，满足不同的需要。为了更好地了解和使用会计账簿，就需要对账簿进行分类。会计账簿可以按照用途、外表形式和账页格式进行分类。具体分类情况如下：

**(一)会计账簿按用途分类**

按用途的不同，会计账簿分为序时账簿、分类账簿和备查账簿。

1. 序时账簿

序时账簿，也称日记账，是按照经济业务发生时间的先后顺序逐日、逐笔进行连续登记的账簿。序时账簿按其记录的经济业务内容不同,可分为普通日记账和特种日记账。其中,普通日记账用来逐日、逐笔登记全部经济业务,而特种日记账只对某一特定种类的经济业务按其发生时间的先后顺序逐日、逐笔登记。在实际工作中应用比较广泛的是特种日记账,如“库存现金日记账”“银行存款日记账”和“转账日记账”等。

2. 分类账簿

分类账簿,又称分类账,是对全部经济业务进行分类登记的账簿。分类账按其所反映经济业务详细程度的不同,可分为总分类账和明细分类账。总分类账簿(也称总账)是根据总分类账户开设的,用以分类记录全部经济业务,提供总括核算资料,对所属的明细账具有统驭和控制作用,可以直接根据记账凭证登记,也可以将凭证按一定方法定期汇总后进行登记;而明细分类账(也称明细账)是根据明细分类账户开设的,详细记录某一类经济业务,用来提供比较详细的核算资料,应根据记账凭证或原始凭证逐笔详细登记,是对总分类账的补充和说明。

小型经济单位,业务简单,总分类账户不多,为简化工作,在实际工作中可以把序时账簿与分类账簿结合起来,设置联合账簿,如“日记总账”。

3. 备查账簿

备查账簿,又称辅助账簿,是指对某些未能在序时账和分类账中记载或记载不全的事项进行补充登记的账簿。备查账簿主要是为某些经济业务的经营决策提供一些必要的参考资料,如租入固定资产登记簿、应收票据备查簿、代管商品物资登记簿、受托加工物资登记簿等。备查账簿只是对其他账簿记录的一种补充,起到备忘参考和补充信息的作用,与其他账簿之间不存在严密的依存和勾稽关系。

**(二)会计账簿按外表形式分类**

按外表形式的不同,会计账簿分为订本式账簿、活页式账簿和卡片式账簿。

1. 订本式账簿

订本式账簿,又称订本账,是在启用之前就把若干具有专门格式的账页顺序编号、装订成册的账簿。由于这种账簿能够防止账页散失和被非法抽换,保证账簿记录的安全与完整,因此,对于那些比较重要的、具有统驭作用的账簿一般采用订本式账簿。在实际工作中,序时账簿、联合账簿、总分类账簿等应采用订本式账簿,库存现金日记账和银行存款日记账必须采用订本式账簿。订本式账簿也有一些缺点,如在使用时,必须为每一账户预留账页,预留过多,账页浪费;预留过少,则账页不够,影响账户连续登记,人为地将账簿记录割裂开,不便查阅;此外,在同一时间里,只能由一人负责登记,不便于分工和计算机记账。

2. 活页式账簿

活页式账簿,又称活页账,是把若干张具有专门格式、零散的账页,根据业务需要自行组合而成,并装在活页夹内的账簿。一般明细分类账可根据需要采用活页式账簿。活页账克服了订本账的缺点,账页不固定装订在一起,可根据业务的需要随时加入、抽出或移动账页,这样可以适当避免浪费,使用起来灵活,而且可以分工记账,有利于提高工作效率。由于账页是分开的,因此账页容易散失或被不正当地抽换。因此,使用时应将账页顺序编号,并由有关人员在账页上签名或盖章,置于账夹内,以防止舞弊行为。在年度终了,更换新账后,应将使用过的账页装订成册,作为会计档案予以保管。

3. 卡片式账簿

卡片式账簿,又称卡片账,是由若干张分散的、存放在卡片箱中的、具有专门格式的硬质卡片组成的账簿。卡片账主要适用于内容比较复杂、变化不大的内容登记，可以根据需要随时取放，如固定资产卡片、低值易耗品卡片等。

卡片式账簿具有活页式账簿的特点，便于随时查阅、归类整理，不容易损坏，但同样容易出现卡片散失或被任意抽换的问题。因此，在使用时需要将卡片式账页连续编号，并在卡片上由有关人员签名或盖章，放在卡片箱内，由专人保管。更换新账后，也需要封扎起来，作为会计档案妥善保管。

企业在设置账簿体系时，对重要的会计事项，如总分类账、库存现金日记账、银行存款日记账等，采用订本式账簿；对一般明细账，采用活页式账簿；对那些次要的或不容易丢失的项目，如数量较多的材料、固定资产明细账等，则采用卡片式账簿。

**(三)会计账簿按账页格式分类**

按账页格式的不同，会计账簿分为两栏式账簿、横线登记式账簿、三栏式账簿、多栏式账簿和数量金额式账簿，常用的是以下三类：

1. 三栏式账簿

三栏式账簿，是指由设置借、贷和余额三个金额栏目的账页组成的账簿。它适用于总分类账、日记账，也适用于只进行金额核算而不需要数量核算的债权、债务结算账户的明细分类账。

2. 多栏式账簿

多栏式账簿，是指由三个以上金额栏目的账页所组成的账簿。这种账簿根据经济业务特点和经营管理的需要，把同一个一级账户所属的明细账户，集中在一张账页上设置专栏，反映各有关明细账户的核算资料。它适用于成本、收入、费用和利润等账户。

3. 数量金额式账簿

数量金额式账簿，也称三大栏式账簿，可以视为三栏式账的变形，账簿中的账页先分为“收入”“发出”“结存”三个栏目，在每一大栏内又设置“数量”“单价”“金额”三个小栏目。这种账簿适用于既要进行金额核算，又要进行实物数量核算的经济业务，用以提供经济业务的实物量信息和价值信息。

综上所述，会计账簿的分类如图 8-1 所示。

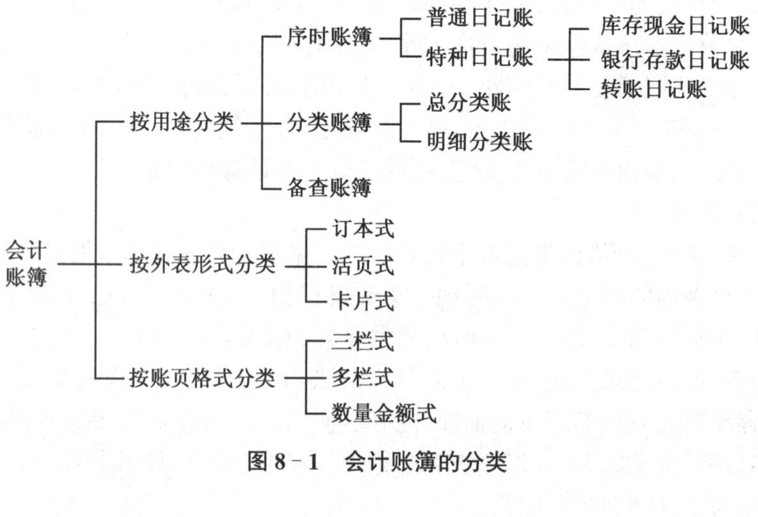


**图 8-1 会计账簿的分类**

# 第二节　会计账簿的设置与登记

## 一、会计账簿设置的原则

《会计法》第 3 条和第 16 条分别规定："各单位必须依法设置会计账簿，并保证其真实、完整。""各单位发生的各项经济业务事项应当在依法设置的会计账簿上统一登记、核算，不得违反本法和国家统一的会计制度的规定私设会计账簿登记、核算。"

任何单位都应当根据企业规模大小、业务简繁等特点以及经营管理的需要，设置一定种类和数量的账簿。账簿的设置主要包括确定账簿的种类和数量，设计各类账簿中账页的格式及内容、规定账簿的登记方法等。一般来说，应遵循以下几项原则：

### (一)适应企业规模和特点，满足管理需要

账簿的种类和数量需与企业经济业务的数量和管理要求相适应。账簿设置需能满足经营管理的需要，全面、系统、完整地反映和监督经济活动及财务状况，并为经济管理和编制会计报告提供必备的信息资料。业务量大、管理要求细致的，可以单独设置账簿进行核算，并要考虑会计分工。

### (二)科学严谨

账簿设置时，体系要完整，组织要严密，利用不同账簿之间的数据关系，在账簿之间形成一种严谨的勾稽关系，并通过记账人员的合理分工，审核、对账与查账，避免重记、漏记和错记，避免财务舞弊的发生，从而顺利地完成会计的核算和监督工作。同时，有关账簿之间要保持上下统驭关系，以提供科学、完整的核算指标。

### (三)适当简化

账簿设置要结合实际，贯彻"单不重填，账不重设"的原则，力求简便、实用与灵活，避免人力、物力和财力的浪费，提高会计工作效率。设置账簿同时也可节约资料存储空间(尤其是实行会计电算化的单位)。但也应注意，不能因片面追求简便而忽视管理的需要。

### (四)便于审核、查阅和保管

在设计账簿的内容时，一方面应与报表相对应；另一方面应与会计凭证相对应，以便于账簿的审核。账簿形式的设计，应考虑账簿的查阅与保管。会计账簿的使用者不只局限于财会人员，还有诸如单位领导、经济监督人员等相关人员需要从账簿中查找资料。因此，账簿的结构和信息表述方式要力求通俗易懂、便于查阅。

## 二、账簿的基本内容

由于管理的要求不同，各种账簿所记录的经济内容、账簿的格式也不同，但会计账簿从构造上看，都应具备一些基本内容(也称基本要素)，一般由三大部分组成：

(1)封面。注明账簿名称和记账单位名称。

(2)扉页。填明启用的日期和截止的日期、页数、册次、经管账簿人员一览表和签章、会计主管签章、账户目录等。账簿扉页上的"账簿使用登记表"的格式如表 8-1 所示。

表 8-1 账簿使用登记表

<table>
<tr><td>单位名称</td><td colspan="3"></td><td colspan="3">公章</td></tr>
<tr><td>账簿名称</td><td colspan="3"></td><td colspan="3" rowspan="4"></td></tr>
<tr><td>账簿编号</td><td colspan="3"></td></tr>
<tr><td>账簿页数</td><td colspan="3">本账簿共计　页</td></tr>
<tr><td>启用起讫日期</td><td colspan="3">年　月　日至　年　月　日</td></tr>
<tr><td rowspan="2">责任者</td><td></td><td>主管</td><td>会计</td><td colspan="2">记账</td><td>审核</td></tr>
<tr><td></td><td></td><td></td><td colspan="2"></td><td></td></tr>
<tr><td rowspan="5">经管人姓名<br>及交接日期</td><td></td><td></td><td></td><td></td><td></td><td></td></tr>
<tr><td></td><td></td><td></td><td></td><td></td><td></td></tr>
<tr><td></td><td></td><td></td><td></td><td></td><td></td></tr>
<tr><td></td><td></td><td></td><td></td><td></td><td></td></tr>
<tr><td></td><td></td><td></td><td></td><td></td><td></td></tr>
<tr><td>备注</td><td colspan="6"></td></tr>
</table>

(3)账页。账页的格式因反映经济业务的内容不同,存在着不同的格式,但一般都包含下列基本要素:账户名称(总账账户、二级或明细账户),登账日期栏,凭证种类与号数栏,摘要栏(记录经济业务内容的简要说明),金额栏(记录经济业务金额的增减变化),总页次与分户页次。

## 三、普通日记账的格式与登记方法

普通日记账,又称日记账,是用来逐日序时登记一个单位全部经济业务的账簿。它是根据日常发生的经济业务所取得的原始凭证逐日、逐笔顺序登记的,把每一笔经济业务转化为会计分录登记入账,然后再转记列入分类账中,故普通日记账也称分录簿,它起到记账凭证的作用。普通日记账账页格式一般只设两个金额栏,即“借方金额”和“贷方金额”两栏,用来登记每一分录的借方账户和贷方账户及金额,这种账簿不结余额,故这种格式又称两栏式。普通日记账的账页格式如表 8-2 所示。

表 8-2 普通日记账 第　页

<table>
<tr><td colspan="2">2023 年</td><td rowspan="2">凭证编号</td><td rowspan="2">摘　要</td><td rowspan="2">会计科目</td><td rowspan="2">借方金额</td><td rowspan="2">贷方金额</td><td rowspan="2">过账</td></tr>
<tr><td>月</td><td>日</td></tr>
<tr><td rowspan="5">5</td><td>1</td><td></td><td>采购甲材料 10 吨,单价 2 000 元,货款未付</td><td>在途物资</td><td>20 000</td><td></td><td>✓</td></tr>
<tr><td></td><td></td><td></td><td>应交税费</td><td>2 600</td><td></td><td>✓</td></tr>
<tr><td></td><td></td><td></td><td>　应付账款</td><td></td><td>22 600</td><td>✓</td></tr>
<tr><td>2</td><td></td><td>收回客户欠款</td><td>银行存款</td><td>20 000</td><td></td><td>✓</td></tr>
<tr><td></td><td></td><td></td><td>　应收账款</td><td></td><td>20 000</td><td>✓</td></tr>
</table>

续表

| 2023 年 | | 凭证编号 | 摘　要 | 会计科目 | 借方金额 | 贷方金额 | 过账 |
|---|---|---|---|---|---|---|---|
| 月 | 日 | | | | | | |
| | 10 | | 从银行提取现金 | 库存现金 | 1 000 | | √ |
| | | | | 银行存款 | | 1 000 | √ |
| | 15 | | 赊销商品 | 应收账款 | 56 500 | | √ |
| | | | | 主营业务收入 | | 50 000 | √ |
| | | | | 应交税费 | | 6 500 | √ |
| | | | … | … | … | … | |

普通日记账的登记方法如下：

(1)“日期”栏和“凭证编号”栏，按照经济业务发生时间的先后顺序逐项登记，并指明分录的日期。

(2)“摘要”栏内，摘录经济业务事项的内容。

(3)“会计科目”栏登记该笔经济业务应借、应贷的账户名称。

(4)“借方金额”和“贷方金额”栏，登记记入各个账户的借方或贷方金额。

(5)“过账”栏，根据普通日记账登记总账后，在该账户对应行内“过账”栏划“√”，或注明总账账户所在页数，表示已登过总账，以免漏记或重记。

普通日记账的优点是全面地、连续地反映经济业务的发生和完成情况，为过入分类账做好准备；其缺点是逐笔过账，工作量比较繁重，且只有一本日记账，不便分工记账。目前我国企业很少采用。

## 四、特种日记账的格式与登记方法

特种日记账是对某类经济业务，按其发生的时间先后顺序，逐日、逐笔、连续进行登记的账簿。为了加强对货币资金的管理，各个单位都应设置库存现金日记账和银行存款日记账，用以序时反映库存现金和银行存款收入的来源、支出的去向或用途以及每日结存金额，有条件的单位还可以设置转账日记账。下面介绍特种日记账的格式与登记方法。

### (一)库存现金日记账的格式与登记方法

库存现金日记账，是用来核算和监督库存现金每日收入、支出和结存情况的序时账簿，通过库存现金日记账可以全面、连续地了解和掌握企业单位每日库存现金的收支动态和库存余额，为日常分析、检查企业单位的库存现金收支活动提供资料。库存现金日记账必须采用订本式账簿，其账页格式主要有三栏式和多栏式两种。

*1. 三栏式库存现金日记账*

三栏式库存现金日记账，通常设置“收入”“付出”“结余”或“借方”“贷方”“余额”三个主要栏目，用来登记库存现金的增减变动及其结果，相应的对方科目不设专栏反映。

三栏式库存现金日记账是由库存现金出纳员根据库存现金收、付款凭证以及反映从银行提取库存现金业务的银行存款付款凭证，按照业务发生时间的先后顺序逐日、逐笔登记。其一般格式如表 8 - 3 所示。

表 8-3 库存现金日记账(三栏式)

| 2023年 | | 凭证号 | | 摘要 | 对方科目 | 收入 | 付出 | 余额 |
|---|---|---|---|---|---|---|---|---|
| 月 | 日 | 种类 | 编号 | | | | | |
| 8 | 1 | | | 月初余额 | | | | 800 |
| | 5 | 银付 | 3 | 从银行提取现金备用 | 银行存款 | 3 000 | | 3 800 |
| | 13 | 现付 | 1 | 用库存现金发放工资 | 应付职工薪酬 | | 2 500 | 1 300 |
| | 16 | 现付 | 2 | 支付办公费 | 管理费用 | | 200 | 1 100 |
| | 28 | 现收 | 1 | 出售废旧物资收入 | 其他业务收入 | 300 | | 1 400 |
| | 30 | 现付 | 3 | 职工李红预借差旅费 | 其他应收款 | | 800 | 600 |
| 8 | 31 | | | 本月发生额及月末余额 | | 3 300 | 3 500 | 600 |

2. 多栏式库存现金日记账

为了更清晰地反映账户之间的对应关系,了解库存现金变化的来龙去脉,库存现金日记账也可以在"收入""付出"栏下分别按照对方科目设专栏进行登记,形成多栏式库存现金日记账。多栏式库存现金日记账的格式如表 8-4 所示。

表 8-4 库存现金日记账(多栏式)

| 2023年 | | 凭证号 | | 摘要 | 收入(贷方科目) | | | 付出(借方科目) | | | | 结余 |
|---|---|---|---|---|---|---|---|---|---|---|---|---|
| 月 | 日 | 种类 | 编号 | | 银行存款 | 其他业务收入 | 合计 | 应付职工薪酬 | 管理费用 | 其他应收款 | 合计 | |
| 8 | 1 | | (略) | 月初余额 | | | | | | | | 800 |
| | 5 | | | 从银行提取现金备用 | 3 000 | | 3 000 | | | | | 3 800 |
| | 13 | | | 用库存现金发放工资 | | | | 2 500 | | | 2 500 | 1 300 |
| | 16 | | | 支付办公费 | | | | | 200 | | 200 | 1 100 |
| | 28 | | | 出售废旧物资收入 | | 300 | 300 | | | | | 1 400 |
| | 30 | | | 职工李红预借差旅费 | | | | | | 800 | 800 | 600 |
| 8 | 31 | | | 本月发生额及月末余额 | 3 000 | 300 | 3 300 | 2 500 | 200 | 800 | 3 500 | 600 |

在采用表 8-4 的多栏式日记账格式时,按照"收入""付出"的对应科目分设专栏逐日、逐笔登记,到月末结账时,分栏加计发生额,便于反映每笔收支的来源和用途,能够为企业的经济活动分析和财务收支分析提供详细具体的资料。如果对应账户较多,库存现金日记账表格就会太大,不便于分工登记,容易发生错栏串行的错误。为解决这一问题,可将上述格式一分为二,分别设置库存现金收入日记账、库存现金支出日记账,并按库存现金收入和付出的对应账户设置专栏进行登记。多栏式库存现金收入日记账与支出日记账的格式如表 8-5 和表 8-6 所示。

表 8-5　　库存现金收入日记账(多栏式)

| ××年 | | 凭证号 | | 摘　要 | 贷方科目 | | | | | 支出合计 | 结余 |
|---|---|---|---|---|---|---|---|---|---|---|---|
| 月 | 日 | 种类 | 编号 | | 银行存款 | 主营业务收入 | 其他应收款 | 营业外收入 | 收入合计 | | |
| | | | | | | | | | | | |

表 8-6　　库存现金支出日记账(多栏式)

| ××年 | | 凭证号 | | 摘　要 | 借方科目 | | | | 支出合计 |
|---|---|---|---|---|---|---|---|---|---|
| 月 | 日 | 种类 | 编号 | | 在途物资 | 银行存款 | 其他应收款 | 管理费用 | |
| | | | | | | | | | |

库存现金日记账由出纳人员根据审核无误的库存现金收款凭证、库存现金付款凭证和银行存款付款凭证，按照业务发生的时间先后顺序，逐日、逐笔进行登记。其具体登记方法如下：

(1)"日期"栏：登记库存现金收、付业务发生的实际日期。

(2)"凭证号"栏：登记收款凭证或付款凭证的种类和编号。种类是指收款或付款凭证，如库存现金收款凭证，可简写为"现收"；库存现金付款凭证和银行付款凭证(从银行提取库存现金)，可简写为"现付""银付"等。编号按规定的编号登记。

(3)"摘要"栏：登记经济业务的简要说明，一般根据凭证中的摘要栏填写。

(4)"对方科目"栏：登记库存现金收入或支出的对应账户名称，一般根据凭证中的对方科目填写。

(5)"收入"及"付出"栏：登记库存现金的收入金额和付出金额，每日终了，应计算当日的库存现金收入合计数及库存现金付出合计数。

(6)"余额"栏：在登记每笔库存现金收入或库存现金支出金额后，应逐笔结出库存现金余额，每日终了，应结出当日库存现金余额。

采用收入和支出分设账本的多栏式库存现金日记账时，由于库存现金借方与贷方分别记录在两本账上，每日终了，还应将本日库存现金支出日记账中的支出合计，转记到库存现金收入日记账中合计栏内，以便结出当日余额，再与库存现金余额核对。月末，结出多栏式库存现金日记账的对应账户栏以及库存现金收入和付出总额，作为登记总账的依据。这样，就可减少登记总账的工作量。但对应账户中的"银行存款"账户栏的本月发生额，因已经同时记入多栏式银行日记账，故不需要过入总账。

**(二)银行存款日记账的格式及登记方法**

银行存款日记账，是记录和反映银行存款收、付业务的一种特种日记账，其账本形式必须采用订本式，账页格式一般采用三栏式，也可采用多栏式等其他形式。若一个企业开设有若干银行存款账号，应分别按银行账号设日记账登记，这样便于与银行核对，也有利于银行存款的管理。银行存款收、付业务的结算方式有多种，为了反映具体的结算方式以及相关的单位，需要在三栏式库存现金日记账的基础上增设栏目，即在银行存款日记账中增设"存款种类""结算凭证"和"对方单位"名称等具体的栏目。三栏式银行存款日记账的具体格式如表 8-7 所示。

**表 8-7** **银行存款日记账** 存款种类:人民币存款

| ××年 | | 凭证号 | | 结算凭证 | | 对方单位 | 摘要 | 对方科目 | 收入 | 付出 | 余额 |
|---|---|---|---|---|---|---|---|---|---|---|---|
| 月 | 日 | 种类 | 编号 | 种类 | 号数 | | | | | | |
| | | | | | | | | | | | |
| | | | | | | | | | | | |
| | | | | | | | | | | | |
| | | | | | | | | | | | |

银行存款日记账由出纳人员根据审核无误后的银行存款收款凭证、银行存款付款凭证及库存现金付款凭证,按照业务发生的时间先后顺序,逐日、逐笔进行登记。其具体登记方法与库存现金日记账基本相同,但有以下几点需要注意:

(1)"存款种类"栏:填列"人民币存款"或"外币存款"等存款类别。

(2)"结算凭证种类及号数"栏:根据收款凭证和付款凭证所附的银行结算凭证填列,以便与银行对账。其中,"种类"栏登记结算凭证的种类,如库存现金支票(简称现支)、转账支票(简称转支)等;"号数"栏登记结算凭证的号码,如库存现金支票登记库存现金支票号码、转账支票登记转账支票号码、普通支票登记普通支票号码。

(3)"对方单位"栏:为了便于观察每笔银行存款收入的来源或支出的方向,根据记账凭证摘要中所列的对方单位登记。

银行存款日记账根据需要也可以采用多栏式,多栏式银行存款日记账的设置与登记方法除特殊栏目(如"结算凭证""对方单位"等)外基本等同于多栏式库存现金日记账的登记方法,这里不再赘述。多栏式银行存款收入日记账与支出日记账的格式如表 8-8、表 8-9 和表 8-10 所示。

**表 8-8** **银行存款日记账(多栏式)** 存款种类:人民币存款

| ××年 | | 凭证号 | | 结算凭证 | | 摘要 | 收入(贷方科目) | | | 付出(借方科目) | | | 结余 |
|---|---|---|---|---|---|---|---|---|---|---|---|---|---|
| 月 | 日 | 种类 | 编号 | 种类 | 号数 | | 主营业务收入 | 应收账款 | 合计 | 在途物资 | 应付账款 | 合计 | |
| | | | | | | | | | | | | | |

**表 8-9** **银行存款收入日记账(多栏式)** 存款种类:人民币存款

| ××年 | | 凭证号 | | 结算凭证 | | 摘要 | 贷方科目 | | | | 支出合计 | 结余 |
|---|---|---|---|---|---|---|---|---|---|---|---|---|
| 月 | 日 | 种类 | 编号 | 种类 | 号数 | | 主营业务收入 | 应收账款 | 营业外收入 | 收入合计 | | |
| | | | | | | | | | | | | |

表 8-10　银行存款支出日记账(多栏式)　存款种类:人民币存款

| ××年 | | 凭证号 | | 结算凭证 | | 摘要 | 借方科目 | | | | 支出合计 |
|---|---|---|---|---|---|---|---|---|---|---|---|
| 月 | 日 | 种类 | 编号 | 种类 | 号数 | | 在途物资 | 应付账款 | 应交税费 | 管理费用 | |
| | | | | | | | | | | | |

### (三)转账日记账的格式及登记方法

转账日记账是根据每天的转账凭证按照时间顺序,逐日、逐笔进行登记的。转账业务不多的企业,也可以不设转账日记账。转账日记账的格式可按会计分录的要求设计,其格式如表 8-11 所示。其登记方法,应按照转账凭证逐日、逐笔顺序登记各栏次,每日登记完毕,应将借贷发生额进行核对,月终应加总每月发生额合计,并核对相符。

表 8-11　转账日记账

| 2023 年 | | 凭证号 | 摘要 | 借方 | | 贷方 | |
|---|---|---|---|---|---|---|---|
| 月 | 日 | | | 一级科目 | 金额 | 一级科目 | 金额 |
| 3 | 1 | 转 1 | 购入材料,货款未付 | 在途物资 | 5 000 | 应付账款 | 5 000 |
| | 2 | 转 2 | 计提应付工资 | 生产成本<br>管理费用 | 10 000<br>5 000 | 应付职工薪酬 | 15 000 |

此外,有些单位根据管理需要设置销货(购货)日记账,一般用以记录赊销和赊购业务。这种日记账记录同一类型的经济业务,其格式为一栏式,即不设摘要栏,只设一个金额栏,格式如表 8-12 所示。

表 8-12　销货(购货)日记账

| ××年 | | 发票号码 | 明细账户 | 过账 | 金额 |
|---|---|---|---|---|---|
| 月 | 日 | | | | |
| | | | | | |
| 合　计 | | | | | |

## 五、总分类账的格式与登记方法

总分类账是根据总分类账户分类登记全部经济业务的账簿。总分类账是按照一级会计科目的编号顺序分类开设并登记全部经济业务的账簿,并为每个账户预留若干账页。总分类账的格式有三栏式(即借方、贷方、余额三个主要栏目)和多栏式两种。为了保证账簿资料的安全完整,总分类账簿应采用订本式账簿。

### (一)三栏式总分类账

三栏式总分类账分为不反映对方科目的三栏式总分类账和反映对方科目的三栏式总分类账。前者只设有借、贷、余三栏,不反映对方科目,格式如表 8-13 所示;后者在总分类账的借方和贷方两栏内,分别设置“对方科目”栏,以便使设账科目的对方科目能够反映出来,账户对应关系更加清晰,这种格式的总分类账如表 8-14 所示。

表 8－13　总分类账(不反映对方科目)

会计科目：　　第　页

| ××年 | | 凭　证 | | 摘要 | 借方 | 贷方 | 借或贷 | 余额 |
|---|---|---|---|---|---|---|---|---|
| 月 | 日 | 种类 | 编号 | | | | | |
| | | | | | | | | |

表 8－14　总分类账(反映对方科目)

会计科目：　　第　页

| ××年 | | 凭　证 | | 摘　要 | 借　方 | | 贷　方 | | 借或贷 | 余　额 |
|---|---|---|---|---|---|---|---|---|---|---|
| 月 | 日 | 种类 | 编号 | | 对方科目 | 金额 | 对方科目 | 金额 | | |
| | | | | | | | | | | |

## (二)多栏式总分类账

多栏式总分类账是将所有的总账科目合并设在一张账页上。典型的多栏式总分类账，是一种序时账与分类账相结合的联合账簿。这种格式的总分类账兼有序时账和分类账的作用，实际上是序时账和分类账结合的账簿，这种格式的总账称为日记总账。其账页格式如表 8－15 所示。

表 8－15　日记总账

| ××年 | | 凭证号 | | 摘要 | 发生额 | 库存现金 | | 银行存款 | | 应收账款 | | … | |
|---|---|---|---|---|---|---|---|---|---|---|---|---|---|
| 月 | 日 | 种类 | 编号 | | | 借方 | 贷方 | 借方 | 贷方 | 借方 | 贷方 | | |
| | | | | | | | | | | | | | |

总分类账的登记依据和方法，主要取决于所采用的会计核算组织程序。它可以直接根据各种记账凭证逐笔登记，也可以把记账凭证先汇总，编制成汇总记账凭证(汇总收款凭证、汇总付款凭证和汇总转账凭证)或科目汇总表，再根据汇总的记账凭证定期登记。不管哪种格式的总分类账，每月都应将本月已完成的经济业务全部登记入账，并于月末结出总账中各总分类账户的本期发生额和期末余额，与其他有关账簿核对相符之后，作为编制会计报表的主要依据。

# 六、明细分类账的格式与登记方法

明细分类账(简称明细账)是根据二级会计科目或明细科目设置账户，并根据审核无误后的会计凭证登记某一具体经济业务的账簿，用以分类、连续记录和反映各会计要素变动的详细情况，为编制会计报表提供所需的详细资料。各种明细分类账可根据实际需要，分别按照二级会计科目和明细科目开设账户，进行明细分类核算，以便提供资产、负债、所有者权益、收入、费用和利润等详细信息，作为总分类账的必要补充。明细分类账一般采用活页式账簿，也可以采用卡片式账簿(如固定资产明细账)和订本式账簿等。

根据管理要求和各种明细分类账记录的经济内容不同，明细分类账的账页格式主要有三栏式、数量金额式、多栏式等格式。

### (一)三栏式明细分类账

三栏式明细分类账的格式和三栏式总分类账的格式相同,即只设有借方、贷方、余额三个金额栏,不设数量栏,用来登记只需反映金额的经济业务。一般适用于债权、债务等只要求提供货币信息而不需要提供非货币信息(实物量指标等)的账户,如“应收账款”“应付账款”“其他应收款”等业务的明细核算。其账页格式如表 8 - 16 所示。

**表 8 - 16**　　**应付账款明细账**

明细科目:××单位　　第　页

| 2023 年 | | 凭　证 | | 摘要 | 借方 | 贷方 | 借或贷 | 余额 |
|---|---|---|---|---|---|---|---|---|
| 月 | 日 | 种类 | 编号 | | | | | |
| 8 | 1 | | | 月初余额 | | | 贷 | 3 000 |
| | 14 | 转 | 略 | 购料欠款 | | 4 000 | 贷 | 7 000 |
| | 26 | 银付 | | 偿还购料款 | 5 000 | | 贷 | 2 000 |
| 8 | 31 | | | 本月发生额及月末余额 | 5 000 | 4 000 | 贷 | 2 000 |

### (二)数量金额式明细账

数量金额式明细账要求在收入(借方)、发出(贷方)和结存(余额)栏下分设数量、单价和金额三个小栏,以便同时提供货币信息和实物量信息。这一类的明细账适用于既要进行金额核算又要进行实物量核算的财产物资类科目,如“原材料”“库存商品”等科目的明细账。数量金额式明细账的格式如表 8 - 17 所示。

**表 8 - 17**　　**原材料明细账**　　第　页

材料名称:甲材料　　最低储量:(略)

编号:0546　　规格:(略)　　计量单位:吨　　最高储量:(略)

| ××年 | | 凭　证 | | 摘　要 | 借方(收入) | | | 贷方(发出) | | | 余额(结存) | | |
|---|---|---|---|---|---|---|---|---|---|---|---|---|---|
| 月 | 日 | 种类 | 编号 | | 数量 | 单价 | 金额 | 数量 | 单价 | 金额 | 数量 | 单价 | 金额 |
| | | | | | | | | | | | | | |

### (三)多栏式明细账

多栏式明细分类账,是根据经济业务的特点和经营管理的需要,在一张账页内按有关明细科目或项目分设若干专栏,用于登记明细项目多、借贷方向单一且无须数量核算的收入、费用、利润等业务的账簿,如“生产成本”“制造费用”“管理费用”“主营业务收入”“本年利润”等明细账。按照登记经济业务内容的不同又分为“借方多栏式”,如“物资采购明细账”“生产成本明细账”“制造费用明细账”等;“贷方多栏式”,如“主营业务收入明细账”等;“借方、贷方多栏式”,如“本年利润明细账”“应交增值税明细账”等。几种多栏式明细账(生产成本)的格式如表 8 - 18、表 8 - 19 和表 8 - 20 所示。

明细分类账的登记,可以直接根据原始凭证、记账凭证逐笔登记,也可以根据汇总原始凭证逐日、定期汇总登记。对于固定资产、低值易耗品、债权债务等明细账应当逐笔登记,便于反映和监督其具体增减变动情况。产品和材料明细分类账,如业务发生不是很多,可以逐笔登记;如业务发生较多,为了适当简化记账工作,也可以逐日汇总登记。

表 8－18　　生产成本明细账（借方多栏式）

产品名称：

| ××年 | | 凭证号数 | 摘　要 | 借方（明细项目） | | | | | 贷方 | 余额 |
|---|---|---|---|---|---|---|---|---|---|---|
| 月 | 日 | | | 直接材料 | 直接工资 | 其他直接支出 | 制造费用 | 合计 | | |
| | | | | | | | | | | |

表 8－19　　主营业务收入明细账（贷方多栏式）

第　页

| ××年 | | 凭证 | | 摘　要 | 借方 | 贷方（明细项目） | | | | 余额 |
|---|---|---|---|---|---|---|---|---|---|---|
| 月 | 日 | 字 | 号 | | | | | | 合计 | |
| | | | | | | | | | | |

表 8－20　　本年利润明细账（借方、贷方多栏式）

第　页

| ××年 | | 凭证 | | 摘　要 | 借方（项目） | | | | 贷方（项目） | | | | 借或贷 | 余额 |
|---|---|---|---|---|---|---|---|---|---|---|---|---|---|---|
| 月 | 日 | 字 | 号 | | | | | 合计 | | | | 合计 | | |
| | | | | | | | | | | | | | | |

## 七、总分类账和明细分类账的平行登记

平行登记，是指经济业务发生后，根据会计凭证，一方面要登记有关的总分类账户，另一方面要同时登记该总分类账所属的各有关明细分类账户。

**（一）总分类账与明细分类账的关系**

总分类账是根据总分类科目开设，以货币为计量单位，用以提供总括指标的账簿；明细分类账户是根据明细分类科目开设，以货币为计量单位或同时以货币和实物为计量单位，用以提供明细指标的账簿。总分类账和明细分类账都可以提供会计核算指标，但从其提供指标之间的关系考虑，前者是对后者的综合，后者是对前者的具体化。总分类账对其所属的明细分类账户起着统驭和控制的作用，称为统驭账户；而明细分类账对其总分类账起着辅助和补充、说明的作用，称为从属账户。需注意的是，在会计实务中，并不是任何总分类账户都要分设明细分类账户，有些账户没有必要进行明细核算。没有设明细分类账户的总分类账户不能称为统驭账户。

在总分类账中进行的核算，称为总分类核算；在明细分类账中进行的核算，称为明细分类核算。明细分类核算可以提供更加具体及详细的会计信息指标。各企业在进行总分类核算的同时，应根据管理的需要，进行必要的明细分类核算。

**（二）平行登记的规则**

总分类账户与其所属的明细分类账户所反映的经济业务是相同的，登账时所依据的是同

一原始凭证，分别以总括指标和详细指标的形式反映同一内容，因而保持总分类账和明细分类账记录的一致，是记账工作的一条重要规则。为了使总分类账与其所属的明细分类账之间能起到统驭与补充的作用，便于账户核对，并确保核算资料的正确、完整，必须采用平行登记的方法，在总分类账及其所属的明细分类账中进行记录。

采用平行登记规则应注意以下要点：

(1)依据相同。对发生的经济业务，都要以相关的会计凭证为依据，既登记有关总分类账户，又登记其所属明细分类账户。如果同时涉及多个明细账，需要在有关的明细账中进行登记。

(2)期间相同。对每项经济业务，在记入总分类账户和明细分类账户的过程中，可以有先有后，但必须在同一会计期间全部登记入账。值得注意的是，这里所指的同一会计期间并不代表同时，因为明细账一般根据记账凭证及其所附的原始凭证在平时登记，而总分类账因会计核算组织程序不同，可能在平时登记，也可能定期登记，但登记总分类账和明细分类账必须在同一会计期间内完成。

(3)方向相同。将经济业务记入总分类账和明细分类账时，记账方向必须相同。一般情况下，如果在总分类账户中登记的是借方，在其所属的明细分类账户中也应登记在借方；反之，如果在总分类账户中登记的是贷方，在其所属的明细分类账户中也应登记在贷方。

(4)金额相等。在总分类账户及其所属的明细分类账户中登记的金额是相等的。当总分类账户同时涉及几个明细分类账户时，则在总分类账户中登记的金额应当与其所属的明细分类账户中登记的金额之和相等，具体有：

**总分类账户本期发生额＝所属明细分类账户本期发生额合计**

**总分类账户期末余额＝所属明细分类账户期末余额合计**

在会计核算工作中，可以利用上述关系，检查账簿记录是否正确。

**【例 8-1】**　企业本年度 8 月 1 日“原材料”账户期初余额如表 8-21 所示。

**表 8-21**　　**“原材料”账户期初余额**

| 名　称 | 数　量 | 单　价 | 金　额 |
|---|---|---|---|
| A 材料 | 3 000 千克 | 15 元 | 45 000 元 |
| B 材料 | 2 000 件 | 20 元 | 40 000 元 |
| 合　计 | — | — | 85 000 元 |

“应付账款”总分类账户贷方余额为 65 000 元；其所属明细分类账户余额，甲公司贷方余额为 40 000 元，乙公司贷方余额为 25 000 元。

8 月份发生如下经济业务(为简化起见，暂不考虑购买材料的增值税问题)：

(1)从甲公司购入 A 材料 2 000 千克，每千克 15 元；购入 B 材料 1 000 件，每件 20 元。货款尚未支付，材料已验收入库。

(2)从乙公司购入 A 材料 1 000 千克，每千克 15 元。货款尚未支付，材料已验收入库。

(3)以银行存款偿付甲公司货款 40 000 元，偿付乙公司货款 25 000 元。

(4)生产产品领用 A 材料 4 000 千克，领用 B 材料 2 000 件。

根据上述业务，编制会计分录如下：

(1)借：原材料——A 材料　　　　30 000

——B材料　20 000
　　贷:应付账款——甲公司　50 000
(2)借:原材料——A材料　15 000
　　贷:应付账款——乙公司　15 000
(3)借:应付账款——甲公司　40 000
　　　　　　　——乙公司　25 000
　　贷:银行存款　65 000
(4)借:生产成本　100 000
　　贷:原材料——A材料　60 000
　　　　　　——B材料　40 000

根据以上资料,首先,开设"原材料"和"应付账款"总分类账户和明细分类账户,并登记期初余额;其次,将上述经济业务分别记入有关的总分类账户和明细分类账户,结出本期发生额和期末余额;最后,分别编制"原材料"和"应付账款"明细分类账户本期发生额和余额表,将其与"原材料"和"应付账款"总账进行核对。账簿记录及明细分类账户本期发生额和余额表如表8-22、表8-23、表8-24、表8-25、表8-26和表8-27所示。

**表8-22　　总分类账**

会计科目:原材料

| 2023年 | | 凭证 | | 摘要 | 借方 | 贷方 | 借或贷 | 余额 |
|---|---|---|---|---|---|---|---|---|
| 月 | 日 | 种类 | 编号 | | | | | |
| 略 | | | | 月初余额 | | | 借 | 85 000 |
| | | 转 | (1) | 购入材料 | 50 000 | | 借 | 135 000 |
| | | 转 | (2) | 购入材料 | 15 000 | | 借 | 150 000 |
| | | 转 | (4) | 生产领用材料 | | 100 000 | 贷 | 50 000 |
| | | | | 本月发生额及月末余额 | 65 000 | 100 000 | 借 | 50 000 |

**表8-23　　原材料明细账**

材料名称:A材料　　最低储量:(略)

编号:(略)　　规格:(略)　　计量单位:千克　　最高储量:(略)

| 2023年 | | 凭证号 | 摘要 | 收入 | | | 发出 | | | 结存 | | |
|---|---|---|---|---|---|---|---|---|---|---|---|---|
| 月 | 日 | | | 数量 | 单价 | 金额 | 数量 | 单价 | 金额 | 数量 | 单价 | 金额 |
| 略 | | | 月初余额 | | | | | | | 3 000 | 15 | 45 000 |
| | | (1) | 购入材料 | 2 000 | 15 | 30 000 | | | | 5 000 | 15 | 75 000 |
| | | (2) | 购入材料 | 1 000 | 15 | 15 000 | | | | 6 000 | 15 | 90 000 |
| | | (4) | 生产领用材料 | | | | 4 000 | 15 | 60 000 | 2 000 | 15 | 30 000 |
| | | | 本月发生额及月末余额 | 3 000 | 15 | 45 000 | 4 000 | 15 | 60 000 | 2 000 | 15 | 30 000 |

**表 8－24**　　**原材料明细账**

材料名称:B材料　　最低储量:(略)

编号:(略)　　规格:(略)　　计量单位:件　　最高储量:(略)

| 2023年 | | 凭证号 | 摘　要 | 收　入 | | | 发　出 | | | 结　存 | | |
|---|---|---|---|---|---|---|---|---|---|---|---|---|
| 月 | 日 | | | 数量 | 单价 | 金额 | 数量 | 单价 | 金额 | 数量 | 单价 | 金额 |
| 略 | | | 月初余额 | | | | | | | 2 000 | 20 | 40 000 |
| | | (1) | 收入外购材料 | 1 000 | 20 | 20 000 | | | | 3 000 | 20 | 60 000 |
| | | (4) | 生产发出材料 | | | | 2 000 | 20 | 40 000 | 1 000 | 20 | 20 000 |
| | | | 本月发生额及月末余额 | 1 000 | 20 | 20 000 | 2 000 | 20 | 40 000 | 1 000 | 20 | 20 000 |

**表 8－25**　　**总分类账**

会计科目:应付账款

| 2023年 | | 凭　证 | | 摘　要 | 借　方 | 贷　方 | 借或贷 | 余　额 |
|---|---|---|---|---|---|---|---|---|
| 月 | 日 | 种类 | 编号 | | | | | |
| 略 | | | | 月初余额 | | | 贷 | 65 000 |
| | | 转 | (1) | 购入材料 | | 50 000 | 贷 | 115 000 |
| | | 转 | (2) | 购入材料 | | 15 000 | 贷 | 130 000 |
| | | 转 | (3) | 偿还材料款 | 65 000 | | 贷 | 65 000 |
| | | | | 本月发生额及月末余额 | 65 000 | 65 000 | 贷 | 65 000 |

**表 8－26**　　**应付账款明细账**

明细科目:甲公司

| 2023年 | | 凭　证 | | 摘　要 | 借　方 | 贷　方 | 借或贷 | 余　额 |
|---|---|---|---|---|---|---|---|---|
| 月 | 日 | 种类 | 编号 | | | | | |
| 略 | | | | 月初余额 | | | 贷 | 40 000 |
| | | 转 | (1) | 购入材料 | | 50 000 | 贷 | 90 000 |
| | | 转 | (3) | 偿还材料款 | 40 000 | | 贷 | 50 000 |
| | | | | 本月发生额及月末余额 | 40 000 | 50 000 | 贷 | 50 000 |

**表 8－27**　　**应付账款明细账**

明细科目:乙公司

| 2023年 | | 凭　证 | | 摘　要 | 借　方 | 贷　方 | 借或贷 | 余　额 |
|---|---|---|---|---|---|---|---|---|
| 月 | 日 | 种类 | 编号 | | | | | |
| 略 | | | | 月初余额 | | | 贷 | 25 000 |
| | | 转 | (2) | 购入材料 | | 15 000 | 贷 | 40 000 |
| | | 转 | (3) | 偿还材料款 | 25 000 | | 贷 | 15 000 |
| | | | | 本月发生额及月末余额 | 25 000 | 15 000 | 贷 | 15 000 |

在根据平行登记的方法登记总分类账户及其所属的各明细分类账户之后，为了检查账户记录是否正确，应当对总分类账户和明细分类账户登记的结果，进行相互核对，主要是核对总分类账户与其所属明细分类账户的发生额和余额是否相等，以便及时地发现和更正错账，保证账簿记录的正确性。总分类账户与明细分类账户的核对是通过编制明细分类账户试算表进行的。明细分类账户试算表有两种格式：一种是金额式试算表，另一种是数量金额式试算表。

在例 8－1 中，"原材料"总分类账与其所属明细分类账的核对采用数量金额式试算表，格式如表 8－28 所示。"应付账款"总分类账与其明细分类账的核对采用金额式试算表，格式如表 8－29 所示。

**表 8－28** **"原材料"明细分类账户**

2023 年 8 月

| 明细分类账户名称 | 计量单位 | 单价 | 期初余额 | | 本期发生额 | | | | 期末余额 | |
|---|---|---|---|---|---|---|---|---|---|---|
| | | | 数量 | 金额 | 收入 | | 发出 | | 数量 | 金额 |
| | | | | | 数量 | 金额 | 数量 | 金额 | | |
| A 材料 | 千克 | 15 | 3 000 | 45 000 | 3 000 | 45 000 | 4 000 | 60 000 | 2 000 | 30 000 |
| B 材料 | 件 | 20 | 2 000 | 40 000 | 1 000 | 20 000 | 2 000 | 40 000 | 1 000 | 20 000 |
| 合计 | | | | 85 000 | | 65 000 | | 100 000 | | 50 000 |

**表 8－29** **"应付账款"明细分类账户**

2023 年 8 月

| 明细分类账户名称 | 期初余额 | | 本期发生额 | | 期末余额 | |
|---|---|---|---|---|---|---|
| | 借方 | 贷方 | 借方 | 贷方 | 借方 | 贷方 |
| 甲公司 | | 40 000 | 40 000 | 50 000 | | 50 000 |
| 乙公司 | | 25 000 | 25 000 | 15 000 | | 15 000 |
| 合计 | | 65 000 | 65 000 | 65 000 | | 65 000 |

**专栏 8－1** **备查账簿的格式及登记方法**

备查账簿的主要用途是记录序时账簿和分类账簿未能或无法反映的特殊经济事项，是对主要账簿起补充说明作用的账簿。它没有固定的格式，一般取决于特殊经济业务的种类、内容以及各单位会计核算和经营管理的实际需要。在企业中，备查账簿主要有以下几种：

1. 代管财产物资登记簿

对于一些所有权不属于企业，但企业负有保管责任的财产物资，需要通过备查账簿来登记反映，如租借设备、物资的辅助登记。以租入固定资产备查簿为例，其格式如表 8－30 所示。

表 8－30　租入固定资产备查簿

| 资产名称 | 规格 | 合同号 | 租入单位 | 租入日期 | 租期 | 租金 | 使用地点 | 备注 |
|---|---|---|---|---|---|---|---|---|
| | | | | | | | | |

2. 账外财产登记簿

对于有些所有权属于企业，但不在企业日记账和分类账上记录的财产物资，如企业采用一次摊销法核算的低值易耗品，需要设置账外财产物资的登记簿，记录领用日期、领用人、领用数量、报废日期等情况。

3. 其他登记簿

对某些不纳入会计核算范围而业务上需要掌握的事项，应设置登记簿，如重要空白凭证、合同及其执行、固定资产使用情况等。

# 第三节　期末账项调整

## 一、期末账项调整的目的

权责发生制对于日常经济业务不是每笔均按归属期核算的，而是根据经济业务的性质和特点，平时按收支活动记录(如利息收入、利息费用等业务)，有些收入款项虽在本期内已收到和入账，但并不应归属本期；而有些收入虽在本期内尚未收到，却应归属本期。类似地，有些费用虽在本期内已经支付和入账，但并不归属本期；而有些费用虽发生在本期尚未支付，却应归属本期。因此，账簿的日常记录还不能确切地反映本期的收入和费用。期末时，将这类业务需要再按权责发生制要求，调整有关账项，以便准确计量当期收入、费用以及资产、负债，调整就是按照应予归属这一标准，合理地反映相互连接的各会计期应得的收入和应负担的费用，使各期的收入和费用能在权责发生制基础上进行配比，从而比较正确地计算出各期的盈亏。因账项调整而编制的会计分录，称为调整分录。

必须指出，期末进行账项调整，虽然主要是为了在利润表中正确地反映本期的经营成果，但是收入和费用调整，必然会引致有关资产、负债、所有者权益项目发生相应的增减变动。

## 二、期末账项调整的内容

一般企业年末结账时应予调整的项目分为应计项目、递延项目和估计项目三大类。其中，应计项目包括应计收入、应计费用，递延项目包括递延费用、递延收益，估计项目包括资产减值准备的计提、固定资产折旧与无形资产摊销等其他事项。

### (一)应计项目

1. 应计收入

应计收入的特点是在会计核算期内已取得该项收入，但由于没有收到款项而未登记入账，如应收利息、应收租金等。会计期结束时，需将应计收入调整入账。

(1)应收利息

应收利息收入是最常见的期末账项调整项目。如果规定到期或按期收取利息，利息收入款项的收取在后，利息收入的形成在先。在会计期末，应按权责发生制将本期已经形成的利息收入计入本期收入，不论其款项是否收到。

**【例 8-2】** 华联公司 2023 年 11 月 1 日销售一批产品给 A 公司，货已发出，发票上注明的销售收入为 240 000 元，增值税税额为 31 200 元。收到 A 公司交来的商业承兑汇票一张，期限为 6 个月，票面利率为 5%。

年度终了（2023 年 12 月 31 日），按照权责发生制的要求应该计提票据利息，增加应收票据的账面价值，同时冲减财务费用。

271 200×5%÷12×2=2 260（元）

其调整会计分录如下：

借：应收票据　　2 260

　　贷：财务费用　　2 260

需要说明的是，应收票据的利息计提可以在各种会计期末（可以是月末、季末、半年末或年末）进行，为简化核算，至少在每年年末计提应收票据的利息。

(2)应收租金

应收租金收入，是指企业将临时闲置的资产出租给承租人而获取的收入。这种租金收入往往是租期届满时才收到款项。如果租赁跨越会计核算期，就发生了该会计核算期内收不到租金款项，但本期已形成租金收入的事项。对此，在会计处理时应按权责发生制要求，在会计期末将本期已形成的租金收入入账。

**【例 8-3】** 山水公司在本年度 1 月 2 日将闲置的厂房租赁给乙公司，租赁期为 6 个月，租金共计 7 200 元，租金在 1 月底尚未收到。按照权责发生制的要求，因企业提供了财产物资的使用权，1 月份应当确认一个月的租金收入，其调整会计分录如下：

借：其他应收款　　1 200

　　贷：其他业务收入　　1 200

2. 应计费用

应计费用的特点是在本期已经发生，但由于没有支付款项而未登记入账。属于这类费用的包括应计利息、应付服务费等。对于费用归属本会计核算期的应计费用，在期末时必须调整入账，如利息费用。

利息费用是企业为借款而付出的代价，贷款人往往是按期或到期收取利息。因此，如果会计核算期内不到付息日企业就不发生利息款项的支付，则平时也不计利息费用。但企业因使用借款而受益，就已经承担了支付利息费用的义务。在会计期末，按权责发生制要求，应将本期已承担的利息费用入账，计提的利息费用记入“财务费用”或“在建工程”账户的借方。

**【例 8-4】** A 公司于本年度 4 月 1 日从银行取得短期借款 10 000 元，年利率为 12%，期限 3 个月，期满还本付息。

①4 月 1 日取得借款时：

借：银行存款　　10 000

　　贷：短期借款　　10 000

②4 月 30 日和 5 月 31 日，由于没有到付息期，可以采用计提利息的办法按月计入当期损益。计提利息时的调整分录分别如下：

借：财务费用（10 000×12%÷12）　　100

　　贷：应付利息　　100

③6月30日到期还本付息时，借记“短期借款”“应付利息”账户；按实际支付的利息金额与已经计提的利息的差额(即尚未计提的部分)，借记“财务费用”账户；按实际支付的本息金额，贷记“银行存款”账户。

借：短期借款 10 000

应付利息 200

财务费用 100

贷：银行存款 10 300

**(二)递延项目**

1.递延费用

递延费用，是指企业的支出已经发生，能使若干个会计期间受益，为正确计算各个会计期间的盈亏，将这些支出在其受益的会计期间进行分配。例如，企业已经支出，但应由本期和以后各期负担的长期待摊费用。企业在发生这类支出时，应借记“长期待摊费用”等账户，贷记“银行存款”等账户。在会计期末进行账项调整，借记“销售费用”“管理费用”等账户，贷记“长期待摊费用”等账户。

**【例8-5】** A公司1月1日支付以租赁方式租入的使用权资产发生的改良支出12 000元，剩余租赁期限为2年。支付时的会计分录如下：

借：长期待摊费用 12 000

贷：银行存款 12 000

1月31日，企业已享有一个月的服务，应当摊销长期待摊费用500元(12 000÷2÷12)，会计分录如下：

借：管理费用 500

贷：长期待摊费用 500

2.递延收益

递延收益，是指企业已经收取有关款项，但应在以后期间确认损益的负债，如企业收到的政府补助。在收到政府补助时，应借记“银行存款”等账户，贷记“递延收益”账户。与资产相关的政府补助，在相关资产使用寿命内分配递延收益；与收益相关的政府补助，用于补偿企业以后期间相关费用或损失的，在发生相关费用或损失的未来期间，按应补偿的金额确认收益。确认收益时，借记“递延收益”账户，贷记“营业外收入”“其他收益”等账户。

**(三)估计项目**

1.资产减值准备的计提

企业在资产负债表日需要判断资产是否存在可能发生减值的迹象，如发生减值，需要计提资产减值准备。下面以坏账准备为例说明。

坏账，是指企业无法收回或收回的可能性极小的应收账款。由于发生坏账而造成的损失，称为坏账损失。企业应当在期末对应收账款进行全面检查，分析各项应收款项的可收回性，并预计可能产生的坏账损失。对预计可能发生的坏账损失，计提坏账准备。

当期提取的坏账准备可按以下公式计算：

**当期应提取的坏账准备＝当期按应收款项计算应提坏账准备金额－“坏账准备”账户的贷方余额**

当期按应收款项计算应提坏账准备金额大于“坏账准备”账户的贷方余额，应按其差额提取坏账准备；如果当期按应收款项计算应提坏账准备金额小于“坏账准备”账户的贷方余额，应按其差额冲减已提取的坏账准备。

【例8－6】 B公司从本年度开始计提坏账准备，本年年末应收账款的余额为240万元，提取坏账准备的比例为5%。

坏账准备提取额＝2 400 000×5%＝120 000(元)

借：信用减值损失　　120 000

　　贷：坏账准备　　120 000

2.固定资产折旧与无形资产摊销

在每期期末需要计提固定资产的折旧和摊销无形资产，账项调整时借记“制造费用”“销售费用”和“管理费用”等账户，贷记“累计折旧”或“累计摊销”账户。

【例8－7】 A公司1月31日根据计算，1月份应计提固定资产折旧20 000元，其中：生产部门为18 000元，企业管理部门为2 000元。月末应编制的调整分录如下：

借：制造费用　　18 000

　　管理费用　　2 000

　　贷：累计折旧　　20 000

# 第四节　错账的查找和更正

## 一、错账的基本类型

会计人员在记账过程中，由于种种原因可能会产生会计凭证的编制错误或账簿的登记错误，即发生错账。错账的基本类型主要有以下几种：

(1)记账凭证正确，但依据正确的记账凭证登记账簿时发生过账错误。

(2)记账凭证错误，导致账簿登记也发生错误。这种类型的错误又包括三种情况：一是由于记账凭证上的会计科目用错而引发的错账，二是记账凭证上金额多写而引发的错账，三是记账凭证上金额少写而引发的错账。

## 二、账簿错误的查找

会计账簿的日常登记是一项细致的工作，稍有不慎就会发生错误。为了及时更正这些错误，就需要对账簿记录进行检查以便发现错误。记账错误，会造成总分类借贷金额不平衡、总账金额与其所属的明细账金额不平衡等情况。因此，首先，应复核试算平衡表，检查表中各账户的期初、期末余额，本期借、贷方发生额与账簿中相应账户的期初、期末余额，借、贷方发生额是否相符，表中金额方向与账户中方向是否一致，这样可以发现试算表中有无记错账户、重记、漏记等情况；然后，复核“明细分类账户本期发生额及余额表”，检查其编制的正确性。以上复核工作完毕后，如试算表借、贷仍不平衡，总账金额与所属明细账金额仍不相等，则说明记账本身有差错。账簿错误的查找方法主要有以下几种：

### (一)顺查法和逆查法

顺查法，即按照会计核算程序，从经济业务→原始凭证→记账凭证→会计账簿→试算表，按顺序查找。在哪个环节发现错误，分析错误的原因及性质，采取正确的方法进行更正。顺查法主要用于会计分录中会计科目用错等错误。

逆查法，与会计核算程序相反，从试算表→会计账簿→记账凭证→原始凭证→经济业务，逐步缩小错误的范围，直到找出错误为止。

**(二)技术方法**

技术方法,即根据错账的数字,结合数字之间的某些规律,运用数学知识来查找影响试算平衡的错误。常用的技术方法有差数法、除 2 法和除 9 法三种。

(1)差数法,即根据账户借方发生额合计与贷方发生额合计之间的差数额来查找账簿记录错误。如果登记某项业务时,只登记一方(借方或贷方)金额,或者在计算账户余额时漏算了某项业务的一方(借方或贷方),就会导致借贷不平衡,其差数金额应该等于被遗漏项目的金额。利用差数法,可以有效地查出漏记错误。这种方法对于发现漏记账目比较有效,也很简便。

(2)除 2 法,即首先算出借方和贷方的差额,再将差额除以 2 得出商数,商数就是被记错方向的数字,查找账户记录中有无与商数相同的金额的方法。例如,账户的借方发生额合计大于贷方发生额合计 800 元,用 800 除以 2 得 400,然后查找贷方有无 800 元的记录漏记,如果没有,就可以确定将一笔发生额为 400 元的业务重复记到借方,而漏记贷方。利用除 2 法可以有效地查出重记错误。

(3)除 9 法,即首先算出借方与贷方的差额,再除以 9 来查找错误的方法,如能除尽,则可能有两种情况,即数字位移或数字颠倒。

数字位移,如将 5 000 误记成 500,差数为 4 500,用 9 除得 500,将位数前进一位即可。

数字颠倒,如将 15 800 误写为 18 500,差数为 2 700,用 9 除得 300,商数中的非零数字 3 即为被颠倒的相邻数字 8 和 5 的差额,而且凡商数为百位数者,则是百位数与千位数的颠倒;凡商数为千位数者,则是千位数与万位数的颠倒,以此类推。

应当注意的是,如果只有一种错误存在,可以用上面的一种方法去查明;如果有多种错误同时存在,就不能运用上述的各种方法。查找的方法只能是重新核对每一笔记录,核对并计算账户的余额,以及确定在抄录每项加计总数时有无错误。实际上,某些错误可能是由几个错误共同造成的。因此,最积极的办法还是加强责任感,认真、细致地做好记账工作。一旦发生了错误,在查找出来的基础上,应采用相应的方法进行更正。

## 三、错账的更正方法

登记账簿难免会发生差错,发生错账的情况是多种多样的,有的是填制凭证和记账时发生的单纯笔误;有的是用错应借、应贷的会计科目,或错记摘要、金额等;有的是过账错误;有的是合计时计算错误;等等。账簿记录发生错误一经发现,应立即分析发生错误的情况并按《会计基础工作规范》的要求进行更正,不得任意使用刮擦、挖补、涂改等方法去更改字迹。常用的错账更正方法有划线更正法、红字更正法和补充登记法三种。

**(一)划线更正法**

在结账前,如果发现账簿记录中有数字或文字错误,而记账凭证没有错,即纯属账簿记录中的笔误,可用划线更正法予以更正。更正的具体方法是:先将账页上错误的文字或数字划一条红线,表示予以注销,但应保证原有字迹仍能辨认;然后,将正确的文字或数字用蓝字写在被注销的文字或数字的上方,并由记账人员在更正处盖章,以明确责任。应当注意的是,更正时,必须将错误数字全部划销,而不能只划销、更正其中个别错误的数字。

**【例 8-8】** A 公司用银行存款 3 600 元购买办公用品。会计人员李明在根据记账凭证(记账凭证正确)记账时,将总账中“银行存款”账户贷方的 3 600 元误写成 3 900 元。采用划线更正法更正的具体办法是:应将总账中“银行存款”账户贷方的错误数字 3 900 元全部用一条红线划销(注意:不能只划销“9”),然后在其上方写出正确的数字 3 600 元,并在更正处盖章或签名，以明确责任。

3 600

~~3 900~~ [李明]

**(二)红字更正法**

红字更正法，适用于以下两种错误的更正：

(1)根据记账凭证所记录的内容登记账簿以后，若记账凭证的应借、应贷会计科目或记账方向有错误，应采用红字更正法。更正的具体方法是：先用红字填制一张与错误记账凭证内容完全相同的记账凭证，并据以用红字登记入账，冲销原来的错误记录；然后，再用蓝字填制一张正确的记账凭证，据以用蓝字或黑字登记入账。

**【例 8-9】** B公司用银行存款支付以租赁方式租入固定资产发生的改良支出 150 000 元。在填制记账凭证时，误将“长期待摊费用”科目填入“管理费用”科目，并据以登记入账。其错误会计分录为：

借：管理费用　　150 000

　　贷：银行存款　　150 000

更正时，先用红字(以下用[ ]表示红字)填制一张会计分录与原错误记账凭证相同的记账凭证，并据以用红字登记入账，冲销原有错误的账簿记录：

借：管理费用　　[150 000]

　　贷：银行存款　　[150 000]

然后，用蓝字填制如下正确的记账凭证：

借：长期待摊费用　　150 000

　　贷：银行存款　　150 000

以上有关账户的记录如下：

| 借方　银行存款 | 贷方 |
|---|---|
| | (1) 150 000 |
| | (2) [150 000] |
| | (3) 150 000 |

| 借方　管理费用 | 贷方 |
|---|---|
| (1) 150 000 | |
| (2) [150 000] | |

| 借方　长期待摊费用 | 贷方 |
|---|---|
| (3)150 000 | |

(2)根据记账凭证所记录的内容记账以后，若记账凭证中应借、应贷的会计科目、记账方向正确，只是金额发生错误，且所记金额大于应记的正确金额。更正的具体方法是：将多记的金额用红字填制一张与原错误记账凭证的会计科目、记账方向相同的记账凭证，并据以用红字登记入账，以冲销多记金额，求得正确的金额。

**【例 8-10】** B公司用银行存款 7 500 元缴纳上个月欠交的税金。会计人员在编制会计分录时，误将 7 500 元记为 75 000 元并已入账。这个错误应采用红字更正法进行更正。更正的具体方法是用红字编制一张与原错误凭证中科目、方向相同的记账凭证，其金额为 67 500 元(75 000—7 500)，据以用红字登记入账，以冲销多记的金额：

借：应交税费　　[67 500]

　　贷：银行存款　　[67 500]

以上有关账户的记录如下：

| 借方 | 银行存款　贷方 |
| --- | --- |
| | 67 500 |

| 借方　应交税费 | 贷方 |
| --- | --- |
| 67 500 | |

采用红字更正法更正金额多记错误记录时应注意：不得以蓝字金额填制与原错误记账凭证方向相反的记账凭证去冲销原错误记录（或错误金额），原因是蓝字记账凭证反方向记录的会计分录反映某类经济业务，而不能反映更正错账的内容。

**（三）补充登记法**

记账以后，若记账凭证和账簿的所记金额小于应记金额，而应借、应贷的会计科目并无错误时，那么应采用补充登记的方法予以更正。更正的具体方法是：按少记的金额用蓝字填制一张应借、应贷会计科目与原错误记账凭证相同的记账凭证，即账户对应关系与原记账凭证相同，并据以登记入账，以补充少记的金额。

**【例 8－11】** 承例 8－10，会计人员在编制会计分录时，误将 7 500 元记为 750 元：

借：应交税费　　750

　　贷：银行存款　　750

这属于金额少记的错误，应采用补充登记的方法予以更正，即用蓝字编制一张与原错误凭证应借科目、应贷科目、记账方向相同的记账凭证，其金额为 6 750 元（7 500－750），据以蓝字登记入账即可：

借：应交税费　　6 750

　　贷：银行存款　　6 750

以上有关账户的记录如下：

| 借方 | 银行存款　贷方 |
| --- | --- |
| | 6 750 |

| 借方　应交税费 | 贷方 |
| --- | --- |
| 6 750 | |

采用红字更正法和补充登记法更正错账时，都应在凭证的摘要栏注明原错误凭证号数、日期和错误原因，便于日后核对。

## 第五节　对账和结账

为了总结某一会计期间的经济活动情况，考核经营成果，便于编制会计报表，必须定期进行对账和结账工作。

### 一、对账

《会计法》第 17 条规定："各单位应当定期将会计账簿记录与实物、款项及有关资料相互核对，保证会计账簿记录与实物及款项的实有数额相符、会计账簿记录与会计凭证的有关内容相符、会计账簿之间相对应的记录相符、会计账簿记录与会计报表的有关内容相符。"这是对账目核对的规定，进行对账也是保证会计账簿记录质量的重要程序。

**（一）对账的概念**

如实地反映企业单位日常发生的经济活动，提供真实的会计信息，是会计核算的一个基本原则。在会计核算工作中，由于种种原因，账簿记录难免会有错漏。一种是会计人员主观上的原因造成的，诸如填制记账凭证的差错、记账或过账的差错、数量或金额计算的差错，以及财产物资收发计量的差错等；另一种是企业客观上的原因造成的，如财产物资自身的特性和自然原因等。为了保证账簿记录的正确、完整、合理和可靠，如实地反映和监督经济活动，并为编制会计报表提供真实的数据和资料，在记账以后、结账之前，就必须进行账簿之间的核对，确保账证相符、账账相符、账实相符。

所谓"对账"，就是指核对账簿，它是会计核算的一项重要内容，也是审计常用的一种查账方法。简单地说，就是在经济业务全部登记入账之后，对账簿记录所进行的核对工作。

各单位应当定期对会计账簿记录的有关数字与库存实物、货币资金、有价证券、往来单位或者个人等进行相互核对，保证账证相符、账账相符、账实相符。对账的时间一般是在会计期末，将本月内的全部经济业务登记入账并结出各账户的期末余额之后、结账之前。如果遇到特殊情况（如有关人员办理调动时或发生非常事件后），应根据需要随时对账。对账工作每年至少进行一次。

**（二）对账的内容**

1. 账证核对

核对会计账簿（总分类账、明细分类账以及库存现金和银行存款日记账等）记录与原始凭证、记账凭证的时间、凭证字号、内容、金额是否一致，记账方向是否相符。这种核对一般可以采用抽查法，主要是在平时编制记账凭证和记账过程中随时进行的，做到随时发现错误，随时查明纠正。在月末如发现总分类账试算不平衡、账账不符或账实不符等情况，仍应核对账证是否相符。核对时，主要是抽查与账账不符或账实不符的有关凭证，直至查出错误为止，而不是核对全部凭证。

2. 账账核对

账账核对是在账证核对相符的基础上，核对不同会计账簿之间的账簿记录是否相符，做到账账相符，具体包括：总账有关账户的余额核对，总账与明细账核对，总账与日记账核对，会计部门的财产物资明细账与财产物资保管和使用部门的有关明细账核对等。

（1）总分类账户之间的核对。总分类账中各账户的本期借、贷方发生额合计数，期末借、贷方余额合计数，应当分别核对相符；本期借方发生额之和与本期贷方发生额之和，期末所有账户借方余额之和与期末所有账户贷方余额之和，应当分别核对相符，以检查总分类账户的登记是否正确。其核对方法是通过编制"总分类账户发生额及余额试算表"来进行核对。

（2）总分类账户与所属明细分类账户之间的核对。总分类账户本期借、贷双方发生额及余额与所属明细分类账户本期借、贷方发生额合计数及余额合计数应当核对相符，以检查总分类账户和明细分类账户登记是否正确。其核对方法一般是通过编制"总分类账户与明细分类账户发生额及余额表"来进行核对。

（3）总分类账户与库存现金日记账、银行存款日记账之间的核对。库存现金日记账、银行存款日记账的本期发生额合计数以及期末余额合计数，分别与总账中的"库存现金"账户、"银行存款"账户的记录核对相符，以检查日记账的登记是否正确。

（4）明细分类账簿之间的核对。财会部门登记的各种财产物资明细分类账同财产物资保管、使用部门的有关保管账的结存数核对相符，以检查双方登记是否正确，检查各方期末财产物资结存数是否相等。

3. 账实核对

账实核对是在账账核对的基础上，将各种账簿记录余额与各项财产物资、库存现金、银行存款及各种往来款项的实存数核对，做到账实相符。其内容包括：

（1）库存现金日记账账面余额与库存现金实际库存数相核对。此项核对应逐日进行，同时还应进行不定期的抽查。

（2）银行存款日记账账面余额定期与银行对账单相核对。此项核对是通过编制“银行存款余额调节表”进行的。通常每月核对一次。

（3）各种财物明细账账面余额与财物实存数额相核对。此项核对根据财产物资清查的要求，定期或不定期地进行。

（4）各种应收、应付款明细账账面余额与有关债务、债权单位或者个人核对等；各种应交款项明细分类账的余额同国库及有关部门之间的核对。此项核对一般通过函证的方法，定期或不定期地进行。

## 二、结账

### （一）结账的概念

为了在会计期末时提供编制会计报表所需要的数据资料，必须进行结账。

所谓“结账”，是指在把一定时期（月份、季度、年度）内所发生的全部经济业务登记入账的基础上，按照规定的方法对该期内的账簿记录进行小结，结算出每个账户的本期发生额和期末余额，并将其余额结转下期或者转入新账以及划出结账标志的程序和方法。

结账是会计核算工作的又一项重要内容。如果只记账而不定期结账，记账就失去了意义。资产负债表类的账户在本期内也发生了增减变化，为了反映企业期末的财务状况，就应计算这些账户的期末余额。各种收入和费用类账户就应当包括本会计期间的发生全部数额。通过结账，可以考察各期资产、负债、所有者权益和资金周转的情况，便于正确计算资金的耗费与产品成本，使已记录和储存的会计信息进一步提高明晰性、可靠性和相关性，便于通过会计报表输出并加以充分利用。另外，企业因撤销、合并、重组等而办理账务移交时，也需要结账。

### （二）结账的步骤及内容

企业在会计核算过程中使用的账户实际上可分为两大部分：一部分是反映企业单位收入的实现、费用的发生情况的损益类账户，另一部分是反映企业单位资产、负债、所有者权益情况的资产负债表类账户。对于这两类账户，结账时的处理方法是不同的。

结账工作的步骤及具体内容如下：

（1）结账前，检查本期内发生的经济业务是否已全部登记入账，不能将本期发生的经济业务延至下期入账。如发现有遗漏，应及时补记，以保证本期的经济业务全部入账。这是结账工作的前提和基础。

（2）按权责发生制的原则调整和结转有关账项。在本期经济业务全面入账的基础上，按照权责发生制原则的要求，将收入和费用归属各个相应的会计期间，即编制调整分录，再据以登记入账。对本期内所有应计项目、递延项目和估计项目，均应编制记账凭证记入有关账簿，以调整账簿记录。

（3）编制结账分录。对于各种收入、费用类账户的余额，应在有关账户之间进行结转，从而结清各有关收入和费用类账户，也就是将这些本期所发生的各项收入、费用、成本、支出结转到“本年利润”账户。结账分录包括两部分：一部分是结转收入的，即借记有关的收入类账户，贷记“本年利润”账户；另一部分是结转费用的，即借记“本年利润”账户，贷记有关的费用类账户。结账分录也需要登记到相应的账簿中去。

（4）计算各账户的本期发生额合计和期末余额。在本期全部经济业务已登记入账的基础上，结算出库存现金日记账、银行存款日记账，以及总分类账和明细分类账户的本期发生额和期末余额。

(三)结账的方法

结账的目的通常是为了总结一定时期的财务状况和经营成果。结账工作一般是在会计期末进行的。结账可以分为月结和年结。结账主要采用划线法,即期末结出各账户的本期发生额和期末余额后,加划线标记,并将期末余额结转至下期的方法。划线的具体方法在月结和年结时有所不同。

1.月度结账

月底应办理月结,在账簿中算出账户的本期发生额和期末余额。在各账户本月份最后一笔经济业务下面划一条通栏单红线,在红线下结算出本月发生额和月末余额,如果没有余额,在"余额"栏内注明"平"字或"0"符号,并在"摘要"栏注明"本月合计"或"×月份发生额及余额"字样。然后,在月结下划一条单红线,表示完成月结并与下月发生额区分。紧接下一行,在"日期"栏填写下月的1日,在"摘要"栏注明"期初余额",并在"余额"栏将上期期末余额转为本期的期初余额,此后即可连续登记下月份的经济业务。

2.年度结账

年终应办理年结,首先在12月当月月结下面划一条通栏单红线,表示年度终了,然后在红线下面结算出全年12个月份的月结发生额,在"摘要"栏内注明"本年发生额及余额"或"本年合计"字样,并在"本年发生额及余额"或"本年合计"下面通栏划双红线。年度终了,要把各账户的余额结转到下一会计年度,并在"摘要"栏内注明"结转下年"字样;在下一会计年度新建有关会计账簿的第一行"余额"栏内填写上年结转的余额,并在"摘要"栏内注明"上年结转"字样。

月度结账和年度结账的具体方法以应收账款为例,具体如表8-31所示。

**表8-31** **应收账款总分类账**

账户名称:应收账款

| 2023年 | | 凭证号数 | 摘要 | 借方 | 贷方 | 借或贷 | 余额 |
|---|---|---|---|---|---|---|---|
| 月 | 日 | | | | | | |
| 1 | 1 | | 上年结转 | | | 借 | 150 000 |
| | 5 | | 收到欠款 | | 7 000 | 借 | 143 000 |
| | | | ⋮ | ⋮ | ⋮ | ⋮ | ⋮ |
| | 10 | | 赊销产品 | 10 000 | | 借 | 190 000 |
| | 21 | | 收到欠款 | | 30 000 | 借 | 160 000 |
| | 31 | | 1月份发生额及余额 | 90 000 | 80 000 | 借 | 160 000 |
| 2 | 1 | | 月初余额 | | | 借 | 160 000 |
| | 3 | | 赊销产品 | 80 000 | | 借 | 240 000 |
| | | | ⋮ | ⋮ | ⋮ | ⋮ | ⋮ |
| | | | ⋮ | ⋮ | ⋮ | ⋮ | ⋮ |
| 12 | 31 | | 12月份发生额及余额 | 30 000 | 40 000 | | 190 000 |
| 12 | 31 | | 本年发生额及余额 | 280 000 | 240 000 | 借 | 190 000 |
| 12 | 31 | | 结转下年 | | 190 000 | 平 | 0 |

# 第六节　会计账簿的使用与管理

## 一、账簿的启用

账簿是储存会计信息的载体，是重要的会计档案。为了保证账簿记录的合法性，明确记账人的责任，保证账簿资料完整无缺，防止任何舞弊行为，在启用新账簿时，应在账簿的有关位置记录相关信息。

### （一）设置账簿的封面与封底

启用会计账簿时，应当在账簿封面上写明单位名称和账簿名称。除订本账不另设封面以外，各种活页账都应设置封面和封底，并登记单位名称、账簿名称和所属会计期间。

### （二）填写扉页上的"账簿使用登记表"

在启用新会计账簿时，应首先填写在扉页上印制的"账簿使用登记表"中的启用说明（格式参见表 8-1）。其中，单位名称、账簿名称、账簿编号、账簿共计页数（活页账、卡片账在装订成册后按顺序重编总页次）、起止日期、经管人员（包括企业负责人、主管会计、复核和记账人员等）均应登记姓名并加盖印章。

### （三）账页编号

总账应按照会计科目顺序填写科目名称及启用页号。启用订本式账簿，应当从第一页到最后一页顺序编定页数，不得跳页、缺号。使用活页式账页，应当按账户顺序编号，并需定期装订成册。装订后再按实际使用的账页顺序编定页码，另加目录，记明每个账户的名称和页次，账户目录格式如表 8-32 所示。

**表 8-32　　账户目录（科目索引）**

| 编　号 | 会计科目 | 起讫页码 | 编　号 | 会计科目 | 起讫页码 |
|---|---|---|---|---|---|
| | | | | | |
| | | | | | |
| | | | | | |

### （四）粘贴印花税票

启用新账簿时，应按照规定粘贴印花税票。印花税票应粘贴在账簿的右上角，并且划线注销。在使用缴款书缴纳印花税时，应在右上角注明"印花税已缴"及缴款金额。

### （五）会计人员的交接

记账人员或者会计机构负责人、会计主管人员调动工作时，必须与接管人员办理交接手续，在"账簿使用登记表"中交接记录栏内填写交接日期、交接人员和监交人员姓名，并由交接双方签字并盖章。一般会计人员办理交接手续，由会计机构负责人监交；会计机构负责人办理交接手续，由单位负责人监交，必要时主管单位可以派人会同监交。

## 二、账簿的登记

各种会计账簿的登记，必须遵循基本规则的要求。《会计法》第 15 条规定："会计账簿登记，必须以经过审核的会计凭证为依据，并符合有关法律、行政法规和国家统一的会计制度的规定。会计账簿包括总账、明细账、日记账和其他辅助性账簿。”会计人员应当根据审核无误的会计凭证登记会计账簿。

登记账簿的规则包括：

**(一)必须以审核无误的会计凭证为依据登记账簿**

登记会计账簿时，应当将会计凭证日期、编号、业务内容摘要、金额和其他有关资料逐项记入账内，做到数字准确、摘要清楚、登记及时、字迹工整。

**(二)注明记账符号**

登记完毕后，需在记账凭证上签名或者盖章，并注明已经登账的符号(如打“√”等)，表示已经登记入账，以避免重记或漏记。

**(三)文字和数字书写必须工整、规范**

账簿中书写的文字和数字上面需留有适当空格，不要写满格；一般应占格距的1/2，以便留有改错的空间。

**(四)正常记账采用蓝黑墨水，特殊记账使用红墨水**

登记账簿需用蓝黑墨水或者碳素墨水书写，不得使用圆珠笔(银行的复写账簿除外)或者铅笔书写，主要原因是，各种账簿的归档保管时间一般都在10年以上，有些关系到重要经济资料的账簿，则要长期保管，要求账簿记录保持清晰、耐久，以便长期查核使用，防止涂改。

除下列情况外，不得用红色墨水笔：

(1)按照红字冲账的记账凭证，冲销错误记录。

(2)在不设借贷栏的多栏式账页中，登记减少数。

(3)在三栏式账户的“余额”栏前，如未印明余额方向的，在“余额”栏内登记负数余额。

(4)根据国家统一会计制度的规定可以用红字登记的其他会计记录。

**(五)顺序连续登记**

会计账簿应当按照连续编号的页码顺序登记，不得跳行、隔页。如果发生跳行、隔页，应当将空行、空页划线注销，或者注明“此行空白”“此页空白”字样，并由记账人员签名或者盖章。

**(六)期末应结出余额，并在账页上注明账户余额方向**

凡需要结出余额的账户，结出余额后，应当在“借或贷”栏内写明“借”或者“贷”等字样。没有余额的账户，应当在“借或贷”栏内写“平”字，并在“余额”栏内用“0”表示。库存现金日记账和银行存款日记账必须逐日结出余额。

**(七)每一账页记完时，应办理转页手续**

每一账页登记完毕结转下页时，应当结出本页合计数及余额，写在本页最后一行和下页第一行有关栏内，并在“摘要”栏内注明“过次页”和“承前页”字样；也可以将本页合计数及金额只写在下页第一行有关栏内，并在“摘要”栏内注明“承前页”字样。

对“过次页”的本页合计数如何计算，一般分三种情况：

(1)需结出本月发生额的账户，结计“过次页”的本页合计数应当为自本月初起至本页末止的发生额合计数。这样做便于根据“过次页”的合计数，随时了解本月初至本页末的发生额，也便于月末结账时，加计“本月合计”数。如采用账结法下的各损益类账户。

(2)需结计本年累计发生额的账户，结计“过次页”的本页合计数应当为自年初起至本页末止的累计数。这样做，便于根据“过次页”的合计数，随时了解本年初到本页末止的累计发生额，也便于年终结账时，加计“本年累计数”。如“本年利润”账户和采用表结法下的各损益类账户。

(3)既不需要结计本月发生额，也不需要结计本年累计发生额的账户，可以只将每页末的余额结转次页。如债权、债务结算类账户，“实收资本”等资本类账户和“原材料”等财产物资类账户。

**（八）实行会计电算化的特别规定**

实行会计电算化的单位，用计算机打印的会计账簿必须连续编号，经审核无误后装订成册，并由记账人员和会计机构负责人、会计主管人员签字或者盖章。总账和明细账应定期打印。发生收款和付款业务的，在输入收款凭证和付款凭证的当天必须打印出库存现金日记账和银行存款日记账，并与库存现金核对无误。

**（九）账簿记录发生错误**

账簿记录发生错误，不得刮擦、挖补、涂改或用药水消除字迹等手段更正错误，也不允许重抄，应采用正确的错账更正方法进行更正。

## 三、账簿的更换

为了反映每个会计年度的财务状况和经营成果情况，保持会计资料的连续性，企业应按照会计制度的规定在适当的时间进行账簿的更换。

账簿的更换，是指在会计年度终了时，将上年度的账簿更换为次年度的新账簿，并将上年度的会计账簿归档保管的工作。

对于新的会计年度建账问题，一般来说，库存现金日记账、银行存款日记账、总分类账和多数明细账应每年更换一次。部分财产物资明细账、债权债务明细账和固定资产卡片明细账等，由于材料品种、规格和往来单位较多，更换新账、重抄一遍工作量较大，故可以跨年度使用，不必每年更换新账。各种备查账簿也可以连续使用。

账簿更换时还需要注意以下几点：

(1)余额的结转。检查本年度账簿记录，在年终结账时是否全部结清。更换新账时，要注明各账户的年份，然后在新账中第一行“日期”栏内写明“1 月 1 日”；在“摘要”栏内注明“上年结转”或“上年余额”字样；最后根据上年账簿的账户余额直接写在“余额”栏内，并在“借或贷”栏内注明余额的方向（即借方还是贷方）。新旧账簿更换时，账户余额结转不编制记账凭证，也不要记入“借方”栏或“贷方”栏，而是直接记入“余额”栏，因此，“凭证号”栏、“借方”栏和“贷方”栏无须填制。在此基础之上再登记新年度所发生的相关会计事项。

(2)总账应根据各账户经济业务的多少，合理估计各账户在新账中所需要的账页，填写账户目录，并据以设立账户。

(3)对于有些有余额的明细账，如应收账款、应付账款、其他应收款、其他应付款等明细账，必须将各明细账户的余额，按照上述方法详细填写在新建明细账相同的明细账户下，以备清查和查阅；对于采用借贷方多栏式的应交增值税明细账，应按照有关明细项目的余额采用正确的结转方法予以结转。

## 四、账簿的保管

会计账簿在经营管理工作中具有重要作用，它是会计工作的重要历史资料，同时也是重要的经济档案，且有些是需要保密的。每个企业、单位都应按照国家有关规定，加强对会计账簿的管理，做好账簿的保管工作。账簿的保管，应该明确责任，保证账簿的安全和会计资料的完整，防止交接手续不清和可能发生的舞弊行为。因此，必须建立严格的账簿保管制度，妥善保管账簿。对账簿的保管包括以下两个方面的内容：

**(一)账簿的日常保管**

(1)各种账簿要分工明确,指定专人管理,一般是谁负责登记,谁负责管理。因此,账簿经管人员既要负责记账、对账、结账等工作,又要负责保证账簿的安全、完整。

(2)会计账簿未经领导和会计负责人或者有关人员批准,非经管人员不能随意翻阅查看、摘抄和复制等。如有特殊需要,经本单位负责人批准,可以提供查阅或者复制,并办理登记手续。查阅或复制会计档案的人员,严禁在会计档案上涂画、拆封和抽换。

(3)会计账簿除需要与外单位核对外,一般不能携带外出。对需要携带外出的账簿,必须经本单位领导和会计部门负责人批准,并指定专人负责,不准交给其他人员管理,以保证账簿安全和防止任意涂改账簿等现象的发生。

(4)会计账簿不能随意交与其他人员管理,以保证账簿安全完整和防止任意涂改、毁坏账簿等问题的发生。

**(二)旧账的归档保管**

启用新账后,对更换下来的旧账需要进行整理、装订、造册,并办理交接手续,归档保管,具体内容如下:

(1)整理。新会计年度对更换下来的旧账簿应进行整理、分类,其工作主要包括:检查应归档的旧账是否收集齐全;检查各种账簿应办的会计手续是否完备,对有些缺少手续的账簿,应补办手续,如注销空行空页、加盖印章、结转余额等。

(2)装订成册。装订前应检查账簿的扉页内容是否填写齐全,手续是否完备;检查订本式账页从第一页到最后一页是否顺序编写页数,有无缺页或跳页,活页账或卡片账是否按账页顺序编号,是否加具封面。装订时,根据实际情况,一个账户可装订一册或数册,也可以将几个账户合并装订成一册。装订后应由经管人员、装订人员和会计主管人员在封口处签名或盖章。

(3)办理交接手续,归档保管。账簿装订成册后,应编制目录,填写移交清单,办理交接手续,归档保管。保管人员应按照《会计档案管理办法》的要求,编制索引、分类储存、妥善保管,以便日后查阅,需注意防火、防盗,库房通风良好,以防毁损、霉烂等。

各账簿的保管期限分别为:总账、明细账、日记账和其他辅助性账簿的保管统一为 30 年,固定资产卡片在固定资产报废清理后应继续保存 5 年。保管期满后,应按规定的审批程序报经批准后才能销毁,不得任意销毁。

合并、撤销单位的会计账簿,要根据不同情况,分别移交给并入单位、上级主管部门或主管部门指定的其他单位接受保管,并由交接双方在移交清册上签名盖章。

## 本章小结

会计账簿是由具有一定格式和互相联系的账页组成,以会计凭证为依据,用来序时地、分类地记录和反映经济业务的簿籍。设置和登记账簿是会计核算的一种专门方法。

账簿按用途、外表形式和账页格式不同进行分类。

序时账簿的格式有普通日记账和特种日记账两种。普通日记账是用来登记全部经济业务的日记账;特种日记账是用来登记某些经常发生的特定类型的经济业务的日记账,包括库存现金日记账和银行存款日记账等。

总分类账是根据总账科目开设的、用来分类登记全部经济业务、提供总括核算资料的账簿;明细分类账是在总分类账簿的基础上,根据二级科目或明细科目设置的、提供明细核算资料的账簿，是总分类账的必要补充。总分类账户与明细分类账户之间的关系是统驭与被统驭的关系，总分类账户和所属明细分类账户应该平行登记。

账簿记录发生错误，应根据错误发生的具体原因按照会计制度规定的错账更正方法更正。错账更正的方法有划线更正法、红字更正法、补充登记法。

会计期末，企业应根据权责发生制的要求对有关收入、费用账户进行期末账项调整，以便准确计量当期收入、费用以及资产、负债。

会计账簿的启用、登记、更换与保管都应按照有关法律和行政法规进行。

## 思考练习题

A 公司 12 月末需要调整的有关项目如下：

(1)生产车间使用的机器设备及房屋应计提折旧 30 000 元，行政管理部门使用的房屋应计提折旧 9 000 元。

(2)上年初支付租入固定资产改良支出 36 000 元，使用 2 年后剩余租赁期 1 年，假定改良支出在 3 年内每月均匀负担。

(3)本月计提应付未付的销售税金及附加 1 500 元。

(4)本月出租部分暂时不用的固定资产，每月租金收入 1 000 元，先预收 6 个月的租金，已存入银行，同时确认本月份的租金收入。

(5)本月应计银行存款利息 700 元。

(6)10 月 1 日，从银行借入短期借款 100 000 元，银行每个季度结算一次利息，月底结算本月应计算的利息，假定借款年利率为 12%，并以银行存款支付四季度的利息。

(7)本月末出租包装物，预收下一年度 1—3 月的租金，每月租金 240 元。

(8)本月应对应收账款计提 6 000 元的坏账准备。

要求：根据上述资料，编制会计分录。

## 补充与提高

1. 中华人民共和国财政部会计准则委员会：https://www.casc.org.cn/。

2. 姚荣辉、陈红：《会计学》，清华大学出版社 2021 年版。

3. 冯建：《基础会计》，高等教育出版社 2018 年版。

4. 张明凯：《基础会计学》，上海财经大学出版社 2017 年版。

5. 中华人民共和国财政部：《企业会计准则——应用指南》，立信会计出版社 2023 年版。

6. 石本仁：《会计学原理(微课版第五版)》，人民邮电出版社 2021 年版。

7. 中华人民共和国财政部、国家档案局：《会计档案管理办法》，2015 年 12 月 11 日。

# 第九章　会计账务处理程序

本章要点

1. 掌握账务处理程序的概念和基本内容。
2. 掌握各类型账务处理程序的特点、内容及适用范围。
3. 掌握汇总记账凭证、科目汇总表的编制方法。

## 第一节　账务处理程序概述

### 一、账务处理程序的概念

在本书第一章提及，会计的目标就是为财务会计报告使用者提供真实有用的会计信息。一般来说，在会计系统中，会计信息的主要载体包括记录全部经济业务和数据的会计凭证、连续系统地核算和监督经济活动的会计账簿，以及反映企业经营成果和财务状况的财务会计报告。第七章和第八章分别介绍了会计凭证和会计账簿，第十一章将介绍财务会计报告的相关知识。如何及时、准确、完整地将会计凭证上的信息载入会计账簿，尔后又通过财务会计报告将有用的会计信息反映给会计信息使用者，这就涉及账务处理程序。

会计账务处理程序，也称会计核算程序（或会计核算组织程序），是以账簿体系为核心，把会计凭证、会计账簿、财务会计报告通过一定的记账程序和记账方法有机结合起来的技术组织程序。简言之，就是要科学合理地将会计凭证、会计账簿、财务报告联结为一个整体。

会计处理程序基本步骤包括：首先，根据审核后的原始凭证或汇总原始凭证填制记账凭证；其次，根据审核后的记账凭证或汇总记账凭证登记各种账簿；最后，根据账簿记录编制会计报表。不同的凭证账簿组织、记账程序和记账方法互相结合，就构成不同的账务处理程序。其中，凭证账簿组织，是指在账务处理程序过程中所采用的会计凭证、会计账簿的种类与格式。不同的账务处理程序会使用不同的凭证账簿组织。而所谓的"记账程序"，就是指企业具体采用的账务处理程序的工作步骤。

在每个会计期间内周而复始的会计账务处理程序，称为会计循环。会计循环概念的提出主要是基于会计分期假设的前提，其主要内容（循环步骤）与账务处理程序的内容基本相同，故此处不再赘述。

## 二、账务处理程序的意义

组织一套科学合理的账务处理程序，对企业的财务核算工作有着极为重要的意义。

首先，一套完整的账务处理程序能较好地规范财务人员的会计核算工作。规范化的会计核算工作有利于保证会计记录的完整、正确，保证提供高质量的会计信息。

其次，根据企业自身需要设置的账务处理程序能减少不必要的会计核算环节，提高会计核算工作人员的工作效率，同时减轻会计人员的工作量，保证会计信息的及时性。

最后，对企业建立完善的内控系统也有着极大的帮助。建立健全的内部控制是企业管理当局的会计责任，严密组织的会计账务处理程序能保证所有交易和事项以正确的金额在恰当的会计期间及时记录于适当的账户，使会计报表的编制符合会计准则的要求，并能保证对资产和记录的接触都经过适当的授权。

## 三、账务处理程序的原则

既然账务处理程序对企业的经营活动有着重要的意义，那么如何合理地设计一套账务处理程序就成为企业会计人员的重要工作。为此，在设计具体的账务处理程序时应遵循以下基本原则：

第一，必须服从于会计目标，需能全面系统地反映企业的经营活动情况，及时、正确、完整地提供会计核算资料，以满足企业管理当局及企业外部会计信息使用者对会计信息的需求。

第二，所设计的账务处理程序既要符合国家财政部门规定的统一核算形式，又要尽可能地考虑企业的实际情况。

第三，在合理工作的范围内，尽量减轻会计人员的工作，简化核算手续，力求高效省时。

以上只是基本的原则，企业会计人员在具体设计整套账务处理程序时应更多地考虑本企业的自身特点，在总的核算框架下对细节进行灵活的把握。

## 四、账务处理程序的分类

在现实生活当中，企业规模不尽相同，经济业务更是千差万别。为使账务处理程序能更适合企业的自身情况，并且更有效率地完成会计核算工作，我国企业在长期的会计实践中，逐渐形成了以下几类代表性的账务处理程序：①记账凭证账务处理程序；②汇总记账凭证账务处理程序；③科目汇总表账务处理程序；④多栏式日记账账务处理程序；⑤日记总账账务处理程序。

以上账务处理程序的基本模式并没有太大差别，其主要区别在于登记总分类账的依据和方法不同(见表 9－1)。记账凭证账务处理程序是根据记账凭证登记总分类账；汇总记账凭证账务处理程序是根据汇总记账凭证登记总分类账；科目汇总表账务处理程序是根据科目汇总表登记总分类账；多栏式日记账账务处理程序是根据多栏式日记账登记总分类账；日记总账账务处理程序则是直接将总分类账作日记账处理，即按记账凭证逐日、逐笔登记。

**表 9－1　账务处理程序的分类**

| 账务处理程序 | 依据和方法 |
| --- | --- |
| 记账凭证 | 根据记账凭证登记总分类账 |
| 汇总记账凭证 | 根据汇总记账凭证登记总分类账 |

续表

| 账务处理程序 | 依据和方法 |
|---|---|
| 科目汇总表 | 根据科目汇总表登记总分类账 |
| 多栏式日记账 | 根据多栏式日记账登记总分类账 |
| 日记总账 | 直接将总分类账作日记账处理，即按记账凭证逐日、逐笔登记总分类账 |

之所以出现不同的登记总分类账方式，主要是因为在手工记账年代，企业会计人员为了提高会计核算工作效率，使账务处理程序适合企业自身的特点，而不断在实践中演变发展得来的。记账凭证账务处理程序是最基本、最简单的账务处理程序，经济业务量小的企业使用这种账务处理程序能较好地核算本企业的经济活动，但对每天发生较多经济业务的大型企业来说，这种账务处理程序就会带来巨大的工作量，不利于会计工作效率的提高，也不利于保证会计信息的及时性和可靠性，这时采用科目汇总表或汇总记账凭证账务处理程序，则能有效地解决出现的工作量大的问题，具体方法将在接下来的章节中做详细的介绍。

## 第二节　账务处理程序的内容

### 一、记账凭证账务处理程序

#### （一）记账凭证账务处理程序的概念和特点

记账凭证账务处理程序是最基本的账务处理程序，之后的汇总记账凭证账务处理程序、科目汇总表账务处理程序、多栏式日记账账务处理程序、日记总账账务处理程序等都是在其基础上发展演变的结果。记账凭证账务处理程序的最大特点就是直接根据记账凭证逐笔登记总分类账及明细分类账，在会计信息从凭证到账簿这一环节不再经过任何中间载体。

记账凭证账务处理程序的显著优势主要体现在以下几个方面：首先，根据记账凭证逐笔登记总分类账及明细账，简明直观，易于理解，便于反映经济业务的发生情况，也方便事后的账证核对和检查分析；其次，由于减少了账务处理程序的中间环节，大大降低了会计人员出错的概率，同时也减少了会计人员在会计核算期内的工作量。

对具有广泛经营业务范围的大型综合性企业（如石油化工行业公司）来说，每天的记账凭证都可能成千上万，如果将这些凭证在期末都汇集到总公司财务部门逐笔进行登账，在手工记账年代，会计人员的工作量是不可想象的。由此可见，记账凭证账务处理程序的一个主要的缺点就是会计核算期末工作量过大，不利于提高工作效率。

然而，在会计电算化日益发展的今天，逐笔登账所带来的工作量大的问题基本已不存在（具体可见会计电算化相关内容），而基于记账凭证账务处理程序的诸多优点，实务中企业大多采用的是这种账务处理程序。

#### （二）记账凭证账务处理程序的具体内容

1. 凭证与账簿设置

在记账凭证账务处理程序形式下，会计凭证可以设置“收款凭证”“付款凭证”和“转账凭证”三种记账凭证，也可以按通用记账凭证格式设置一种记账凭证（具体格式可参考第七章“会计凭证”内容）。

会计账簿需要设置库存现金日记账和银行存款日记账进行序时记录，设置总分类账进行总分类核算,设置一定的明细账进行明细核算。日记账和总分类账的格式一般采用三栏式,明细账则可按企业实际情况进行较灵活的设置,可采用三栏式、多栏式、数量金额式等(具体格式可参考第八章“会计账簿”相关内容)。

2. 账务处理程序

(1)取得原始凭证,根据原始凭证及经济业务具体情况编制汇总原始凭证,并由会计人员审核。

(2)按审核后的原始凭证及汇总原始凭证做会计分录,编制收款凭证、付款凭证、转账凭证,并由会计主管人员审核。

(3)按审核后的收款凭证、付款凭证逐笔登记库存现金日记账和银行存款日记账;同时,按审核后的收款凭证、付款凭证、转账凭证平行登记明细分类账和总分类账。

(4)进行账账核对。在期末,将库存现金日记账、银行存款日记账、明细分类账的余额与总分类账的余额相核对。如果核对无误,则可进行试算准备、编制财务报表;如果核对出现问题,则需进一步进行账证核对,检查分析原因。

(5)进行试算,编制财务报表。

具体程序如图 9-1 所示。

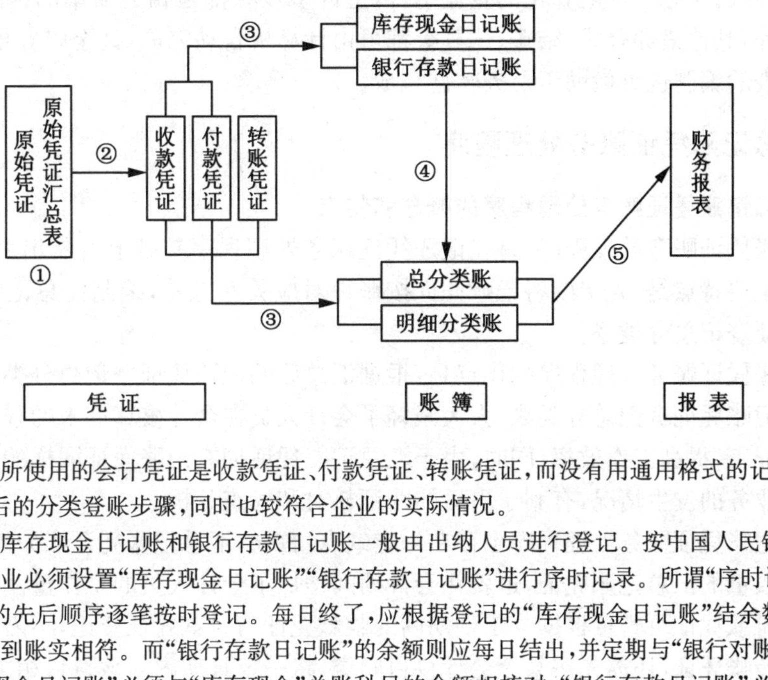


注:步骤②所使用的会计凭证是收款凭证、付款凭证、转账凭证,而没有用通用格式的记账凭证,这是为方便说明之后的分类登账步骤,同时也较符合企业的实际情况。

步骤③中,库存现金日记账和银行存款日记账一般由出纳人员进行登记。按中国人民银行的库存现金管理办法,企业必须设置“库存现金日记账”“银行存款日记账”进行序时记录。所谓“序时记录”,是指按经济业务发生的先后顺序逐笔按时登记。每日终了,应根据登记的“库存现金日记账”结余数与实际库存数进行核对,做到账实相符。而“银行存款日记账”的余额则应每日结出,并定期与“银行对账单”核对。月份终了,“库存现金日记账”必须与“库存现金”总账科目的余额相核对;“银行存款日记账”必须与“银行存款”总账科目的余额相核对。

步骤④中进行账账核对及账证核对,参见第八章。

步骤⑤中有关会计账户的试算可借助编制工作底稿进行,试算平衡之后根据总分类账及明细分类账编制财务报表。

**图 9-1 记账凭证账务处理程序**

**【例 9-1】** A公司向B公司销售产品一批,价值100 000元,B公司款项未付。此时应编制“转账凭证”,按本月“转账凭证”数编“转字第×号”,并做会计分录如下:

借:应收账款——B公司　　113 000
　　贷:主营业务收入　　100 000
　　　　应交税费——应交增值税(销项税)　　13 000

按"转账凭证"的借方科目,即"应收账款"科目,登记"应收账款"总账113 000元;按"应收账款——B公司"登记"应收账款"的明细分类账"B公司" 113 000元;按转账凭证的贷方科目,即"主营业务收入"及"应交税费——应交增值税(销项税)",登记"主营业务收入"总账100 000元及"应交税费"总账13 000元,"应交税费——应交增值税(销项税)"明细账13 000元。

**【例9-2】** A公司向B公司销售产品一批,价值100 000元,B公司已通过银行转账形式付款。此时应编制"收款凭证",按本月"收款凭证"数编"收字第×号",并做会计分录如下:

借:银行存款　　113 000
　　贷:主营业务收入　　100 000
　　　　应交税费——应交增值税(销项税)　　13 000

按"收款凭证"的借方科目,即"银行存款"科目,登记"银行存款日记账" 113 000元,同时登记"银行存款"总账113 000元。贷方科目登记方法同例9-1。

实际上,在已实施会计电算化的企业里,以上许多步骤都是相当简单的,除填制凭证仍需较大工作量外,其他诸如登账、结账、试算等都可由计算机自动完成,甚至财务报表中的利润表及资产负债表的编制也可借助于财务软件完成。

## 二、汇总记账凭证账务处理程序

### (一)汇总记账凭证账务处理程序的概念和特点

汇总记账凭证账务处理程序,是在记账凭证账务处理程序基础上发展出来的一种账务处理程序。其主要特点是:先定期将记账凭证按账户对应关系汇总,编制汇总记账凭证,再根据汇总记账凭证登记总分类账。

汇总记账凭证账务处理程序的优点是:根据汇总后的记账凭证登记总分类账,而不是直接根据大量的记账凭证登记总分类账,大大减轻了会计人员在会计核算期末的登账工作量,并可以促进会计分工,提高工作效率;同时,由于汇总记账凭证拥有记账凭证同样的特点,也较好地反映了经济业务的发生情况,有利于事后的账证核对和检查分析。

但汇总记账凭证账务处理程序也存在一定缺点:首先,汇总记账凭证账务处理程序要求按期编制一定数量的汇总记账凭证,这就在会计期间增加了会计人员的工作量。其次,汇总收款凭证及汇总付款凭证可直接根据一定日期内的收款凭证与付款凭证登记,不需要再重新归类;但对于汇总转账凭证,还需先按某个会计科目归类,将一定日期内与该科目相关的所有转账凭证找出,尔后将对应的科目及发生额填入一张汇总记账凭证中。显然,这对存在较多转账凭证的企业将会造成不小的工作量,没有达到编制汇总记账凭证的预期目的,而且由于在凭证到账簿间增加了中间环节,不如直接通过记账凭证登记总账清晰明了。

### (二)汇总记账凭证账务处理程序的具体内容

1. 凭证与账簿设置

在汇总记账凭证账务处理程序形式下,为方便汇总凭证的编制,一般设置"收款凭证""付款凭证"和"转账凭证"三种记账凭证。记账凭证的具体格式也需要特别考虑,对"收款凭证"和"付款凭证"均不能采用多借多贷形式,收款凭证只能采用一借一贷或一借多贷,付款凭证只能采用一借一贷或一贷多借，转账凭证也应尽可能编制为一借一贷或一贷多借。

另外，需设置汇总收款凭证、汇总付款凭证、汇总转账凭证。汇总收款凭证包括库存现金汇总收款凭证和银行存款汇总收款凭证；汇总付款凭证包括库存现金汇总付款凭证和银行存款汇总付款凭证；汇总转账凭证按会计科目贷方开设，每月只编制一张。

账簿设置基本同记账凭证账务处理程序类似。

2. 账务处理程序

汇总记账凭证账务处理程序如图 9－2 所示。

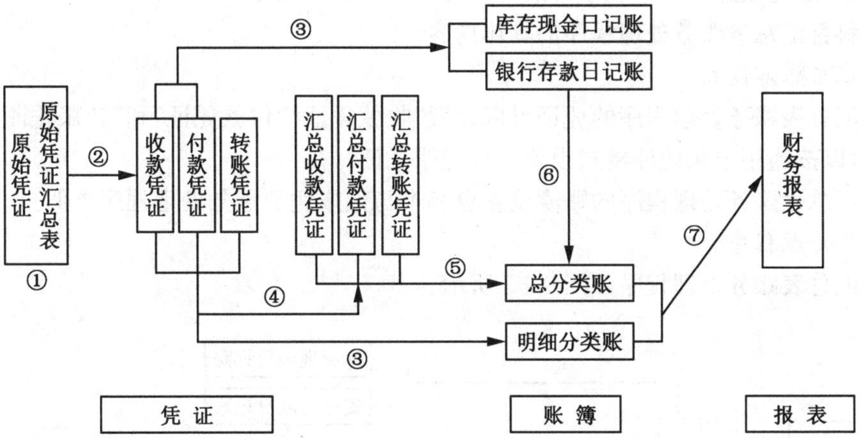


注：①取得原始凭证，根据原始凭证及经济业务具体情况编制汇总原始凭证，并由会计人员审核。

②按审核后的原始凭证及汇总原始凭证编制会计分录，编制收款凭证、付款凭证、转账凭证，并由会计主管人员审核。

③按审核后的收款凭证、付款凭证逐笔登记库存现金日记账和银行存款日记账；按审核后的转账凭证登记各种明细分类账。

④审核后的收款凭证、付款凭证、转账凭证定期（一般为 10 天）汇总，分别编制汇总收款凭证、汇总付款凭证、汇总转账凭证。

⑤根据汇总收款凭证、汇总付款凭证、汇总转账凭证登记总分类账。

⑥在期末，将库存现金日记账、银行存款日记账、明细分类账的余额与总分类账的余额相核对。如果核对无误，则可进行试算平衡准备；如果核对出现问题，则需进一步进行账证核对，检查分析。

⑦进行试算，试算平衡后编制财务报表。

**图 9－2　汇总记账凭证账务处理程序**

## 三、科目汇总表账务处理程序

### （一）科目汇总表账务处理程序的概念和特点

科目汇总表账务处理程序也是从记账凭证账务处理程序发展出来的一种账务处理程序。其主要特点是在会计核算期间按记账凭证先定期进行汇总，但汇总后不再编制汇总记账凭证，而是编制科目汇总表，并根据科目汇总表登记总分类账。科目汇总表，又称“记账凭证汇总表”，实际上是将登记账簿的工作从集中一次分成几次进行，也是为了尽量，减轻会计人员的登账工作量。

科目汇总表账务处理程序的优点是：期末，会计人员根据编制好的科目汇总表登记总账，不必按会计凭证查找相应的账户逐笔登记，减轻了工作量，而且科目汇总表兼具了试算平衡的作用，大大减少了登账出错的概率。但科目汇总表账务处理程序也有其不可避免的缺点：

(1)将所有科目归总到一张表上，不能反映会计账户的对应关系。在从记账凭证定期登记到科目汇总表上后，经济业务的对应关系无法在科目汇总表上反映出来，不利于事后的账证核对及检查。

(2)科目汇总表格式的特殊性在实务中不利于会计分工，特别是对于在一个地区存在数个分部的企业(如连锁超市)，不利于开展各分部的会计组织工作。

**(二)科目汇总表账务处理程序的具体内容**

1. 凭证与账簿设置

科目汇总表账务处理程序的凭证可以设置“收款凭证”“付款凭证”和“转账凭证”三种记账凭证，也可以按通用记账凭证格式设置一种记账凭证。

科目汇总表账务处理程序的账簿设置也基本与记账凭证账务处理程序类似。

2. 账务处理程序

科目汇总表账务处理程序如图 9－3 所示。

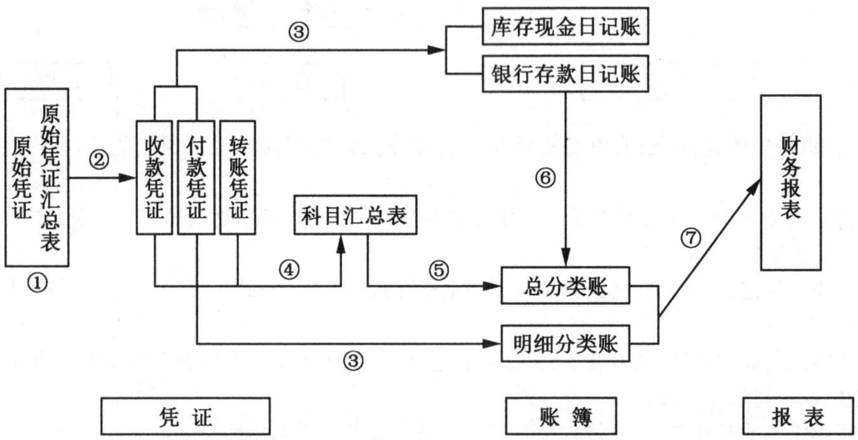


注：①取得原始凭证，根据原始凭证及经济业务具体情况编制汇总原始凭证，并由会计人员审核。

②按审核后的原始凭证及汇总原始凭证，编制收款凭证、付款凭证、转账凭证，并由会计主管人员审核。

③按审核后的收款凭证、付款凭证逐笔登记库存现金日记账和银行存款日记账；按审核后的转账凭证登记各种明细分类账。

④审核后的收款凭证、付款凭证、转账凭证定期(一般为 10 天)汇总，将汇总后的余额填写到科目汇总表中。

⑤期末，根据科目汇总表中的数据登记总分类账。

⑥期末，将库存现金日记账、银行存款日记账、明细分类账的余额与总分类账的余额相核对。如果核对无误，则可进行试算平衡准备；如果核对出现问题，则需进一步进行账证核对，检查分析。

⑦进行试算，试算平衡后编制财务报表。

**图 9－3 科目汇总表账务处理程序**

### (三)科目汇总表的填制

科目汇总表基本已脱离了记账凭证的格式,不必根据不同的记账凭证进行分类编制,只是将记账凭证上的会计科目依次填列,再将不同记账凭证上的相同科目的发生额加总。科目汇总表具体如表 9－2 所示。

表 9－2　科目汇总表

年　月　日至　日第　号

| 会计科目 | 本期发生额 | | 总账记账 | |
| --- | --- | --- | --- | --- |
| | 借　方 | 贷　方 | 借　方 | 贷　方 |
| | | | | |
| | | | | |
| | | | | |
| 合　计 | | | | |

会计主管　　记账　　出纳　　审核　　填制

附注:收款凭证自第　号至第　号共　张;付款凭证自第　号至第　号共　张;转账凭证自第　号至第　号共　张。

## 四、科目汇总表账务处理程序与汇总记账凭证账务处理程序比较

科目汇总表账务处理程序与汇总记账凭证账务处理程序同属于在手工记账年代为减轻企业财务人员的期末登账工作量,在记账凭证账务处理程序的基础上发展而来的类型。两种账务处理程序都适用于有着复杂和烦琐经济业务的大型综合性企业,都是在会计核算期间编制一种汇总性质的会计信息载体。

但是,两种账务程序的不同之处也相当明显:第一,科目汇总表账务处理程序在凭证设置上既可以分别设置“收款凭证”“付款凭证”“转账凭证”,也可以设置通用格式的记账凭证,而汇总记账凭证账务处理程序则只能使用分别设置的“收款凭证”“付款凭证”“转账凭证”,并且对凭证格式有着特殊的要求,如一借多贷或一贷多借等。第二,科目汇总表账务处理程序使用的是科目汇总表,汇总记账凭证账务处理程序使用的是汇总记账凭证,相对而言,科目汇总表的编制比汇总记账凭证编制的工作量要小得多。第三,科目汇总表已经无法反映经济业务的发生情况,汇总记账凭证则在一定程度上显示了会计科目的对应关系。第四,由于科目汇总表的试算平衡特性,使用该种记账凭证账务处理程序可以提前发现差错,从而节约检查的成本,提高会计核算工作的效率;汇总记账凭证的优点在于发现差错之后可以较快地查到差错的原因,同样也能提高会计核算工作的效率。

## 本章小结

账务处理程序是将会计凭证、会计账簿、财务报表等会计信息载体组织起来的一种技术组织方法。如何能完整、及时、正确地将会计信息提供给会计信息使用者,是账务处理程序的重要内容。

在我国会计实践工作中,逐渐形成了记账凭证账务处理程序、汇总记账凭证账务处理程序、科目汇总表账务处理程序、多栏式日记账账务处理程序及日记总账账务处理程序。其中,

后四种账务处理程序都是在手工记账年代，为解决期末会计人员工作量大，从记账凭证账务处理程序上发展演变而来的。不同的账务处理程序有不同的适用范围，也都各有优缺点。

随着近年来会计电算化的普及应用，记账凭证账务处理程序的优势越来越明显，在实际工作中，企业使用的大多是这种账务处理程序。另外，由于科目汇总表的试算平衡作用，也有不少企业采用的是科目汇总表账务处理形式。

## 思考练习题

1. 什么是会计账务处理程序？账务处理程序有哪些种类？
2. 为什么记账凭证账务处理程序是其他账务处理程序的基础？
3. 汇总记账凭证的编制有什么特殊之处？
4. 科目汇总表账务处理程序与汇总记账凭证账务处理程序有什么区别？
5. 在会计电算化普及的时代，哪一种账务处理程序仍被普遍使用？为什么？

## 补充与提高

1. 中华人民共和国财政部：http://www.mof.gov.cn/index.html。
2. 中国会计师网：http://www.ccpan.com。
3. 中国财政部财政科学研究所：http://www.crifs.org.cn/。
4. 冯建：《基础会计》，高等教育出版社 2018 年版。
5. 张明凯：《基础会计学》，上海财经大学出版社 2017 年版。
6. 姚荣辉：《会计学》，清华大学出版社 2021 年版。
7. 陈红：《会计学》，立信会计出版社 2020 年版。

# 第十章 财产清查

本章要点

1. 了解财产清查的概念和财产清查的分类，理解财产清查的意义。
2. 熟悉财产清查的一般程序。
3. 掌握财产物资及往来账项的清查方法。
4. 掌握银行存款余额调节表的编制方法。
5. 掌握财产清查结果的账务处理。

## 第一节 财产清查概述

### 一、财产清查的概念

会计是一个信息系统，提供给信息使用者的应当是真实的、有用的会计信息。企业在发生了经济业务之后，应当填制和审核相关的会计凭证，并依据审核无误的会计凭证登记有关的会计账簿。应该说，账簿记录能够反映企业单位各项财产物资的增减变动及其结存情况，为经济管理提供会计信息。账簿记录是否正确和完整，直接影响会计信息的客观真实性。因此，会计人员在整个会计核算过程中，应严格遵守会计准则和会计制度规定的程序和方法进行会计信息的加工和生成。为了保证会计信息的客观真实性，就要进行账证核对、账账核对和账实核对，而这里的账实核对就是财产清查的主要内容。

财产清查，是指通过实地盘点、核对、查询等清查方法，确定各项财产物资、货币资金和债权债务的实际结存数，并与账面结存数核对，以查明账实是否相符的一种会计核算的专门方法。

财产清查不仅是会计核算的一种重要的核算方法，而且也是财产物资管理制度的一个重要组成内容。企业的资产是其拥有和控制的经济资源，从企业主体对资产客体的占有关系上说，企业的资产也就是企业的财产。为了加强财产管理，企业会计核算系统必须保证有关财产物资的信息资料的真实性。

为了保证会计账簿记录的真实、准确，建立健全财产物资的管理制度，确保财产物资的安全与完整，就必须运用财产清查这一行之有效的会计核算方法，对企业的各项财产物资进行定期或不定期的清查,以保证账实相符,提高各项财产物资的使用效果。通常,账簿记录应该与实际情况是一致的,但在实际工作中,由于种种主观、客观原因,往往会出现某些财产物资、货币资金以及债权债务的实有数与账面数不相符合的情况。归纳起来,造成账实不符的原因大致有以下几个方面:

(1)材料物资保管过程中的自然损耗,如油料挥发、煤的自燃等。

(2)财产物资在收发时,计量器具的失灵、检验不准确而造成品种、数量或质量的差错。

(3)财产增减变动时,会计凭证、会计账簿记录等会计处理出现漏记、重记、错记或计算错误。

(4)管理不善或工作人员失职而发生财产物资霉烂、变质、丢失。

(5)贪污盗窃、营私舞弊等非法行为造成的财产损失。

(6)发生自然灾害或意外损失等。

(7)未达账项引起的账账、账实不符。

我国《会计法》明确规定:"各单位应当建立财产清查制度,保证账簿记录与实物款项相符。"因此,财产清查不仅是会计工作的客观需要,而且具有法律依据。

## 二、财产清查的意义

财产清查作为会计核算的一种专门方法,对保证会计反映职能和监督职能的发挥具有十分重要的意义。

**(一)提高会计核算资料的质量,保证会计核算资料的真实可靠**

通过财产清查,可以确定各项财产物资、货币资金的实存数及债权债务实有数,将实存数与账存数进行对比,确定盘盈、盘亏,寻找差异,采取措施,并及时对账簿记录进行必要的调整,做到账实相符,以保证账簿记录的真实性,为编制会计报表奠定可靠基础。

**(二)保护财产的安全与完整**

通过财产清查,可以查明企业单位的各项财产物资是否完好无损,有无缺损、霉变,有无被贪、被盗问题,建立、健全财产物资保管的岗位责任制,避免人为原因造成财产物资损失浪费、霉烂变质、损坏丢失或者被非法挪用等情况的发生,堵塞漏洞,保证财产物资的安全完整。

**(三)揭示财产物资的使用情况,促进企业改善经营管理,挖掘资源潜力,加速资金周转**

通过财产清查查明各项财产物资盘盈、盘亏的原因和责任,从而找出财产物资管理过程中存在的问题,以便改善经营管理。在财产清查过程中,可以查明各项财产物资的储备、保管和使用情况,查明各项财产物资利用情况和资金占用的合理程度,对于超储、积压、呆滞的财产物资,应及时处理,防止盲目采购,充分挖掘各项财产物资的潜力,加速资金周转,提高资金使用效果。对储备不足的,应当及时予以补充,确保生产需要。

**(四)有利于财经纪律和结算纪律贯彻执行,避免财务舞弊的发生**

通过对各项财产物资、债权债务的清查,可以查明有关工作人员是否遵守财经纪律,是否遵守岗位责任制,促使经办人员自觉遵守结算纪律和国家财政、信贷的有关规定,及时结清债权债务,避免发生坏账损失,有利于企业对外经济往来的正常进行,以确保财经纪律和结算制度的贯彻执行。通过财产清查,可以查明各种财产的收发保管等手续、制度的执行情况,从而促进企业单位进一步健全各项规章制度。此外,还可以发现贪污盗窃等犯罪行为,及时进行调查,追究责任并加以处理。

## 三、财产清查的种类

财产清查工作可以按以下几种不同的标志进行分类：

### (一)全面清查和局部清查

按照清查对象的范围，财产清查可分为全面清查和局部清查。

1.全面清查

全面清查，是指对企业所有的财产物资、货币资金和债权债务进行全面的盘点与核对，以保证账实相符，为编制会计报表做好准备。对制造业企业而言，全面清查的对象一般包括：库存现金、银行存款和其他货币资金；原材料、在产品、产成品及其他物资、在途物资、委托其他单位加工保管的物资、固定资产、无形资产、债权债务等。全面清查范围广，工作量大，参加的部门人员多，一般在以下情况下才需要进行全面清查：

(1)在会计年度终了，年终决算之前要进行一次全面清查。

(2)单位撤销、合并或改变隶属关系，要进行全面清查以明确经济责任。

(3)中外合资、国内联营等需要进行资产评估时，要进行全面清查。

(4)开展清产核资，要进行全面清查。

(5)单位主要负责人调离进行离任审计时，要进行全面清查。

2.局部清查

局部清查，是指根据管理的需要，依据有关规定对一部分财产物资、货币资金及债权债务进行的盘点与核对。全部清查的工作量较大，不能经常进行，因此平时可以根据管理的需要有选择地进行局部清查。局部清查的范围窄，专业性也比较强，其清查的主要对象一般是流动性较大又易于损坏的物资。需要局部清查的对象一般有：

(1)库存现金：对于库存现金，应由出纳员在每日业务终了时盘点一次，做到日清月结。

(2)银行存款：对于银行存款，应每月至少同银行对账单核对一次。

(3)存货：对于原材料、在产品和产成品等，除年终清查外，应有计划地进行轮流盘点和重点抽查；对于贵重的财产物资，应每月至少清查盘点一次。

(4)债权债务：对于债权债务，应在年度内至少同有关单位核对一至两次。

### (二)定期清查和不定期清查

按照清查的时间，财产清查可分为定期清查和不定期清查。

1.定期清查

定期清查，是指根据管理制度的规定或预先计划安排的时间所进行的财产清查，其目的在于保证会计核算资料的真实正确。定期清查在年度、半年度、月度或每日结账时进行。这种清查的对象不固定，可以是全面清查，也可以是局部清查。

2.不定期清查

不定期清查，是指没有事先规定时间，而根据实际需要临时组织的财产清查。

企业在下列情况下，需要进行不定期清查：

(1)更换财产物资的保管员或库存现金出纳员时，为分清经济责任，需要进行财产物资或库存现金的清查。

(2)发生自然灾害或人为事故时，为查明受灾损失情况，需要对有关受损物资进行清查。

(3)单位撤销、合并或改变隶属关系时，为摸清家底，应对本单位的财产物资、债权债务进行清查。

(4)上级主管、财政和银行等部门要对本单位进行会计检查时,应按检查的要求和范围进行清查,以验证会计资料的准确性。

不定期清查,可以是全面清查,也可以是局部清查。

**(三)内部清查和外部清查**

按照清查的执行单位,财产清查可分为内部清查和外部清查。

1. 内部清查

内部清查,是指由本企业的有关人员组成清查工作组对本企业的财产所进行的清查。这种清查也称为自查,可以是全部清查,也可以是局部清查;可以是定期清查,也可以是不定期清查,应根据实际情况和具体要求加以确定。

2. 外部清查

外部清查,是指由企业外部的有关部门或人员根据国家法律或制度的规定对企业所进行的财产清查。

**专栏 10-1　　财产清查的一般程序**

财产清查是一项涉及面广、工作量大、既复杂又细致的工作。除每日业务终了和每月定期进行的库存现金和银行存款的清查外,涉及实物资产的清查,一般工作量都比较大,比较复杂。为了做好财产清查工作,在进行财产清查前,必须有计划、有组织地进行各项准备工作,包括组织上的准备和物质及业务上的准备两个方面。只有做好充分的准备工作,才能按科学、合理的方法进行财产清查。财产清查的步骤和应进行的主要工作,可概括如下:

1. 组织准备

在清查工作量较大,尤其是进行全面清查时,为了有组织、有计划地进行财产清查,企业单位应在厂长或总经理的领导下,成立由财会部门牵头,由生产、技术、设备、供销等有关职能部门参加的财产清查领导小组,具体负责财产清查的组织和领导工作。其主要任务是:

(1)根据管理制度或有关部门的要求拟订财产清查工作的详细工作计划,确定财产清查的对象和范围、工作进度和参加财产清查工作的具体人员及分工。

(2)制订清查方案,具体安排清查内容、时间、步骤、方法以及必要的清查前准备。在清查过程中,及时掌握工作进度,检查清算工作质量。

(3)研究解决财产清查工作中出现的问题。

(4)清查工作结束后,负责写出财产清查工作的总结性书面报告,提出清算结果的处理意见等。

2. 业务准备

业务准备是做好财产清查工作的前提条件,各有关业务部门务必引起充分的重视,特别是会计部门和财产物资保管部门的相关人员应积极主动配合。在清查前,财会部门和有关业务部门在清查领导小组的指导下,应做好以下准备工作:

(1)为了保证账簿记录的正确性,财会部门应将截至清查日止的有关会计凭证全部登记入账,结出余额。总分类账中反映货币资金、财产物资和债权债务的有关科目应与所属明细分类账中的相应项目核对清楚，保证账证相符和账账相符，为账实核对提供正确的账簿资料。

(2)财产物资保管和使用等业务部门，应将截至财产清查日止的各项财产物资的收入与发出办好凭证手续，登记好所经管的各种财产物资明细账，并结出余额。将经管的各种财产物资分类整理好，对委托加工的、代保管的、残损变质的等应另行堆放，挂上标签，标明品种、规格和结存数量，以便盘点核对。

(3)财产清查小组应指定有关部门准备好计量器具，按照国家计量标准校正各种计量工具，减少误差。印刷好各种登记财产清查结果的表格，如“盘存表”“实存账存对比表”“未达账项登记表”等。

3. 实施财产清查

在做好各项准备工作以后，清查小组组织清查人员根据清查对象的特点，依据清查的目的，运用各种清查方法实施财产清查，填制盘存清单。

4. 财产清查结束工作

在财产清查工作结束后，应根据清查结果，写出财产清查工作的书面报告并对盘盈、盘亏问题提出处理意见。

## 第二节 财产清查的内容和方法

因财产物资有不同的形态和特征，财产清查的方法也不同。常用的方法有实地盘点法、技术推算法、查询法和核对法。每种方法的适用范围不同，下面将结合各类财产物资的清查，介绍每种方法的具体运用。

### 一、货币资金的清查

货币资金的清查包括对库存现金和银行存款的清查。

**(一)库存现金的清查**

库存现金的清查采取实地盘点的方法，是将库存现金的实地盘点数和现金日记账余额进行相互核对，来查明账实是否相符的一种方法。现金收支业务发生十分频繁，容易出现差错，加之库存现金的流动性强，舞弊行为也时有发生。企业应当定期或突击地进行库存现金盘点，并与库存现金日记账的余额进行核对。因此，库存现金清查既包括出纳人员每日清点核对，还包括清查小组进行定期、不定期的盘点和核对。

(1)盘点前，出纳应将截至清查日止的收、付款凭证全部登记入账，并结出余额；同时，应将库存现金整理好。

(2)盘点时，为了明确经济责任，现金出纳人员必须在场。清查人员需认真审核库存现金收、付款凭证及有关账簿，检查收、付款凭证及有关账簿记录是否正确，有无多记、重记、漏记等现象，将库存现金账面数同实有数进行核对；同时，要检查经济业务的合理性和合法性，库存现金是否超过限额，有无“坐支”库存现金和以“白条”或“借据”抵充库存现金的情况。

(3)盘点后，根据盘点结果，填制“库存现金盘点报告表”，并由盘点人员和出纳人员共同签章后生效。“库存现金盘点报告表”是反映库存现金实有数和账面数以及调整账簿记录的重要原始凭证,同时具有“盘存单”和“实存与账存对比表”的作用。

“库存现金盘点报告表”的格式如表10-1所示。

**表10-1　　库存现金盘点报告表**

单位名称:　　　　年　　月　　日

| 实存金额 | 账存金额 | 实存与账存对比 | | 备　注 |
|---|---|---|---|---|
| | | 盘盈(长款) | 盘亏(短款) | |
| | | | | |

负责人:　　　　盘点人:　　　　出纳员:

有价证券(如国库券、企业债券、股票等)的清查方法与库存现金的清查方法基本相同,不再赘述。

**(二)银行存款的清查**

银行存款的清查,是采用与开户银行核对账目的方法进行的,即将本单位的银行存款日记账与开户银行转来的对账单,以结算凭证的种类、号码和金额为依据逐笔进行核对。核对前,首先把截至清查日止所有银行存款的收、付业务都登记入账,对发生的错账、漏账应及时查清更正,然后与银行的对账单逐笔核对。如果发现两者余额相符,一般说明无错误。如果发现两者不相符,原因可能有以下两个:一是企业或银行某一方记账过程有错误,对于核对中发现的记账错误,应及时查明原因并予以更正;二是存在未达账项,如存在未达账款,银行存款日记账的余额和银行对账单的余额也会不一致。

所谓“未达账款”,是指由于凭证的传递时间不同,而导致记账时间不一致,即一方已取得有关结算凭证并已经登记入账,而另一方由于尚未取得有关结算凭证尚未入账的款项。未达账项总的来说有两大类型:一是企业已经入账而银行尚未入账的款项,二是银行已经入账而企业尚未入账的款项。具体有以下四种情形:

(1)企业已收款入账,银行未收款入账的未达账项。如企业将销售商品收到其他单位的购货支票送存银行后,即可根据银行盖章的“进账单”回联登记银行存款的增加;而银行在尚未办妥收款手续前,并不能马上登记企业银行存款的增加。

(2)企业已付款入账,银行未付款入账的未达账项。如企业外购材料开出支票后,即可根据支票存根、发货票、收料单等凭证登记入账;但持票人尚未到银行办理转账手续等,银行尚未作为付款而减少企业的银行存款。

(3)银行已收款入账,企业未收款入账的未达账项。如外地某单位汇给企业一笔款项,银行收到汇款单后,已作收款入账;而企业尚未收到有关凭证,因此,没有增加银行存款。

(4)银行已付款入账,企业未付款入账的未达账项。如银行代企业支付电话费,银行已作企业银行存款减少入账;而企业尚未收到有关凭证,因此,没有相应减少银行存款。

上述任何一种未达账项的存在,都会使企业银行存款日记账的余额与银行开出的对账单的余额不符。当(1)(4)两种情况发生时,企业银行存款日记账的账面余额将大于银行对账单余额;当发生(2)(3)两种情况时,企业银行存款日记账的账面余额将小于银行对账单余额。在与银行对账时,应率先查明是否存在未达账项,如果存在未达账项,就应该编制银行存款余额调节表对有关的账项进行调整。银行存款余额调节表是在企业银行存款日记账余额和银行对账单余额的基础上,分别加减未达账项,确定调节后余额。其计算公式如下:

$$\text{企业银行存款日记账余额}+\text{银行已收企业未收的账项}-\text{银行已付企业未付的账项}=\text{银行对账单的余额}+\text{企业已收银行未收的账项}-\text{企业已付银行未付的账项}$$

如果调节后双方余额相符，就说明企业和银行双方记账过程基本正确，而且调节后余额是企业当时可以实际动用的银行存款的限额。如果调节后余额不符，企业和开户银行双方的记账过程可能存在错误，需进一步清查。属于开户银行的错误，应当由银行核查更正；属于企业的错误，应查明错误所在，区别漏记、重记、错记或串记等情况，分别采用不同的方法进行更正。

**【例 10-1】** 华联实业股份有限公司本年度 12 月 31 日银行存款日记账的余额为 41 060 元，银行对账单的余额为 46 500 元，经过对银行存款日记账和对账单的核对，发现的未达账项及错误记账情况如下：

(1)12 月 20 日，委托银行收款，金额为 3 000 元，银行已收妥入账，但企业尚未收到收款通知。

(2)12 月份公司开出的转账支票共有 3 张，持票人尚未到银行办理转账手续，金额合计 6 700 元。

(3)12 月 22 日，公司本月一笔销售货款 2 600 元存入银行，公司出纳误记为 2 060 元。

(4)12 月 25 日，银行将本公司存入的一笔款项串记至另一家公司账户中，金额为 1 200 元。

(5)12 月 29 日，存入银行支票一张，金额为 1 500 元，银行已承办，企业已凭回单记账，银行尚未记账。

(6)12 月 31 日，银行代付电费 2 100 元，企业尚未收到付款通知。

根据上述资料，编制银行存款余额调节表(见表 10-2)。

**表 10-2** **银行存款余额调节表**

2023 年 12 月 31 日 单位：元

| 项 目 | 金 额 | 项 目 | 金 额 |
|---|---|---|---|
| 银行对账单余额 | 46 500 | 企业银行存款日记账的余额 | 41 060 |
| 加：银行串记金额 | 1 200 | 加：公司错误少记金额 | 540 |
| 已存入银行，但银行尚未入账的款项 | 1 500 | 银行已收款入账，但收款通知尚未收到，而未入账的款项 | 3 000 |
| 减：支票已开出，但持票人尚未到银行转账的款项 | 6 700 | 减：银行已付款入账，但付款通知尚未到达企业，而未入账的款项 | 2 100 |
| 调整后的余额 | 42 500 | 调整后的余额 | 42 500 |

从表 10-2 可以看出，表中左、右两方调节后的金额相等，这说明该公司的银行存款日记账记账过程基本正确(但这不是绝对的，如两个差错正好相等，抵销为零等)。此时，该公司银行存款的实有数既不是 46 500 元，也不是 41 060 元，而是 42 500 元。同时，这又说明对未达账项以及企业与银行双方记账错误的认定也是正确的。如果调节后的余额仍然不相等，则说明还有其他错误存在，应进一步查明原因，采取相应的方法进行更正。

需要指出的是，银行存款余额调节表只起到对账的作用，对于未达账项，不能以银行存款余额调节表为原始凭证来调节银行存款日记账的账面记录。对于银行已经记账而企业尚未记账的未达账项，应该在实际收到有关的收、付款结算凭证后，即未达账项变成“已达账项”时，再进行相关的账务处理。之所以采取这样的方法进行处理，一方面是为了简化会计核算工作，防止重复记账;另一方面,在企业正常经营过程中,会计期末的未达账项数额一般不会很大,转变成已达账项的时间也不会很长。在权责发生制记账基础的要求下,收入和费用的确认与收款和付款的记录不在同一个会计期间完成是正常的,所以,对未达账项暂不进行处理并不影响企业本期经营成果的确定。

## 二、实物财产的清查

实物财产,是指具有实物形态的各种财产,包括原材料、半成品、在产品、产成品、低值易耗品、包装物和固定资产等。实物财产的清查是通过确定其实存数(包括实存的数量与金额)与账存数(包括数量与金额)进行核对,据以查明实存数与其账存数是否相符的一种专门方法。清查时,首先应确定实物财产的账面结存额,再确定实际结存额,然后对两者进行比较以确定差异并寻找产生差异的原因,进行账务处理。

### (一)实物财产账存数的确定方法

实物财产清查的重要环节是盘点实物财产的实存数量,为使盘点工作顺利进行,应建立盘存制度。确定各项实物财产账存数量的方法有两种制度:永续盘存制和实地盘存制。

1. 永续盘存制

永续盘存制,又称永续盘存法(或账面盘存制),是指根据账簿记录直接计算账面结存数量的方法。在会计核算过程中采用这种盘存制度,是通过设置实物财产的明细账,并根据会计凭证逐笔登记实物财产的收入数(增加)和发出数(减少),随时根据账簿资料结出账面结存数的一种方法。从永续盘存制的含义可以看出,采用这种方法,对于实物财产的增加和减少,平时都要在账簿中连续地进行记录,随时可结算出各类实物财产的账面结存数。但由于各种原因,账面结存数与实存数之间仍有不符的可能。采用永续盘存制仍需定期或不定期地、全部或局部地对财产进行实地盘点,且至少每年实地盘点一次,以验证账实是否相符。

**账面期末结存数量=账面期初结存数量+本期增加数量-本期减少数量**

**账面期末结存金额=账面期初结存金额+本期增加金额-本期减少金额**

下面以存货为例介绍永续盘存制。

发出存货的单位成本的确定方法包括先进先出法、加权平均法、移动加权平均法、后进后出法等,以下对这几种方法分别进行阐述。

(1)先进先出法,是假设先收到的存货先耗用或销售,并根据这种假定的存货流转次序对发出存货和期末存货进行计价的方法。根据对存货实物流动的这一假设,先耗用或销售的存货按先入库存货的单位成本计价,后耗用或销售的存货按后入库存货的单位成本确定。具体做法是:接收有关存货时,逐笔登记每一批存货的数量、单价和金额;发出存货时,按照先进先出的原则计价,逐笔登记存货的发出和结存金额。期末存货就是最近入库的存货。举例说明永续盘存制下采用先进先出法确定发出存货成本的计算过程如下:

**【例 10-2】** 山水股份公司采用先进先出法确定发出存货成本,本年度 6 月份甲材料的购、销、存情况如下:

| | | | | |
|---|---|---|---|---|
| 6 月 1 日 | 期初结存 | 200 件 | 单价 20 元 | 合计 4 000 元 |
| 6 月 5 日 | 第一批购进 | 300 件 | 单价 22 元 | 合计 6 600 元 |
| 6 月 8 日 | 销售 | 400 件 | | |
| 6 月 20 日 | 第二批购进 | 500 件 | 单价 25 元 | 合计 12 500 元 |
| 6 月 24 日 | 销售 | 250 件 | | |

6 月 28 日　　第三批购进　　200 件　　单价 24 元　　合计 4 800 元

6 月 30 日　　销售　　200 件

则甲材料的计价过程如表 10－3 所示。

**表 10－3**　　**原材料明细账**

材料名称:甲材料

| 2023 年 | | 凭证编号 | 摘　要 | 收　入 | | | 发　出 | | | 结　存 | | |
|---|---|---|---|---|---|---|---|---|---|---|---|---|
| 月 | 日 | | | 数量 | 单价 | 金额 | 数量 | 单价 | 金额 | 数量 | 单价 | 金额 |
| 6 | 1 | (略) | 月初结存 | — | — | — | — | — | — | 200 | 20 | 4 000 |
| 6 | 5 | | 购进 | 300 | 22 | 6 600 | — | — | — | 200<br>300 | 20<br>22 | 4 000<br>6 600 |
| 6 | 8 | | 销售 | — | — | — | 200<br>200 | 20<br>22 | 8 400 | 100 | 22 | 2 200 |
| 6 | 20 | | 购进 | 500 | 25 | 12 500 | — | — | — | 100<br>500 | 22<br>25 | 2 200<br>12 500 |
| 6 | 24 | | 销售 | — | — | — | 100<br>150 | 22<br>25 | 5 950 | 350 | 25 | 8 750 |
| 6 | 28 | | 购进 | 200 | 24 | 4 800 | — | — | — | 350<br>200 | 25<br>24 | 8 750<br>4 800 |
| 6 | 30 | | 销售 | — | — | — | 200 | 25 | 5 000 | 150<br>200 | 25<br>24 | 8 550 |

发出存货成本＝200×20＋200×22＋100×22＋150×25＋200×25＝19 350(元)

期末存货成本＝150×25＋200×24＝8 550(元)

或者,期末存货成本＝4 000＋300×22＋500×25＋200×24－19 350＝8 550(元)

采用先进先出法,期末存货按最近的单位成本计价,比较接近现行市价,其优点是使企业不能随意挑选存货计价以调整当期利润,能够比较真实地反映企业当前的财务状况。其缺点是工作量比较烦琐,特别是对于存货进出量频繁的企业更是如此;值得注意的是,当物价上涨时,还会高估企业的当期利润和库存存货的价值。

(2)加权平均法,也称全月一次加权平均法,是指本月销售或耗用的存货,平时只登记数量,不登记单价和金额,月末按一次计算的加权平均单价,计算期末存货成本和本期销售或耗用成本的方法。其加权平均单价的计算公式为:

$$\text{存货加权平均单价}=\frac{\text{期初库存存货成本}+\text{本期入库存货成本}}{\text{期初库存存货数量}+\text{本期入库存货数量}}$$

**本月发出存货成本＝本月发出存货数量×存货加权平均单价**

**期末库存存货成本＝期末库存存货数量×存货加权平均单价**

**【例 10－3】**　承例 10－2,甲材料的计价过程计算如下:

$$\text{加权平均单位成本}=\frac{4000+(6600+12500+4800)}{200+(300+500+200)}=23.25(\text{元/件})$$

本期发出存货成本＝850×23.25＝19 762.50(元)

期末结存存货成本＝350×23.25＝8 137.50(元)

采用加权平均法的优点在于对于发出的存货平时不计价,只在月末一次计算加权平均价,因而日常核算工作量较小；缺点在于期末工作量较大，不利于及时结账，平时也无法从账簿记录中随时了解存货占用资金的动态情况，不利于加强对存货的管理。

(3)移动加权平均法，是指每次收货以后立即根据库存存货数量和总成本，计算出新的平均单位成本并对发出存货进行计价的一种方法，即用本次进货的成本加原有库存的成本，除以本次进货数量加原有存货数量，据以计算加权平均价。其计算公式如下：

$$\text{存货移动加权平均价}=\frac{\text{原有库存存货成本}+\text{本次入库存货成本}}{\text{原有库存存货数量}+\text{本次入库存货数量}}$$

**本次发出存货成本＝本次发出存货数量×本次存货发出前移动加权平均价**

**期末库存存货成本＝期末库存存货数量×期末前最后一次进货后存货移动加权平均价**

**【例 10-4】** 承例 10-2，甲材料的计价过程计算如下：

$$\text{第一次进货后的加权平均单位成本}=\frac{4\ 000+6\ 600}{200+300}=21.2(\text{元/件})$$

第一次发出存货成本＝400×21.2＝8 480(元)

当期结存存货成本＝100×21.2＝2 120(元)

$$\text{第二次进货后的加权平均单位成本}=\frac{2\ 120+12\ 500}{100+500}=24.37(\text{元/件})$$

$$\text{第二次发出存货成本}=250\times\frac{2\ 120+12\ 500}{100+500}=6\ 091.67(\text{元})$$

$$\text{当期结存存货成本}=350\times\frac{2\ 120+12\ 500}{100+500}=8\ 528.33(\text{元})$$

$$\text{第三次进货后的加权平均单位成本}=\frac{8\ 528.33+4\ 800}{350+200}=24.23(\text{元/件})$$

$$\text{第三次发出存货成本}=200\times\frac{8\ 528.33+4\ 800}{350+200}=4\ 846.47(\text{元})$$

$$\text{当期结存存货成本}=350\times\frac{8\ 528.33+4\ 800}{350+200}=8\ 481.66(\text{元})$$

本期发出存货成本＝8 480＋6 091.67＋4 846.47＝19 418.14(元)

移动加权平均法的优点在于能使管理当局及时了解存货的结存情况，而且计算的平均单位成本以及发出和结存的存货成本比较客观；缺点是每次收货都要计算一次平均单价，计算工作量较大。

**专栏 10-2** 　　**后进先出法**

后进先出法，是假定后收到的存货先发出，或后收到的存货先耗用，并根据这种假定的存货流转次序对发出存货和期末存货进行计价。因此，耗用或销售的存货按最近入库存货的单位成本计价，期末存货则按较早入库存货的单位成本计价。

**【例 10-5】** 承例 10-2，甲材料的计价过程计算如下：

发出存货成本＝(300×22＋100×20)＋250×25＋200×24＝19 650(元)

期末结存存货成本＝250×25＋100×20＝8 250(元)

或者，期末结存存货成本＝4 000＋(6 600＋12 500＋4 800)－19 650＝8 250(元)

采用后进先出法的优点是，本期发出存货成本与现行销售收入相配比确定的利润数据比较接近实际。在物价上涨的情况下，这种方法会导致较低的报告利润，可以减少通货膨胀给企业带来的不利影响，符合谨慎性会计信息质量要求。对企业而言，一方面能因利润减少而获得税收上的优惠；另一方面，现金流动状况也会得到改善。

在永续盘存制下，账面上可以直接提供财产物资的发出数和结存数，有利于财产物资的管理；但需要随时确定发出物资的数量和及时登记账簿，核算工作量较大。由于账面结存数是根据账簿资料直接计量的，这样就需要定期进行盘点，以确定账存数与实存数是否相符。按照《企业会计制度》的规定，采用永续盘存制，每年至少应对存货进行一次全面盘点，对于有些价值较高的物品，或者其记录内容容易发生差错的，还需要对其经常进行实物盘点。永续盘存制下的实物盘点，一般可以不定期进行，通常在生产经营的间歇时间盘点部分或全部存货。为了确保期末财务会计报告的正确性，在会计期间终了时，需进行一次全面的实物盘点。

**思政专栏 10-1　　会计政策调整与会计操纵手法识别**

在国内外的实践中，企业管理当局进行会计变更的动机并非使会计信息更真实，而是为了操纵利润。常用的手法有：

(1)任意改变固定资产折旧方法和折旧时间，降低折旧率，从而降低本期成本费用，高估资产价值，虚增当期利润。

(2)长期潜亏挂账。对该提资产减值准备的资产不提减值准备，推迟处理这些账户的余额，为了提升公司近期的业绩，使其长时间挂在账上，利润水分极大，公司虚盈实亏。如很多公司的应收账款长期挂账。

(3)巨额冲销。提前确认以后年度的损失，利用会计政策的松动性，大提资产减值准备，来个所谓的“大洗澡”也是上市公司“保牌”的一种高招。让第一年或第二年亏够，以免第三年亏损被“摘牌”，还美其名曰“长痛不如短痛”，旨在减少以后期间的盈利压力。

基于此，亟须加强社会监督力量，提高审计质量，尽快落实民事赔偿制度，而且一定要严格执法，对造假的高管人员、控股股东进行严惩，同时对协同造假的注册会计师处以重罚。以上措施将有效遏制恶性会计操纵行为。

资料来源：https://baike.baidu.com/item/%E4%BC%9A%E8%AE%A1%E6%93%8D%E7%BA%B5/11037241?fr=aladdin。

2.实地盘存制

实地盘存制，又称为以存计耗制或以存计销制，是指根据实地盘点或技术推算所确认的实物财产的实存数量，作为其账存数量的做法。在会计核算过程中，特别是蔬菜、水果、鲜活水产品等存货，平时只登记其增加数，不登记其减少数，会计期末通过实地盘点确定实际盘存数，“倒挤”计算出本期减少数量。实地盘存制下的有关计算公式为：

**本期减少数＝账面期初数＋本期增加数－期末实际结存数**

关于存货单位成本的确定，可以采用先进先出法、加权平均法和后进先出法等。在实地盘存制下，采用先进先出法时，由于平时对发出的存货不做记录，所以，应按照后入库存货的单位成本确定结存存货的成本；确定了结存存货成本之后，再根据上述计算公式确定发出存货成本。采用加权平均法时，其计算方法与永续盘存制下的加权平均法相同。采用后进先出法时，结存的存货应是库存时间较长的存货，应按照先入库存货的单位成本确定结存存货成本，然后再倒算本期发出存货的成本。下面举例说明实地盘存制下的先进先出法、加权平均法和后进先出法的计价过程。[①]

**【例 10-6】** 京华股份公司对乙存货采用实地盘存制，本月乙存货的有关资料如下：

| | | | | |
|---|---|---|---|---|
| 6月1日 | 期初结存 | 320件 | 单价8元 | 计2 560元 |
| 6月8日 | 购进 | 650件 | 单价7元 | 计4 550元 |
| 6月20日 | 购进 | 200件 | 单价9元 | 计1 800元 |
| 合计 | | | | 8 910元 |

乙存货期末实地盘点结存280件。

采用先进先出法，乙存货期末结存成本和发出成本的计算如下：

期末结存成本＝200×9＋80×7＝2 360(元)

发出存货成本＝2 560＋(4 550＋1 800)－2 360＝6 550(元)

采用加权平均法，乙存货期末结存成本和发出成本的计算如下：

$$加权平均单价=\frac{2\ 560+4\ 550+1\ 800}{320+650+200}=7.62(元/件)$$

期末结存成本＝7.62×280＝2 132(元)

发出存货成本＝2 560＋(4 550＋1 800)－2 132＝6 778(元)

采用后进先出法，乙存货期末结存成本和发出成本的计算如下：

期末结存成本＝8×280＝2 240(元)

发出存货成本＝2 560＋(4 550＋1 800)－2 240＝6 670(元)

采用实地盘存制的优点是根据期末存货实地盘存的结果“倒挤”出本期发出存货数量和金额，平时不需要对发出的存货进行登记，核算工作量小、方法简单；缺点是该方法存货收、发手续不严密，平时不能提供财产物资的发出数和结存数，无法根据账面记录随时了解财产物资收入、发出和结存的动态情况。采用“倒挤”法计算出来的发出数可能是实际消耗数，也可能包含非正常减少。当发出数包含非正常减少时，必然将非销售或非生产耗用的损耗、霉烂变质、短缺，甚至是贪污盗窃造成的损失，全部混进销售或耗用成本之中，这显然是不合理的，也不利于对存货进行日常的管理和控制。在财产物资品种、规格繁多的情况下，平时不能及时结转销售或耗用财产物资的成本，只能在期末定期一次结转，增加了期末会计核算的工作量。对存货等财产物资进行实地盘点需要消耗较多的人力、物力，影响正常的生产经营活动，造成浪费。因此，这种方法一般适用于存货品种规格繁多且价值较低以及一些损耗大、数量变动频繁且不易准确确定的鲜活商品。工业企业和建筑企业的大堆材料如沙石、大量的原煤等，也常采用实地盘存制。对一般的实物财产应采用永续盘存制。

不论是永续盘存制还是实地盘存制，都需每年对存货至少进行一次实物盘点。在实际工作中，企业往往不是单一地使用永续盘存制或实地盘存制，更为实际的选择是根据存货类别和管理要求，对有些存货实行永续盘存制，而对另一些存货实行实地盘存制，在永续盘存制的基础上对存货进行定期盘存，把两种盘存制度有效地结合。

**(二)实物财产实存数的确定方法**

不同品种的实物财产，其实物形态、体积、重量、堆放方式等方面各有不同，因而对其进行清查所采用的方法也有所不同。常用的实物财产的清查方法包括以下几种：

1. 实地盘点法

实地盘点法，是指通过点数、过磅、量尺等方法来确定实物财产的实有数额。除数量多、价

① 陈国辉、陈文铭、孙光国:《基础会计》，清华大学出版社2005年版，第243～264页。

值低而又不便于逐一清点或过磅的财产物资外，机器设备、包装好的原材料、产成品和库存商品等均应采用该方法确认实存数。

2. 技术推算法

技术推算法，是指利用技术方法对财产的实存数进行推算的一种方法。这种方法一般适用于散装的、大量成堆的原煤、砂石等材料的盘查与清点。采用技术推算法确定的财产物资的实存数具有一定的误差，因此，该方法只限于大量成堆、难以逐一清点的财产物资使用。

3. 抽样盘存法

抽样盘存法，是指对于价值小、数量多、重量均匀的实物财产，由于不便于逐一点数，可以采用抽样盘点的方法，确定财产的实有数额。抽样盘点法可分为随机抽样、机械抽样和分层抽样等方法。

4. 函证核对法

函证核对法，是指对于出租、出借及委托外单位加工或保管的物资，可以采用向对方单位发函进行查询，并与本单位的账存数相核对的方法。

**专栏 10－3**　　**实物财产的清查方法**

对于各种实物财产（包括原材料、在产品、产成品、固定资产等），都应从数量上和质量上进行清查。清查时应注意以下几点：

（1）为了明确经济责任，财产保管人员必须在清查现场。

（2）要注意逐一清点，防止重复盘点或漏盘；对于大量成堆、逐一清点有困难的财产物资，可以使用技术推算法确定其数量。

（3）除财产物资的数量外，清查时还应注意其质量是否完好，有无缺损、霉变、过时等情况。

（4）根据清查盘点的结果，应及时填制“盘存单”，由盘点人和财产保管人签名或盖章。“盘存单”是记录实物财产盘点结果的书面文件，也是反映财产实存数的原始凭证。“盘存单”的一般格式如表 10－4 所示。对于积压变质的财产物资，应另行堆放，在备注栏中做适当的标注；填制“积压变质报告单”，说明情况，提出处理意见，报经批准后进行账务处理。“积压变质报告单”的格式如表 10－5 所示。

**表 10－4**　　**盘存单**

单位名称：　　盘点时间：　　编号：

财产类别：　　存放地点：

| 编号 | 名称 | 规格型号 | 计量单位 | 数量 | 单价 | 金额 | 备注 |
|---|---|---|---|---|---|---|---|
| | | | | | | | |

盘点人签章：　　保管人员签章：

表 10-5 **积压变质报告单**

财产类别： 年 月 日

| 编号 | 名称 | 规格 | 计量单位 | 单价 | 积压变质数量 | 金额 | 情况说明 | 处理意见 |
|---|---|---|---|---|---|---|---|---|
| | | | | | | | | |
| | | | | | | | | |
| | | | | | | | | |
| | | | | | | | | |
| 审批意见： | | | | | | | | |

盘点人： 实物负责人：

(5)盘点完毕，将“盘存单”中所记录的实存数与账面结存数相核对，如发现实物盘点结果与账面结存结果不相符时，应根据有关账簿记录和“盘存单”资料，填制“实存账存对比表”，以确定实物财产的盘盈数或盘亏数。“实存账存对比表”是财产清查的重要报表，是调整账面记录的原始凭证，也是分析差异原因、明确经济责任的重要依据。“实存账存对比表”的一般格式如表 10-6 所示。

表 10-6 **实存账存对比表**

单位名称： 年 月 日

| 编号 | 名称及规格 | 计量单位 | 单价 | 实存 | | 账存 | | 盘盈 | | 盘亏 | | 备注 |
|---|---|---|---|---|---|---|---|---|---|---|---|---|
| | | | | 数量 | 金额 | 数量 | 金额 | 数量 | 金额 | 数量 | 金额 | |
| | | | | | | | | | | | | |

主管人员： 会计： 制表：

(6)固定资产的清查一般采用实地盘点法，具体来讲有两种不同方式：一是将固定资产卡片与实物进行核对，账实相符者在卡片中做出标记，账实不符者填列“固定资产盈亏报告表”；二是将盘点后的固定资产全部抄入固定资产“实存清单”，再将该清单与固定资产卡片逐一核对，对两者之间的差异，填列“固定资产盈亏报告表”。固定资产的清查，除查明数量上的账实是否相符外，还应检查其使用、保管和维修情况，以便加强对固定资产的管理。

**专栏 10-4　　往来款项的清查方法**

企业的往来款项包括企业的各项应收、应付款项和暂收、暂付往来款项，一般采取“函证核对法”进行清查。“函证核对法”也称“询证核对法”，即通过函证与经济往来单位核对账目的方法，具体做法是：清查单位按每一个经济往来单位编制“往来款项对账单”，送往各经济往来单位。该单一式两联：一联为对方单位留存联，另一联为回单联。清查单位应在其各种往来款项记录准确的基础上，编制“往来款项对账单”，寄发或派人送交对方单位，与债务人或债权人进行核对。“往来款项对账单”的格式和内容如图 10-1 所示。

**往来款项对账单**

__________单位：

你单位 20××年×月×日购入我单位×产品××台，已付货款×××元，尚有×××元货款未付，请核对后将回单联寄回。

核查单位：(盖章)

20××年×月×日

沿此虚线裁开，将以下回单联寄回！

......................................................................

往来款项对账单(回单联)

核查单位：

你单位寄来的“往来款项对账单”已经收到，经核对相符无误(或不符，应注明具体内容)。

××单位(盖章)

20××年×月×日

**图 10-1　往来款项对账单**

往来款项对账单经过对方核对相符后，在回单联上加盖公章退回。如果经核对数额不相符，对方应在回单联上注明情况，或另抄对账单退回本单位作为进一步对账的依据。在收到对方回单联后，企业应填制“往来款项清查表”，其格式如表 10-7 所示。在清查过程中，如果发现未达账项，清查单位也应编制“未达账项调节表”予以调整。对于经核对不符的往来款项，应积极查明原因，妥善处理。

**表 10-7　　往来款项清查表**

总分类账户名称：　　　　年　　月　　日

| 明细分类账 | | 清查结果 | | 核对不符原因分析 | | | 备注 |
|---|---|---|---|---|---|---|---|
| 名称 | 账面余额 | 核对相符金额 | 核对不符金额 | 未达账项金额 | 有争议款金额 | 其他原因 | |
| | | | | | | | |

清查人员：(签章)　　　　　　记账：(签章)

通过往来款项的清查，及时催收到期的账款和偿还所欠账款，查明双方发生争执的或无法收回的款项，采取措施，避免或减少本单位的坏账损失。

# 第三节 财产清查结果的账务处理

## 一、财产清查后的主要工作

财产清查中发现的财产物资的实存数与账存数不一致，存在两种情况：一是实存数大于账存数，称为盘盈；二是账存数大于实存数，称为盘亏。无论是盘盈还是盘亏，财产清查后，均应根据清查结果提出处理意见，并按照国家有关财务会计制度的规定进行认真处理。

财产清查中发现的盘盈和盘亏等问题，首先，需核准金额，需要调整账目的，还应按规定做好账目的调整工作，做到账实相符；然后，按规定的程序报请有关部门或企业领导审核，经上级部门批准后，根据批复意见，才能进行会计处理。其处理的主要步骤如下：

**(一)核准数字，查明原因**

在进行具体的处理之前，应对这些原始凭证中所记录的货币资金、财产物资及债权债务的盈亏数额进行全面的核实，对各项差异产生的原因进行分析，认真查明财产发生账实不符的原因。一般来讲，盘盈可能是由于保管过程中发生自然增量，记录时发生错记、漏记或记录错误，收发中计量不准确等造成的。造成盘亏的原因较多，例如，保管中的自然损耗；记录中发生错记、重记；管理不善或工作人员失职而造成的财产变质、霉烂或短缺；不法分子贪污盗窃、营私舞弊；自然灾害；等等。无论是盘亏、盘盈或毁损，都说明企业在经营管理和财产物资的保管中存在着一定的问题。

**(二)调整账目，做到账实相符**

在核准数字查明原因的基础上，根据“实存账存对比表”等原始凭证编制记账凭证，并据以登记有关账簿，使各项财产物资、货币资金、债权债务做到账实相符。其调整账簿记录的原则是：以“实存”为准，当盘盈时，补充账面记录；当盘亏时，冲销账面记录。在调整了账面记录、做到了账实相符之后，就可以将所编制的“实存账存对比表”和所撰写的文字说明，按照规定程序一并报送有关部门和领导批准。

**(三)报请批准，进行批准后的账务处理**

针对不同的原因所造成的盈亏余缺据实提出处理意见，呈报有关领导和部门批准。当有关部门领导对所呈报的财产清查结果的处理意见批复后，企业单位应严格按照批复意见，编制有关的记账凭证，进行批准后的账务处理，登记有关账簿，并追回由于责任者个人原因造成的财产损失。

**(四)总结经验教训，提出整改措施**

针对财产清查中发现的财产物资管理与核算方面的问题，以及债权债务在核对过程中出现的争议问题，及时组织清理；对于超储积压物资，应同时提出处理方案，进一步加强财产物资管理，健全内部控制制度，保护企业财产的安全与完整。

## 二、财产清查结果的处理

**(一)财产清查结果处理应设置的账户**

为了反映和监督企业在财产清查中查明的各种财产的盘亏、毁损及处理情况，应设置“待处理财产损溢”账户(资产类)。“待处理财产损溢”账户通常设置两个明细科目：“待处理固定资产损溢”和“待处理流动资产损溢”。其借方登记清查的当时发现的财产物资的盘亏数，以及经过批准后盘盈的转销数；贷方登记待处理财产物资的盘盈数，以及经批准处理的财产物资的盘亏和毁损数；处理前的贷方余额，反映企业尚未处理的各种财产的净溢余。为了分别反映和监督企业流动资产和固定资产的盈亏情况，该账户可按盘盈、盘亏的资产种类和项目进行明细分类核算。

“待处理财产损溢”账户的结构如图 10－2 所示。

| 借方　　　　　　待处理财产损溢 | 贷方 |
|---|---|
| 各项财产的盘亏或毁损金额<br>盘盈报经批准后的转销数 | 各项财产的盘盈金额<br>盘亏或毁损报经批准后的转销数 |
| 尚未处理的各种财产盘亏或毁损的净损失 | 尚未处理的各种财产盘盈的净溢余 |

**图 10－2 “待处理财产损溢”账户的结构**

对于“待处理财产损溢”这个过渡性账户，需要注意三点：一是只有各种实物财产和库存现金清查结果盘盈或盘亏时用到该账户，而债权债务的盈亏余缺不在该账户中核算；二是该账户的具体运用要分批准前和批准后两个步骤；三是盘盈或盘亏的实物资产如果在会计期末尚未经过批准的，应在对外提供财务会计报告时先按有关规定进行处理，并在会计报表附注中作出说明，如果其后批准处理的金额与已处理的金额不一致，应按其差额调整会计报表相关项目的年初数。因此，企业的财产损溢，应查明原因，在期末结账前处理完毕，处理后本账户应无余额。

**(二)财产清查结果的会计处理**

财产清查的对象不同，所采取的处理方法也不同。

1.库存现金清查结果的处理

库存现金清查过程中发现的长款(溢余)或短款(盘亏)，除了设法查明原因外，还应根据“库存现金盘点报告表”以及有关的批准文件进行批准前和批准后的账务处理。库存现金长、短款应通过“待处理财产损溢——待处理流动资产损溢”账户进行核算。

当库存现金短缺时，应按实际短缺的金额，借记“待处理财产损溢——待处理流动资产损溢”账户，贷记“库存现金”账户；当库存现金溢余时，应按实际溢余的金额，借记“库存现金”账户，贷记“待处理财产损溢——待处理流动资产损溢”账户。待查明原因后，再分别按不同情况处理：如为库存现金短缺，由责任人赔偿或由保险公司赔偿的，应转记入“其他应收款——××赔偿人”或“其他应收款——应收保险赔款”账户；属于自然灾害等原因造成的净损失，记入“营业外支出”账户；属于无法查明原因的库存现金短缺，根据企业内部管理权限，经批准后记入“管理费用”账户。对于应付其他单位或个人的库存现金长款，应记入“其他应付款——××单位或个人”账户；对于无法查明原因的库存现金长款，其批准后的处理是增加“营业外收入”账户。

**【例 10－7】** 山水股份公司在财产清查中发现库存现金短款 720 元，经查其中 500 元是由于出纳员的责任造成的；另外的 220 元，经反复查对，原因不明。进行批准前和批准后的处理。

①批准前：

| | | |
|---|---|---|
| 借：待处理财产损溢——待处理流动资产损溢 | 720 | |
| 　　贷：库存现金 | | 720 |

②批准后：

| | | |
|---|---|---|
| 借：管理费用 | 220 | |
| 　　其他应收款——××出纳员 | 500 | |
| 　　贷：待处理财产损溢——待处理流动资产损溢 | | 720 |

**【例 10-8】** 山水股份公司在财产清查时发现库存现金长款 1 200 元，无法查明原因。进行批准前和批准后的处理。

①批准前：

借：库存现金　　　　1 200

　　贷：待处理财产损溢——待处理流动资产损溢　　　　1 200

②批准后：

借：待处理财产损溢——待处理流动资产损溢　　　　1 200

　　贷：营业外收入　　　　1 200

2. 实物财产清查结果的处理

企业的实物财产主要包括流动资产和固定资产两部分。企业在财产清查过程中发现的流动资产盘盈、盘亏，报经批准以前，应先通过"待处理财产损溢"账户核算。对于盘盈的流动资产，一方面增加有关的流动资产账户，另一方面记入"待处理财产损溢"账户的贷方；对于盘亏的流动资产，一方面记入"待处理财产损溢"账户的借方，另一方面冲减有关的流动资产账户。[①] 报经有关部门批准之后，再根据不同的情况进行相应的处理。

批准后一般的处理办法是：属于管理不善、收发计量不准确、自然损耗而产生的定额内的损耗，按规定计入管理费用；属于超定额损耗，能确定过失人的，应由过失人赔偿；属于保险责任范围的，应向保险公司索赔；扣除过失人或保险公司的赔款和残料价值后，计入管理费用；属于非常损失造成的存货毁损，扣除保险公司的赔款和残料价值后，计入营业外支出。对于盘盈的流动资产（一般由于收发计量不准或自然升溢等原因造成），经批准后冲减管理费用。

企业在财产清查过程中，发现盘盈、盘亏和毁损的固定资产，分情况通过"待处理财产损溢"和"以前年度损益调整"等账户进行核算。"以前年度损益调整"账户（损益类）主要核算企业本年度发生的调整以前年度损益的事项以及本年度发现的重要前期差错更正涉及调整以前年度损益的事项。企业调整增加以前年度利润或减少以前年度亏损，借记有关科目，贷记本科目；调整减少以前年度利润或增加以前年度亏损，借记本科目，贷记有关科目。以前年度损益调整增加的所得税费用借记本科目，贷记"应交税费——应交所得税"科目；以前年度损益调整减少的所得税费用，借记"应交税费——应交所得税"科目，贷记本科目。调整后，应将本科目余额转入"利润分配——未分配利润"科目。

企业如有盘盈固定资产的，作为前期差错处理。对于盘盈的固定资产，在批准处理前应按重置成本确定其入账价值，即根据同类或类似固定资产的市场价格，减去按该项固定资产新旧程度估计的价值损耗后的余额，借记"固定资产"账户，贷记"以前年度损益调整"账户；由于固定资产盘盈调整增加的所得税费用，借记"以前年度损益调整"账户，贷记"应交税费——应交所得税"账户；上述调整后，应将"以前年度损益调整"账户的余额转入"利润分配——未分配利润"账户，借记"以前年度损益调整"账户，贷记"利润分配——未分配利润"账户，同时调增盈余公积，借记"利润分配——未分配利润"账户，贷记"盈余公积"账户。

盘亏的固定资产，在批准前应按其账面净值，借记"待处理财产损溢——待处理固定资产损溢"账户；按已计提的折旧，借记"累计折旧"账户；按已计提的减值准备，借记"固定资产减值准备"账户；按其账面原价，贷记"固定资产"账户。经批准后，对应由过失人或保险公司负责赔偿的部分，借记"其他应收款——××赔偿人或应收保险赔款"账户，再将"待处理财产损溢——待处

① 为了简化起见，对于盘亏的存货，暂不考虑增值税进项税转出的问题。

理固定资产损溢”账户扣除上述金额后的余额，借记“营业外支出——固定资产盘亏”账户。

以下举例说明实物财产清查结果的处理过程。

**【例10-9】** 山水股份在财产清查过程中发现一批账外原材料500千克，结合同类原材料确定其总成本为7 200元。其批准前、后的会计处理为：

①批准前：

借：原材料　　7 200

　　贷：待处理财产损溢——待处理流动资产损溢　　7 200

经查该材料盘盈是因计量误差所致，经批准作冲减管理费用处理。

②批准后：

借：待处理财产损溢——待处理流动资产损溢　　7 200

　　贷：管理费用　　7 200

**【例10-10】** 银河公司在财产清查中，发现账外设备一台，同类设备的市场价格为20 000元，估计六成新。企业适用的所得税税率为25%，按净利润的10%提取法定盈余公积。

①盘盈设备时：

借：固定资产　　12 000

　　贷：以前年度损益调整　　12 000

②对盘盈的固定资产按规定需要计算缴纳所得税，计算盘盈固定资产应缴纳的所得税：12 000×25%＝3 000(元)

借：以前年度损益调整——固定资产盘盈　　3 000

　　贷：应交税费——应交所得税　　3 000

③将“以前年度损益调整”账户的余额转入“利润分配——未分配利润”账户：

借：以前年度损益调整——固定资产盘盈　　9 000

　　贷：利润分配——未分配利润　　9 000

④调整利润分配有关数额：

借：利润分配——未分配利润(9 000×10%)　　900

　　贷：盈余公积　　900

**【例10-11】** 山水股份在财产清查过程中发现盘亏机器一台，账面原值72 000元，已提折旧58 000元。盘亏材料1 000元(属于责任者失职造成)，盘亏库存商品3 100元(属于收发计量不准确造成)。

①在批准前，根据“实存账存对比表”所确定的机器盘亏数额，编制如下会计分录：

借：待处理财产损溢——待处理固定资产损溢　　14 000

　　累计折旧　　58 000

　　贷：固定资产　　72 000

②在批准前，根据“实存账存对比表”所确定的材料和商品盘亏数额，编制如下会计分录：

借：待处理财产损溢——待处理流动资产损溢　　4 100

　　贷：原材料　　1 000

　　　　库存商品　　3 100

上述盘亏的固定资产、原材料和商品经批准后，根据不同的原因进行不同的会计处理。其中，盘亏固定资产是非常事故引起损失，保险公司同意赔偿8 000元，由过失人李山赔偿2 000元，其余部分作为营业外支出；对盘亏的原材料，应由责任者王喜赔偿的部分，记入“其他应收款”账户；对盘亏的商品属于计量不准确造成的，应记入“管理费用”账户。根据以上情况，编制如下会计分录：

| | | |
|---|---|---|
| 借：其他应收款——李山 | 2 000 | |
| ——应收保险赔款 | 8 000 | |
| 营业外支出 | 4 000 | |
| 贷：待处理财产损溢——待处理固定资产损溢 | | 14 000 |
| 借：管理费用 | 3 100 | |
| 其他应收款——王喜 | 1 000 | |
| 贷：待处理财产损溢——待处理流动资产损溢 | | 4 100 |

**3. 应收、应付款清查结果的会计处理**

在财产清查中查明确实无法收回的应收账款和无法支付的应付账款，不通过“待处理财产损溢”账户进行核算，而是在原来账面记录的基础上，按规定程序报经批准后，直接转账冲销。对确实无法支付的应付款项，按规定的程序批准后，借记“应付账款”等账户，贷记“营业外收入”账户。

**【例 10－12】** 山水股份公司应收某单位货款 100 000 元，经查确属无法收回的款项，经批准转作坏账损失。

企业采用备抵法核算，其会计处理如下：

| | | |
|---|---|---|
| 借：坏账准备 | 100 000 | |
| 贷：应收账款 | | 100 000 |

**【例 10－13】** 山水股份公司在财产清查中，发现应付某单位的货款 34 000 元已无法支付，经批准予以转销。

经批准转销时，编制会计分录如下：

| | | |
|---|---|---|
| 借：应付账款 | 34 000 | |
| 贷：营业外收入 | | 34 000 |

**专栏 10－5　坏账损失的核算**

对于坏账损失的核算，有直接转销法和备抵法两种核算方法。

直接转销法，是在实际发生坏账时，作为一种损失直接计入期间费用，同时冲销应收账款，其账务处理为借记“管理费用”账户，贷记“应收账款”账户。这种核算方法平时账务处理比较简单，但是不符合权责发生制的要求，哪个会计期间发生坏账损失，哪个会计期间的利润就处于较低的水平，在没有实际发生坏账的会计期末，很可能夸大资产负债表中应收账款的可实现价值。

备抵法，是按期估计坏账损失，计入期间费用，同时建立坏账准备金，待实际发生坏账时，冲销已经提取的坏账准备金。采用备抵法核算坏账损失避免了直接转销法的缺点。这是因为企业在会计核算过程中遵循谨慎性原则的要求对应收账款提取坏账准备金，可以将预计未来不能收回的应收账款作为坏账损失计入期间费用，既保持了成本费用和利润的稳定性，避免了虚盈实亏，又在一定程度上消除或减少了坏账损失给企业带来的风险。同时，在会计报表上列示应收账款净额，使企业应收账款可能发生的坏账损失得到及时的反映，从而使会计信息使用者能更加清楚地了解企业真实的财务状况。按照我国现行会计制度的要求，企业单位应当采用备抵法核算坏账损失，计提坏账准备金。

## 本章小结

财产清查是会计核算的专门方法之一，它是根据账簿记录，对企业的财产物资、货币资金以及债权债务进行实地盘点并核对账目，查明各项财产的实有数与账面数是否相符，为定期编制会计报表提供完整、准确和真实的核算资料。

财产清查按清查对象的范围分为全面清查和局部清查，按进行清查的时间分为定期清查和不定期清查，按清查的执行单位分为内部清查和外部清查。

根据财产清查的对象不同，所采用的清查方法和会计处理方法也不同。

对银行存款的清查，主要采取对账和编制银行存款余额调节表的方法。

实物财产实存数的清查方法有实地盘点法、技术推算法、抽样盘存法和函证核对法等。

财产清查结果的会计处理通常分为两个步骤：首先，将查明的各项财产盘盈、盘亏或毁损的数额，编制调整分录，通过“待处理财产损溢”账户调整有关账户的账面记录，做到账实相符；然后，根据责权范围报批手续，报单位负责人或上级主管部门审批后，根据批准的处理意见，将“待处理财产损溢”账户的金额转入有关账户。

## 思考练习题

1. 本年度 6 月份，星海公司的甲材料购进、发出和结存情况如下表所示。

**原材料明细账**

材料名称：甲材料

| 2023 年 | | 凭证编号 | 摘　要 | 收　入 | | | 发　出 | | | 结　存 | | |
|---|---|---|---|---|---|---|---|---|---|---|---|---|
| 月 | 日 | | | 数量 | 单价 | 金额 | 数量 | 单价 | 金额 | 数量 | 单价 | 金额 |
| 6 | 1 | （略） | 月初结存 | — | — | — | — | — | — | 1 000 | 50 | 50 000 |
| | 8 | | 购进 | 1 200 | 55 | 66 000 | — | — | — | 2 200 | | |
| | 12 | | 销售 | — | — | — | 1 500 | | | 700 | | |
| | 20 | | 购进 | 1 600 | 54 | 86 400 | | | | 2 300 | | |
| | 22 | | 销售 | — | — | — | 1 000 | | | 1 300 | | |
| | 28 | | 购进 | 800 | 56 | 44 800 | | | | 2 100 | | |
| | 30 | | 销售 | — | — | — | 1 200 | | | 900 | | |
| | 30 | | 本月合计 | 3 600 | | 197 200 | 3 700 | | | 900 | | |

要求：分别采用先进先出法、加权平均法和后进先出法计算星海公司甲材料本月发出和期末结存的实际成本。

2. 华厦企业在财产清查中，发现以下问题：

（1）盘亏设备一台，账面原值 6 500 元，已提折旧 2 600 元。

（2）清查中发现账外机器一台，该机器重置价值为 3 770 元，估计现值为 2 600 元。

（3）B 材料盘盈 520 元。

(4)A 材料盘亏 1 300 元。

(5)清查中发现账外甲产品 6 件,单位成本为 140 元/件。

(6)外单位欠货款 3 250 元已超过 3 年。

(7)应付外单位购买材料款 6 500 元,该单位已撤销。

上述各项盘盈、盘亏及毁损,经查属实,报请上级部门审核批准,做如下处理:

(1)盘亏设备属保管不善造成,责成过失人赔偿损失的 40%,其余作为营业外支出处理。

(2)盘盈机器尚可使用,调整以前年度损益,假定所得税税率为 25%。

(3)盘盈 B 材料和甲产品均属收发计量错误所致,应冲销管理费用。

(4)盘亏 A 材料有 390 元属定额内损耗,其余属自然灾害造成,应由保险公司赔偿 390 元。

(5)超过 3 年的应收账款 3 250 元,可作为坏账损失(该单位计提坏账准备)。

(6)确实无法支付的应付款项 6 500 元,可转作营业外收入。

要求:

(1)根据清查的结果,编制批准前的会计分录。

(2)根据报请批准的结果,编制批准后的会计分录。

## 补充与提高

1. 冯建:《基础会计》,高等教育出版社 2018 年版。

2. 张明凯:《基础会计学》,上海财经大学出版社 2017 年版。

3. 姚荣辉、陈红:《会计学》,清华大学出版社 2021 年版。

4. 中华人民共和国财政部:《企业会计准则——应用指南》,立信会计出版社 2023 年版。

# 会计报告篇

本篇脉络

# 第十一章　财务会计报告

本章要点

1. 掌握资产负债表的概念、内容、结构和编制方法。
2. 掌握利润表的概念、内容、结构和编制方法。
3. 了解现金流量表的构成项目。
4. 熟悉所有者权益变动表的结构和作用。
5. 熟悉会计报表附注的概念和作用。

## 第一节　资产负债表

### 一、资产负债表的概念

资产负债表，是指反映企业在某一特定日期的财务状况的会计报表。特定日期是指月末、季末、半年末、年末。财务状况，是指在编制报表日，企业所拥有的资产、所承担的债务以及所有者拥有的权益等方面的状况。资产负债表是静态时点报表，以“资产＝负债＋所有者权益”会计等式为理论根据，按照一定的分类标准与顺序把企业一定日期的资产、负债和所有者权益项目予以适当排列，并结合企业的总分类账和明细分类账的会计资料，对日常账簿记录中的大量数据进行浓缩整理后编制而成。

资产负债表主要向财务会计报告使用者提供以下几个方面的信息：

第一，了解企业所掌握的经济资源（资产）结构和企业所负担的债务（负债）及所有者权益。在资产负债表中列示了某一特定时点企业所拥有的各种资产，通过资产负债表就可以非常清晰地了解企业的资产总额以及各资产内部的构成情况，可以据以分析各项资产的配置是否合理。在资产负债表中同时也列示了企业的各项负债和所有者权益的结构和分布。因此，通过资产负债表，投资者和债权人就可以了解企业的资本结构是否合理以及面临的财务风险有多大。

第二，评价、预测企业偿债能力。企业的短期偿债能力主要反映在流动性上，是通过一系列财务指标，如流动比率、速动比率、应收账款周转率、存货周转率等指标来表示的。企业资产的流动性即资产变为现金的能力，该能力越强，短期偿债能力就越强。资产负债表中的流动资产和流动负债及报表中的相关信息，有助于报表使用者了解、评价企业的短期偿债能力，从而作出更好的投资决策。企业长期偿债能力取决于它的获利能力及资本结构。资本结构，是指企业权益总额中负债与所有者权益的比例、负债中流动负债与长期负债的比例、所有者权益中投入资本与留存收益的比例关系等。如果负债比例过高，债权人的风险大；如果负债比例过低且企业盈利能力低下，那么企业长期偿债能力低下。投资者和债权人可以通过分析、评价资产负债表中的资本结构，了解企业的长期偿债能力。

第三，推测企业未来的财务趋势。通过对企业的债务规模、债务结构以及与所有者权益的对比，分析企业向投资者和债权人筹措资金的能力；通过对企业的资产总额、资产结构等数据和信息结合营业收入与利润展开分析，预测企业的财务趋势。

尽管资产负债表有上述作用，但也应该认识到资产负债表还有一些局限性：

一方面，资产负债表遗漏了很多无法用货币计量的重要的资产负债信息。例如，企业人力资源、固定资产的维修状况、竞争对手的强项和弱项、企业所承担的社会责任等都没有在现有的资产负债表中列示，但这些信息对决策有参考价值。因此，信息使用者在作经济决策时，除了分析资产负债表中的数字资料外，还要考虑一些报表以外的信息。

另一方面，资产负债表是以权责发生制为基础编制的，而权责发生制的最大缺陷是无法了解企业的现金流量状况，有时候资产负债表中显示企业的资产状况良好，但是可能企业由于现金流量不足正面临着财务危机。为了克服权责发生制的这一缺陷，还需要编制现金流量表。

## 二、资产负债表的内容和格式

### (一)资产负债表的内容

资产负债表中的资产类至少应当包括流动资产和非流动资产的合计项目，并应当单独列示反映下列信息的项目：货币资金、交易性金融资产、应收及预付账款、存货、合同资产、持有待售资产、债权投资、其他债权资产、长期应收款、长期股权投资、投资性房地产、固定资产、生物资产、递延所得税资产、无形资产等。

资产负债表中的负债类至少应当包括流动负债和非流动负债的合计项目，并应当单独列示反映下列信息的项目：短期借款、交易性金融负债、应付及预收款项、合同负债、应交税费、应付职工薪酬、持有待售负债、预计负债、长期借款、长期应付款、应付债券、递延所得税负债等。

资产负债表中的所有者权益类应当包括所有者权益的合计项目，应当列示资产总计项目、负债和所有者权益总计项目，并应当单独列示反映下列信息的项目：实收资本(或股本)、资本公积、其他综合收益、盈余公积、未分配利润等。在合并资产负债表中，企业应当在所有者权益类中单独列示少数股东权益。

报表补充资料部分是为了弥补报表主体内容不足而做的补充说明，报表注释的内容主要包括贴现的商业承兑汇票、租入固定资产原价等。

### (二)资产负债表的格式

资产负债表一般由报表的表首、正表和补充资料三部分组成。报表的表首部分主要列明报表的名称、企业名称、编制日期、货币单位等信息。报表的正表部分是资产负债表的主体和核心，主要反映企业的资产、负债及所有者权益的项目和余额情况。

资产负债表的格式包括账户式和报告式两种。

1.账户式资产负债表

账户式资产负债表是根据“资产＝负债＋所有者权益”的会计恒等式，按账户的格式，左边是资产项目、右边是负债和所有者权益项目排列编制而成的。账户式资产负债表如表 11－1所示。

表 11－1　　资产负债表(账户式)　　会企 01 表

编制单位：　　年　月　日　　单位:元

| 资　产 | 行次 | 期末余额 | 年初余额 | 负债和所有者权益(或股东权益) | 行次 | 期末余额 | 年初余额 |
|---|---|---|---|---|---|---|---|
| 流动资产： | | | | 流动负债： | | | |
| 货币资金 | | | | 短期借款 | | | |
| 交易性金融资产 | | | | 交易性金融负债 | | | |
| 应收票据 | | | | 应付票据 | | | |
| 应收账款 | | | | 应付账款 | | | |
| 应收款项融资 | | | | 预收款项 | | | |
| 预付款项 | | | | 合同负债 | | | |
| 其他应收款 | | | | 应付职工薪酬 | | | |
| 存货 | | | | 应交税费 | | | |
| 合同资产 | | | | 其他应付款 | | | |
| 持有待售资产 | | | | 持有待售负债 | | | |
| 一年内到期的非流动资产 | | | | 一年内到期的非流动负债 | | | |
| 其他流动资产 | | | | 其他流动负债 | | | |
| 流动资产合计 | | | | 流动负债合计 | | | |
| 非流动资产： | | | | 非流动负债： | | | |
| 债权投资 | | | | 长期借款 | | | |
| 其他债权投资 | | | | 应付债券 | | | |
| 长期应收款 | | | | 其中:优先股 | | | |
| 长期股权投资 | | | | 永续债 | | | |
| 其他权益工具投资 | | | | 租赁负债 | | | |
| 其他非流动金融资产 | | | | 长期应付款 | | | |
| 投资性房地产 | | | | 预计负债 | | | |
| 固定资产 | | | | 递延收益 | | | |
| 在建工程 | | | | 递延所得税负债 | | | |
| 生产性生物资产 | | | | 其他非流动负债 | | | |
| 油气资产 | | | | 非流动负债合计 | | | |
| 使用权资产 | | | | 负债合计 | | | |

续表

| 资　产 | 行次 | 期末余额 | 年初余额 | 负债和所有者权益（或股东权益） | 行次 | 期末余额 | 年初余额 |
|---|---|---|---|---|---|---|---|
| 无形资产 | | | | 所有者权益（或股东权益）： | | | |
| 开发支出 | | | | 实收资本（或股本） | | | |
| 商誉 | | | | 其他权益工具 | | | |
| 长期待摊费用 | | | | 其中：优先股 | | | |
| 递延所得税资产 | | | | 永续债 | | | |
| 其他非流动资产 | | | | 资本公积 | | | |
| 非流动资产合计 | | | | 减：库存股 | | | |
| | | | | 其他综合收益 | | | |
| | | | | 专项储备 | | | |
| | | | | 盈余公积 | | | |
| | | | | 未分配利润 | | | |
| | | | | 所有者权益（或股东权益）合计 | | | |
| 资产总计 | | | | 负债和所有者权益（或股东权益）总计 | | | |

2.报告式资产负债表

报告式资产负债表是根据“资产－负债＝所有者权益”的会计恒等式排列编制而成的。按写报告的格式，先排列资产项目，再排列负债项目，最后是所有者权益项目（资产总额减负债总额）与所有者权益总额相等。报告式资产负债表如表 11－2 所示。

**表 11－2**　　**资产负债表（报告式）**　　会企 01 表

编制单位：　　年　月　日　　单位：元

| | 行次 | 期末余额 | 年初余额 |
|---|---|---|---|
| 资　产 | | | |
| 流动资产： | | | |
| 货币资金 | | | |
| 交易性金融资产 | | | |
| 应收票据 | | | |
| 应收账款 | | | |
| …… | | | |
| 流动资产合计 | | | |
| 非流动资产： | | | |
| 债权投资 | | | |
| 投资性房地产 | | | |
| 固定资产 | | | |

续表

| | 行次 | 期末余额 | 年初余额 |
|---|---|---|---|
| 在建工程 | | | |
| …… | | | |
| 非流动资产合计 | | | |
| 资产总计 | | | |
| 负债和所有者权益(或股东权益) | | | |
| 流动负债： | | | |
| 短期借款 | | | |
| 交易性金融负债 | | | |
| …… | | | |
| 流动负债合计 | | | |
| 非流动负债： | | | |
| 长期借款 | | | |
| 应付债券 | | | |
| …… | | | |
| 非流动负债合计 | | | |
| 负债合计 | | | |
| 所有者权益(或股东权益)： | | | |
| 实收资本(或股本) | | | |
| 资本公积 | | | |
| …… | | | |
| 所有者权益(或股东权益)合计 | | | |
| 负债和所有者权益(或股东权益)总计 | | | |

**(三)资产负债表的排列**

资产负债表无论是采取账户式还是采取报告式，其资产、负债和所有者权益项目都应按一定的标准进行分类排列。

1. 资产项目按流动性或变现能力排列

资产项目是按流动性或变现能力分类排列的。所谓“资产的变现能力”，是指一项资产从其现状到变换为现金或被耗用所需要的时间。资产按流动性分为流动资产和非流动资产。所需时间较短的为流动资产，所需时间较长的为非流动资产。变现能力最强的排在最上面，变现能力最弱的排在最下面。流动资产按流动性或变现能力的强弱排列，依次是货币资金、交易性金融资产、应收票据、应收账款、存货、持有待售资产等；非流动资产，是指超过一个正常营业周期变现的资产，包括债权投资、其他债权投资、长期应收款、长期股权投资、投资性房地产、固定资产、在建工程、无形资产、长期待摊费用、递延所得税资产等。

2. 负债项目按到期日远近排列

负债项目是按到期日的远近排列的，近者在前，远者在后。负债按到期日的远近分为流动负债和非流动负债。对于将在正常营业周期内到期的流动负债，如短期借款、交易性金融负债、应付票据、应付账款、应付职工薪酬、应交税费等排列在前；超过正常营业周期到期的非流动负债，如长期借款、应付债券、长期应付款、预计负债、递延所得税负债等排列在后。

3. 所有者权益项目按永久性排列

所有者权益按可供企业使用的永久性程度排列，永久性强的在前，永久性弱的在后。排列顺序是：实收资本（或股本）、资本公积、其他综合收益、盈余公积、未分配利润。

## 三、资产负债表的编制方法

### （一）"年初余额"的编制方法

资产负债表"年初余额"栏内各项数字，应根据上年末资产负债表"期末余额"栏内所列数字填列。如果上年度资产负债表规定的各个项目的名称和内容同本年度不相一致，应对上年末资产负债表各项目的名称和数额按照本年度的规定进行调整，填入本表"年初余额"栏内。

### （二）"期末余额"的编制方法

资产负债表"期末余额"栏内各项目的数额，主要是根据总账和有关明细账期末余额编制的，具体分为以下几种填列方法：

1. 根据有关总账账户期末余额直接填列的项目

根据有关总账账户期末余额直接填列的项目有："交易性金融资产""其他债权投资""其他权益工具投资""开发支出""商誉""递延所得税资产""长期待摊费用""短期借款""应付票据""持有待售负债""交易性金融负债""应付职工薪酬""应交税费""递延收益""递延所得税负债""实收资本（或股本）""其他权益工具""资本公积""其他综合收益""盈余公积"等。

其中，"应付职工薪酬""应交税费"等账户期末余额为借方以及"资本公积"为负数的，以"—"号填列。

2. 根据几个总账账户期末余额计算填列的项目

（1）"货币资金"项目，应根据"库存现金""银行存款"和"其他货币资金"等账户期末余额的合计数填列。

（2）"存货"项目，应根据"在途物资""原材料""发出商品""周转材料""库存商品""委托加工物资""生产成本"等账户期末余额的合计数，减去"存货跌价准备"账户的期末余额后的金额填列。

（3）"其他应付款"项目，应根据"其他应付款""应付利息""应付股利"账户期末余额的合计数填列。

（4）"未分配利润"项目，应根据"本年利润"和"利润分配"账户的余额计算填列。未弥补的亏损，以"—"号填列。

3. 根据有关资产账户与其备抵账户抵销后的净额计算填列的项目

（1）"应收票据"项目，应根据"应收票据"账户的借方余额合计，减去"坏账准备"账户中相关坏账准备期末余额后的金额填列。

（2）"其他应收款"项目，应根据"应收利息""应收股利"和"其他应收款"账户的期末余额合计数，减去"坏账准备"账户期末余额后的金额填列。

（3）"长期应收款"项目，应根据"长期应收款"账户的期末余额，减去"未实现融资收益"和

“坏账准备”中相关账户期末余额后的金额填列。

(4)“债权投资”“长期股权投资”“持有待售资产”“商誉”项目，应分别根据“债权投资”“长期股权投资”“持有待售资产”“商誉”账户的期末余额，减去“债权投资减值准备”“长期股权投资减值准备”“持有待售资产减值准备”“商誉减值准备”账户的期末余额后的金额填列。

(5)“固定资产”项目，应根据“固定资产”账户的期末余额，减去“累计折旧”和“固定资产减值准备”账户期末余额后的金额填列。

(6)“无形资产”项目，应根据“无形资产”账户的期末余额，减去“累计摊销”和“无形资产减值准备”账户期末余额后的金额填列。

(7)“使用权资产”项目，应根据“使用权资产”账户的期末余额，减去“使用权资产累计折旧”和“使用权资产减值准备”账户期末余额后的金额填列。

(8)“长期应付款”项目，应根据“长期应付款”和“专项应付款”账户的期末余额合计，减去相应的“未确认融资费用”账户期末余额后的金额填列。

4.根据有关总账账户及其所属明细账账户期末余额分析计算后填列的项目

企业与同一客户在购销商品结算过程中形成的债权债务关系，应当单独列示，不应当相互抵销，即应收账款不能与预收账款相互抵销、预付账款不能与应付账款相互抵销、应付账款不能与应收账款相互抵销、预收账款不能与预付账款相互抵销。

(1)“应收账款”项目，首先应根据“应收账款”和“预付账款”账户所属各明细账户的期末借方余额合计数，减去“坏账准备”账户中有关应收账款计提的坏账准备期末余额后的净额计算，然后根据账户期末余额方向进行分析填列，如“应收账款”账户所属各明细账户期末有贷方余额，应合并在“预收账款”项目内填列。

(2)“预付款项”项目，首先应根据 “预付账款”和“应付账款”账户所属各明细科目的期末借方余额合计数，减去“坏账准备”账户中有关预付账款计提的坏账准备期末余额后的净额计算，然后根据账户期末余额方向进行分析填列，如“预付账款”账户所属各明细账户期末有贷方余额，应合并在“应付账款”项目内填列。

(3)“应付账款”项目，首先应根据“应付账款”和“预付账款”两个账户所属的相关明细账户的期末贷方余额计算，然后根据账户期末余额方向进行分析填列，如“应付账款”账户所属各明细账户期末有借方余额，应合并在“预付账款”项目内填列。

(4)“预收款项”项目，首先应根据“预收账款”和“应收账款”两个账户所属的相关明细账户的期末贷方余额计算，然后根据账户期末余额方向进行分析填列，如“预收账款”账户所属各明细账户期末有借方余额，应合并在“应收账款”项目内填列。

(5)“合同资产”和“合同负债”项目，应根据各自所属明细账户期末余额合计，同一合同下的合同资产和合同负债应当以净额列示，其中净额为借方余额的，应减去“合同资产减值准备”账户中相应的期末余额后，在“合同资产”项目中填列；其中净额为贷方余额的，应在“合同负债”项目中填列。

5.根据有关总账所属明细账账户分析后填列的项目

(1)“开发支出”项目，应根据“研发支出”账户中所属的“资本化支出”明细账户期末余额填列。

(2)“长期待摊费用”等项目，应根据 “长期待摊费用”账户的期末余额减去一年内到期的长期待摊费用后的余额填列。

(3)“一年内到期的非流动资产”项目，应根据长期应收款、债权投资、长期待摊费用等资产中将于一年内到期或摊销完毕的部分填列。

(4)"长期借款""应付债券""预计负债""租赁负债"项目,应根据"长期借款""应付债券""预计负债""租赁负债"账户的期末余额减去一年内到期的长期应付款、长期借款、应付债券和预计负债后的余额填列。

(5)"一年内到期的非流动负债"项目,反映长期应付款、长期借款、应付债券、预计负债、租赁负债等负债中将于一年内到期的部分。

**【例 11-1】** 永安公司属于制造业,为增值税一般纳税人,适用13%的增值税税率,产品售价中不含增值税。商品销售时,同时结转成本。本年度9月末总分类账户期末余额如表11-3所示。

要求:根据以下账户期末有关资料,计算资产负债表中如下项目(要求写出过程):货币资金、存货、应收账款、预付账款、合同资产、使用权资产、预收账款、应付账款、应付职工薪酬、应交税费、一年内到期的非流动负债、租赁负债、未分配利润。

**表 11-3** **总分类账户期末余额表**

2023年9月30日 单位:元

| 账户名称 | 借方余额 | 贷方余额 | 账户名称 | 借方余额 | 贷方余额 |
|---|---|---|---|---|---|
| 库存现金 | 8 500 | | 应付职工薪酬 | 24 000 | |
| 银行存款 | 120 000 | | 应交税费 | | 5 600 |
| 其他货币资金 | 3 200 | | 应付账款 | | 26 400 |
| 原材料 | 44 000 | | 其中:A单位 | | 30 000 |
| 在途物资 | 20 000 | | B单位 | 3 600 | |
| 生产成本 | 7 000 | | 预收账款 | | 8 000 |
| 库存商品 | 10 000 | | 其中:D单位 | | 10 000 |
| 周转材料 | 8 600 | | E单位 | 2 000 | |
| 应收账款 | 8 000 | | 长期借款 | | 80 000 |
| 其中:甲公司 | 9 000 | | 其中:一年内到期 | | 15 000 |
| 乙公司 | | 1 000 | 应付债券 | | 50 000 |
| 预付账款 | 12 000 | | 其中:一年内到期 | | 8 000 |
| 其中:丙公司 | 14 000 | | 租赁负债——租赁付款额 | | 5 500 |
| 丁公司 | | 2 000 | 租赁负债——未确认融资费用 | 500 | |
| 合同资产 | 2 000 | | 利润分配 | | 60 000 |
| 使用权资产 | 5 000 | | 本年利润 | | 40 000 |

解:货币资金=8 500+120 000+3 200=131 700(元)

存货=44 000+20 000+7 000+10 000+8 600=89 600(元)

应收账款=9 000+2 000=11 000(元)

预付账款=14 000+3 600=17 600(元)

合同资产=2 000(元)

使用权资产=5 000(元)
预收账款=10 000+1 000=11 000(元)
应付账款=30 000+2 000=32 000(元)
应付职工薪酬=-24 000(元)
应交税费=5 600(元)
一年内到期的非流动负债=15 000+8 000=23 000(元)
租赁负债=5 000(元)
未分配利润=60 000+40 000=100 000(元)

**专栏 11-1** A公司相关明细表

结合第六章例题的总分类账,可取得A公司总账期末余额表、应收账款明细表、预收账款明细表、应付账款明细表和预付账款明细表,具体如表11-4、表11-5、表11-6、表11-7和表11-8所示。

**表11-4** **总账期末余额表**

2023年12月1日至31日 第1号 单位:元

| 科目名称 | 本期发生额 | | 期末余额 | |
|---|---|---|---|---|
| | 借 方 | 贷 方 | 借 方 | 贷 方 |
| 库存现金 | 200 | 2 000 | 200 | |
| 银行存款 | 3 350 120 | 705 826 | 3 786 984 | |
| 其他货币资金 | | | 85 000 | |
| 应收票据 | 35 540 | | 435 540 | |
| 应收账款 | 328 200 | | 679 200 | |
| 坏账准备 | | 5 000 | | 20 000 |
| 预付账款 | 17 000 | 17 000 | 400 000 | |
| 应收股利 | 30 000 | | 30 000 | |
| 其他应收款 | 52 000 | 2 000 | 100 000 | |
| 在途物资 | 135 200 | 135 200 | 58 500 | |
| 原材料 | 811 700 | 661 300 | 443 900 | |
| 周转材料 | | 5 000 | 245 000 | |
| 库存商品 | 714 100 | 327 368 | 494 732 | |
| 存货跌价准备 | | | | 20 000 |
| 合同资产 | | 437 310 | | |
| 长期股权投资 | | | 280 000 | |
| 固定资产 | 532 500 | 350 000 | 3 682 500 | |
| 累计折旧 | 236 500 | 141 500 | | 275 000 |
| 固定资产清理 | 118 500 | 118 500 | | |
| 工程物资 | 150 000 | 10 000 | 490 000 | |

| 科目名称 | 本期发生额 | | 期末余额 | |
|---|---|---|---|---|
| | 借　方 | 贷　方 | 借　方 | 贷　方 |
| 在建工程 | 237 500 | 229 500 | 828 000 | |
| 无形资产 | 150 000 | | 750 000 | |
| 累计摊销 | | 10 000 | | 130 000 |
| 长期待摊费用 | | | 100 000 | |
| 短期借款 | | 150 000 | | 393 000 |
| 应付票据 | | 3 340 | | 203 340 |
| 应付账款 | | | | 165 000 |
| 预收账款 | 30 000 | 30 000 | | 10 000 |
| 其他应付款 | 113 000 | | | 117 000 |
| 应付职工薪酬 | 92 000 | 131 500 | | 395 500 |
| 应交税费 | 143 416 | 263 818.55 | | 174 402.55 |
| 应付利息 | | 13 500 | | 86 500 |
| 应付股利 | | 150 000 | | 150 000 |
| 长期借款 | | 400 000 | | 850 000 |
| 应付债券 | | 500 000 | | 500 000 |
| 实收资本 | | 1 900 000 | | 6 900 000 |
| 资本公积 | 300 000 | 484 500 | | 914 500 |
| 盈余公积 | | 200 611.35 | | 830 611.35 |
| 本年利润 | 1 643 000 | 1 180 000 | | |
| 利润分配 | 701 222.70 | 1 156 724.80 | | 814 502.10 |
| 生产成本 | 513 900 | 714 100 | 59 800 | |
| 制造费用 | 186 500 | 186 500 | | |
| 主营业务收入 | 735 000 | 735 000 | | |
| 主营业务成本 | 327 368 | 327 368 | | |
| 销售费用 | 18 500 | 18 500 | | |
| 税金及附加 | 11 897.40 | 11 897.40 | | |
| 其他业务收入 | 400 000 | 400 000 | | |
| 其他业务成本 | 260 000 | 260 000 | | |
| 管理费用 | 56 300 | 56 300 | | |
| 财务费用 | 6 450 | 6 450 | | |
| 信用减值损失 | 5 000 | 5 000 | | |
| 投资收益 | 30 000 | 30 000 | | |
| 营业外收入 | 15 000 | 15 000 | | |
| 营业外支出 | 47 000 | 47 000 | | |
| 所得税费用 | 104 371.15 | 104 371.15 | | |
| 合　计 | 12 638 985.25 | 12 638 985.25 | 12 949 356 | 12 949 356 |

**表 11－5**　**应收账款明细账**

单位名称：A 公司　会计时间：2023 年 12 月

明细科目：(113)　应收账款　币别：人民币

| 日　期 | 凭证字号 | 摘　要 | 借方金额 | 贷方金额 | 余　额 | |
|---|---|---|---|---|---|---|
| 2023—12—01 | | 期初余额 | | | 借 | 351 000.00 |
| 2023—12—12 | 付—7 | 向东方公司销售乙产品，并支付运费 | 328 200.00 | | 借 | 679 200.00 |
| 2023—12—31 | | 本期合计 | 328 200.00 | | 借 | 679 200.00 |
| 2023—12—31 | | 本期累计 | 328 200.00 | | 借 | 679 200.00 |

**表 11－6**　**预付账款明细账**

单位名称：A 公司　会计时间：2023 年 12 月

明细科目：(115)预付账款　币别：人民币

| 日　期 | 凭证字号 | 摘　要 | 借方金额 | 贷方金额 | 余　额 | |
|---|---|---|---|---|---|---|
| 2023—12—01 | | 期初余额 | | | 借 | 400 000.00 |
| 2023—12—05 | 付—3 | 向银华公司预付 C 材料款 | 17 000.00 | | 借 | 417 000.00 |
| 2023—12—15 | 付—10 | C 材料验收入库，欠款签发应付票据，支付运费 | | 17 000.00 | 借 | 400 000.00 |
| 2023—12—31 | | 本期合计 | 17 000.00 | 17 000.00 | 借 | 400 000.00 |
| 2023—12—31 | | 本期累计 | 17 000.00 | 17 000.00 | 借 | 400 000.00 |

**表 11－7**　**应付账款明细账**

单位名称：A 公司　会计时间：2023 年 12 月

明细科目：(203)应付账款　币别：人民币

| 日　期 | 凭证字号 | 摘　要 | 借方金额 | 贷方金额 | 余　额 | |
|---|---|---|---|---|---|---|
| 2023—12—01 | | 期初余额 | | | 贷 | 165 000.00 |
| 2023—12—31 | | 本期合计 | | | 贷 | 165 000.00 |
| 2023—12—31 | | 本期累计 | | | 贷 | 165 000.00 |

**表 11－8**　**预收账款明细账**

单位名称：A 公司　会计时间：2023 年 12 月

明细科目：(204)预收账款　币别：人民币

| 日　期 | 凭证字号 | 摘　要 | 借方金额 | 贷方金额 | 余　额 | |
|---|---|---|---|---|---|---|
| 2023—12—01 | | 期初余额 | | | 贷 | 10 000.00 |
| 2023—12—15 | 收—5 | 预收宏升公司乙产品货款 | | 30 000.00 | 贷 | 40 000.00 |
| 2023—12—18 | 转—5 | 向宏升公司发送乙产品 | 30 000.00 | | 贷 | 10 000.00 |
| 2023—12—31 | | 本期合计 | 30 000.00 | 30 000.00 | 贷 | 10 000.00 |
| 2023—12—31 | | 本期累计 | 30 000.00 | 30 000.00 | 贷 | 10 000.00 |

根据上述总账和明细账的期末余额，可以编制A公司的资产负债表，如表11-9所示。

表11-9 资产负债表 会企01表

编制单位：A公司 2023年12月31日 单位：元

| 资　产 | 期末余额 | 期初余额 | 负债和所有者权益（或股东权益） | 期末余额 | 期初余额 |
|---|---|---|---|---|---|
| 流动资产： | | | 流动负债： | | |
| 货币资金 | 3 872 184 | 1 667 000 | 短期借款 | 393 000 | 243 000 |
| 交易性金融资产 | | | 交易性金融负债 | | |
| 衍生金融资产 | | | 衍生金融负债 | | |
| 应收票据 | 435 540 | 400 000 | 应付票据 | 203 340 | 200 000 |
| 应收账款 | 659 200 | 336 000 | 应付账款 | 165 000 | 165 000 |
| 预付款项 | 400 000 | 400 000 | 预收款项 | 10 000 | 10 000 |
| 其他应收款 | 130 000 | 50 000 | 合同负债 | | |
| 存货 | 1 281 932 | 950 000 | 应付职工薪酬 | 395 500 | 356 000 |
| 合同资产 | | | 应交税费 | 174 402.55 | 54 000 |
| 持有待售资产 | | | 其他应付款 | 353 500 | 303 000 |
| 一年内到期的非流动资产 | | | 持有待售负债 | | |
| 其他流动资产 | | | 一年内到期的非流动负债 | | |
| 流动资产合计 | 6 778 856 | 3 803 000 | 其他流动负债 | | |
| 非流动资产： | | | 流动负债合计 | 1 694 742.55 | 1 331 000 |
| 债权投资 | | | 非流动负债： | | |
| 其他债权投资 | | | 长期借款 | 850 000 | 450 000 |
| 长期应收款 | | | 应付债券 | 500 000 | |
| 长期股权投资 | 280 000 | 280 000 | 其中：优先股 | | |
| 其他权益工具投资 | | | 永续债 | | |
| 其他非流动金融资产 | | | 长期应付款 | | |
| 投资性房地产 | | | 预计负债 | | |
| 固定资产 | 3 407 500 | 3 130 000 | 递延收益 | | |
| 在建工程 | 1 318 000 | 1 170 000 | 递延所得税负债 | | |
| 生产性生物资产 | | | 其他非流动负债 | | |
| 油气资产 | | | 非流动负债合计 | 1 350 000 | 450 000 |
| 无形资产 | 620 000 | 480 000 | 负债合计 | 3 044 742.55 | 1 781 000 |

续表

| 资　产 | 期末余额 | 期初余额 | 负债和所有者权益（或股东权益） | 期末余额 | 期初余额 |
|---|---|---|---|---|---|
| 开发支出 | | | 所有者权益（或股东权益）： | | |
| 商誉 | | | 实收资本（或股本） | 6 900 000 | 5 000 000 |
| 长期待摊费用 | 100 000 | 100 000 | 其他权益工具 | | |
| 递延所得税资产 | | | 其中：优先股 | | |
| 其他非流动资产 | | | 永续债 | | |
| 非流动资产合计 | 5 725 500 | 5 160 000 | 资本公积 | 914 500 | 730 000 |
| | | | 减：库存股 | | |
| | | | 其他综合收益 | | |
| | | | 盈余公积 | 830 611.35 | 630 000 |
| | | | 未分配利润 | 814 502.10 | 822 000 |
| | | | 所有者权益（或股东权益）合计 | 9459613.45 | 7 182 000 |
| 资产总计 | 12 504 356 | 8 963 000 | 负债和所有者权益（或股东权益）总计 | 12 504 356 | 8 963 000 |

根据总账的期末余额和明细账期末余额，结合资产负债表的编制方法，可以得到表中的数据。其中：

货币资金＝库存现金＋银行存款＋其他货币资金

＝200＋3 786 984＋85 000＝ 3 872 184（元）

应收票据＝40 000＋35 540＝435 540（元）

应收账款＝679 200－20 000＝659 200（元）

预付账款＝400 000（元）

其他应收款＝应收股利＋应收利息＋其他应收款＝30 000＋100 000＝130 000（元）

存货＝在途材料＋原材料＋周转材料＋库存商品＋生产成本－存货跌价准备

＝58 500＋443 900＋245 000＋494 732＋59 800－20 000＝1 281 932（元）

长期股权投资＝280 000（元）

固定资产＝固定资产－累计折旧＋固定资产清理

＝3 682 500－275 000＋0＝3 407 500（元）

在建工程＝在建工程＋工程物资＝1 318 000（元）

固定资产清理＝0（元）

无形资产＝无形资产－累计摊销＝750 000－130 000＝620 000（元）

长期待摊费用＝100 000(元)
短期借款＝393 000(元)
应付票据＝20 000＋3 340＝203 340(元)
应付账款＝165 000(元)
预收账款＝10 000(元)
应付职工薪酬＝395 500(元)
应交税费＝174 402.55 (元)
其他应付款＝其他应付款＋应付利息＋应付股利
＝117 000＋86 500＋150 000
＝353 500(元)
长期借款＝850 000(元)
应付债券＝500 000(元)
实收资本＝6 900 000(元)
资本公积＝914 500 (元)
盈余公积＝830 611.35 (元)
未分配利润＝期初未分配利润＋本年利润－利润分配＝814 502.10 (元)

## 第二节　利润表

### 一、利润表的概念

利润表，是指反映企业在一定会计期间的经营成果的会计报表。利润表是动态报表，并以“收入－费用＝利润”动态会计等式为理论根据。利润表主要能够向财务会计报告使用者提供以下几个方面的会计信息：

第一，企业在一定时期内取得的全部收入。

第二，企业在一定时期内发生的全部费用。

第三，全部收入与费用相抵后计算出企业在一定时期内实现的净利润(或净亏损)总额。通过利润表的资料，可以了解企业在一定时期内利润实现或亏损的发生情况，据以评价企业该会计期间经营业绩的优劣。

第四，企业在一定时期内的每股收益的相关信息，并且通过利润表提供的不同时期的比较数字(本月金额、本年金额和上年金额)，还可以分析企业未来利润的发展趋势及获利能力。

### 二、利润表的内容和格式

#### (一)利润表的内容

利润表至少应当单独列示反映下列信息的项目：营业收入、营业成本、税金及附加、销售费用、管理费用、研发费用、财务费用、其他收益、投资收益、公允价值变动收益、信用减值损失、资产减值损失、资产处置收益、所得税费用、净利润、其他综合收益以及综合收益总额。

**专栏 11-2** **其他综合收益**

其他综合收益，是指企业根据企业会计准则规定未在当期损益中确认的各项利得和损失扣除所得税影响后的净额。其他综合收益项目分为下列两类：①以后会计期间不能重分类进损益的其他综合收益项目，主要包括重新计量设定受益计划净负债或净资产导致的变动，以及按照权益法核算的在被投资单位不能重分类进损益的其他综合收益变动中所享有的份额、其他权益工具投资公允价值变动、企业自身信用风险公允价值变动等。②以后会计期间在满足规定条件时将重分类进损益的其他综合收益项目，主要包括按照权益法核算的在被投资单位可重分类进损益的其他综合收益中所享有的份额、其他债权投资公允价值变动、其他债权投资信用减值准备、金融资产重分类形成的利得或损失、现金流量套期工具产生的利得或损失中属于有效套期的部分、外币财务报表折算差额、自用房地产或作为存货的房地产转换为以公允价值模式计量的投资性房地产在转换日公允价值大于账面价值部分等。

### (二)利润表的格式

利润表的格式包括单步式和多步式两种。

1. 单步式利润表

单步式利润表是将本期所有收入合计数减去本期所有费用成本合计数，计算出当期净利润或净亏损的报表。单步式利润表的格式如表 11-10 所示。

**表 11-10** **利润表(单步式)** 会企 02 表

编制单位： 年 月 单位：元

| 项 目 | 行次 | 本期金额 | 上期金额 |
|---|---|---|---|
| 一、收入 | | | |
| 营业收入 | | | |
| …… | | | |
| 收入合计 | | | |
| 二、费用 | | | |
| 营业成本 | | | |
| 税金及附加 | | | |
| 销售费用 | | | |
| …… | | | |
| 费用合计 | | | |
| 三、净利润(净亏损以“-”号填列) | | | |

其中：

**收入合计＝营业收入＋其他收益＋投资收益＋公允价值变动收益＋资产处置收益＋营业外收入**

**费用合计＝营业成本＋税金及附加＋销售费用＋管理费用＋研发费用＋财务费用＋信用减值损失＋资产减值损失＋公允价值变动损失＋资产处置损失＋所得税费用**

单步式利润表编制程序简单，各项收入和费用不需要分类。其缺点是：一些有价值的信息，如营业利润被隐含在收入和费用的总计中，无法在利润表中直接揭示出来。

2. 多步式利润表

多步式利润表是按一定的规则，分五个步骤依次计算出营业利润、利润总额、净利润、综合收益总额和每股收益的报表。多步式利润表的格式如表 11 - 11 所示。

表 11 - 11　　利润表(多步式)　　会企 02 表

编制单位：　　年　月　　单位：元

| 项　目 | 行次 | 本期金额 | 上期金额 |
|---|---|---|---|
| 一、营业收入 | | | |
| 减：营业成本 | | | |
| 税金及附加 | | | |
| 销售费用 | | | |
| 管理费用 | | | |
| 研发费用 | | | |
| 财务费用 | | | |
| 其中：利息费用 | | | |
| 利息收入 | | | |
| 资产减值损失 | | | |
| 信用减值损失 | | | |
| 加：其他收益 | | | |
| 投资收益(损失以“－”号填列) | | | |
| 其中：对联营企业和合营企业的投资收益 | | | |
| 公允价值变动收益(损失以“－”号填列) | | | |
| 资产处置收益(损失以“－”号填列) | | | |
| 二、营业利润(亏损以“－”号填列) | | | |
| 加：营业外收入 | | | |
| 减：营业外支出 | | | |
| 三、利润总额(亏损总额以“－”号填列) | | | |
| 减：所得税费用 | | | |
| 四、净利润(净亏损以“－”号填列) | | | |
| (一)持续经营净利润(净亏损以“－”号填列) | | | |
| (二)终止经营净利润(净亏损以“－”号填列) | | | |
| 五、其他综合收益的税后净额 | | | |
| (一)不能重分类进损益的其他综合收益 | | | |
| (二)将重分类进损益的其他综合收益 | | | |
| 六、综合收益总额 | | | |

续表

| 项　目 | 行次 | 本期金额 | 上期金额 |
|---|---|---|---|
| 七、每股收益 | | | |
| （一）基本每股收益 | | | |
| （二）稀释每股收益 | | | |

多步式利润表的优点是可以对企业生产经营情况进行分析，有利于不同企业之间进行比较，更重要的是多步式利润表有利于预测企业未来的获利能力。根据《企业会计准则——财务报表列报准则》的规定，我国企业应采用多步式利润表。

## 三、利润表的编制方法

### （一）利润表“上期金额”栏的填制

利润表“上期金额”栏内各项数字，根据上年度利润表“本期金额”栏内所列数字填列。如果上年度利润表规定的各个项目的名称和内容同本年度不相一致，应对上年度利润表各项目的名称和数额按本年度的规定进行调整，填入利润表“上年金额”栏内。

### （二）利润表“本期金额”栏的填制

利润表的“本期金额”栏反映各项目的本月实际发生数，主要包括以下内容：

1. 根据损益类账户发生额分析填列的项目

（1）“营业收入”项目和“营业成本”项目。“营业收入”项目，反映企业经营主要业务和其他业务所确认的收入总额，应根据“主营业务收入”和“其他业务收入”科目的发生额分析填列。“营业成本”项目，反映企业经营主要业务和其他业务发生的实际成本总额，应根据“主营业务成本”和“其他业务成本”科目的发生额分析填列。

（2）“税金及附加”项目，反映企业经营业务应负担的消费税、城市维护建设税、资源税、土地增值税和教育费附加、印花税等，应根据“税金及附加”账户的发生额分析填列。

（3）“销售费用”项目、“管理费用”项目、“研发费用”项目和“财务费用”项目。“销售费用”项目，反映企业在销售商品过程中发生的包装费、广告费等费用和为销售本企业商品而专设的销售机构的职工薪酬、业务费等经营费用。“管理费用”项目，反映企业为组织和管理生产经营发生的管理费用。“研发费用”项目，应根据“管理费用”科目下的“研发费用”明细科目的发生额，以及“管理费用”科目下的“无形资产摊销”明细科目的发生额分析填列。本项目应根据“销售费用”“管理费用”“研发费用”和“财务费用”账户的发生额分析填列。

（4）“信用减值损失”和“资产减值损失”项目，分别反映企业各项金融工具的信用减值准备和各项资产发生的减值损失，应根据“信用减值损失”和“资产减值损失”账户的发生额分析填列。

（5）“其他收益”项目，反映计入其他收益的政府补助，以及其他与日常活动相关且计入其他收益的项目。本项目应根据“其他收益”账户的发生额分析填列。

（6）“投资收益”项目，反映企业以各种方式对外投资所取得的收益。本项目应根据“投资收益”账户的发生额分析填列，如为净损失，以“－”号填列。

（7）“公允价值变动收益”项目，反映企业按照相关准则规定应当计入当期损益的资产或负债公允价值变动净收益，应根据“公允价值变动损益”账户的发生额分析填列，如为净损失，本项目以“－”号填列。

(8)“资产处置收益”项目，反映企业处置各项非流动资产产生的利得或损失。本项目应根据“资产处置损益”账户的发生额分析填列，如为净损失，以“—”号填列。

(9)“营业外收入”“营业外支出”项目，反映企业发生的与其经营活动无直接关系的各项收入和支出。这两个项目应分别根据“营业外收入”和“营业外支出”账户的发生额分析填列。

(10)“所得税费用”项目，反映企业根据所得税准则确认的应从当期利润总额中扣除的所得税费用，应根据“所得税费用”账户的发生额分析填列。

2.根据某几个损益类账户的发生额加减计算分析填列的项目

(1)“营业利润”项目。

**营业利润＝营业收入－营业成本－税金及附加－(销售费用＋管理费用＋研发费用＋财务费用)＋其他收益＋投资收益(－投资损失)＋公允价值变动收益(－公允价值变动损失)－信用减值损失－资产减值损失＋资产处置收益(－资产处置损失)**

(2)“利润总额”项目，反映企业实现的利润总额。如为亏损总额，以“—”号填列。

**利润总额＝营业利润＋营业外收入－营业外支出**

(3)“净利润”(或“净亏损”)项目。

**净利润＝利润总额－所得税费用**

(4)“综合收益总额”项目。

**综合收益总额＝净利润＋其他综合收益的税后净额**

**专栏 11－3** 每股收益

“基本每股收益”和“稀释每股收益”项目，应当根据每股收益准则的规定计算的金额填列。

基本每股收益为企业应当按照归属普通股股东的当期净利润，除以发行在外普通股的加权平均数计算而得：

**基本每股收益＝当期净利润÷发行在外普通股的加权平均数**

其中：

**发行在外普通股加权平均数＝期初发行在外普通股股数＋当期新发行普通股股数×已发行时间÷报告期时间－当期回购普通股股数×已回购时间÷报告期时间**

已发行时间、报告期时间和已回购时间一般按照天数计算；在不影响计算结果合理性的前提下，也可以采用简化的计算方法。

稀释性潜在普通股，是指假设当期转换为普通股会减少每股收益的潜在普通股。企业存在稀释性潜在普通股的，应当计算稀释每股收益。潜在普通股主要包括可转换公司债券、认股权证和股份期权等。

(1)计算稀释每股收益，应当根据下列事项对归属普通股股东的当期净利润进行调整：当期已确认为费用的稀释性潜在普通股的利息；稀释性潜在普通股转换时将产生的收益或费用。上述调整应当考虑相关的所得税影响。

(2)计算稀释每股收益时，当期发行在外普通股的加权平均数应当为计算基本每股收益时普通股的加权平均数与假定稀释性潜在普通股转换为已发行普通股而增加的普通股股数的加权平均数之和。

## 四、利润表的编制方法举例

**【例 11 - 2】** 永安公司会计账户资料及发生业务如下：

1. 本年度 11 月 30 日，发行在外的股份数为 100 万股，该企业为一般纳税人，增值税税率为 13%，损益类账户有关账户的余额如表 11 - 12 所示。

**表 11 - 12　　损益类有关账户的余额**

2023 年 11 月 30 日　　单位：万元

| 科目名称 | 借方余额 | 科目名称 | 贷方余额 |
|---|---|---|---|
| 主营业务成本 | 1 000 | 主营业务收入 | 1 750 |
| 税金及附加 | 20 | 其他业务收入 | 50 |
| 其他业务成本 | 30 | 投资收益 | 40 |
| 销售费用 | 40 | 营业外收入 | 30 |
| 管理费用 | 250 | 公允价值变动损益 | 30 |
| 财务费用 | 20 | | |
| 资产减值损失 | 80 | | |
| 营业外支出 | 17 | | |

2. 本年度 12 月份，永安公司发生如下经济业务：

(1)销售商品一批，增值税专用发票上注明的售价为 200 万元，增值税为 26 万元，款项尚未收到。该批商品的实际成本为 120 万元。

(2)本月发生应付职工薪酬 150 万元，其中生产工人工资 100 万元，车间管理人员工资 10 万元，厂部管理人员工资 25 万元，销售人员工资 15 万元。

(3)本月收到增值税返还 50 万元。

(4)本月摊销自用无形资产成本 20 万元。

(5)本月主营业务应交城市维护建设税为 5 万元、教育费附加为 0.5 万元。

(6)12 月 31 日，某项交易性金融资产公允价值上升 2 万元。

(7)12 月 31 日，计提存货跌价准备 15 万元。

(8)12 月 31 日，公司将账面价值为 150 万元的生产线对外出售，其累计折旧为 70 万元，出售价格为 90 万元，增值税为 11.7 万元，收到款项存入银行。

(9)应收 A 公司款项 10 万元。获悉 A 公司面临重大财务危机，根据预计上述款项无法收回，全额计提坏账准备。

(10)该公司适用的所得税税率为 25%。假定本年应纳税所得额为 500 万元，且不考虑递延所得税的确认和计量。

3. 要求：

(1)编制永安公司本年度 12 月份相关业务的会计分录。

(2)编制永安公司本年度利润表。

解：

(1)会计分录的编制：

①借：应收账款　　2 260 000

　　贷：主营业务收入　　2 000 000

应交税费——应交增值税(销项税额)　　260 000

借:主营业务成本　　1 200 000

贷:库存商品　　1 200 000

②借:生产成本　　1 000 000

制造费用　　100 000

管理费用　　250 000

销售费用　　150 000

贷:应付职工薪酬　　1 500 000

③借:银行存款　　500 000

贷:营业外收入　　500 000

④借:管理费用　　200 000

贷:累计摊销　　200 000

⑤借:税金及附加　　55 000

贷:应交税费——应交城市维护建设税　　50 000

——应交教育费附加　　5 000

⑥借:交易性金融资产——公允价值变动　　20 000

贷:公允价值变动损益　　20 000

⑦借:资产减值损失　　150 000

贷:存货跌价准备　　150 000

⑧借:固定资产清理　　800 000

累计折旧　　700 000

贷:固定资产　　1 500 000

借:银行存款　　1 017 000

贷:固定资产清理　　900 000

应交税费——应交增值税(销项税额)　　117 000

借:固定资产清理　　100 000

贷:资产处置损益　　100 000

⑨借:信用减值损失　　100 000

贷:坏账准备　　100 000

⑩借:所得税费用　　1 250 000

贷:应交税费——应交所得税　　1 250 000

(2)利润表的编制,如表 11-13 所示。

**表 11-13　　利润表**

编制单位:永安公司　　2023 年　　单位:万元

| 项　目 | 上期金额 | 本期金额 |
|---|---|---|
| 一、营业收入 | 略 | 2 000 |
| 减:营业成本 | 略 | 1 150 |
| 　税金及附加 | 略 | 25.5 |
| 　销售费用 | 略 | 55 |

续表

| 项　目 | 上期金额 | 本期金额 |
|---|---|---|
| 管理费用 | 略 | 295 |
| 研发费用 | 略 | 0 |
| 财务费用 | 略 | 20 |
| 其中：利息费用 | 略 | 0 |
| 利息收入 | 略 | 0 |
| 资产减值损失 | 略 | 95 |
| 信用减值损失 | 略 | 10 |
| 加：其他收益 | 略 | 0 |
| 投资收益（损失以“—”号填列） | 略 | 40 |
| 公允价值变动收益（损失以“—”号填列） | 略 | 32 |
| 资产处置收益（损失以“—”号填列） | 略 | 10 |
| 二、营业利润（亏损以“—”号填列） | 略 | 431.5 |
| 加：营业外收入 | 略 | 80 |
| 减：营业外支出 | 略 | 17 |
| 三、利润总额（亏损总额以“—”号填列） | 略 | 494.5 |
| 减：所得税费用 | 略 | 125 |
| 四、净利润（净亏损以“—”号填列） | 略 | 369.5 |
| 五、其他综合收益的税后净额 | 略 | 0 |
| 六、综合收益总额 | 略 | 369.5 |
| 七、每股收益 | 略 | 0.000 37 |

**专栏 11－4**　　A 公司利润表

结合第六章的例题和业务资料，根据总账的本期发生额（见表 11－3），按照利润表的编制方法，可以编制 A 公司的利润表（见表 11－14）。

**表 11－14**　　**利润表**　　会企 02 表

编制单位：A 公司　　2023 年　　单位：元

| 项　目 | 行次 | 本月数 | 本年累计数 |
|---|---|---|---|
| 一、营业收入 | 1 | 1 135 000.00 | 4 745 000.00 |
| 减：营业成本 | 2 | 587 368.00 | 3 241 368.00 |
| 税金及附加 | 3 | 11 897.40 | 87 897.40 |
| 销售费用 | 4 | 18 500.00 | 24 100.00 |
| 管理费用 | 5 | 56 300.00 | 143 300.00 |
| 研发费用 | 6 | 0 | 0 |

续表

| 项　目 | 行次 | 本月数 | 本年累计数 |
|---|---|---|---|
| 财务费用 | 7 | 6 450.00 | 41 450.00 |
| 资产减值损失 | 8 | 0 | 100 000.00 |
| 信用减值损失 | 9 | 5 000.00 | 5 000.00 |
| 加:其他收益 | 10 | 0 | 0 |
| 公允价值变动收益 | 11 | 0 | 20 000.00 |
| 投资收益 | 12 | 30 000.00 | 31 000.00 |
| 资产处置收益 | 13 | 0 | 0 |
| 二、营业利润 | 14 | 479 484.60 | 1 152 884.60 |
| 加:营业外收入 | 15 | 15 000.00 | 58 000.00 |
| 减:营业外支出 | 16 | 47 000.00 | 72 400.00 |
| 三、利润总额 | 17 | 447 484.60 | 1 138 484.60 |
| 减:所得税费用 | 18 | 104 371.15 | 332 371.15 |
| 四、净利润 | 19 | 343 113.45 | 806 113.46 |

其中：

营业收入＝主营业务收入＋其他业务收入＝735 000＋400 000＝1 135 000(元)

营业成本＝主营业务成本＋其他业务成本＝327 368＋260 000＝587 368(元)

税金及附加＝11 897.40 (元)

销售费用＝18 500(元)

管理费用＝56 300(元)

财务费用＝6 450(元)

信用减值损失＝5 000(元)

投资收益＝30 000(元)

营业利润＝营业收入－营业成本－税金及附加－销售费用－管理费用－研发费用－财务费用－信用减值损失＋其他收益＋投资收益＋资产处置收益

＝1 135 000－587 368－11 897.40－18 500－56 300－0－6 450－5 000＋0＋30 000＋0

＝479 484.60(元)

营业外收入＝15 000(元)

营业外支出＝47 000(元)

利润总额＝营业利润＋营业外收入－营业外支出

＝479 484.60＋15 000－47 000＝447 484.60(元)

所得税费用＝104 371.15 (元)

净利润＝利润总额－所得税费用＝447 484.60－104 371.15 ＝343 113.45 (元)

**专栏 11－5**　　公司的未分配利润

结合上述例题资料，分析如下：

A 公司当年实现净利润 806 113.45 元，期初未分配利润为 359 000 元，当期提取法定盈余公积金 80 611.35 元，任意盈余公积金 120 000 元，分派现金股利 150 000 元，则：

未分配利润＝359 000＋806 113.45－(80 611.35＋120 000＋150 000)
＝814 502.10(元)

其计算结果与资产负债表中“未分配利润”项目一致。

# 第三节　现金流量表

## 一、现金流量表的概念

现金流量表，是指反映企业在一定会计期间的现金和现金等价物流入和流出的会计报表。其中，现金，是指企业库存现金以及可以随时用于支付的存款，如库存现金、银行存款、其他货币资金。不能随时用于支付的存款不属于现金。现金等价物，是指企业持有的期限短(一般是指从购买日起 3 个月内到期)、流动性强、易于转换为已知金额现金、价值变动风险很小的投资。现金等价物通常包括 3 个月内到期的债券投资等。权益性投资变现的金额通常不确定，因而不属于现金等价物。企业应当根据具体情况，确定现金等价物的范围，一经确定不得随意变更。现金流量表主要就是从现金流入和流出两方面反映企业在一定会计期间内的经营活动、投资活动和筹资活动的动态情况。经营活动，是指企业投资活动和筹资活动以外的所有交易和事项。投资活动，是指企业长期资产的购建和不包括在现金等价物范围内的投资及其处置活动。筹资活动，是指引致企业资本及债务规模和构成发生变化的活动。

**专栏 11－6**　　现金流量表提供的信息

现金流量表主要能够向财务会计报告使用者提供以下几个方面的会计信息：

第一，现金流量表能够说明企业一定期间内现金流入和流出的原因。现金流量表将现金流量划分为经营活动、投资活动和筹资活动所产生的现金流量，并按照流入现金和流出现金项目分别反映。因此，通过现金流量表能够反映现金从哪里来，又流到哪里去。这些信息是资产负债表和利润表所不能提供的。

第二，现金流量表能够说明企业的现金偿债和现金支付的能力。投资者投入资金、债权人提供企业短期或长期使用的资金，其目的主要是为了获得回报。通常情况下，财务会计使用者比较关注企业的获利情况，并且往往以获利的多少作为衡量企业现金支付能力的标准。但是，企业在一定期间内获得的利润并不代表企业真正具有偿债或支付能力。在某些情况下，虽然企业利润表上反映的经营业绩很可观，但却出现财务困境，不能偿还到期债务；还有些企业虽然利润表上反映的经营成果并不可观，但却有足够的偿付能力。产生这种情况的原因有很多。其中，会计核算采用的权责发生制基础所含的估计因素是其主要因素之一。现金流量表完全以收付实现制为基础，消除了由于会计核算采用的估计等所产生的对获利能力和支付能力的影响。通过现金流量表能够了解企业现金流入的构成，分析企业偿债和支付股利的能力，增强投资者的投资信心和债权人收回债权的信心。同时，通过现金流量表可以使投资者和债权人了解企业现金偿付的能力，为其投资决策提供有用的信息，也使有限的社会资源流向最能产生效益的地方。

第三，现金流量表可用来分析企业未来获取现金的能力。现金流量表中的经营活动产生的现金流量，代表企业运用其经济资源创造现金流量的能力，便于分析一定期间内产生的净利润与经营活动产生现金流量的差异；投资活动产生的现金流量，代表企业运用资金产生现金流量的能力；筹资活动产生的现金流量，代表企业筹资获得现金流量的能力。

第四，现金流量表可用来分析企业投资和理财活动对经营成果和财务状况的影响。资产负债表能够提供企业在一定期间内财务状况的情况，但它所提供的是静态的财务信息，并不能反映财务状况变动的原因，也不能表明这些资产、负债给企业带来多少现金，又用去多少现金；利润表虽然反映企业在一定期间内的经营成果，提供动态的财务信息，但它只能反映利润的构成，却不能反映经营活动、投资活动和筹资活动给企业带来多少现金及支付多少现金，而且利润表不能反映投资和筹资活动的全部事项。现金流量表提供一定时期内现金流入和流出的动态财务信息，表明企业在报告期内由经营活动、投资活动和筹资活动获得多少现金以及企业获得的这些现金是如何运用的。由于现金流量表能够说明资产、负债和净资产变动的原因，对资产负债表和利润会起到补充说明的作用。可以说，现金流量表是连接资产负债表和利润表的桥梁。

第五，现金流量表能够提供不涉及现金的投资和筹资活动的信息。该表除了反映企业与现金有关的投资和筹资活动外，还通过附注方式提供不涉及现金投资和筹资活动方面的信息，如企业应当披露当期取得或处置子公司及其他单位的有关信息等，使会计报表使用者或阅读者能够全面了解和分析企业的投资和筹资活动。

## 二、现金流量表的内容和格式

### （一）现金流量表的内容

现金流量表应当分别按经营活动、投资活动和筹资活动列报现金流量。

编制现金流量表要求对企业一定期间内全部现金的收入和支出，按企业经营活动的性质进行分类报告。按经济活动的性质，企业经营活动可以分为：以取得销售收入为目的的经营业务活动，以扩张或理财为目的的投资业务活动和以筹集资金为目的的筹资业务活动。根据上述经济活动对现金流量的影响，现金流量表正表内容主要分为三大部分，即反映经营活动所提供的现金流量、反映投资活动所提供的现金流量和反映筹资活动所提供的现金流量。

1.经营活动产生的现金流量

至少应当单独列示反映下列信息的项目：

(1)销售商品、提供劳务收到的现金；

(2)收到的税费返还；

(3)收到其他与经营活动有关的现金；

(4)购买商品、接受劳务支付的现金；

(5)支付给职工以及为职工支付的现金;

(6)支付的各项税费;

(7)支付其他与经营活动有关的现金。

有关经营活动现金流量的信息,可以通过企业的会计记录取得。根据下列项目对利润表中的营业收入、营业成本以及其他项目进行调整:

(1)当期存货及经营性应收和应付项目的变动;

(2)固定资产折旧、无形资产摊销、计提资产减值准备等其他非现金项目;

(3)属于投资活动或筹资活动现金流量的其他非现金项目。

2. 投资活动产生的现金流量

至少应当单独列示反映下列信息的项目:

(1)收回投资收到的现金;

(2)取得投资收益收到的现金;

(3)处置固定资产、无形资产和其他长期资产收回的现金净额;

(4)处置子公司及其他营业单位收到的现金净额;

(5)收到其他与投资活动有关的现金;

(6)购建固定资产、无形资产和其他长期资产支付的现金;

(7)投资支付的现金;

(8)取得子公司及其他营业单位支付的现金净额;

(9)支付其他与投资活动有关的现金。

3. 筹资活动产生的现金流量

至少应当单独列示反映下列信息的项目:

(1)吸收投资收到的现金;

(2)取得借款收到的现金;

(3)收到其他与筹资活动有关的现金;

(4)偿还债务支付的现金;

(5)分配股利、利润或偿付利息支付的现金;

(6)支付其他与筹资活动有关的现金。

**(二)现金流量表的格式**

现金流量表由表首、正表和补充资料三部分构成。

(1)表首,包括报表名称、编制单位、编报时间和金额单位等内容。

(2)正表,包括经营活动产生的现金流量、投资活动产生的现金流量、筹资活动产生的现金流量、汇率变动对现金的影响、现金及现金等价物净增加额等内容。

(3)补充资料,包括将净利润调节为经营活动现金流量、不涉及现金收支的投资和筹资活动,以及现金及现金等价物净增加情况等。

现金流量表采用报告式结构,分类反映经营活动产生的现金流量、投资活动产生的现金流量和筹资活动产生的现金流量,最后汇总反映企业现金及现金等价物净增加额。

现金流量表的具体格式和内容如表 11－15 所示。

表 11－15 **现金流量表** 会企 03 表

编制单位： 年 月 单位：元

| 项 目 | 本期金额 | 上期金额 |
|---|---|---|
| 一、经营活动产生的现金流量： | | |
| 销售商品、提供劳务收到的现金 | | |
| 收到的税费返还 | | |
| 收到其他与经营活动有关的现金 | | |
| 经营活动现金流入小计 | | |
| 购买商品、接受劳务支付的现金 | | |
| 支付给职工以及为职工支付的现金 | | |
| 支付的各项税费 | | |
| 支付其他与经营活动有关的现金 | | |
| 经营活动现金流出小计 | | |
| 经营活动产生的现金流量净额 | | |
| 二、投资活动产生的现金流量： | | |
| 收回投资收到的现金 | | |
| 取得投资收益收到的现金 | | |
| 处置固定资产、无形资产和其他长期资产收回的现金净额 | | |
| 处置子公司及其他营业单位收到的现金净额 | | |
| 收到其他与投资活动有关的现金 | | |
| 投资活动现金流入小计 | | |
| 购建固定资产、无形资产和其他长期资产支付的现金 | | |
| 投资支付的现金 | | |
| 取得子公司及其他营业单位支付的现金净额 | | |
| 支付其他与投资活动有关的现金 | | |
| 投资活动现金流出小计 | | |
| 投资活动产生的现金流量净额 | | |
| 三、筹资活动产生的现金流量： | | |
| 吸收投资收到的现金 | | |
| 取得借款收到的现金 | | |
| 收到其他与筹资活动有关的现金 | | |
| 筹资活动现金流入小计 | | |
| 偿还债务支付的现金 | | |
| 分配股利、利润或偿付利息支付的现金 | | |
| 支付其他与筹资活动有关的现金 | | |
| 筹资活动现金流出小计 | | |
| 筹资活动产生的现金流量净额 | | |
| 四、汇率变动对现金及现金等价物的影响 | | |
| 五、现金及现金等价物净增加额 | | |
| 加：期初现金及现金等价物余额 | | |
| 六、期末现金及现金等价物余额 | | |

### 三、现金流量表的编制方法

现金流量表是以现金和现金等价物为编制基础的。现金流量表的编制方法有工作底稿法、“T”型账户法和分析填列法等。确定经营活动提供的净利润有两种方法，即直接法和间接法。《企业会计准则——现金流量表》规定，企业应当采用直接法列示经营活动产生的现金流量。

直接法，是指通过现金收入和现金支出的主要类别列示经营活动的现金流量。现金流量一般应按现金流入和流出总额反映。但代客户收取或支付的现金以及周转快、金额大、期限短的项目的现金收入和现金支出可以净额反映。

企业应采用间接法在附注中披露将净利润调节为经营活动现金流量的信息。间接法，是指以本期净利润为起点，通过调整不涉及现金的收入、费用、营业外收支和经营性应收、应付等项目的增减变动以及不属于经营活动的现金收支项目，进而计算出经营活动现金流量的一种方法。用间接法反映经营活动现金流量，不仅与正表中的经营活动现金流量相核对，而且能揭示企业净利润的质量。

除此之外，企业应当在附注中以总额披露：

(1)当期取得或处置子公司及其他营业单位的下列信息：取得或处置价格；取得或处置价格中以现金支付的部分；取得或处置子公司及其他营业单位收到的现金；取得或处置子公司及其他营业单位按照主要类别分类的非现金资产和负债。

(2)不涉及当期现金收支，但影响企业财务状况或在未来可能影响企业现金流量的重大投资和筹资活动，主要包括：债务转为资本的金额、一年内到期的可转换公司债券的本息额。

(3)企业应当在附注中披露与现金和现金等价物有关的下列信息：现金和现金等价物的构成及其在资产负债表中的相应金额；企业持有但不能由母公司或集团内其他子公司使用的大额现金和现金等价物金额。

在根据会计报表之间的勾稽关系进行核对时，应将现金流量表中的“现金及现金等价物净增加额”和资产负债表中“货币资金”的年末数与年初数之间的差额相互核对，检查各种报表的编制是否正确。

## 第四节　所有者权益变动表

### 一、所有者权益变动表的概念

所有者权益(或股东权益)变动表，是指反映构成所有者权益各组成部分当期的增减变动情况的会计报表。

### 二、所有者权益变动表的内容和格式

所有者权益变动表应当反映构成所有者权益的各组成部分当期的增减变动情况。所有者权益变动表至少应当单独列示反映下列信息的项目：

(1)综合收益总额；

(2)会计政策变更和差错更正的累计影响金额；

(3)所有者投入资本和向所有者分配利润等；

(4)按照规定提取的盈余公积；

(5)实收资本(或股本)、资本公积、其他综合收益、盈余公积、未分配利润的期初和期末余额及其调节情况。

综合收益和与所有者(或股东)的资本交易引致的所有者权益的变动,应当分别列示。

## 三、所有者权益变动表的编制方法

所有者权益(或股东权益)变动表在一定程度上体现企业综合收益的特点,除列示直接计入所有者权益的利得和损失外,同时包含最终属于所有者权益变动的净利润,从而构成企业的综合收益。所有者权益(或股东权益)变动表各项目应当根据当期综合收益总额、所有者投入资本和向所有者分配利润、提取盈余公积等情况分析填列。

为了清楚地表明构成所有者权益的各组成部分当期的增减变动情况,所有者权益变动表应当以矩阵的形式列示:一方面,列示引致所有者权益变动的交易或事项,即所有者权益变动的来源,对一定时期所有者权益变动的情况进行全面反映;另一方面,按照所有者权益各组成部分(包括实收资本、资本公积、其他综合收益、盈余公积、未分配利润和库存股等)及其总额列示交易或事项对所有者权益的影响。具体格式如表 11-16 所示。

**表 11-16　所有者权益(股东权益)变动表**　会企:04 表

编制单位:　××年　单位:元

| 项　目 | 本年金额 | | | | | | | 上年金额 | | | | | | |
|---|---|---|---|---|---|---|---|---|---|---|---|---|---|---|
| | 实收资本(或股本) | 资本公积 | 减:库存股 | 其他综合收益 | 盈余公积 | 未分配利润 | 所有者权益合计 | 实收资本(或股本) | 资本公积 | 减:库存股 | 其他综合收益 | 盈余公积 | 未分配利润 | 所有者权益合计 |
| 一、上年年末余额 | | | | | | | | | | | | | | |
| 加:会计政策变更 | | | | | | | | | | | | | | |
| 前期差错更正 | | | | | | | | | | | | | | |
| 其他 | | | | | | | | | | | | | | |
| 二、本年年初余额 | | | | | | | | | | | | | | |
| 三、本年增减变动金额(减少以"-"号填列) | | | | | | | | | | | | | | |
| (一)综合收益总额 | | | | | | | | | | | | | | |
| (二)所有者投入和减少资本 | | | | | | | | | | | | | | |
| 1.所有者投入的普通股 | | | | | | | | | | | | | | |
| 2.其他权益工具持有者投入资本 | | | | | | | | | | | | | | |
| 3.股份支付计入所有者权益的金额 | | | | | | | | | | | | | | |
| 4.其他 | | | | | | | | | | | | | | |
| (三)利润分配 | | | | | | | | | | | | | | |
| 1.提取盈余公积 | | | | | | | | | | | | | | |
| 2.对所有者(或股东)的分配 | | | | | | | | | | | | | | |

续表

| 项　目 | 本年金额 | | | | | | | 上年金额 | | | | | | |
|---|---|---|---|---|---|---|---|---|---|---|---|---|---|---|
| | 实收资本（或股本） | 资本公积 | 减：库存股 | 其他综合收益 | 盈余公积 | 未分配利润 | 所有者权益合计 | 实收资本（或股本） | 资本公积 | 减：库存股 | 其他综合收益 | 盈余公积 | 未分配利润 | 所有者权益合计 |
| 3. 其他 | | | | | | | | | | | | | | |
| （四）所有者权益内部结转 | | | | | | | | | | | | | | |
| 1. 资本公积转增资本（或股本） | | | | | | | | | | | | | | |
| 2. 盈余公积转增资本（或股本） | | | | | | | | | | | | | | |
| 3. 盈余公积弥补亏损 | | | | | | | | | | | | | | |
| 4. 设定受益计划变动额结转留存收益 | | | | | | | | | | | | | | |
| 5. 其他综合收益结转留存收益 | | | | | | | | | | | | | | |
| 6. 其他 | | | | | | | | | | | | | | |
| 四、本年年末余额 | | | | | | | | | | | | | | |

**专栏 11－7　　四张会计报表之间的勾稽关系**

会计报表之间存在着一定的勾稽关系，它们从不同的角度说明企业的财务状况、经营成果和现金流量的情况。利润表中的净利润是所有者权益的一个组成部分，在资产负债表中以留存收益的形式出现，作为资产负债表的一个增加量。资产负债表将各个会计期间的经营成果连接在一起，是两个会计期间利润之间的桥梁。

**表 11－17　　四张会计报表之间的勾稽关系**

| | 资产负债表 | 利润表 | 现金流量表 | 所有者权益变动表 |
|---|---|---|---|---|
| 资产负债表 | — | ① | ② | ③ |
| 利润表 | ① | — | ④ | — |
| 现金流量表 | ② | ④ | — | — |
| 所有者权益变动表 | ③ | — | — | — |

①资产负债表与利润表之间的勾稽关系：

资产负债表未分配利润的期末余额－期初余额＝利润表的未分配利润

②资产负债表与现金流量表之间的勾稽关系：

资产负债表现金及其等价物期末余额－期初余额＝现金流量表的现金及其等价物净增加额

③资产负债表与所有者权益变动表之间的勾稽关系：

所有者权益变动表体现了资产负债表中的所有者权益部分的变动情况。

④利润表与现金流量表之间的勾稽关系：

一般情况下，企业的净利润与经营活动的现金流量净额是不一致的。现金流量表的补充资料，列示了企业净利润调整为企业经营活动现金流量净额的过程与项目，也是利润表与现金流量表报表间最明显的勾稽关系，用来反映企业净利润与经营活动现金流量净额之间的差额及其具体原因。

## 第五节 会计报表附注

### 一、会计报表附注的概念

附注，是指对在会计报表中列示项目所做的进一步说明，以及对未能在这些报表中列示项目的说明等。会计报表中所规定的内容具有一定的固定性和规定性，只能提供定量的财务信息。同时，列入会计报表的各项信息都必须符合会计要素的定义和确认标准。因此，会计报表本身所能反映的财务信息具有一定的局限性。会计报表附注是会计报表的补充，主要对会计报表中不能包括的内容或披露不详细的内容做进一步的解释。

**专栏 11-8** 会计报表附注的作用

会计报表附注的主要作用如下：

第一，会计报表附注对会计报表中重要的数据作出解释和说明，将数据具体化，这样便于财务会计报告使用者正确理解会计报表，合理利用所需的会计信息，增进了会计信息的可理解性。

第二，会计报表附注主要以文字说明的方式充分披露了会计报表所提供的信息以及会计报表以外对财务会计报告使用者决策有用的重要会计信息，从而有利于财务会计报告使用者全面掌握企业的财务状况、经营成果和现金流量等情况，以作出正确的决策。

第三，会计报表附注可以提高企业会计信息的可比性。不同行业或同一行业不同的企业的会计处理方法，在会计准则和相关的会计制度规定的范围内根据企业自身的实际情况进行选择，这就造成了各个企业通过会计报表所提供的会计信息存在着一定的差异。另外，在某些情况下，企业所采用的会计政策允许有所变动，这也就造成了企业因采用的会计政策发生变动而导致不同会计期间的会计信息失去可比的基础。通过编制会计报表附注，有利于了解会计信息存在的差异及其影响的大小，从而提高会计信息的可比性。

总之，企业编制会计报表附注，有利于报表使用者，包括债权人、投资者以及政府有关部门等更充分地了解企业的财务状况、经营成果和现金流量状况。

### 二、会计报表附注的内容

作为财务报表的重要组成部分，会计报表附注中可以包括所有在会计报表中未能披露的或披露不详尽的，但与会计信息使用者决策有关的，可以随同会计报表一同报出的重要信息，具体包括企业的基本情况、财务报表的编制基础、遵循会计准则的声明、重要会计政策和会计估计、会计政策和会计估计变更及其差错更正的说明、报表重要项目的说明，相关信息可以与资产负债表、利润表、现金流量表和所有者权益变动表等报表中列示的项目相互参照，以提高会计信息的披露深度和会计信息的可理解性与可比性，有利于财务会计报告使用者进行经济决策。

**(一)企业的基本情况**

企业的基本情况包括：企业注册地、组织形式和总部地址；企业的业务性质和主要经营活动；母公司以及集团最终母公司的名称；财务会计报告的批准报出者和财务会计报告的批准报出日。

**(二)财务报表的编制基础**

附注应当披露财务报表的编制基础。会计核算是建立在一定的会计假设基础之上的，由此而编制的会计报表一般情况下也是以基本会计假设为前提的。符合公认的会计假设而编制的会计报表不会对使用者造成任何误解，一般不需要加以说明，但如果企业编制的会计报表未遵守公认会计假设，则应予以披露，并说明其理由。

**(三)遵循企业会计准则的声明**

企业应当声明编制的财务报表符合企业会计准则的要求，真实、完整地反映了企业的财务状况、经营成果和现金流量等有关信息。

**(四)重要会计政策和会计估计**

会计政策，是指企业在会计确认、计量和报告中所采用的原则、基础和会计处理方法。企业采用的会计计量基础也属于会计政策。会计估计，是指企业对结果不确定的交易或者事项以最近可利用的信息为基础所作的判断。企业应当披露所采用的重要会计政策和会计估计，不重要的会计政策和会计估计可以不披露。重要会计政策的说明包括财务报表项目的计量基础和会计政策的确定依据等。重要会计估计的说明包括下一会计期间内很可能引致资产、负债账面价值重大调整的会计估计的确定依据等。在披露重要会计政策和会计估计时，应当结合企业的具体实际披露重要会计政策的确定依据和财务报表项目的计量基础，以及会计估计中所采用的关键假设和不确定因素。

**(五)会计政策和会计估计变更以及差错更正的说明**

企业应当按照《企业会计准则第 28 号——会计政策、会计估计变更和差错更正》及其应用指南的规定，披露会计政策、会计估计变更以及差错更正的有关情况。会计政策变更，是指企业对相同的交易或者事项由原来采用的会计政策改用另一会计政策的行为。会计估计变更，是指由于资产和负债的当前状况及预期未来经济利益和义务发生了变化，从而对资产或负债的账面价值或者资产的定期消耗金额进行的重估和调整。前期差错，是指由于没有运用或错误运用下列两种信息，而对前期财务报表造成遗漏省略或错报：①编报前期财务报表时预期能够取得并加以考虑的可靠信息。②前期财务会计报告批准报出时能够取得的可靠信息。前期差错通常包括计算错误、应用会计政策错误、疏忽或曲解事实以及舞弊产生的影响以及存货、固定资产盘盈等。根据《企业会计准则》的规定，当会计政策和会计估计发生变动或发生差错时，企业还应在会计报表附注中说明其变更的性质、内容和理由、影响数额及累计影响数不能确定的原因等。

**(六)报表重要项目的说明**

企业对报表重要项目的说明，应当按照资产负债表、利润表、现金流量表、所有者权益变动表及其项目列示的顺序，采用文字和数字描述相结合的方式进行披露。报表重要项目的明细金额合计，应当与报表项目金额相衔接。对已在资产负债表、利润表、现金流量表和所有者权益变动表中列示的重要项目做进一步说明，包括终止经营税后利润的金额及其构成情况等，具体包括以下几种情况：

(1)对会计报表项目的明细说明。如费用按照性质分类的补充资料，或者存货项目余额较大时。

(2)关于其他综合收益各项目的明细说明。如其他综合收益各项目及其所得税影响；其他综合收益各项目原计入其他综合收益、当期转出计入当期损益的金额；其他综合收益各项目的期初和期末余额及其调节情况。

(3)在资产负债表日后、财务会计报告批准报出日前提议或宣布发放的股利总额和每股股利金额。

(4)终止经营的收入、费用、利润总额、所得税费用和净利润，以及归属母公司所有者的终止经营利润。

**(七)或有事项、资产负债表日后非调整事项、关联方关系及其交易等需要说明的事项**

1. 或有事项

或有事项，是指过去的交易或者事项形成的，其结果须由某些未来事项的发生或不发生才能决定的不确定事项。需要披露或有负债的种类及其形成原因，包括已贴现商业承兑汇票、未决诉讼、未决仲裁、对外提供担保等形成的或有负债；经济利益流出不确定性的说明；或有负债预计产生的财务影响，以及获得补偿的可能性；无法预计的，应当说明原因。企业通常不应当披露或有资产，但或有资产很可能会给企业带来经济利益的，应当披露其形成的原因、预计产生的财务影响等。

2. 资产负债表日后非调整事项

非调整事项，是指表明资产负债表日后发生的情况的事项。非调整事项的发生不影响资产负债表日企业的财务报表数字，只说明资产负债表日后发生了某些情况。重要的非调整事项虽然不影响资产负债表日的财务报表数字，但可能影响资产负债表日以后的财务状况和经营成果，不加以说明将会影响财务报告使用者作出正确估计和决策。

资产负债表日后非调整事项，应当在附注中进行披露，主要包括资产负债表日以后发生重大诉讼、仲裁、承诺；资产负债表日以后资产价格、税收政策、外汇汇率发生重大变化；资产负债表日以后因自然灾害导致资产发生重大损失；资产负债表日后发行股票和债券以及其他巨额举债；资产负债表日后资本公积转增；资本产负债表日后发生巨额亏损；资产负债表日后发生企业合并或处置子公司；资产负债表日后，企业利润分配方案中拟分配的以及经审议批准宣告发放的股利或利润。

**专栏 11-9** 会计报表附注的内容

附注的内容是对在资产负债表、利润表、现金流量表和所有者权益变动表等报表中列示项目的具体明细资料，以及对未能在这些报表中列示项目的说明等，通常以下面的格式加以披露(见表 11-18 至表 11-37)。

1. 交易性金融资产

交易性金融资产的披露格式如表 11-18 所示。

**表 11-18** **交易性金融资产的披露格式**

| 项 目 | 期末公允价值 | 年初公允价值 |
|---|---|---|
| 交易性金融资产 | | |
| 1.债务工具投资 | | |
| 2.权益工具投资 | | |
| 3.其他 | | |
| 合 计 | | |

2.应收款项

应收票据及应收账款按账龄结构披露的格式如表 11-19 所示。

**表 11-19** **应收票据及应收账款(按账龄结构披露的格式)**

| 账龄结构 | 期末账面余额 | 期初账面余额 |
|---|---|---|
| 1 年以内(含 1 年) | | |
| 1 年至 2 年(含 2 年) | | |
| 2 年至 3 年(含 3 年) | | |
| 3 年以上 | | |
| 合 计 | | |

注:应收票据、预付账款、长期应收款、其他应收款的格式,比照应收票据及应收账款进行披露。

应收票据及应收账款按客户类别披露的格式如表 11-20 所示。

**表 11-20** **应收票据及应收账款(按客户类别披露的格式)**

| 客户类别 | 期末账面余额 | 期初账面余额 |
|---|---|---|
| 客户 1 | | |
| …… | | |
| 其他客户 | | |
| 合 计 | | |

注:应收票据、预付账款、长期应收款、其他应收款的格式,比照应收票据及应收账款进行披露。

3.存货

存货的披露格式如表 11-21 所示。

**表 11-21　存货的披露格式**

| 存货种类 | 年初账面余额 | 本期增加额 | 本期减少额 | 期末账面余额 |
|---|---|---|---|---|
| 1. 原材料 | | | | |
| 2. 在产品 | | | | |
| 3. 库存商品 | | | | |
| 4. 周转材料 | | | | |
| 5. 消耗性生物资产 | | | | |
| …… | | | | |
| 合　计 | | | | |

存货跌价准备的披露格式如表 11-22 所示。

**表 11-22　存货跌价准备的披露格式**

| 存货种类 | 年初账面余额 | 本期计提额 | 本期减少额 | | 期末账面余额 |
|---|---|---|---|---|---|
| | | | 转回 | 转销 | |
| 1. 原材料 | | | | | |
| 2. 在产品 | | | | | |
| 3. 库存商品 | | | | | |
| 4. 周转材料 | | | | | |
| 5. 消耗性生物资产 | | | | | |
| …… | | | | | |
| 合　计 | | | | | |

4. 其他债权投资

其他债权投资的披露格式如表 11-23 所示。

**表 11-23　其他债权投资的披露格式**

| 被投资单位 | 期末公允价值 | 期初公允价值 |
|---|---|---|
| 公司 1 | | |
| …… | | |
| 合　计 | | |

5.债权投资

债权投资的披露格式如表11－24所示。

表11－24 债权投资的披露格式

| 被投资单位 | 期末公允价值 | 期初公允价值 |
|---|---|---|
| 公司1 | | |
| …… | | |
| 合 计 | | |

6.长期股权投资

长期股权投资的披露格式如表11－25所示。

表11－25 长期股权投资的披露格式

| 被投资单位 | 期末账面余额 | 年初账面余额 |
|---|---|---|
| 公司1 | | |
| …… | | |
| 合 计 | | |

7.投资性房地产

(1)企业采用成本模式进行后续计量的,应当披露表11－26所列信息。

表11－26 投资性房地产的披露格式

| 项 目 | 年初账面余额 | 本期增加额 | 本期减少额 | 期末账面余额 |
|---|---|---|---|---|
| 一、原价合计 | | | | |
| 1.房屋、建筑物 | | | | |
| 2.土地使用权 | | | | |
| 二、累计折旧和累计摊销合计 | | | | |
| 1.房屋、建筑物 | | | | |
| 2.土地使用权 | | | | |
| 三、投资性房地产减值准备累计金额合计 | | | | |
| 1.房屋、建筑物 | | | | |
| 2.土地使用权 | | | | |
| 四、投资性房地产账面价值合计 | | | | |
| 1.房屋、建筑物 | | | | |
| 2.土地使用权 | | | | |

(2)企业采用公允价值模式进行后续计量的,应当披露投资性房地产公允价值的确定依据及公允价值金额的增减变动情况。

(3)如有房地产转换的,应当说明房地产转换的原因及其影响。

8. 固定资产

(1)固定资产的披露格式如表11-27所示。

**表11-27　固定资产的披露格式**

| 项　目 | 年初账面余额 | 本期增加额 | 本期减少额 | 期末账面余额 |
|---|---|---|---|---|
| 一、原价合计 | | | | |
| 其中:房屋、建筑物 | | | | |
| 机器设备 | | | | |
| 运输工具 | | | | |
| …… | | | | |
| 二、累计折旧合计 | | | | |
| 其中:房屋、建筑物 | | | | |
| 机器设备 | | | | |
| 运输工具 | | | | |
| …… | | | | |
| 三、固定资产减值准备累计金额合计 | | | | |
| 其中:房屋、建筑物 | | | | |
| 机器设备 | | | | |
| 运输工具 | | | | |
| …… | | | | |
| 四、固定资产账面价值合计 | | | | |
| 其中:房屋、建筑物 | | | | |
| 机器设备 | | | | |
| 运输工具 | | | | |

(2)企业确有准备处置固定资产的,应当说明准备处置的固定资产名称、账面价值、公允价值、预计处置费用和预计处置时间等。

9. 无形资产

(1)各类无形资产的披露格式如表11-28所示。

**表11-28　各类无形资产的披露格式**

| 项　目 | 年初账面余额 | 本期增加额 | 本期减少额 | 期末账面余额 |
|---|---|---|---|---|
| 一、原价合计 | | | | |
| 1. …… | | | | |
| 二、累计摊销额合计 | | | | |
| 1. …… | | | | |
| 三、无形资产减值准备累计金额合计 | | | | |
| 1. …… | | | | |
| 四、无形资产账面价值合计 | | | | |
| 1. …… | | | | |

(2)计入当期损益和确认为无形资产的研究开发支出金额。

10.递延所得税资产和递延所得税负债

(1)已确认递延所得税资产和递延所得税负债的披露格式如表11-29所示。

**表11-29　　已确认递延所得税资产和递延所得税负债的披露格式**

| 项　目 | 期末账面余额 | 年初账面余额 |
|---|---|---|
| 年初账面余额 | | |
| 一、递延所得税资产 | | |
| 1. | | |
| …… | | |
| 合　计 | | |
| 二、递延所得税负债 | | |
| 1. | | |
| …… | | |
| 合　计 | | |

(2)未确认递延所得税资产的可抵扣暂时性差异、可抵扣亏损等的金额(存在到期日的,还应披露到期日)。

11.资产减值准备

资产减值准备的披露格式如表11-30所示。

**表11-30　　资产减值准备的披露格式**

| 项　目 | 年初账面余额 | 本期计提额 | 本期减少额 | | 期末账面余额 |
|---|---|---|---|---|---|
| | | | 转　回 | 转　销 | |
| 一、坏账准备 | | | | | |
| 二、存货跌价准备 | | | | | |
| 三、债权投资减值准备 | | | | | |
| 四、其他债权投资减值准备 | | | | | |
| 五、长期股权投资减值准备 | | | | | |
| 六、投资性房地产减值准备 | | | | | |
| 七、固定资产减值准备 | | | | | |
| 八、工程物资减值准备 | | | | | |
| 九、在建工程减值准备 | | | | | |
| 十、生产性生物资产减值准备 | | | | | |
| 十一、油气资产减值准备 | | | | | |
| 十二、使用权资产减值准备 | | | | | |
| 十三、无形资产减值准备 | | | | | |
| 十四、商誉减值准备 | | | | | |
| 十五、其他 | | | | | |
| 合　计 | | | | | |

12. 短期借款和长期借款

(1)借款的披露格式如表11－31所示。

表11－31　借款的披露格式

| 项　目 | 短期借款 | | 长期借款 | |
|---|---|---|---|---|
| | 期末账面余额 | 年初账面余额 | 期末账面余额 | 年初账面余额 |
| 信用借款 | | | | |
| 抵押借款 | | | | |
| 质押借款 | | | | |
| 保证借款 | | | | |
| 合　计 | | | | |

(2)对于期末逾期借款，应分别贷款单位、借款金额、逾期时间、年利率、逾期未偿还原因和预期还款期等进行披露。

13. 交易性金融负债

交易性金融负债的披露格式如表11－32所示。

表11－32　交易性金融负债的披露格式

| 项　目 | 期末公允价值 | 年初公允价值 |
|---|---|---|
| 1. 发行的交易性债券 | | |
| 2. 交易性金融负债 | | |
| 3. 衍生金融负债 | | |
| 4. 其他 | | |
| 合　计 | | |

14. 应交税费

应交税费的披露格式如表11－33所示。

表11－33　应交税费的披露格式

| 税费项目 | 期末账面余额 | 年初账面余额 |
|---|---|---|
| 1. 增值税 | | |
| …… | | |
| 合　计 | | |

15. 营业收入

营业收入的披露格式如表11－34所示。

表11－34　营业收入的披露格式

| 项　目 | 本期发生额 | 上期发生额 |
|---|---|---|
| 1. 主营业务收入 | | |
| 2. 其他业务收入 | | |
| 合　计 | | |

16. 资产减值损失

资产减值损失的披露格式如表 11-35 所示。

表 11-35 资产减值损失的披露格式

| 项目 | 本期发生额 | 上期发生额 |
|---|---|---|
| 一、坏账损失 | | |
| 二、存货跌价损失 | | |
| 三、债权投资减值损失 | | |
| 四、其他债权投资减值损失 | | |
| 五、长期股权投资减值损失 | | |
| 六、投资性房地产减值损失 | | |
| 七、固定资产减值损失 | | |
| 八、工程物资减值损失 | | |
| 九、在建工程减值损失 | | |
| 十、生产性生物资产减值损失 | | |
| 十一、油气资产减值损失 | | |
| 十二、使用权资产减值损失 | | |
| 十三、无形资产减值损失 | | |
| 十四、商誉减值损失 | | |
| 十五、其他 | | |
| 合计 | | |

17. 营业外收入

营业外收入的披露格式如表 11-36 所示。

表 11-36 营业外收入的披露格式

| 项目 | 本期发生额 | 上期发生额 |
|---|---|---|
| 罚款收入 | | |
| 捐赠收入 | | |
| 政府补贴 | | |
| …… | | |
| 合计 | | |

18. 营业外支出

营业外支出的披露格式如表 11-37 所示。

表 11－37　　营业外支出的披露格式

| 项　目 | 本期发生额 | 上期发生额 |
|---|---|---|
| 罚款支出 | | |
| 捐赠支出 | | |
| 非流动资产处置净损失 | | |
| …… | | |
| 合　计 | | |

除此之外，附注中还应披露包括职工薪酬、无形资产、应付债券、长期应付款、公允价值变动损益、所得税费用、每股收益、非货币性资产交换、股份支付、债务重组、借款费用、外币折算、企业合并和租赁、分部报告、或有事项、资产负债表日后事项和关联方交易等企业会计法律法规规定的信息。

## 本章小结

会计报表是企业会计信息的浓缩表达。资产负债表、利润表、现金流量表和所有者权益变动表是企业对外会计报告的四张主要报表，它们分别从不同的角度反映企业的财务状况、经营成果、所有者权益变动的情况和现金流量。

资产负债表是反映某一日期的静态报表，利润表和现金流量表是反映某一会计期间的动态报表。资产负债表反映企业某一时点所拥有的资产、需偿还的负债，以及投资者所拥有的净资产的情况。利润表反映企业报告期间的经营成果，表明企业运用所拥有的资产的获利能力。现金流量表反映企业报告期间现金的流入和流出，表明企业获得现金和现金等价物的能力。所有者权益变动表，是指反映构成所有者权益各组成部分当期的增减变动情况的会计报表。附注，是指对在会计报表中列示项目所做的进一步说明，以及对未能在这些报表中列示项目的说明等。

## 思考练习题

1. 简述资产负债表的概念和作用。
2. 简述资产负债表项目的填列方法。
3. 简述利润表的编制方法和原理。
4. 简述所有者权益变动表的意义。
5. 简述现金流量表的主要内容和作用。
6. 西番莲股份有限公司本年度 12 月 31 日总分类账户期末余额资料如下表所示：

**总分类账户余额表**

单位:元

| 科目名称 | 借方余额 | 科目名称 | 贷方余额 |
|---|---|---|---|
| 库存现金 | 7 120 | 短期借款 | 160 000 |
| 银行存款 | 800 900 | 应付票据 | 240 000 |
| 应收账款 | 1 440 000 | 应付账款 | 889 120 |
| 其中: | | 其中: | |
| 明细账借方余额 | 1 500 000 | 明细账借方余额 | 100 000 |
| 明细账贷方余额 | 60 000 | 明细账贷方余额 | 989 120 |
| 应收票据 | 110 400 | 其他应付款 | 520 000 |
| 交易性金融资产 | 20 000 | 交易性金融负债 | 200 000 |
| | | 应交税费 | 240 000 |
| 其他应收款 | 12 000 | 应付股利 | 100 000 |
| 预付账款 | 240 000 | 预收账款 | 900 000 |
| 其中: | | 其中: | |
| 明细账借方余额 | 350 000 | 明细账借方余额 | 380 000 |
| 明细账贷方余额 | 110 000 | 明细账贷方余额 | 1 280 000 |
| 在途物资 | 350 000 | 长期借款 | 800 000 |
| | | 其中:一年内到期的银行借款 | 150 000 |
| 原材料 | 3 900 000 | 长期应付款 | 84 000 |
| | | 其中:一年内到期的应付款 | 24 000 |
| 周转材料 | 474 000 | 预计负债 | 30 000 |
| 库存商品 | 2 805 760 | 股本 | 11 600 000 |
| 债权投资 | 2 000 000 | 资本公积 | 2 000 000 |
| 长期股权投资 | 1 600 000 | 盈余公积 | 903 375 |
| 固定资产 | 3 362 400 | 利润分配 | 979 125 |
| 在建工程 | 1 236 840 | 坏账准备 | 21 800 |
| 无形资产 | 1 776 000 | 累计折旧 | 1 680 000 |
| 长期待摊费用 | 3 500 000 | 债权投资减值准备 | 1 250 000 |
| 其中:一年内到期的长期待摊费用 | 1 300 000 | 固定资产减值准备 | 30 000 |
| 应付职工薪酬 | 192 000 | 无形资产减值准备 | 450 000 |
| | | 存货跌价准备 | 750 000 |
| 合　计 | 23 827 420 | 合　计 | 23 827 420 |

要求:根据资料,编制该公司的资产负债表。

## 补充与提高

1. 中国会计网:http://www.canet.com.cn/。

2. 会计准则委员会:htp://www.casc.org.cn/。

3. 何青:《财务报表分析》,中国人民大学出版社 2016 年版。

4. 刘凌冰:《会计报表阅读与分析》,东北财经大学出版社 2020 年版。

5. 余大杭:《会计报表编制与财务信息分析》,厦门大学出版社 2017 年版。

6. 杜晓光、郑晶晶、李迎盈:《企业财务分析》,东北财经大学出版社 2021 年版。

7. 中国财政部:《企业会计准则应用指南》“第 30 号——财务报表列报”,立信会计出版社 2022 年版。

# 第十二章　财务分析

本章要点

1. 了解财务分析的含义和目的。
2. 熟悉财务分析的基本方法与程序。
3. 掌握企业偿债能力、营运能力、盈利能力和现金流量的比率分析。
4. 利用杜邦分析体系评估公司的经营业绩。

## 第一节　财务分析概述

### 一、财务分析的含义和目的

**(一)财务分析的含义**

财务分析的对象是企业的各项基本活动。财务分析是以企业基本活动为对象，以财务报表和其他资料为依据和起点，采用各种分析方法和技巧，系统地分析和评价企业的财务状况、经营成果和现金流量状况的过程，为投资者、经营管理者、债权人、证券分析师、政府机构和社会其他各界的经济预测或决策提供依据的一项财务管理活动。企业财务分析的资料主要来源于企业的财务报告，包括会计报表主表(包括资产负债表、利润表、现金流量表和所有者权益变动表)、附表、会计报表附注和财务情况说明书。

**(二)财务分析的目的**

财务分析的目的是评价过去的经营业绩，衡量现在的财务状况，预测未来的发展趋势。财务分析的目的因财务信息的使用者不同而不同。企业投资者的利益与企业的经营成果密切相关，他们更关心企业的盈利能力、竞争能力和破产风险；企业的债权人则主要关心企业能否按期还本付息，一般侧重于分析企业的偿债能力和盈利能力；企业经营管理者为了改善财务决策，必须全面了解企业的生产经营状况和财务状况，进行财务分析的目的和要求是全面的；政府机构不仅利用财务报表检查、监督企业的经营合法合规性，还能从诸多企业财务分析中了解国民经济的运行状况。

概括来讲，财务报告的使用者进行财务分析的目的主要有以下几种：

1. 评价企业的财务状况，衡量经营业绩

财务状况，是指企业的资产结构状况、资本结构状况以及与此相关的企业偿债能力、营运能力、盈利能力、发展能力、财务结构的合理性等。通过财务分析，可以对企业的财务状况和经营业绩作出正确的评价，为投资者、债权人和企业经营者等利益相关者作出正确的决策提供依据。

2.改善企业经营管理，提高企业经济效益

通过财务分析，找出企业的薄弱之处，从各方面揭示矛盾，找出差距的形成原因，不断挖掘潜力，在后续的工作中有针对性地加以改进，提高管理水平。

3.预测企业未来的发展趋势

分析财务报告的目的，不只是要了解和评价企业的过去和现在，更重要的是要了解和预测企业未来的发展趋势。现代经营管理的核心是决策，而决策是针对未来的目标制订方案，并选择合理方案的过程，促使有关因素形成最佳组合，从而保证未来决策和经营活动的成功。

## 二、财务分析的主体

财务报告使用者包括债权人、投资者、企业经营者、政府机构和其他与企业有利益关系的人士。他们出于不同目的使用财务报表，需要不同的信息，采用不同的分析程序。

**(一)债权人**

企业的债权人包括贷款提供者和供应商。债权人通过财务分析，首要目的是评估企业的长、短期负债的偿债能力。其次，偿债能力受公司盈利能力的影响较大，因此，债权人也会对此进行分析。作为企业信贷资金的提供者，贷款人必须对自己的贷款风险进行判断和评估，分析企业的信用和风险情况及其偿债能力。短期贷款者关心企业偿付短期债务的能力，对企业的获利能力并不十分关心。长期贷款者关心其利息和本金是否能按期清偿。对企业而言，能按期清偿到期长期贷款及利息，应以具有长期获利能力及良好的现金流动性为基础。供应商在向企业提供商品或劳务后即成为企业的债权人，因而他们必须判断企业能否支付所需商品或劳务的价款。供应商与贷款人类似，他们对企业的信用和风险情况、盈利能力及其偿债能力尤为关注。

**(二)投资者**

广义的投资者包括企业的现有投资者和市场上的潜在投资者，他们最关注的是企业的盈利能力和投资回报率，这是保证投资者投入资本保值和增值的关键。作为企业的最终风险承担者，他们密切关注企业的财务状况。企业财务状况的好坏会直接影响投资者的投资收益和投入资本的安全性。企业的现金(货币资金)流入和流出方面的信息也会吸引他们的注意力，良好的现金流转状况既可以使企业能顺利地维持其经营活动，又可以使企业在分红时能考虑分发适度的现金流量。拥有企业控制权的投资者，除了关注企业的盈利能力，还要研究企业的资本结构、变现能力及营运状况等，更多地考虑如何增强企业竞争能力，扩大市场占有率，追求长期利益的持续、稳定增长。小股东则更关心企业近期业绩、股利分配政策以及短期现金流转状况等。他们还关心公司股票的市场价值，以及在二级市场上的投资收益和风险，这需要了解企业每年的股利发放情况以及股票市价的变化，以便决定他们是买进、继续持有或抛出股票。另外，作为企业的投资者，利用财务分析的结论，可以了解经营者受托责任的完成情况，评价经营者的经营业绩，以决定对其进行解聘、继续聘用或者重用等。

**(三)企业经营者**

一般来说，企业经营者比其他财务分析主体所做的分析更为全面。首先，企业经营者应通过财务分析了解公司的整体财务状况和经营成果；其次，企业经营者还需要找出这些整体状况和结果形成的原因，并通过对原因的分析，决定如何进行财务控制和财务决策，从而使公司的财务状况和经营成果更令人满意。因此，企业经营者进行财务分析的目的不仅仅是全面、综合评价公司的财务状况和经营成果，更多的在于为贯穿公司财务管理过程始终的财务决策和财务控制提供信息支持。

**（四）政府机构**

政府机构也是企业财务会计报告使用者，包括税务部门、国有企业的管理部门、证券管理机构、会计监管机构和社会保障部门等。一方面，政府可以通过持有股权对企业行使全部或部分的业主权益，此时政府是以所有者身份看待财务信息的，关心的是资本的保值和增值；另一方面，政府对几乎所有企业实行程度不同的管制，此时政府是以社会管理者的身份利用企业财务会计报告信息，获取对其宏观经济管理、制定宏观经济政策有用的信息，从而履行自己的监督管理职责。

**（五）雇员和工会**

企业的雇员通常与企业存在着长久、持续的关系。雇员和工会通过财务分析来判断企业盈利与雇员收入、保险和福利之间是否相适应；他们关心工作岗位的稳定性、工作环境的安全性及取得报酬的持续性和增长性。因此，雇员和工会关注企业的盈利能力和未来发展前景。

**（六）其他人士**

在许多情况下，企业可能成为某个顾客的重要商品或劳务供应商。此时，顾客关心的是企业连续提供商品或劳务的能力。因此，顾客关心企业的长期发展前景及有助于对此作出估计的获利能力指标与财务杠杆指标等。

竞争对手希望获取关于企业财务状况的会计信息及其他信息，借以判断企业间的相对效率；同时，还可为未来可能出现的企业兼并提供信息。竞争对手可能把企业作为接管目标，因而竞争对手对企业财务状况的各个方面均感兴趣。

公众对企业的关心也是多方面的。一般而言，他们关心企业的就业政策、环境政策、产品政策等方面。

中介机构通过审计，分析财务报表的真实性和公允性，以便出示审计报告和验资报告；财务分析师可以通过财务分析为企业出谋划策；证券分析师则将财务分析作为判断公司未来价值的依据，为与公司有利益关系的内部和外部会计信息使用者提供决策信息。

## 三、财务分析的内容

财务分析的内容主要包括以下几个方面：

**（一）偿债能力分析**

偿债能力，是指企业偿还到期债务（包括本息）的能力，包括短期偿债能力和长期偿债能力。短期债务是企业日常经营活动中弥补营运资金不足的一个重要来源，通过分析有助于判断企业短期资金的营运能力以及营运资金的周转状况。通过对长期偿债能力的分析，不仅可以判断企业的经营状况，还可以促使企业提高融通资金的能力。长期负债是企业资金的重要组成部分，也是企业的重要融资途径。从债权人的角度看，通过偿债能力分析，有助于了解其贷款的安全性，以确保其债务本息能够及时、足额地得以偿还。

**（二）营运能力分析**

营运能力分析主要是对企业所运用的资产进行全面分析，掌握企业各项资产的使用效果、资金周转的快慢以及挖掘资金的潜力，提高资金的使用效果。

**(三)盈利能力分析**

盈利能力,是指企业运用资产取得收入的能力。盈利是企业存在和发展的基础。盈利能力分析主要通过将资产、负债、所有者权益与经营成果相结合来分析企业的各项报酬率指标,从不同角度判断企业的盈利能力。企业的盈利能力只涉及正常的营业情况,非经常项目虽然也能给企业带来收益或者损失,但不能说明企业的盈利能力,分析时应排除在外。

**(四)现金流量分析**

根据过去现金流量变动情况的相关资料,结合企业的未来计划,预测企业未来现金流量的变动趋势,为企业的投资和筹资决策提供依据。现金流量分析主要通过现金流量的结构分析、流动性分析、获取现金能力分析、财务弹性分析、收益质量分析五个方面来分析评价企业资金的来龙去脉、融投资能力和财务弹性。现金流量分析侧重于动态分析,它弥补了静态分析的不足,可以反映公司收益的质量。

以上四个方面的财务分析指标中,偿债能力是财务目标实现的稳健保证,营运能力与现金流量是财务目标实现的物质基础,盈利能力是三者共同作用的结果,同时也对三者的增强起着推动作用。四个方面相辅相成,共同构成企业财务分析的基本内容。

## 四、财务分析的方法

企业进行财务分析的方法主要有比较分析法、比率分析法、因素分析法、趋势分析法等。

**(一)比较分析法**

比较分析法,又称对比分析法,它将企业某项财务指标的变化进行对比,计算出财务指标变动值的大小,了解财务指标存在的差距;结合其他分析方法的运用,寻找差异产生的原因,为决策提供依据。比较的数据可以是绝对数,也可以是相对数。根据分析的目的和要求不同,比较分析法有以下三种:

1. 实际指标与计划指标比较

实际指标与计划指标比较可以揭示实际与计划之间的差异,清楚地说明企业计划的完成情况和程度。

2. 同一指标横向比较

同一指标横向比较是同一财务指标在不同条件下的对比,主要是本企业与同类型、同行业的其他企业相比较,可以看出该企业在整个行业中的位置,了解本企业与国内外同行业先进水平的差距。

3. 同一指标纵向比较

同一指标纵向比较是同一财务指标在不同时间上的对比,一般用本期实际指标与历史指标进行对比,可以确定企业不同时期财务指标的变动情况,了解企业经营状况和财务成果的变化趋势。

在运用比较分析法时,需注意所利用指标的可比性,即分析的指标在性质上是同类的,这样才能够说明经济业务的内在联系。例如,比较双方的指标在内容、时间范围、计算方法、计算口径等方面的一致性等。

**(二)比率分析法**

比率分析法,是指把同一报表的不同项目或不同报表的相互联系项目加以对比,从而计算出各种不同经济含义的比率,据以评价企业财务状况、经营成果和现金流量状况的一种方法。比率是相对数,能够把不可比的指标变成可比指标,有利于财务分析。比率指标主要有相关比率、构成比率和效率比率三类。

1. 相关比率分析

相关比率，是指通过不同的但又相互联系的项目之间的对比，计算出另一经济含义的指标。利用相关比率指标，可以考察有联系的相关业务安排是否合理，以保障企业营运活动的顺畅进行。分析时应确定不同指标之间客观上所存在的相互关系。如通过企业的净利润与所有者权益的对比，可计算出净资产收益率；通过负债总额与资产总额的对比，可计算出资产负债率。

2. 构成比率分析

构成比率，是指通过个体指标与总体指标的对比，计算出个体指标占总体指标的比重，反映部分与总体的关系。利用构成比率指标，可以考察总体中某个部分的形成和安排是否合理；通过分析构成项目的变化，掌握经济活动的特点及变化趋势；考察某个部分在总体中的地位和作用，以便协调各项财务活动。其计算公式为：

$$构成比率=\frac{某个组成部分的数值}{总体数值}$$

3. 效率比率分析

效率比率是反映经济活动中投入与产出、所费与所得的比率，以考察经营成果，评价经济效益。如成本利润率、销售净利率及资本利润率等指标，可以从不同角度观察、比较企业获利能力的高低及增减变化情况，分析考察企业财务成果，评价企业经营状况和经济效益水平。

比率分析法计算简便，但在计算分析时应注意以下问题：

(1)对比项目的相关性。计算比率的分子与分母必须具有相关性。如在计算效率指标时，投入、产出之间必须有因果关系。

(2)对比口径的一致性。对比项目的分子、分母在计算时间、范围和内容上的口径保持一致性。

(3)衡量标准的科学性。通常，科学合理的标准有：①预定目标，如预算指标、定额指标等；②历史标准，如上期实际、历史先进水平等；③行业标准，如行业协会颁布的标准、国内外同类企业的先进水平等；④公认标准。

**(三)因素分析法**

因素分析法，是分析影响企业财务状况的因素与财务指标之间的关系，从数量上确定各因素对分析指标的影响方向和影响程度的一种方法。企业的活动是一个有机整体，每个会计指标的高低，都受若干因素的影响，从数量上测定各因素的影响程度，能够帮助财务会计报告使用者抓住主要矛盾，或更有说服力地评价经营状况。因素分析法主要分为连环替代法和差额分析法两种。

1. 连环替代法

连环替代法，是将分析指标分解为各个可以计量的因素，并根据各个因素之间的依存关系，顺序用各项因素的比较值(通常即实际数)替换基数(通常即标准值或计划值)，借以计算各项因素对分析指标影响程度的一种分析方法。这种分析法的计算程序是：①根据指标的计算公式确定影响指标变动的各项因素；②排列各项因素的顺序；③按排定的因素顺序和各项因素的基数进行计算；④将前面一项因素的基数替换为实际数，将每次替换以后的计算结果与其前一次替换以后的计算结果进行对比，顺序算出每项因素的影响程度，有几项因素就替换几次；⑤将各项因素的影响程度的代数和与指标变动的差异总额核对相符。

例如，某项财务指标 $P$ 由 A、B、C 三大因素的乘积构成，其实际指标（$Pa$）与计划指标（$Ps$）以及有关因素由下式构成：

$$Pa = Aa \times Ba \times Ca$$

计划指标：$Ps = As \times Bs \times Cs$　　①

第一次替代：$P1 = Aa \times Bs \times Cs$　　②

第二次替代：$P2 = Aa \times Ba \times Cs$　　③

第三次替代：$P3 = Aa \times Ba \times Ca$　　④

A 因素变动的影响：②－①

B 因素变动的影响：③－②

C 因素变动的影响：④－③

**【例 12－1】** 华美企业甲产品的材料成本如表 12－1 所示，运用因素分析法分析可知原材料费用由产品产量、单位产品材料消耗量和材料单价三个因素的乘积构成。

**表 12－1　　甲产品的材料成本**

| 项　目 | 单　位 | 计划数 | 实际数 |
|---|---|---|---|
| 产品产量 | 件 | 100 | 110 |
| 单位产品材料消耗量 | 千克 | 8 | 7 |
| 材料单价 | 元/千克 | 5 | 6 |
| 材料费用总额 | 元 | 4 000 | 4 620 |

根据表 12－1 的资料，材料费用超支 620 元，运用连环替代法，可以计算各因素变动对材料费用总额变动的影响如下：

计划指标：100×8×5＝4 000　　①

第一次替代：110×8×5＝4 400　　②

第二次替代：110×7×5＝3 850　　③

第三次替代：110×7×6＝4 620　　④

产量增加的影响：②－①＝4 400－4 000＝400（元）

材料节约的影响：③－②＝3 850－4 400＝－550（元）

材料单价提高的影响：④－③＝4 620－3 850＝770（元）

全部因素的影响：400－550＋770＝620（元）

2. 差额分析法

差额分析法是因素分析法在实际运用中的一种简化形式，它是利用各个因素的比较期与基期之间的差异，依次按顺序替换，直接计算出各个因素变动对综合指标变动影响程度的一种分析方法。

如前所述，实际指标与计划指标的差额（$Pa - Ps$）受到 A、B、C 三项因素的影响，它们各自的变动对总差异的影响可以用以下算式分别计算：

A 因素变动的影响：$(Aa - As) \times Bs \times Cs$

B 因素变动的影响：$Aa \times (Ba - Bs) \times Cs$

C 因素变动的影响：$Aa \times Ba \times (Ca - Cs)$

**【例 12－2】** 仍以表 12－1 所列示的数据为例，采用差额分析法可以计算确定各因素变动对材料费用的影响如下：

(1)产量增加的影响：(110－100)×8×5＝400(元)

(2)材料消耗节约的影响：110×(7－8)×5＝－550(元)

(3)材料价格提高的影响：110×7×(6－5)＝770(元)

因素分析法既可以全面分析各因素对某一经济指标的影响，又可以单独分析某个因素对某一经济指标的影响，在财务分析中的应用颇为广泛，但应用因素分析法须注意以下几个问题：

(1)因素分解的关联性。需按照同综合性经济指标之间的因果关系，确定影响因素，即构成经济指标的各因素确实是形成该项指标差异的内在构成原因，它们之间存在着客观的因果关系。

(2)因素替代的顺序性。在运用因素分析法时，需按照影响因素与综合性经济指标之间的因果关系，确定合理的替代顺序，不可随意加以颠倒，否则各个因素的影响值就会得出不同的计算结果。在实际工作中，往往基本因素在前，从属因素在后；先替代数量因素，后替代质量因素；先替代实物量、劳动量因素，后替代价值量因素；先替代原始的、主要的因素，后替代派生的、次要的因素；在有除号的关系式中，先替代分子，后替代分母。

(3)顺序替代的连环性。计算每个因素变动的影响数值时，都是在前一次计算的基础上进行的，并采用连环比较的方法确定因素变化影响结果。只有保持这种连环性，才能使各因素影响之和等于分析指标变动的总差异。

(4)计算结果的假定性。因素分析法在计算各个因素变动的影响值会因替代计算顺序的不同而有差别，应用连环替代法测定某一因素变化的影响程度时，是以假定其他因素不变为条件的，因而计算结果具有一定顺序上的假定性和近似性，这是在某种假定条件下的结果。

**(四)趋势分析法**

趋势分析法是将连续数期财务会计报告中的相同指标进行对比，确定各期有关项目增减变动的情况和趋势，以说明企业财务状况及经营成果变动趋势的一种方法。趋势分析法要求至少连续考查三期以上的数据资料。趋势分析法主要有如下三种比较方式：

1. 重要财务指标的比较

这种方法是将不同时期财务会计报告中相同的重要指标或比率进行比较，直接观察其增减变动幅度及发展趋势。它又分为以下两种比率：

(1)定基动态比率：将分析期数额与某一固定基期数额对比计算的比率。其计算公式为：

$$\text{定基动态比率}=\frac{\text{分析期指标}}{\text{固定基期指标}}$$

(2)环比动态比率：将每一分析期数额与前一期同一指标进行对比计算得出的动态比率。其计算公式为：

$$\text{环比动态比率}=\frac{\text{分析期指标}}{\text{分析前期指标}}$$

2. 会计报表的比较

会计报表的比较是将连续数期的会计报表有关项目的数字并行排列，比较相同指标的增减变动金额及幅度，据以判断企业财务状况和经营成果发展变化的一种方法。一般可以通过编制比较资产负债表、比较利润表及比较现金流量表来进行，计算出各有关项目增减变动的金额及变动百分比。

3.会计报表项目构成的比较

会计报表项目构成的比较是以会计报表中某个总体指标作为100%,再计算出报表各构成项目占该总体指标的百分比,从而用来比较各个项目百分比的增减变动,以及判断有关财务活动的变化趋势。这种方法既可用于同一企业不同时期财务状况的纵向比较,又可用于不同企业间的横向比较,并且还可以消除不同时期(不同企业)业务规模差异的影响,有助于正确分析企业财务活动及发展趋势。

但采用趋势分析法时,应注意以下几个问题:

(1)用于对比的各项指标的计算口径要一致。

(2)剔除偶然性因素的影响,使分析数据能反映正常的经营及财务状况。

(3)遵循例外原则,对有显著变动的指标需做重点分析,研究其产生的原因,以便采取对策,趋利避害。

## 五、财务分析的程序

财务分析是财务管理过程中的一项重要工作,是一个复杂的过程,分析者必须以分析目的为主线,按照科学的程序,运用适当的方法,进行有效的分析,从而保证分析工作有条不紊地进行和分析结果的准确。财务分析的基本程序包括以下几个步骤:

### (一)明确财务分析的目的

财务分析的目的是财务分析的出发点,财务分析者在进行财务分析时都具有一定的目的性。财务分析的主体不同,财务分析的内容和关注的重点也不同。财务分析的目的决定着分析范围的大小、收集资料的内容、收集资料的多少、分析方法的选择等整个财务分析过程,因此必须首先确定分析目的,在确定分析目的的基础上,确定分析的范围、分析的重点。

### (二)确定财务分析的范围和重点

从财务分析的内容可知,财务分析的范围非常广泛,并不是每一项财务分析都需要全面展开。在现实生活中,大多数财务分析只对某一方面展开,或者从某一侧重点进行分析,其他方面的分析仅起着参考作用。分析者在进行财务分析时,只有分析效益大于分析成本才符合成本效益原则,这样的财务分析对分析者而言才是有意义的。因此,在确定分析目的的基础上,应明确分析的范围、分析的重点,以较少的分析成本获取较大的分析效益。

### (三)收集相关的分析资料

进行财务分析时,应根据分析目的、分析范围来确定所要收集的分析资料。财务分析最基本的资料是财务会计报告。同时,还必须收集企业内部和外部及与分析目的相关的资料,如宏观经济状况、行业情况信息、本企业的其他补充信息等。

### (四)选择分析方法

财务分析方法的选择应由财务分析的目的来决定,财务分析的目的不同,所选择的分析方法也不同。常用的分析方法有比较分析法、比率分析法、因素分析法及杜邦分析法等。这些方法各有特点,在进行财务分析时,应根据需要结合使用。

### (五)解释结果,提供对决策者有帮助的信息

财务分析的最终目的是为财务决策提供依据。运用一定的分析方法对企业财务状况、经营成果和现金流量进行分析后,可以为决策者提供有帮助的信息。如对企业管理者来说,可总结财务管理中的一些经验和教训,发现企业财务管理中存在的问题,寻找问题存在的原因,制定解决问题的办法,不断改进企业的财务状况,实现企业的最终目标。

**专栏 12-1** 财务分析的局限性

**一、资料来源的局限性**

财务报表是财务分析的主要依据，财务报表数据的局限性决定了财务分析与评价的局限性。

1. 财务报表本身的局限性

财务报表是会计的产物。会计有特定的假设前提，并要执行统一的规范。财务报表的局限性表现为：

(1)部分资产以其历史成本报告，不代表其现行成本或变现价值。

(2)采用货币计量，对一些不能用货币反映的信息的评价显得力不从心。如企业家的能力和责任心、员工的素质、产品的竞争力等，这些对企业未来的发展有重大影响。与此同时，假设币值不变，不能按通货膨胀率或物价水平调整有关价值信息。

(3)谨慎性信息质量要求，有可能夸大费用，少计收益和资产。

(4)年度财务报告是短期的报告，不能提供反映长期潜力的信息。

2. 会计政策和会计处理方法的不同选择造成财务报表数据缺乏可比性

对同一会计事项的财务处理，会计准则允许使用几种不同会计政策，企业可以自行选择。如计提折旧时采用不同的折旧方法(如直线法、年数总和法、双倍余额递减法等)就会得到不同的折旧金额。虽然财务报表附注对会计政策的选择有一定的表述，但财务报告使用者未必能完成可比性的调整工作。

3. 人为因素可能导致财务报表数据缺乏可靠性

只有真实的财务报表，才能提供可靠的信息，进而得出正确的分析结论。在选择会计处理方法时，会计人员经常要利用职业判断，财务报表数据的可靠性常受制于企业的主观因素及人为因素。如为顺利获得银行贷款，企业总是希望给银行一个良好的形象，提交给银行的财务会计报告往往会高估收入、低估成本，夸大净现金流入。尤其在我国，会计信息失真的情况严重，而在注册会计师制度还在健全的情况下，财务报告使用者更应注意这个问题。财务分析不能解决报表的真实问题，但是财务分析人员通常要注意以下与此有关的问题：①财务会计报告是否规范；②财务会计报告是否有遗漏；③分析数据的异常现象；④审计报告的意见及注册会计师的信誉。

4. 财务报表信息的滞后性

凡是纳入财务报表的事项，一般都是已经发生的事项，没有实现的事项或经济业务(如签订的大额订单合同)等，通常不会在报表中体现出来。也就是说，财务报表的各项数据及其他相关资料大多数属于企业的历史资料，有一定的滞后性，这一特征限制了财务报表所提供信息的范围。

**二、分析方法的局限性**

在财务分析中，各种分析方法都有不同的适用范围与使用目的，同时也具有各自的缺陷。运用比较分析法将企业与外界进行比较时，就存在比较基础选择的问题。选择不同的比较基础，会得出不同的结论，但实际中我们很难找到一个合理的比较基础。同样，趋势分析法也存在比较基础的问题。趋势分析法以企业的历史数据作为比较基础，而历史数据只能代表过去，并不能代表合理性。经营环境是在不断变化的，今年比去年利润提高了，不一定说明已经达到应该达到的水平，也不一定说明管理有了改进。因此，我们在利用财务分析结果时，必须注意各种分析方法的局限性，避免对企业的实际情况造成歪曲。

**三、分析指标的局限性**

出于保护自身的商业秘密和市场利益的目的，企业向社会披露的信息仅限于按规定要求的部分，投资者根据这些公开信息往往无法对企业的财务状况和经营成果作出正确的评价。如成本利润率的分析涉及企业的产品成本构成信息，成本信息并不对外公布。此外，由于在指标名称、计算公式、计算口径等方面存在较大的不规范性等也同样降低了财务指标的有效性。

综上所述，企业在进行财务分析时，不能仅仅局限于财务报表提供的数据，还必须结合本行业的经济与技术的发展情况，结合整个社会经济的发展情况，广泛收集有关信息，通过综合分析，才能提高财务分析的可靠性。

## 第二节　财务指标分析

企业财务指标分析包括总结和评价企业财务状况、经营成果和现金流量，具体的指标包括偿债能力指标、营运能力指标、盈利能力指标和现金流量指标。

**【例 12－3】** M公司本年度资产负债表（见表 12－2）、利润表（见表 12－3）和现金流量表（见表 12－4）如下所示。

**表 12－2　　资产负债表**

编制单位：M公司　　2023 年 12 月 31 日　　单位：千元

| 资　产 | 期末余额 | 年初余额 | 负债和所有者权益 | 期末余额 | 年初余额 |
|---|---|---|---|---|---|
| 流动资产： | | | 流动负债： | | |
| 货币资金 | 2 544 331 | 2 092 977 | 短期借款 | 0 | 0 |
| 交易性金融资产 | 202 439 | 307 483 | 交易性金融负债 | 0 | 0 |
| 应收票据 | 1 041 052 | 956 715 | 应付票据 | 1 262 112 | 519 270 |
| 应收账款 | 313 959 | 344 787 | 应付账款 | 923 605 | 1 044 123 |
| 应收款项融资 | 0 | 0 | 预收款项 | 29 914 | 5 668 |
| 预付款项 | 9 565 | 2 471 | 合同负债 | 0 | 0 |
| 其他应收款 | 30 324 | 91 282 | 应付职工薪酬 | 29 859 | 52 637 |
| 存货 | 328 401 | 257 102 | 应交税费 | －30 524 | 198 194 |
| 合同资产 | 0 | 0 | 其他应付款 | 97 086 | 54 558 |
| 一年内到期的非流动资产 | 0 | 0 | 一年内到期的非流动负债 | 0 | 0 |
| 其他流动资产 | 0 | 0 | 其他流动负债 | 41 667 | 64 550 |
| 流动资产合计 | 4 470 071 | 4 052 817 | 流动负债合计 | 2 353 719 | 1 939 000 |

续表

| 资　产 | 期末余额 | 年初余额 | 负债和所有者权益 | 期末余额 | 年初余额 |
|---|---|---|---|---|---|
| 非流动资产： | 0 | 0 | 非流动负债： | | |
| 债权投资 | 50 000 | 50 000 | 长期借款 | 0 | 0 |
| 其他债权投资 | 0 | 0 | 应付债券 | 0 | 0 |
| 长期应收款 | 0 | 0 | 租赁负债 | 0 | 0 |
| 长期股权投资 | 1 174 337 | 1 067 362 | 长期应付款 | 0 | 0 |
| 其他权益工具投资 | 0 | 0 | 预计负债 | 0 | 0 |
| 其他非流动金融资产 | 0 | 0 | 递延收益 | 0 | 0 |
| 投资性房地产 | 0 | 0 | 递延所得税负债 | 0 | 0 |
| 固定资产 | 1 028 108 | 937 526 | 其他非流动负债 | 0 | 0 |
| 在建工程 | 144 648 | 97 918 | 非流动负债合计 | | |
| 生产性生物资产 | 0 | 0 | 负债合计 | 2 353 719 | 1 939 000 |
| 油气资产 | 0 | 0 | 所有者权益： | | |
| 使用权资产 | 0 | 0 | 实收资本 | 2 000 000 | 2 000 000 |
| 无形资产 | 17 736 | 21 592 | 其他权益工具 | 0 | 0 |
| 开发支出 | 0 | 0 | 资本公积 | 636 904 | 630 952 |
| 商誉 | 0 | 0 | 减：库存股 | | |
| 长期待摊费用 | 0 | 0 | 其他综合收益 | 0 | 0 |
| 递延所得税资产 | 0 | 0 | 盈余公积 | 494 141 | 436 089 |
| 其他非流动资产 | 0 | 0 | 未分配利润 | 1 400 136 | 1 221 174 |
| 非流动资产合计 | 2 414 829 | 2 174 398 | 所有者权益合计 | 4 531 181 | 4 288 215 |
| 资产总计 | 6 884 900 | 6 227 215 | 负债和所有者权益总计 | 6 884 900 | 6 227 215 |

注：应收利息2023年的年初余额和期末余额分别为10 724元和5 063元，其他应收款2023年的年初余额和期末余额分别为80 558元和25 261元。

**表12-3**　　**利润表**

编制单位：M公司　　2023年度　　单位：千元

| 项　目 | 本年金额 | 上年金额 |
|---|---|---|
| 一、营业收入 | 4 180 172 | 4 088 134 |
| 减：营业成本 | 3 832 760 | 3 578 695 |
| 税金及附加 | 5 967 | 6 328 |
| 销售费用 | 135 912 | 129 543 |
| 管理费用 | 123 920 | 209 918 |
| 研发费用 | 36 589 | 38 954 |
| 财务费用 | —44 238 | —28 872 |

续表

| 项　　目 | 本年金额 | 上年金额 |
| --- | --- | --- |
| 资产减值损失 | 0 | 0 |
| 信用减值损失 | 0 | 0 |
| 加:公允价值变动收益(损失以"一"号填列) | 0 | 0 |
| 资产处置收益(损失以"一"号填列) | 0 | 0 |
| 投资收益(损失以"一"号填列) | 311 950 | 348 832 |
| 其中:对联营企业和合营企业的投资收益 | | |
| 二、营业利润(亏损以"一"号填列) | 401 212 | 502 400 |
| 加:营业外收入 | 4 103 | 2 418 |
| 减:营业外支出 | 7 947 | 8 978 |
| 三、利润总额(亏损总额以"一"号填列) | 397 368 | 495 840 |
| 减:所得税费用 | 10 353 | 37 072 |
| 四、净利润(净亏损以"一"号填列) | 387 015 | 458 768 |
| (一)持续经营净利润(净亏损以"一"号填列) | 387 015 | 458 768 |
| (二)终止经营净利润(净亏损以"一"号填列) | | |
| 五、其他综合收益的税后净额 | 0 | 0 |
| 六、综合收益总额 | 0 | 0 |
| 七、每股收益 | (略) | (略) |
| (一)基本每股收益 | | |
| (二)稀释每股收益 | | |

**表 12-4**　　**现金流量表**

编制单位:M公司　　2023年度　　单位:千元

| 项　　目 | 本年金额 | 上年金额 |
| --- | --- | --- |
| 一、经营活动产生的现金流量 | | |
| 销售商品、提供劳务收到的现金 | 5 089 700 | 5 143 253 |
| 收到的税费返还 | 3 100 | 992 |
| 收到其他与经营活动有关的现金 | 5 795 | 8 183 |
| 经营活动现金流入小计 | 5 098 595 | 5 152 428 |
| 购买商品、接受劳务支付的现金 | 3 707 015 | 3 990 997 |
| 支付给职工以及为职工支付的现金 | 182 103 | 197 885 |
| 支付的各项税费 | 295 592 | 308 377 |
| 支付其他与经营活动有关的现金 | 241 718 | 177 513 |
| 经营活动现金流出小计 | 4 426 428 | 4 674 772 |
| 经营活动产生的现金流量净额 | 672 167 | 477 656 |

续表

| 项　　目 | 本年金额 | 上年金额 |
|---|---|---|
| 二、投资活动产生的现金流量 | | |
| 收回投资收到的现金 | 361 230 | 15 991 |
| 取得投资收益收到的现金 | 365 915 | 220 953 |
| 处置固定资产、无形资产和其他长期资产收回的现金净额 | 3 777 | 5 595 |
| 处置子公司及其他营业单位收到的现金净额 | 0 | 0 |
| 收到其他与投资活动有关的现金 | 42 832 | 0 |
| 投资活动现金流入小计 | 773 754 | 242 539 |
| 购建固定资产、无形资产和其他长期资产支付的现金 | 327 581 | 175 487 |
| 投资支付的现金 | 517 364 | 204 796 |
| 取得子公司及其他营业单位支付的现金净额 | 0 | 0 |
| 支付其他与投资活动有关的现金 | 0 | 0 |
| 投资活动现金流出小计 | 844 945 | 380 283 |
| 投资活动产生的现金流量净额 | −71 191 | −137 744 |
| 三、筹资活动产生的现金流量 | | |
| 吸收投资收到的现金 | 0 | 0 |
| 取得借款收到的现金 | 0 | 0 |
| 收到其他与筹资活动有关的现金 | 0 | 24 629 |
| 筹资活动现金流入小计 | 0 | 24 629 |
| 偿还债务支付的现金 | 0 | 0 |
| 分配股利、利润或偿付利息支付的现金 | 149 620 | 182 918 |
| 支付其他与筹资活动有关的现金 | 0 | 0 |
| 筹资活动现金流出小计 | 149 620 | 182 918 |
| 筹资活动产生的现金流量净额 | −149 620 | −158 289 |
| 四、汇率变动对现金的影响 | 0 | 0 |
| 五、现金及现金等价物净增加额 | 451 356 | 181 623 |
| 加：期初现金及现金等价物余额 | （略） | （略） |
| 六、期末现金及现金等价物余额 | （略） | （略） |

## 一、偿债能力分析

偿债能力，是指企业偿还各种到期债务（包括本息）的能力。偿债能力的大小是企业利益相关者所关心的重要问题之一。偿债能力分析包括短期偿债能力分析和长期偿债能力分析。

### （一）短期偿债能力分析

短期偿债能力，是指企业以流动资产偿还流动负债的能力。偿债能力分析就是通过对企业变现能力和债权物质保障程度的分析研究，观察和判断企业偿还到期债务能力的强弱。反映企业短期偿债能力的财务比率主要有流动比率、速动比率和现金流动负债比率。

1. 流动比率

流动比率，是企业的流动资产与流动负债的比率，用于衡量企业在某一时点偿付即将到期债务的能力。其计算公式为：

$$流动比率=\frac{流动资产}{流动负债}$$

一般情况下，流动比率越高，说明企业偿付短期债务的能力越强，债权人的权益越有保障。通常认为，流动比率应维持在 2∶1 的水平。这是因为流动资产中变现能力最差的存货金额约占流动资产总额的一半，剩下的流动性较好的流动资产至少要等于流动负债，才能保证企业最低的短期偿债能力。当然，但这种认识一直没能从理论上证明，最近几十年，企业的经营方式和金融环境发生了很大变化，流动比率有下降的趋势，许多成功企业的流动比率都低于 2。此外，不同行业、不同企业以及同一企业的不同时期对流动性需要是不同的。例如，电力行业的流动比率为 1∶1 就可以接受，而一般性制造行业的流动比率如果低于 2∶1 就可能处于财务困境。需要注意的是，流动比率并不是越高越好。由于流动资产的获利能力通常较低，流动比率过高，就意味着企业有过多的资金滞留在流动资产上，会影响资金的使用效率和企业的资金成本，导致企业整体获利能力的下降。

**【例 12-4】** 根据表 12-2 的资料，M 公司 2023 年的流动比率如下（计算结果保留小数点后两位，下同）：

$$年初流动比率=\frac{4\ 052\ 817}{1\ 939\ 000}=2.09$$

$$年末流动比率=\frac{4\ 470\ 071}{2\ 353\ 719}=1.90$$

该公司年初的流动比率为 2.09∶1，说明企业的短期偿债能力较强；年末的流动比率为 1.90∶1，说明企业的短期偿债能力有明显下降。

使用流动比率指标时，需要注意应收账款是否为良性资产。如果企业的应收账款不能保证及时收回，会降低企业的短期偿债能力。

2. 速动比率

速动比率，是速动资产与流动负债的比率，用于衡量企业在某一时点运用随时可变现资产偿付到期债务的能力。其计算公式为：

$$速动比率=\frac{速动资产}{流动负债}$$

式中，速动资产，是指流动资产中变现能力较强的那部分资产，一般包括货币资金、交易性金融资产、应收票据、应收账款（净额）等。存货的流动性较差、变现周期长，并且可能存在滞销积压或冷背呆滞的商品，因此不包括在速动资产内。预付账款不能变现或直接用来偿还债务，也应排除在速动资产之外。速动资产的计算公式一般可表示为：

$$速动资产=流动资产-存货-预付账款$$

一般认为，速动比率维持在 1∶1 的水平为宜，如果速动比率大于 1，说明企业有足够的偿还短期债务的能力，同时也说明企业拥有较多的不能盈利的速动资产；如果小于 1，则企业将依赖出售存货或举借新债来偿还到期债务，有可能造成急需出售存货带来的削价损失或举借新债形成的利息负担。用速动比率进行短期偿债能力评价时应注意以下几个问题：

（1）不同行业的速动比率略有差异。如商业企业存货周转快，一般存货和应付账款多，日常营业得到的货币可以满足企业的需求，速动比率维持在 0.5∶1 的水平上就说明企业已具备了较充裕的短期偿债能力。

(2)企业债务结构上的差异。这可能导致企业不同时期在债务偿还规模上存在较大差异，从而导致速动比率在不同时期的差异。

(3)速动比率过大或过小都有其负面影响。速动比率过大，虽然说明企业具有较强的偿债能力，但同时说明企业流动资产利用效益低下；反之，如果企业速动比率过小，则会使其面临短期债务无法偿还的风险。

(4)外部融资环境对速动比率的影响。权益性资本融资和长期负债融资存在困难时，企业的流动负债一般会呈大幅度的增长，从而使速动比率下降。

(5)速动比率是以假设应收账款均能按时收回、不发生坏账损失为前提的。此外，企业可以在期末采用推迟进货或大量赊销等方式来减少当期的存货余额，从而使速动比率保持在适当水平，这时速动比率看起来似乎合理，但却是一种虚假现象。

**【例 12-5】** 根据表 12-2 的资料，M 公司 2023 年的速动比率如下：

$$年初速动比率=\frac{4\ 052\ 817-257\ 102-2\ 471}{1\ 939\ 000}=1.96$$

$$年末速动比率=\frac{4\ 470\ 071-328\ 401-9\ 565}{2\ 353\ 719}=1.76$$

分析表明，该公司 2023 年年末的速动比率比年初有所降低。但公司年初和年末的速动比率分别为 1.96 和 1.76，超过一般公认标准，说明企业的短期偿债能力较强。

在分析速动比率指标时，需注意应收账款是否为良性资产。如果企业的应收账款不能保证及时收回，会降低企业的短期偿债能力。速动比率较低的企业，也不能认为其流动负债到期绝对不能偿还。原因在于如果企业的存货流转顺畅，变现能力较强，即使速动比率较低，只要流动比率高，企业仍然能偿还到期的债务本息。

3. 现金流动负债比率

现金流动负债比率，是企业一定时期的经营现金流量与流动负债的比率，它可以从现金流量角度来反映企业当期偿付短期负债的能力。其计算公式为：

$$现金流动负债比率=\frac{年经营现金净流量}{年末流动负债}$$

上式中，年经营现金净流量，是指一定时期内，由企业经营活动所产生的现金及其等价物的流入量与流出量的差额。该指标从现金流入和流出的动态角度对企业实际偿债能力进行考察。该指标越大，表明企业经营活动产生的现金净流量越多，能够保障企业按时偿还到期债务；但该指标也不是越大越好，现金流动负债比率太大则表明企业流动资金利用不充分，盈利能力不强。

**【例 12-6】** 根据表 12-2 和表 12-4 的资料，M 公司 2022 年、2023 年的现金流动负债比率如下：

$$2022\ 年现金流动负债比率=\frac{477\ 656}{1\ 939\ 000}=0.25$$

$$2023\ 年现金流动负债比率=\frac{672\ 167}{2\ 353\ 719}=0.29$$

从现金流量的角度，该公司 2023 年度的现金流动负债比率比 2022 年度有所提高，企业短期偿债能力增强。

**(二)长期偿债能力分析**

长期偿债能力取决于两个方面:一是长期盈利能力,二是企业的自有资本是否充足。对企业的所有者及长期债权人来说,他们不仅关心企业的短期偿债能力,更关心企业的长期财务状况,即资本结构状况。资本结构的指标主要包括资产负债率、产权比率、已获利息倍数等。

1. 资产负债率

资产负债率,是企业的负债总额与资产总额的比率,用于分析企业借用他人资本进行经营活动的能力,并衡量企业的长期偿债能力。其计算公式为:

$$资产负债率=\frac{负债总额}{资产总额}\times 100\%$$

企业经营所需的资金来源分为债务融资和股权融资两种。由于举债经营既可以给企业带来财务杠杆利益,同时也增加了财务风险,因此对企业来说,资产负债率越高,企业扩大生产经营的能力和增加盈利的可能性就越大,但风险也随之增大。一旦经营不力,企业就可能陷入财务困境;反之,情况则相反。而对债权人来说,资产负债率反映了企业向长期债权人偿还债务的能力。资产负债率越低,企业偿还债务的能力就越强,债权人的利益就越有保障;反之,资产负债率越高,资产对债权的保障程度越低。资产负债率超过100%,说明企业已资不抵债,债权人将蒙受损失。该指标在40%～60%的范围较为正常。在西方,通常把70%作为该指标的警戒线,若资产负债率超过70%,则说明企业的经营风险较大。

**【例12-7】** 根据表12-2的资料,M公司2023年的资产负债率如下:

$$年初资产负债率=\frac{1\ 939\ 000}{6\ 227\ 215}\times 100\%=31.13\%$$

$$年末资产负债率=\frac{2\ 353\ 719}{6\ 884\ 900}\times 100\%=34.19\%$$

该公司年初、年末的资产负债率分别为31.13%和34.19%,说明企业的资产负债率偏低,企业可以适当调整资本结构,充分利用财务杠杆,提高企业的获利能力。

2. 产权比率

产权比率也是衡量企业长期偿债能力的指标之一,等于企业的负债总额与企业所有者权益总额的比值。其计算公式为:

$$产权比率=\frac{负债总额}{所有者权益总额}\times 100\%$$

产权比率的含义在于:企业的投资者每提供一个份额的资金,债权人提供了多少的“配套资金”。产权比率与资产负债率有着相同的功能,一般反映企业的信用能力和财务风险程度。产权比率越高,其风险越大;比率越低,企业的负债偿还就越有保障。

实际上,产权比率和资产负债率是从不同角度来看同一个问题,有着内在的必然联系,两个指标可以相互补充。资产负债率侧重于分析债务偿付安全性的物质保障程度,产权比率则侧重于揭示财务结构的稳健程度以及主权资本对偿债风险的承受能力。

**【例12-8】** 根据表12-2的资料,M公司2023年的产权比率如下:

$$年初产权比率=\frac{1\ 939\ 000}{4\ 288\ 215}\times 100\%=45.22\%$$

$$年末产权比率=\frac{2\ 353\ 719}{4\ 531\ 181}\times 100\%=51.94\%$$

该公司年初、年末的产权比率分别为45.22%和51.94%,说明债权人利益因股东提供的资本所占的比重较高而有充分保障，这是一种低风险、低报酬的财务结构。

3. 已获利息倍数

企业举债经营的目的是获取财务杠杆利益，相应地就会增加企业的财务风险。已获利息倍数是公司息税前利润总额与债务利息的比值。其计算公式为：

$$已获利息倍数=\frac{息税前利润总额}{利息支出}$$

其中：

$$息税前利润总额=净利润+利息支出+所得税$$

已获利息倍数衡量企业获利能力对固定利息费用所提供的保障程度，该比率越大，企业到期不能支付利息的危险越小。西方一些学者认为，盈利对利息的倍数为 3 时，企业即具有良好的偿付能力；若小于 1，说明企业的收益不足以偿付利息，借款不合算，更没有能力还本。

**【例 12－9】** 根据表 12－3 的资料，假定财务费用中除利息收入和利息支出外无其他项目，2022 年的利息收入为 44 538 千元，利息支出为 15 666 千元；2023 年的利息收入为 66 900 千元，利息支出为 22 662 千元。已获利息倍数计算如下：

$$2022年已获利息倍数=\frac{458\ 768+15\ 666+37\ 072}{15\ 666}=32.65$$

$$2023年已获利息倍数=\frac{387\ 015+22\ 662+10\ 353}{22\ 662}=18.53$$

通过计算可知，连续两年该企业的已获利息倍数均远远高于 1，说明该企业不但有较高的偿还长期债务的能力，而且具有较强的获利能力。为此，该企业可以增加负债数额，扩大对财务杠杆的利用，以进一步提高企业的获利能力。

已获利息倍数这个指标已被广泛地应用，但这个指标也存在着缺点。原因在于企业除偿还利息外，还必须偿还本金。即使企业并不立即偿还本金，也可能要建立偿债基金，以备债务到期时有足够的资金用于偿还债务，因此，还应考核收益对本金保障倍数(偿债倍数)。

## 二、营运能力分析

营运能力分析，是指对企业资金周转状况进行的分析。周转速度越快，资金的使用效率越高，则企业的营运能力越强；反之，营运能力越差。企业营运能力的高低主要取决于资产与权益周转的速度。营运能力分析主要包括流动资产周转、固定资产周转和总资产周转三个方面的内容。

### (一)流动资产周转指标

反映流动资产周转情况的指标主要有应收账款周转率、存货周转率和流动资产周转率。

1. 应收账款周转率

应收账款周转率，是企业一定时期内营业收入净额与应收账款平均余额的比率，用来计量应收账款的周转速度。其计算公式如下：

$$应收账款周转率(周转次数)=\frac{营业收入}{平均应收账款余额}$$

$$应收账款周转期(周转天数)=\frac{平均应收账款余额\times 360}{营业收入}$$

其中：

$$平均应收账款余额=(应收账款余额年初数+应收账款余额年末数)\div 2$$

应收账款周转率反映了企业应收账款变现速度的快慢和管理效率的高低。周转率高表明企业收账迅速、账龄较短;资产流动性强,短期偿债能力强;同时,可减少收账费用和坏账损失,从而相对增加企业流动资产的投资收益。将应收账款周转期与企业信用期限相比,可以评价赊购客户的信用程度,以及企业制定的信用条件是否适当。

在计算应收账款周转率时,应注意下列几个问题:

(1)公式中的应收账款包括会计核算中的"应收账款"和"应收票据"等全部赊销账款在内,并且是扣除坏账准备后的净额。

(2)如果企业应收账款余额的波动性较大,如年末销售量大幅增加或下降,此时应使用更详尽的计算资料,如按每月的应收账款余额来计算平均占用额。

(3)分子、分母的数据应注意时间的对应性。

**【例12-10】** 根据表12-2和表12-3的资料,假定2022年年初的应收票据余额为1 476 453千元,应收账款余额为201 551千元,2022年度和2023年度应收账款周转率的计算如表12-5所示。

表12-5中的计算结果表明,该企业2023年应收账款周转率较之2022年有所改善,周转次数由2.74次提高到3.15次,周转天数由131.19天缩短为114.39天。这不仅说明企业的营运能力有所增强,而且也会对流动资产的变现能力和周转速度起到促进作用。尽管如此,企业应收账款的周转情况仍然不容乐观,企业应当加强对应收账款的管理,减少应收账款上的可能损失。

**表12-5** **应收账款周转率的计算** 单位:千元

| 项　　目 | 2021年 | 2022年 | 2023年 |
|---|---|---|---|
| 营业收入净额 | | 4 088 134 | 4 180 172 |
| 应收账款年末余额 | 1 678 004 | 1 301 502 | 1 355 011 |
| 平均应收账款余额 | | 1 489 753 | 1 328 257 |
| 应收账款周转率(次) | | 2.74 | 3.15 |
| 应收账款周转期(天) | | 131.19 | 114.39 |

应当说明的是,并不是企业的应收账款周转越快越好。企业之所以把一部分资金用在应收账款上,是因为企业要扩大产品的销售,提高销售收入水平,进而增加盈利水平。如果企业应收账款周转速度很快,原因可能是企业的产品适销对路,大部分客户很少赊购甚至预交货款,而更可能的原因是自己对客户的信用过紧,这有可能对产品的销售不利。企业应综合考虑产品销售增加、应收账款的机会成本、坏账损失等多种因素,适当放松对客户的信用条件。

2.存货周转率

存货周转率,是一定时期内企业营业成本与存货平均资金占用额的比率,也称存货的周转次数,是衡量和评价企业购入存货、投入生产、销售收回等各环节管理状况的综合性指标。用时间表示的存货周转率就是存货周转天数。其计算公式为:

$$\text{存货周转率(周转次数)}=\frac{\text{营业成本}}{\text{平均存货余额}}$$

其中:

$$\text{平均存货余额}=(\text{存货余额年初数}+\text{存货余额年末数})\div 2$$

$$存货周转期(周转天数)=\frac{平均存货余额\times 360}{营业成本}$$

存货周转的快慢，不仅反映了企业流动资产的流动性，而且对企业的偿债能力和获利能力有决定性的影响。一般而言，存货周转率越高，表明其变现的速度越快，资金占用水平越低。通过存货周转分析，可以找出存货管理中存在的问题，降低资金占用水平。存货储存过少，可能造成生产中断或销售紧张；储存过多，会造成呆滞或积压。

在计算存货周转率时，应注意以下几个问题：

(1)过高的存货周转率有可能因存货不足而丧失销售机会，故存货周转率并不是越高越好，而应当根据企业的实际情况具体分析。

(2)采用不同的存货计价方法，对存货的周转率具有较大的影响，在分析企业不同时期或不同企业的存货周转率时，应注意存货计价口径的一致性。

(3)分子、分母的数据应注意时间上的对应性。

(4)应注意应付账款、存货和应收账款(或营业收入)之间的关系。当企业接受一个大订单时，通常需增加存货，随后是应付账款增加，最后才引起应收账款增加。此时，在订单没有实现销售前，存货周转天数的增加是正常的。与之相反，当企业预见到未来销售萎缩时，通常会先减少存货。此时，存货周转天数的下降反而预示着企业经营不善。

**【例 12－11】** 根据表 12－2 和表 12－3 的资料，假定 2022 年年初的存货余额为 239 782 千元，2022 年度和 2023 年度存货周转率的计算如表 12－6 所示。

**表 12－6** **存货周转率的计算** 单位：千元

| 项　　目 | 2021 年 | 2022 年 | 2023 年 |
|---|---|---|---|
| 营业成本 | | 3 578 695 | 3 832 760 |
| 存货年末余额 | 239 782 | 257 102 | 328 401 |
| 平均存货余额 | | 248 442 | 292 752 |
| 存货周转率(次) | | 14.40 | 13.09 |
| 存货周转期(天) | | 24.99 | 27.50 |

以上计算结果表明，该企业 2023 年存货周转率较之 2022 年有所下降，周转次数由 14.40 次下降到 13.09 次，周转天数由 24.99 天延长为 27.50 天。结合例 12－9 可以发现，该公司的信用政策在本期可能过严，应收账款的周转率提高，但存货相应增加。

3.流动资产周转率

流动资产周转率，是企业一定时期营业收入与流动资产的平均占用额之间的比率，是反映企业流动资产周转速度的指标。其计算公式为：

$$流动资产周转率(周转次数)=\frac{营业收入}{平均流动资产余额}$$

其中：

$$平均流动资产余额=(流动资产余额年初数+流动资产余额年末数)\div 2$$

$$流动资产周转期(周转天数)=\frac{平均流动资产余额\times 360}{营业收入}$$

在一定时期内，流动资产周转次数越多，表明完成的周转额越多，流动资产的利用效果越好。周转一次所需的天数越少，表明资金占用的时间越短。平均流动资产余额应按分析期的不同分别加以确定，并应保持分子与分母在时间上的一致性。

**【例 12－12】** 根据表 12－2 和表 12－3 的资料，假定 2022 年年初的流动资产余额为 4 155 734 千元，2022 年度和 2023 年度流动资产周转率的计算如表 12－7 所示。

**表 12－7** **流动资产周转率的计算** 单位：千元

| 项　　目 | 2021 年 | 2022 年 | 2023 年 |
|---|---|---|---|
| 营业收入 | | 4 088 134 | 4 180 172 |
| 流动资产年末余额 | 4 155 734 | 4 052 817 | 4 470 071 |
| 平均流动资产余额 | | 4 104 276 | 4 261 444 |
| 流动资产周转率(次) | | 1.00 | 0.98 |
| 流动资产周转期(天) | | 361.42 | 367.00 |

以上计算结果表明，该企业 2023 年流动资产周转率较之 2022 年有所下降，周转次数由 1.00 次下降到 0.98 次，周转天数由 361.42 天延长为 367 天。

**(二)固定资产周转指标**

固定资产周转分析常用的指标是固定资产周转率。固定资产周转率，是指企业年营业收入净额与固定资产平均净值的比率，它反映企业固定资产周转情况，用来衡量固定资产利用效率。其计算公式为：

$$\text{固定资产周转率(周转次数)}=\frac{\text{营业收入}}{\text{平均固定资产余额}}$$

其中：

$$\text{平均固定资产余额}=(\text{固定资产余额年初数}+\text{固定资产余额年末数})\div 2$$

$$\text{固定资产周转期(周转天数)}=\frac{\text{平均固定资产余额}\times 360}{\text{营业收入}}$$

固定资产周转率高，表明企业固定资产投资得当，结构合理，利用效率越高，企业的获利能力越强；反之，固定资产周转率低，说明企业固定资产使用效率不高，提供的生产成果少，企业营运能力较弱。在分析固定资产周转率时，应注意折旧的影响，由于折旧方法的差异，会影响计算结果的可比性。在具体分析时，必须剔除不可比因素的影响。

**【例 12－13】** 根据表 12－2 和表 12－3 的资料，假定 2022 年年初的固定资产余额为 776 067 千元，2022 年度和 2023 年度固定资产周转率的计算如表 12－8 所示。

**表 12－8** **固定资产周转率的计算** 单位：千元

| 项　　目 | 2021 年 | 2022 年 | 2023 年 |
|---|---|---|---|
| 营业收入 | | 4 088 134 | 4 180 172 |
| 固定资产年末余额 | 776 067 | 937 526 | 1 028 108 |
| 平均固定资产余额 | | 856 796 | 982 817 |
| 固定资产周转率(次) | | 4.77 | 4.25 |
| 固定资产周转期(天) | | 75.45 | 86.64 |

以上计算结果表明，该企业 2023 年固定资产周转率较之 2022 年有所下降，周转次数由 4.77 次下降到 4.25 次，周转天数由 75.45 天延长为 86.64 天。这主要是由于固定资产大幅

增加，而销售收入并没有相应增加，企业需要对固定资产的投资项目进行后评估，及时调整战略。

**(三)总资产周转指标**

总资产周转情况分析常用的指标是总资产周转率。总资产周转率，是企业主营业务收入净额与资产总额的比率，它反映企业全部资产的利用效率。其计算公式为：

$$总资产周转率(周转次数)=\frac{营业收入}{平均资产总额}$$

其中：

$$平均资产总额=(资产总额年初数+资产总额年末数)\div 2$$

$$总资产周转期(周转天数)=\frac{平均资产总额\times 360}{营业收入}$$

这一比率用来衡量企业全部资产的使用效率。如果这个比率较低，则说明企业利用全部资产进行生产经营的效率较低，最终会影响企业的获利能力。这样，企业就应该采取有效措施以提高各项资产的利用程度，采用薄利多销或处理多余资产等方法，以加速资产周转。

资产平均占用额应按分析期的不同分别确定，并与分子的营业收入在时间上保持一致。需注意的是，如果企业资产占用的波动性较大，分析时应采用更详尽的资料，如按各月份的资产占用额计算。如果资产占用比较稳定，季度、年度的平均资产占用额可直接用期初和期末数的算术平均数计算。

**【例 12－14】** 根据表 12－2 和表 12－3 的资料，假定 2022 年年初的资产总额为 6 049 330 千元，2022 年度和 2023 年度总资产周转率的计算如表 12－9 所示。

表 12－9　　总资产周转率的计算　　单位：千元

| 项　目 | 2021 年 | 2022 年 | 2023 年 |
|---|---|---|---|
| 营业收入 | | 4 088 134 | 4 180 172 |
| 总资产年末余额 | 6 049 330 | 6 227 215 | 6 884 900 |
| 平均总资产余额 | | 6 138 273 | 6 556 058 |
| 总资产周转率(次) | | 0.67 | 0.64 |
| 总资产周转期(天) | | 540.53 | 564.61 |

以上计算结果表明，该企业 2023 年总资产周转率较之 2022 年有所下降，周转次数由 0.67 次下降到 0.64 次，周转天数由 540.53 天延长为 564.61 天。这与前面计算分析固定资产周转速度减慢结论一致，该公司应扩大销售额，处理闲置资产，以提高资产使用效率。

## 三、盈利能力分析

不论是投资人、债权人还是经理人员，都会非常重视和关心企业的盈利能力。盈利能力就是企业获取利润、资金不断增值的能力。反映企业盈利能力的指标主要有销售毛利率、销售净利率、成本费用利润率、总资产报酬率、净资产收益率等。

**(一)销售毛利率**

销售毛利率，是销售毛利与销售收入的比值，用来衡量一个企业从销售收入中扣除生产成本后剩余利润的多少。它是企业获得净利润的基础和保障，表明企业利用自身资源进行生产、销售的综合效果。其计算公式为：

$$销售毛利率=\frac{营业收入-营业成本}{营业收入}\times 100\%$$

销售毛利率反映了企业产品或商品销售的初始获利能力，是企业净利润的起点，没有足够大的毛利率便不能形成较大的盈利。

销售毛利率的分析与销售毛利额的分析相结合，可以评价企业对管理费用、销售费用、财务费用等期间费用的承受能力。

销售毛利率随行业的不同而高低各异，但同一行业的毛利率一般相差不大。与同期行业的平均毛利率比较，可以揭示企业在定价政策、产品或商品推销或生产成本控制方面存在的问题。

企业之间在存货计价和固定资产的折旧方法等会计处理中的差异也会影响销售成本，进而影响毛利率的计算，这一点在企业之间做横向比较时应加以注意。

**【例 12-15】** 根据表 12-3 的资料，M 公司 2022 年度和 2023 年度销售毛利率的计算如下：

$$2022\text{年销售毛利率}=\frac{4\ 088\ 134-3\ 578\ 695}{4\ 088\ 134}\times 100\%=12.46\%$$

$$2023\text{年销售毛利率}=\frac{4\ 180\ 172-3\ 832\ 760}{4\ 180\ 172}\times 100\%=8.31\%$$

通过计算可知，该公司的销售毛利率大幅下降，公司的经营方向、产品结构需要根据市场需要进行必要的调整，同时加强成本控制。

**(二)销售净利率**

销售净利率是净利润与营业收入的百分比。其计算公式为：

$$销售净利率=\frac{净利润}{营业收入}\times 100\%$$

销售净利率度量了一个企业从销售收入中获得净利润的能力，是企业经营的最终成果。该比率越高，说明企业的获利能力越强。另外，只有当利润总额或净利润的增长速度快于销售收入净额的增长速度时，销售净利率才会上升。销售净利率要与销售毛利率结合起来使用，有利于发现企业利润表结构中不合理的费用部分，减少不合理的费用，从而提高企业的盈利能力。

**【例 12-16】** 根据表 12-3 的资料，M 公司 2022 年度和 2023 年度销售净利率的计算如下：

$$2022\text{年销售净利率}=\frac{458\ 768}{4\ 088\ 134}\times 100\%=11.22\%$$

$$2023\text{年销售净利率}=\frac{387\ 015}{4\ 180\ 172}\times 100\%=9.26\%$$

通过计算可知，该公司的销售净利率明显下降，但 2023 年销售净利率为 9.26%，比销售毛利率高 0.95%，这主要是管理费用的大幅下降所致。

在分析企业的销售净利率时，可以从以下几个方面考虑：

(1)不同行业的指标不尽相同，越是高科技企业，其销售净利率就越高；越是重工业和传统制造业，其销售净利率越低。在进行不同行业间比较时，必须考虑不同行业和不同时期的情况。

(2)净利润的形成并非都由营业收入所产生，它还会受到诸如投资收益、营业外收支等因素的影响，故而在分析比较时应多加注意。

**（三）成本费用利润率**

成本费用利润率，是指企业一定时期利润总额与成本费用总额的比率。其计算公式为：

$$\text{成本费用利润率}=\frac{\text{利润总额}}{\text{成本费用总额}}\times 100\%$$

其中：

$$\text{成本费用总额}=\text{营业成本}+\text{税金及附加}+\text{销售费用}+\text{管理费用}+\text{研发费用}+\text{财务费用}$$

该指标越高，表明企业为获取利润所付出的代价越小，成本费用控制得越好，盈利能力越强。

**【例 12－17】** 根据表 12－3 的资料，M 公司 2022 年度和 2023 年度成本费用利润率的计算如下：

$$\text{2022 年成本费用利润率}=\frac{495\ 840}{3\ 578\ 695+6\ 328+129\ 543+162\ 404+86\ 468-28\ 872}\times 100\%$$
$$=12.60\%$$

$$\text{2023 年成本费用利润率}=\frac{397\ 368}{3\ 832\ 760+5\ 967+135\ 912+103\ 686+56\ 823-44\ 238}\times 100\%$$
$$=9.71\%$$

通过计算可知，该公司的成本费用利润率明显下降，该企业应深入调查导致成本费用上升的因素，进一步加强管理，降低成本费用，以提高成本费用利润率。

**（四）总资产报酬率**

总资产报酬率，是企业一定时期内获得的报酬总额与企业平均资产总额的比率。它反映了企业资产的综合利用效果，是衡量企业利用债权人和所有者权益总额所取得收益的重要指标。其计算公式为：

$$\text{总资产报酬率}=\frac{\text{息税前利润总额}}{\text{平均资产总额}}\times 100\%$$

其中：

$$\text{息税前利润总额}=\text{净利润}+\text{所得税}+\text{利息支出}$$
$$=\text{利润总额}+\text{利息支出}$$
$$\text{平均资产总额}=(\text{资产总额年初数}+\text{资产总额年末数})\div 2$$

该比率越高，表明企业的资产利用效益越好，整个企业盈利能力越强，经营管理水平越高。企业还可以将该指标与资本市场利率进行比较，如前者大于后者，则说明企业可以充分利用财务杠杆，适度举债经营，以获取更多收益。

**【例 12－18】** 根据表 12－2 和表 12－3 的资料，假定 2022 年年初的资产总额为 6 049 330 千元，2022 年利息支出为 15 666 千元；2023 年利息支出为 22 662 千元，2022 年度和 2023 年度总资产报酬率的计算如表 12－10 所示。

**表 12－10**　**总资产利润率的计算**　单位：千元

| 项　目 | 2021 年 | 2022 年 | 2023 年 |
|---|---|---|---|
| 息税前利润总额 | | 511 506 | 420 030 |
| 总资产年末余额 | 6 049 330 | 6 227 215 | 6 884 900 |
| 平均总资产余额 | | 6 138 273 | 6 556 058 |
| 总资产报酬率 | | 8.33% | 6.41% |

以上计算结果表明，该企业2023年总资产报酬率较之2022年有所下降，需要对公司的资产使用状况、增收节支工作等情况做进一步的考查，以改进管理，提高经济效益。

**（五）净资产收益率**

净资产收益率，是指企业一定时期内的净利润与平均净资产的比率。净资产收益率是评价企业自有资本及其积累获取报酬水平的指标，反映企业资本营运的综合效益。其计算公式为：

$$净资产收益率=\frac{净利润}{平均净资产}\times 100\%$$

其中：

$$平均净资产=(所有者权益年初数+所有者权益年末数)\div 2$$

一般认为，净资产收益率越高，企业自有资本获取收益能力越强，运行效益越好，对企业投资者、债权人的利益保证程度越高。该指标适应范围广，通用性强，不受行业和时期的限制。通过对净资产收益率的比较，可以看出企业获利能力在同行业中所处的地位，以及与同行业相比较，找出本企业存在的差距。

**【例12－19】** 根据表12－2和表12－3的资料，假定2022年年初的所有者权益总额为4 022 252千元，2022年度和2023年度净资产收益率的计算如表12－11所示。

表12－11 净资产收益率的计算 单位：千元

| 项目 | 2021年 | 2022年 | 2023年 |
|---|---|---|---|
| 净利润 | | 458 768 | 387 015 |
| 净资产年末余额 | 4 022 252 | 4 288 215 | 4 531 181 |
| 平均净资产 | | 4 155 234 | 4 409 698 |
| 净资产收益率 | | 11.04% | 8.78% |

以上计算结果表明，该企业2023年净资产收益率较之2022年有所下降，但两年的净资产收益率均高于总资产报酬率，说明企业充分利用财务杠杆，获取了较高的收益。

## 四、现金流量分析

现金流量分析主要考察和评价企业的支付能力和偿还能力。其主要的比率指标有到期债务本息偿付比率、每股现金流量、现金流量与现金股利之比等。

**（一）到期债务本息偿付比率**

到期债务本息偿付比率是一个衡量以本期经营活动净现金流量来偿还本期到期债务能力的比率，到期债务包括短期借款和长期借款等在内的本金和相关的利息支出。其计算公式为：

$$到期债务本息偿付比率=\frac{经营活动净现金流量}{本期到期债务的本金+现金利息支出}\times 100\%$$

**（二）每股现金流量**

每股现金流量反映每股发行在外的普通股与经营活动产生的现金流量净额的关系。计算公式为：

$$每股现金流量=\frac{经营活动产生的现金净流量-优先股股利}{普通股股数}$$

**（三）现金流量与现金股利之比**

这一比率可衡量企业使用经营活动产生的现金流量净额支付现金股利的能力。其计算公